2017—2018 中国数字出版产业年度报告

ANNUAL REPORT ON DIGITAL
PUBLISHING INDUSTRY IN CHINA:
2017—2018

主 编／张 立
副主编／王 飚 李广宇

图书在版编目（CIP）数据

2017—2018 中国数字出版产业年度报告 / 张立主编.
—北京：中国书籍出版社，2018.7
ISBN 978-7-5068-6957-7

Ⅰ.①2… Ⅱ.①张… Ⅲ.①电子出版物-出版工作-研究报告-中国-2017—2018 Ⅳ.①G239.2

中国版本图书馆 CIP 数据核字（2018）第 162590 号

2017—2018 中国数字出版产业年度报告

张　立　主编

责任编辑	钱沛涵　庞　元
责任印制	孙马飞　马　芝
封面设计	北京楠竹文化发展有限公司
出版发行	中国书籍出版社
地　　址	北京市丰台区三路居路 97 号（邮编：100073）
电　　话	（010）52257143（总编室）　　（010）52257140（发行部）
电子邮箱	eo@chinapb.com.cn
经　　销	中国书籍出版社
印　　刷	北京九州迅驰传媒文化有限公司
开　　本	787 毫米 ×1092 毫米　1/16
印　　张	21.5
字　　数	488 千字
版　　次	2018 年 7 月第 1 版　2018 年 7 月第 1 次印刷
书　　号	ISBN 978-7-5068-6957-7
定　　价	105.00 元

版权所有　翻印必究

2017—2018 中国数字出版产业年度报告

主　编：张　立
副主编：王　飚　李广宇

《2017—2018 中国数字出版产业年度报告》课题组

组　　　长：张　立

副 组 长：王　飚　李广宇

课题组成员：毛文思　徐　瑶　刘玉柱
　　　　　　孟晓明　郝园园　宋迪莹

《2017—2018 中国数字出版产业年度报告》撰稿人名单

撰稿人名单（按文序排列）：

万　智　艾顺刚　乔莉莉　杨兴兵
孙晓翠　庄子匀　潘　瞳　陈　丽
李广宇　戴铁成　高默冉　王友平
中国音数协游戏工委　伽马数据
国际数据公司　占世伟　张孝荣
毛文思　于建武　刘　焱　唐世发
杨　晨　陈　磊　童之磊　闫　芳
徐耀明　李　洋　张　博　雷　锦
郝于越　重庆华略数字文化研究院
王　扬　尚　烨　邓　杨
重庆市文化委员会　石　昆

统　　稿：王　飚　李广宇

前　言

《2017—2018中国数字出版产业年度报告》是对《2005—2006中国数字出版产业年度报告》《2007—2008中国数字出版产业年度报告》《2009—2010中国数字出版产业年度报告》《2011—2012中国数字出版产业年度报告》《2012—2013中国数字出版产业年度报告》《2013—2014中国数字出版产业年度报告》《2014—2015中国数字出版产业年度报告》《2015—2016中国数字出版产业年度报告》《2016—2017中国数字出版产业年度报告》的延续与发展。本《报告》既有对前九部《报告》的继承，又有根据产业实际发展情况进行的创新。

在研究方法上，本《报告》依然采用数据实证分析与文本分析相结合的方式，且更侧重于前者。在《报告》的撰写过程中，研究人员运用产业组织经济理论，着力从产业主体、产业行为、产业绩效等方面对数字出版产业进行了深入分析，主要通过对各领域从业企业规模、生产规模、用户规模、运营及赢利状况等方面的大量一手数据的梳理、解析，用图表形式呈现，这正恰恰是以往相关报告所缺乏的。同时，本《报告》对我国数字出版产业的环境加以深入阐析，以求对我国数字出版产业的脉动进行深刻追溯。这些努力将有利于读者较好地把握我国数字出版产业现状；同时，也能让他们了解到发展的来龙去脉及其因果联系。

本《报告》是中国新闻出版研究院的重点研究课题。中国新闻出版研究院副院长张立担任课题组组长、数字出版研究所所长王飚与数字出版研究室副主任李广宇担任副组长，共同主持了本《报告》的撰写，并对主报告和有关分报告作了必要的把关及修改工作。中国新闻出版研究院数字出版研究所、同方知网、武汉大学、上海睿泰企业管理集团有限公司、中文在线、互联网实验室、中国音像与数字出版协会游戏出版工作委员会、上海理工大学、重庆市文化委员会、重庆华略数字文化研究院的部分研究人员、业界专家共同参与了本报告的撰写工作。

本《报告》全书统稿工作由王飚、李广宇负责，毛文思协助完成；部分报告中的数据采集与分析、表格制作由徐瑶完成。

为国内数字出版产业的规划和发展提供连续、可比的数据依据，是编写数字出版产业报告的一个重要思路。但鉴于我们的力量和水平还很有限，本《报告》在专题设置、结构布局及数据获取上都有不尽如人意之处，有个别分报告还略显单薄，甚至难免会存在一些缺陷及错误，故恳请广大读者见谅，并予以指正，以便我们在今后的编撰工作中不断改进，进一步提升《中国数字出版产业年度报告》的质量和价值。

本《报告》在撰写过程中得到了多方面的帮助与支持，清华同方、万方数据、重庆维普资讯、龙源数字传媒等企业提供了大量一手数据；同时我们也参考了大量的相关论述及文献，虽然在《报告》中有所标注，但可能仍存在遗漏现象，在此我们一并致谢！

编　者

2018 年 6 月 16 日

目 录

主报告

步入新时代的中国数字出版
——2017—2018 中国数字出版产业年度报告
　　……………………………中国数字出版产业年度报告课题组（3）
　一、数字出版产业环境分析 …………………………………（3）
　二、数字出版产业规模分析 …………………………………（16）
　三、数字出版产业态势分析 …………………………………（21）
　四、数字出版产业问题与对策分析 …………………………（32）
　五、数字出版产业趋势分析 …………………………………（37）

分报告

2017—2018 中国电子图书出版产业年度报告
　　………………………… 万　智　艾顺刚　乔莉莉　杨兴兵（47）
　一、电子图书出版概述 ………………………………………（47）
　二、电子图书出版产业现状 …………………………………（49）
　三、电子图书产业年度重大事件 ……………………………（55）
　四、制约电子图书产业发展的主要问题及建议 ……………（56）

2017—2018 中国数字报纸出版产业年度报告
　　………………… 万　智　艾顺刚　孙晓翠　庄子匀　潘　瞳　陈　丽（62）

· 1 ·

一、数字报纸出版概述……………………………………………（62）
二、数字报纸出版产业现状………………………………………（65）
三、数字报纸出版产业发展面临的问题与对策…………………（76）
四、数字报纸产业年度重要事件…………………………………（78）
五、总结展望………………………………………………………（79）

2017—2018 中国互联网期刊出版产业年度报告

………………………………李广宇　戴铁成　高默冉　王友平（82）

一、互联网期刊出版产业概述……………………………………（82）
二、影响互联网期刊行业发展的重要事件………………………（89）
三、互联网期刊出版产业发展现状及问题………………………（92）
四、互联网期刊行业发展趋势研究………………………………（95）

2017—2018 中国网络游戏出版产业年度报告

………………………中国音数协游戏工委　伽马数据　国际数据公司（100）

一、中国网络游戏市场规模………………………………………（100）
二、中国网络游戏用户状况………………………………………（105）
三、中国网络游戏产业分析………………………………………（107）
四、年度影响游戏出版产业发展的重要事件……………………（108）
五、总结与展望……………………………………………………（110）

2017—2018 中国网络（数字）动漫出版产业年度报告

……………………………………………………………占世伟（114）

一、网络（数字）动漫出版产业发展态势………………………（115）
二、网络（数字）动漫产业的生产规模与市场规模状况………（119）
三、年度网络（数字）动漫出版产业发展的重要事件…………（126）
四、问题与对策……………………………………………………（128）

2017—2018 中国网络社交媒体出版产业年度报告

……………………………………………………………张孝荣（134）

一、中国网络社交媒体发展概况…………………………………（134）
二、主要服务商发展情况…………………………………………（149）
三、2017 年社交媒体行业发展特点………………………………（163）
四、2017 年社交媒体年度大事……………………………………（166）

五、总结与展望 …………………………………………………（169）

2017—2018中国移动出版产业年度报告
………………………………………………………………毛文思（172）
一、移动出版产业发展概述 ……………………………………（172）
二、移动出版产业发展现状 ……………………………………（177）
三、年度影响移动出版产业发展的重要事件 …………………（186）
四、总结与展望 …………………………………………………（187）

相关专题报告

中国数字教育出版产业发展报告
…… 于建武　乔莉莉　杨兴兵　刘　焱　唐世发　庄子匀　杨　晨（193）
一、中国数字教育出版业发展整体态势 ………………………（193）
二、中国数字教育出版业发展面临的问题和策略 ……………（202）
三、中国数字教育出版产业发展趋势 …………………………（204）

中国数字出版标准化年度报告
……………………………………………………………… 陈　磊（208）
一、发展背景 ……………………………………………………（208）
二、现状特点分析 ………………………………………………（210）
三、问题及对策建议 ……………………………………………（214）

中国数字版权保护状况年度报告
……………………………童之磊　闫　芳　徐耀明　李　洋（219）
一、我国数字版权保护新进展 …………………………………（219）
二、各省区版权保护状况统计分析 ……………………………（225）
三、数字版权保护技术发展状况 ………………………………（228）
四、典型案例分析 ………………………………………………（229）
五、数字版权保护存在的困境及应对措施 ……………………（232）

中国数字出版教育年度报告
………………………………………张　博　雷　锦　郝于越（235）

一、中国数字出版教育的新进展……………………………………（235）
二、中国数字出版教育的典型范例…………………………………（240）
三、中国数字出版教育发展中的主要问题…………………………（242）
四、加快中国数字出版教育发展的对策……………………………（246）

中国国家数字出版产业基地（园区）研究报告
………………………………………重庆华略数字文化研究院（254）
一、国家数字出版基地发展概况……………………………………（254）
二、国家数字出版产业基地发展特点………………………………（257）
三、国家数字出版产业基地存在的问题……………………………（260）
四、国家数字出版产业基地发展展望………………………………（262）

中国"出版+VR/AR"融合发展研究报告
………………………………………王 扬 尚 烨 邓 杨（265）
一、VR/AR 图书出版总体情况……………………………………（265）
二、出版+VR/AR 发展态势…………………………………………（266）
三、出版+VR/AR 未来发展趋势……………………………………（271）
四、结 语……………………………………………………………（274）

重庆市数字出版产业发展报告
……………………重庆市文化委员会 重庆华略数字文化研究院（275）
一、重庆数字出版业运行态势与特点………………………………（275）
二、重庆数字出版业面临的问题……………………………………（279）
三、2018 年重庆数字出版业发展建议………………………………（282）
四、2018 年重庆数字出版发展趋势…………………………………（284）

附 录

2017 年中国数字出版大事记
………………………………………………………石昆辑录（291）
一、电子图书…………………………………………………………（291）
二、互联网期刊………………………………………………………（293）

三、数字报纸 …………………………………………（295）
四、移动出版 …………………………………………（298）
五、网络游戏 …………………………………………（298）
六、网络动漫 …………………………………………（300）
七、视　频 ……………………………………………（302）
八、数字版权 …………………………………………（303）
九、综　合 ……………………………………………（309）

主 报 告

步入新时代的中国数字出版

——2017—2018 中国数字出版产业年度报告

中国数字出版产业年度报告课题组

2017 年，数字经济发挥重要引擎作用，在新技术的助力推动下，以数字出版为代表的数字内容产业焕发了巨大活力，呈现出新的发展局面。国际上，大型出版商持续着力转型；电子书略显颓势，数字原生媒体也面临生存困境；在国内，伴随着中国特色社会主义发展进入新时代，数字出版被赋予了新的文化责任与使命担当，取得新的突破，为国家数字经济发展，为数字中国和网络强国建设提供了有力支撑。数字出版产值超过 7 000 亿元，再创新高。新闻出版业转型升级、融合发展持续深化。

一、数字出版产业环境分析

（一）国际产业环境

2017 年，对于以欧美国家为代表的国际数字出版发展而言，可以用"喜忧参半"来形容。大型出版商和传统媒体仍然在积极开展数字化转型，业务布局日臻完善；音视频发展势头良好，成为媒体转型的重要着力点，同时也可以看到，电子书和数字原生媒体等形态正面临发展瓶颈。

1. 出版商积极拓展业务布局

2017 年，国际出版商持续开展业务转型，通过精简结构、降低成本、优化布局等方式，积极调整业务布局，加强科技研发，以数字化转型拉升市场份额，从教育、专业、大众出版的不同领域来看，主要呈现以下态势。一是面对销售收入减少和业绩下滑，教育出版集团积极调整业务结构和探索新的经营模式。培生集团进一步从教育出版公司转型成为教育服务公司，其数字化业务和服务的收入占比达到69%。培生集团在2017年进一步精简业务结构，剥离资产，出售华尔街英语、环球英语，对企鹅兰登书屋股份进行减持，后又出售其K12美国教学课件业务。同时，教育出版商纷纷开展费用全包模式，并积极拓展教材租赁业务。2017年培生集团已全面转向费用全包模式，学生在秋季开学首日就可以拿到数字课件；并与210家高校签订合作协议，合作高校总数已超过500家；同时，培生大多数教材采用纸电租赁模式，大幅提升了其教材销售的收入。麦格劳-希尔集团同样开展费用全包模式，2017年共与275家机构开展了费用全包访问模式的合作，此项业务的用户数量实现了翻倍的增长，在2018年还将进一步扩大租赁教材的品种数量，250种已出版的电子教材和未来所有出版的新书都将推行租赁模式。圣智学习出版集团在2017年10月开始与数百家高校合作开展费用全包访问模式，覆盖学生人数超过14万。与此同时，培生集团、麦格劳-希尔集团都通过适应性学习工具，提供个性化学习支持。二是学术出版商积极开发先进的分析与决策工具，进行平台搭建，为研究人员多途径分享研究成果和获取科研信息提供支持。励讯集团在2017年剥离风险业务板块，开发基于信息的分析和决策工具，开拓新业务。作为当前励讯集团旗下的爱思唯尔公司的首要发展战略，推出了一系列分析工具，为科研人员和政府机构提供服务，全方位满足用户需求，如文摘及引文数据库Scopus、科研管理工具SciVal、企业研究管理工具Pure、医学参考平台ClinicalKe等。三是在大众出版领域，跨媒介开发成为出版商转型的重要手段。如学乐社以出版儿童图书为主要业务，同时拓展多元化业务，成立Weston Woods工作室、学乐音频部、学乐娱乐公司，进行经典绘本的音视频、畅销童书的有声读物及影视产品，此外，学乐社还配合多部经典童书品牌开发了适合iOS、安卓和Windows系统的游戏应用，进行图书和游戏的搭配开发，以跨媒介打造畅销品牌[1]。

---

[1] 周清熙. 国际出版集团2017年报分析显示：数字化转型带来市场份额提高. http://www.cbbr.com.cn/article/121895.html.

2. 音视频领域发展势头强劲

2017年，相较于略显颓势的电子书市场，有声书市场发展势头良好，增势显著，英、美、德等国家的有声书市场均有突出表现。以美国为例，据相关数据显示，2017年美国全年销售额超过25亿美元，有26%的美国人收听过有声书，全年有声书新品种达到7.9万种，较2016年增长29%[1]。据悉，英国2012—2017年有声书销售也实现了翻倍增长。过去一年，音视频成为国际出版商、媒体的主要着力点，积极展开布局。在有声书方面，2017年，各家出版商大力开发有声书。企鹅兰登有声书部2017年出版了近1 000种有声书，比2016年增长了20%；哈珀·柯林斯旗下的HarperAudio公司在2017年出版的有声书品种数增长20%，截至2017年6月底销售收入增加47%。其通过与Overdrive合作，向图书馆提供有声书租赁的数量增长300%[2]。除了传统出版商，互联网企业也积极布局有声书领域。目前，谷歌已在45个国家以9种语言上线有声书商店。2017年初，亚马逊与苹果公司解除了有声书合作的排他性协议，即苹果公司的iTunes平台可以销售其他出版社的有声书，亚马逊的Audible平台也可以向其他平台提供有声书。与此同时，美国的媒体在转型升级过程中也更加注重音视频内容。2017年3月，《纽约时报》纸质版改版，新增内容包括音视频精彩内容的提要，网站上最受读者欢迎的帖子的选登，采编团队报道新闻的幕后故事等，从中可以看出，《纽约时报》的纸版与数字版内容融合程度加深，同时音视频成为其重要的内容板块。2017年年初在《纽约时报》的一份内部报告中提到，未来3年《纽约时报》的发展方向包括：打造"技术型可视化记者"、尝试记者跨部门、跨领域协作、优化采编模式、加大对视觉元素的重视、增加模式和音频内容的多样性等[3]。

音频需求的日益旺盛，不仅推动包括有声书等在内的音频内容的表现抢眼，也推动以智能音箱为代表的音频终端的快速发展。目前现在已经有大约3 900万美国人成为智能音箱的用户。随着更多的智能音箱进入到市场中，许多

---

[1] 百道网. 谷歌在45国上线有声书商店，一跃成为该领域有力竞争者. http：//reader. gmw. cn/2018－01/30/content_ 27520204. htm.

[2] 美国有声书市场：35岁以下听众占48%. http：//new. qq. com/omn/20180604/20180604A090H0. html.

[3] 蓝鲸财经. 为继续推进数字化转型，《纽约时报》再次改版. http：//www. p5w. net/news/tech/201703/t20170306_ 1728648. htm.

第三方设备都开始支持亚马逊 Alexa 或 Google Assistant 语音助手。全球各大科技公司都于 2017 年相继推出智能音箱产品，微软在美国官方商城等各大电商网站上架了首款搭载 Cortana 语音助手的智能音箱 Invoke，加入已经硝烟弥漫的市场竞争中。此前，亚马逊、Google 等企业已经在智能音箱领域进行布局；谷歌在 2017 年 10 月初也推出两款智能音箱产品——Home mini 和 Max，Google Home 具有较好的人机交互体验，如当说"早安"时，可以自动播报当日天气和交通情况；经过设置，当说"晚安"时，能够自动关闭一些智能家居设备；亚马逊早在 2014 年就入局智能音箱领域，不断迭代升级，打造基于不同需求的产品矩阵，持续优化功能和体验。在 2017 年 9 月，同时发布了第二代亚马逊 Echo、Echo Plus 和 Echo Spot 等三款智能音箱产品。其中，新一代 Echo Plus 搭载了亚马逊第二代远场麦克风，可支持 360 度声音和多设备跨屋音乐播放，支持杜比音效，并内置智能家居控制中心，可控制家中的小夜灯、门锁、监控摄像头等智能家居设备；新一代 Echo 则在外观上更加小巧，并优化了拾音功能，支持打电话和发信息，同样支持第三方智能家居设备控制；Echo Spot 则实现了智能音箱的可视化，带有屏幕显示，用它来显示图像、查看歌词和视频聊天，内置了 Alexa 语音助手。可以看到，亚马逊的这三款智能音箱，针对不同的场景需求，提供不同的功能与体验①。全场景布局成为未来智能音箱市场竞争的关键点。

3. 英美电子书颓势持续

近年来，英美等国家的电子书市场发展势头趋缓，甚至呈现下滑趋势。2017 年，英美电子书市场仍然保持着颓势。据美国出版商协会（AAP）公布的图书交易数据显示，2017 年美国电子书销售额为 5.557 亿美元，同比下降 4.6%；协会里 1 200 家传统出版社（包括 5 大出版集团）的销售金额分布为：纸质书 70%，电子书 17%，有声书 5.6%，电子书销售额占比较上一年有所下降②。英国电子书市场同样停滞不前，据全球市场研究公司英敏特（Mintel）预测，2017 年上半年英国电子书销售额小幅下降 1%，且英国数字出版物的销

---

① 雷科技. 亚马逊全新发布三款 Echo 智能音箱，价格亮了！. http://news.pconline.com.cn/1004/10045526.html.
② 练小川. 美国大众出版的五大漩涡. http://news.sina.com.cn/o/2017-12-26/doc-ifypxmsr0844194.shtml.

量仍将下滑①。根据近年英美出版市场的表现可以看出，人们的阅读喜好有所变化，纸质书籍市场回暖，有声书作为新兴数字出版形态的下载量也持续增长，电子书的收入却呈下降态势。

根据"K-12"学校图书馆电子书趋势的年度调查结果显示，美国各地的学生对电子书的选择和偏好正在产生微妙的变化。一是学校提供的电子书数量减少了10%，学校资金有限以及缺乏设备的接入。美国916个学校图书馆数据对比发现，2014年有66%的学校提供电子书，到2015年则降低至56%。二是学生对阅读电子书没有传统纸质书籍感兴趣，50%的学校图书馆员表示他们的学生对于电子书的兴趣很低；与上年相比，学校在电子书上的支出也略有下降。电子书的使用情况昭示了"K-12"学校数字化的趋势，同时也凸显了数字化趋势的复杂性。但大多数美国学校领导表示他们的学校将在未来两年强化电子书的应用，争取从纸质到电子书的过渡中迈出实质性的一步。根据最新数据显示，2018年第一季度电子书的收入总体虽然有所下降，但3月份的收入却增长了1.5%。

英国电子书消费主要集中在非主流小说、商业、宗教和政治等类型。从出版渠道看，超过70%的电子书来自于传统出版，20%左右来自于自出版或亚马逊出版。研究表明，在未来五年内，英国纸质图书销售额预计上涨25%，达到21亿英镑，而电子书收益在2022年时预计只能增长至3.83亿英镑。从读者的消费意愿来看，当前英国消费者愿意投入更多的资金去购买纸质书籍，有69%的纸质书籍、电子书和有声书消费者表示愿意支付超过6英镑购买精装版书籍，有48%的消费者则愿意花费更多资金去购买平装版书籍。相反，仅有17%的读者表示会花费超过6英镑购买电子书。当英国图书市场出现畅销书时，英国消费者中有80%表示"对纸质版书籍更感兴趣"，但同时有23%被调查者表示很有兴趣购买"增强版"电子书②，表明英国消费者更加期待通过电子书获得有别于纸质图书的增值性内容。

当年曾有很多人唱衰纸质书的未来，预测电子书的崛起可能会直接导致纸质书衰落，数字化的时代读者会把纸质书边缘化。但数据告诉我们，纸质书目

---

① 数字出版在线.2017年国际出版关键数据有哪些？http://www.sohu.com/a/211771265_667892.

② 国际出版周报.来了！2017英国出版业数据手册.http://www.yidianzixun.com/article/0I6bUSP5.

前依然是出版市场的主流，并推动着出版市场的整体发展。通过近年的研究表明，消费者对传统纸质书籍有了新的认识，同时全球数字化的时代又赋予了纸质书籍更多的价值，这也导致纸质书籍的逐渐回暖。相比纸质书市场，电子书市场反而停滞不前，这与之前电子书将成为市场主导的预测大相径庭。同时，出版商也认识到，学生和专业人士以及其他读者对纸质书籍和电子书有着不同的期望，例如家庭需求的电子书需要嵌入更加合适的技术，而学习使用的教科书则需要整合测试性内容以此评估学生。为了将这些新的互动特性融入到数字阅读或学习体验中，出版商们也正在努力改进他们的技术，增强电子书的互动性。

4. 数字原生媒体遇发展瓶颈

近年来，不仅传统媒体面临销量下滑，屡屡遭遇停刊，就连不少数字原生媒体也遭遇流量下滑。所谓数字原生媒体是指那些通过计算机算法研究受众喜好，通过社交媒体进行内容分享，以达到"爆炸式"传播效果的聚合类新闻媒体，类似于国内的今日头条。在国内依靠算法的聚合媒体平台大行其道之时，美国数字原生媒体正在遭遇滑铁卢。有的媒体进行了大规模裁员和战略调整，有的龙头企业则倒闭、易主，整个行业进入转型、洗牌的大调整时期。自2016年开始，美国《赫芬顿邮报》、Buzzfeed、Business Insider、Mashable、TechCrunch等代表性的数字原生媒体就出现用户访问量大幅下滑和广告变现遭遇瓶颈的不利局面，特别是在2017年更是面临生存危机，仿若要遭遇集体崩盘。2017年11月中旬，《华尔街日报》在一天之内接连发布了两条新闻，声称一年来估值2.5亿美元的Mashable将以1/5的价格抛售；而BuzzFeed在2017年的收入也大幅低于预期，筹备已久的IPO上市也有可能遭到推迟。这两条消息，直接触发了业界对美国数字媒体的集体唱衰。雅虎互联网媒体资产被威瑞森电信（Verizon）收购后与美国在线（AOL）合并，在2017年6月裁员2 000余人。[1] 即便进入2018年后，这样的局面也没能得到好转。BuzzFeed在2018年初宣布裁员100余名[2]；《赫芬顿邮报》的博客自媒体撰稿平台（投稿平台）终止运行，转而推出两个由编辑主导的封闭内容产品[3]。数字原生媒体遭遇生存

---

[1] 2017年IT界最严重的裁员事件汇总. http：//wemedia.ifeng.com/37711956/wemedia.shtml

[2] 美国的原生数字媒体正在集体崩盘？http：//tech.sina.com.cn/2018 - 01 - 20/doc-ifyquptv8184716.shtml

[3] 奥凯. 没想到传统媒体还没死，颠覆者的原生数字媒体已集体崩盘. http：//www.sohu.com/a/217945259_ 570245.

危机的原因主要有以下几个方面。一是"轻量化"内容对建立品牌忠诚度和用户黏性的帮助较差。这些数字原生媒体在创业之初，利用社交时代读者阅读习惯碎片化、移动化的特点，投其所好，生产那些阅读轻松，用户易于接受的内容，让受众自然产生阅读与分享的欲望，因此在短时间内获得流量和用户的快速增长，但是在高速增长期过后就进入了用户增长瓶颈期，流量和用户持续增长难以维持，甚至出现下滑。二是传统媒体的新闻网站在时政新闻和严肃新闻报道方面更受用户青睐。当美国数字原生媒体意识到深度新闻报道的重要性时，纷纷不惜重金从传统媒体聘请专业的新闻记者组建编辑团队，甚至邀请普利策新闻奖获得者加盟团队，撰写高质量的原创新闻，尽管如此，用户还是倾向于选择传统新闻媒体的新闻网站。以特朗普竞选总统为例，当时大量用户通过主动访问或间接搜索的方式，从CNN、华盛顿邮报、纽约时报等传统新闻网站获得竞选资讯，总统选举的新闻使上述网站阅读量获得极大提升。可见，数字原生媒体的碎片化呈现方式无法满足读者对事件的整体性认识，用户对传统媒体更加青睐。三是过度依赖外部社交网站，数字原生广告盈利模式难以为继。根据Buzzfeed内部资料数据分析显示，BuzzFeed网站75%的流量来自外部社交媒体，包括Pinterest、Twitter和Facebook。[①] 这种困境不仅出现在Buzzfeed一家媒体上，大多数字原生媒体都面临来自社交媒体的控制和挤压。显然，过度依赖社交媒体而获得的高点击率，并未给数字原生媒体带来高额的广告收入。事实上，约有65%的数字广告营收，被Facebook、谷歌、雅虎和Twitter等5家科技公司所占有[②]。广告收入流失严重的现象也使现有的盈利模式难以为继。

  面对传统媒体和社交媒体的双重挑战，美国数字原生媒体的发展进入了瓶颈期。现实困难迫使龙头企业纷纷转型，在内容方面表现为将重点放在"视频"和"社交化"的娱乐内容上；在机构方面表现为大幅裁员；在盈利模式方面表现为多元化探索，尝试横幅广告，通过商务、授权、影视制作等拓宽广告来源。转型效果还有待进一步观察。

  美国数字原生媒体遭遇生存危机，表明不仅传统媒体需要进行数字化转

---

① 数据来源：从Buzzfeed业务演变看美国原生数字媒体发展趋势. http://www.sohu.com/a/227931195_644338.

② 数据来源：皮尤. 2015新闻媒体现状报告. http://news.sina.com.cn/m/2015-05-20/095531854229.shtml.

型，数字媒体同样要不断顺应发展形势，不断调整内容和服务。同时，媒体发展单纯依靠算法是难以为继的，想要可持续发展，必须坚持内容的深耕和服务的持续优化。

（二）国内产业环境

2017年，国内数字出版产业发展环境日益趋好。在国家"数字中国"和"网络强国建设"的重大战略部署下，对新时代数字内容产业赋予了新责任，也带来新机遇；数字经济新引擎作用进一步凸显，推进产业结构调整，促进从生产到消费的升级；人工智能、区块链等技术革命为产业创新发展提供有力支撑；数字阅读需求日益旺盛，有声阅读作为新兴市场具有良好发展潜力。

1. 数字中国和网络强国建设步伐加快，新时代数字内容产业被赋予更大责任

"十三五"以来，数字中国和网络强国建设已成为国家重大战略部署的重要组成部分，重视程度与日俱增，相关工作得到快速推进。国家和政府主管部门以政策为重要依托，着力推动数字中国和网络强国建设，数字内容产业作为其重要支撑，也将进一步发挥重要作用。

党的十九大报告指出，为加快建设创新型国家，要加强基础研究，突出关键共性技术创新，为建设"网络强国""数字中国"提供有力支撑，强调了文化对于国家、民族发展的重要意义，明确了文化建设在中国特色社会主义总体布局中的定位，提出了新时代文化建设的总体目标和基本要求，对新时代文化产业发展做出重要部署。其中明确提出要"倡导创新文化，强化知识产权创造、保护、运用；为推动文化事业和文化产业发展，要完善文化经济政策，培育新型文化业态"。2017年12月初，中共中央政治局就实施国家大数据战略进行第二次集体学习，习近平总书记在主持学习时对加快建设数字中国作出部署要求，强调推动实施国家大数据战略。在2018年4月召开的全国网络安全和信息化工作会议上，习近平总书记就网络强国建设做出重要论述，指出要加强网上正面宣传，推动信息领域核心技术突破，自主创新推进网络强国建设。由此可见，数字中国和网络强国建设已经上升至国家顶层设计层面，对包括数字内容在内的各相关产业的发展将带来巨大影响，也昭示着新时代数字内容等相关产业将承担更重大的历史使命和进一步推进经济发展的历史责任。

过去一年来，国务院和各相关部委从信息消费、工业文化发展等层面制定并颁布政策，为"数字中国"建设创造优良条件，并实施有效保障措施推进该项工作取得快速进展。2017年1月，工信部和财政部为推动工业与文化融合发展，推进工业文化建设，联合印发《关于推进工业文化发展的指导意见》（以下简称《意见》）。《意见》指出，工业文化是建设制造强国的强大精神动力，也是提升我国国际竞争力的重要手段。在充分调动工业文化资源的基础上，建立工业文化资源库，加强统筹，创新资源使用模式；推动工业文化与现代技术手段有机融合，催生新业态。2017年8月，国务院为推进信息消费、进一步释放内需潜力、促进创新保证有效供给、优化消费环境，印发《关于进一步扩大和升级信息消费 持续释放内需潜力的指导意见》，提出到2020年，信息消费规模预计达到6万亿元，基本形成高效便捷、安全可信、公平有序的信息消费环境的发展目标；因此要充分发挥信息技术的支撑与带动作用，提升信息服务能力，拓展信息产品边界，构建线上线下协同互动的消费新生态，满足人民群众的信息消费需求。要实施数字内容创新发展工程，整合文化资源，形成优质数字文化内容，加快推进媒体深度融合。数字内容创新工程的实施，不仅将推进新闻出版企业转型升级、融合发展的进程，而且会为内容创新提供巨大的发展空间，从而为"数字中国"建设提供有力支撑。这些政策的颁布不仅将有效支持"数字中国"建设工作得到切实落实，也必将推动数字内容产业实现快速发展。

2. 互联网成为经济发展新动能，推进生产消费持续升级

2017年，中国经济不仅实现了量的增长，更实现了质的跨越，持续保持着稳中向好的积极局面。据《2017年国民经济和社会发展统计公报》显示，2017年我国国内生产总值首次超过80万亿元，达到82.7万亿元。GDP增长6.9%，实现了自2010年以来的首次回升。中国作为世界第二大经济体的地位进一步稳固。2017年，我国经济结构进一步优化，在高质量发展上迈出一大步。新动能新产业驱动经济升级，全年规模以上战略性新兴产业增加值比上一年增长11.0%；高技术制造业增加值增长13.4%，战略性新兴服务业营收达4.12万亿元，比上一年增长17.3%；软件和信息技术服务业完成软件业务收入55 037亿元，比上年增长13.9%[①]。2017年，数字经济作为中国经济发展新

---

① 中华人民共和国2017年国民经济和社会发展统计公报. http://www.gov.cn/xinwen/2018-02/28/content_5269506.htm.

引擎的拉动作用日益凸显，持续创造发展红利。2017年我国数字经济总量达到27.2万亿元，占GDP比重达到32.9%。数字经济对GDP的贡献率为55%，接近甚至超越了某些发达国家水平[①]；2017年1—11月，规模以上服务业企业中互联网信息服务行业、数字内容服务行业、信息技术咨询服务行业、数据处理和存储服务行业的营业收入同比增长分别为43.3%、34.0%、37.5%和43.6%[②]；在数字经济推动下，我国消费持续升级。2017年我国移动支付交易规模超过81万亿元，位居世界首位；全国网上零售额达7.18万亿元，同比增长32.2%，较社会消费品零售总额增速高20多个百分点。无界零售悄然兴起，线上线下深度融合，京东、阿里巴巴、腾讯等纷纷布局线上线下一体化电商生态，通过多元化的运营模式满足消费者多层次需求。阿里巴巴在全国各地开设零售店——"盒马鲜生"，进行包含"海鲜市场+餐馆+超市"的多元业态"新零售"布局；2017年8月，阿里巴巴旗下天猫与海澜之家签署战略合作，男装品牌海澜之家旗下5 000家线下门店将全面升级为"智慧门店"，无人零售将成为现实。

2017年，文化及相关产业增加值达35 462亿元，占GDP比重为4.29%，文化产业增加值继续保持两位数增长，文化产业向国民经济支柱性产业持续迈进。在资本市场，2017年文化板块持续活跃。依照文化产业统计新标准，截至2017年12月31日，沪深股市共有文化上市公司192家、总市值23675.96亿元，分别占沪深股市上市公司总数和总市值的5.5%、4.1%。其中，文化核心领域包括新闻信息服务、内容创作生产、创意设计服务、文化传播渠道等共159家、市值2.01万亿元，分别占文化上市公司总数和总市值的82.81%、84.95%；内容创作生产类70家、市值8 744.97亿元，分别占文化核心领域总数和总市值的44.03%、43.48%；2017年文化产业融资总额3 418.12亿元，比2016年的2 561.11亿元增长33.5%。[③]

3. 技术应用为产业发展带来新机遇

技术的迭代和创新应用持续驱动着产业变革。2017年，一些技术迈入实质

---

① 2017年数字经济总量达27.2万亿 对GDP贡献率为55%. http：//money.163.com/18/0517/09/DIOHELO800258105.html.

② 2017年中国经济质量高，信息通信业又立功了. http：//tc.people.com.cn/n1/2018/0123/c183008-29780879.html.

③ 文化产业最新"成绩单"：增速保持两位数增长. http：//news.gmw.cn/2018-05/30/content_29037531.htm2017.

应用阶段，有些技术则尚处于概念期，尚未落地。具体而言，大数据、人工智能、区块链、物联网、5G 技术在 2017 年均取得了较大突破。

人工智能在新闻出版领域的应用已初具雏形；在智能语音、智能创作、沉浸体验等方面逐渐广泛应用于内容生产和内容推送，实现智能创作、智能呈现与精准智能推送。一方面基于智能语音识别技术，可实时记录语音笔记，高效捕捉灵感，利用 AI 自动将语音转化文字，写作软件依据关键字辅助撰写，AI 根据特定的创作思路，自动生产创作文本；另一方面带有机器人语音交互的产品广泛成为生活必备品，链接互联网内容载体的各品类智能终端应用于大众的客厅、卧室、汽车等应用场景，甚至带有 AR/MR 技术的沉浸式体验，实现更加丰富立体的内容呈现；精准智能推送体系已经成为主流数字内容平台的标准配置，实现千人千面的内容定制功能，极大优化了用户接受内容的效率和体验；另外，实时技术追踪取证技术正强化版权保护能力。国家版权局正着手建立正版版权大数据中心，对版权信息传播路径、下载脉络实时监测，准确捕捉盗版侵权行为。

2017 年被视为区块链技术的发展元年，区块链技术正处于从概念发展到落地应用阶段。人们相信这一技术将在未来的应用中重新构建人类处理经济生活中人与人关系、利益分配方式的新型生产关系，区块链技术已被列入国务院《"十三五"国家信息化规划》，据不完全统计，全国已有十余个省（市）发布了区块链应用的指导意见。该项技术不仅重塑了互联网金融的新格局，并逐渐从数字货币中剥离出来，应用于各个领域，得到日益广泛的探索与应用，同样渗透至文化内容产业，可有效解决互联网交易中的信用安全问题。在文化内容产业，区块链也在快速渗透，市场上已涌现出区块链+游戏、区块链+视频、区块链+直播、区块链+广告、区块链+社交等产品。如区块链在游戏领域的应用，可有效提升游戏运行的稳定性，并可有效控制管理游戏过程中的交易行为，维护玩家权益。在版权保护领域，已有数字出版企业将区块链技术应用于版权保护。区块链记录数字产品的版权信息及交易流转信息，实现了数字产品使用流程和情况追踪，可及时察觉侵权行为进行取证，有助于版权的维护与追溯。

2017 年，物联网对于国民经济产业变革的规模效应初步显现。物联网连接数呈现爆炸式增长；规模化物联网应用开始验证；随着物联网应用场景不断拓展，人工智能和物联网逐步结合，万物智联时代正在加速到来，互联网龙头企业均加快了物联网布局。如 2017 年 10 月 12 日，阿里云在 2017 杭州·云栖大会上发布 Link 物联网平台。物联网将实现信息内容终端的无处不在和信息获取场景的持续多元，由此也将催生出基于场景的个性化服务。

2017 年，5G 技术即第五代移动通信技术的测试取得显著突破，并开始推进商用进程。2017 年我国 5G 技术研发的第二阶段测试已经完成，网络架构等技术已成为国际标准。2018 年 1 月 16 日工信部正式发布《5G 技术研发试验第三阶段规范》，开始 5G 技术研发的第三阶段测试，预计到 2018 年年底，5G 产业链主要环节基本达到预商用水平。

4. 数字阅读需求日益旺盛，有声读物成为数字阅读新亮点

2017 年，互联网和移动互联网持续快速发展，互联网普及率进一步提升。据第 41 次《中国互联网络发展状况统计报告》显示，截至 2017 年 12 月，我国网民规模达 7.72 亿，互联网普及率为 55.8%，较 2016 年提升了 2.6 个百分点；其中，我国手机网民规模突破 7 亿，达至 7.53 亿，我国网民使用手机上网的比例达 97.5%，使用率再创新高。

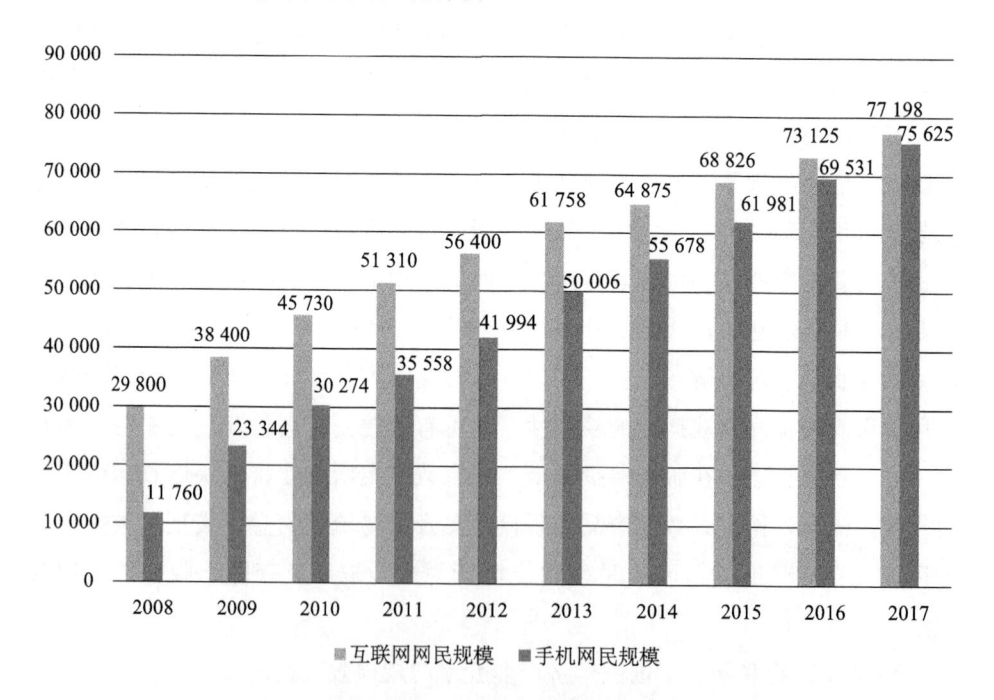

图 1　2007—2017 年我国互联网网民规模与手机网民规模变化

从图1中可以看出，从2008—2017年十年间，互联网和移动互联网快速发展，互联网网民规模实现了超过150%的增长，手机网民规模更是实现了逾五倍的增长，手机上网已成为我国网民上网的绝对主流方式。

与此同时，2017年我国各类互联网应用用户规模均呈上升趋势，其中即时通信、网络新闻和搜索引擎依然位列互联网网民使用率前三名，用户规模分别达到7.20亿、6.47亿和6.40亿，使用率分别达到93.3%、83.8%和82.8%。网民使用率排名第四到十名的互联网应用分别是：网络视频、网络音乐、网络购物、网上支付、地图查询、网络游戏、网络直播。从中可以看出，随着网络环境的日益优化，网络视频、网络音乐、网络游戏、网络直播等用户使用率得到提升，互联网应用娱乐化、可视化趋势明显[1]。

从数字阅读方面来看，2017年数字阅读需求持续提升。据中国新闻出版研究院《第十五次全国国民阅读调查报告》数据显示，我国成年国民图书各种媒介的综合阅读率突破80%，达到80.3%，较上一年提升了0.4个百分点。数字化阅读方式成为拉动国民阅读的重要力量，2017年数字化阅读方式（网络在线阅读、手机阅读、电子阅读器阅读、Pad阅读等）的接触率为73.0%，较2016年的68.2%上升了4.8个百分点。2017年我国成年国民的网络在线阅读接触率、手机阅读接触率、电子阅读器阅读接触率、Pad（平板电脑）阅读接触率均有所上升。其中，手机阅读接触率达到71.0%，较2016年的66.1%上升了4.9个百分点。手机成为人们每天接触时间最长的媒介，我国成年国民人均每天手机接触时长为80.43分钟。微信阅读时长增长显著，有超过六成（63.4%）的成年国民进行过微信阅读。2017年数字阅读突出特点是有声读物增长显著，有声阅读已成为国民阅读的新兴增长点，2017年我国有两成以上的国民有听书习惯，成年国民的听书率达到22.8%，较2016年提高了5.8个百分点。移动有声APP平台听书的国民比例为10.4%，成为国民进行有声阅读的主要选择[2]。

---

[1] CNNIC第41次《中国互联网络发展状况统计报告》。
[2] 第十五次全国国民阅读调查成果发布. http://www.chinawriter.com.cn/n1/2018/0418/c403992-29934401.html。

据《2017年度中国数字阅读白皮书》显示，2017年中国数字阅读市场规模达到152亿元，同比增长26.7%；2017年，中国数字阅读用户近4亿，同比增长13.37%。从数字阅读的内容构成上看，网络文学占比不断提升，从2015年的69%上升至2017年的85%，已成为数字阅读内容的绝对主流。从数字阅读的形态上来看，2017年有声阅读增幅明显，用户规模达到2.3亿，市场规模达40.6亿元，同比增长达39.7%。

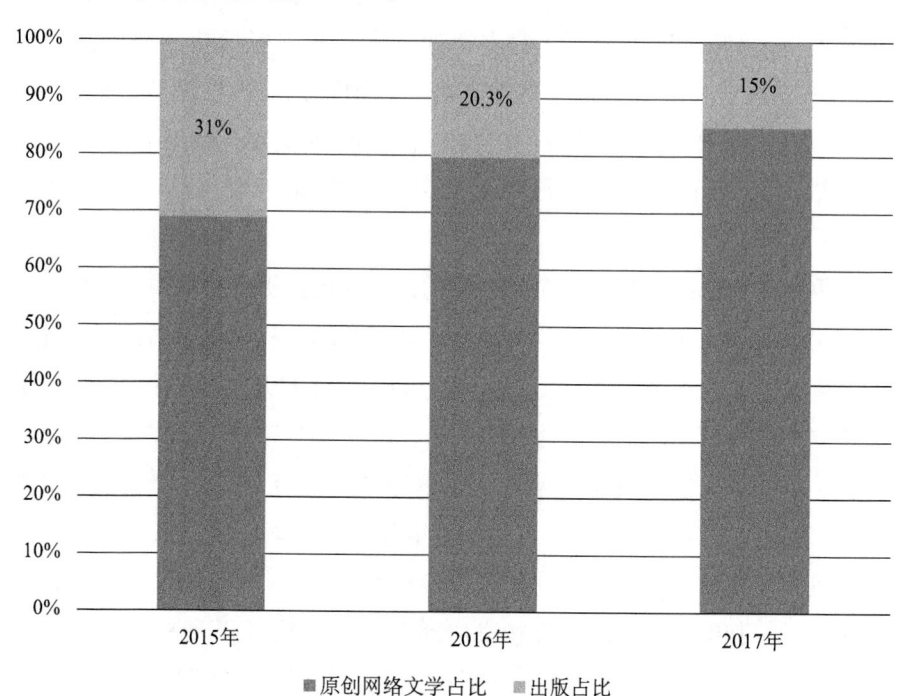

图2 数字阅读内容品种数量变化情况

二、数字出版产业规模分析

2017年，我国数字出版产业依旧保持快速发展势头，全年收入规模超过7 000亿元。其中，互联网广告、移动出版、在线教育、网络游戏处于收入榜前四位。其中在线教育发展迅猛，已超过网络游戏收入位居第三。

（一）收入规模

1. 整体收入规模持续增长

2017年国内数字出版产业整体收入规模为7 071.93亿元。其中：互联网期刊收入达20.1亿元，电子书达54亿元，数字报纸（不含手机报）达8.6亿元，博客类应用达77.13亿元，在线音乐达85亿元，网络动漫达178.9亿元，移动出版（移动阅读、移动音乐、移动游戏等）达1 796.3亿元，网络游戏达884.9亿元，在线教育达1 010亿元，互联网广告达2 957亿元。整体情况见表1。

表1　数字出版产业收入情况（单位：亿元）

数字出版分类	2008年	2009年	2010年	2011年	2012年	2013年	2014年	2015年	2016年	2017年
互联网期刊	5.13	6	7.49	9.34	10.83	12.15	14.3	15.85	17.5	20.1
电子书	3（电子图书）	14（电子图书4+电子阅读器10）	24.8（电子图书5+电子阅读器19.8）	16.5（电子图书7+电子阅读器9.5）	31	38	45	49	52	54
数字报纸	2.5（网络版）	3.1（网络版）	6（网络版）	12（不含手机报）	15.9（不含手机报）	11.6（不含手机报）	10.5（不含手机报）	9.6（不含手机报）	9（不含手机报）	8.6（不含手机报）
博客类应用	—	—	10	24	40	15	33.2	11.8	45.3	77.13
在线音乐	1.3	—	2.8	3.8	18.2	43.6	52.4	55	61	85
移动出版	190.8	314	349.8（未包括手机动漫）	367.34（未包括手机动漫）	472.21（未包括手机动漫）	579.6（未包括手机动漫）	784.9（未包括移动动漫）	1 055.9（未包括移动动漫）	1 399.5（未包括移动动漫）	1 796.3（未包括移动动漫）
网络游戏	183.79	256.2	323.7	428.5	569.6	718.4	869.4	888.8	827.85	884.9

续表

数字出版分类	2008年	2009年	2010年	2011年	2012年	2013年	2014年	2015年	2016年	2017年
网络动漫	—	—	6	3.5	5	22	38	44.2	155	178.9
在线教育	—	—	—	—	—	—	—	180	251	1 010①
互联网广告	170.04	206.1	321.2	512.9	753.1	1 100	1 540	2 093.7	2 902.7	2 957②
合计	556.56	799.4	1 051.79	1 377.88	1 935.49	2 540.35	3 387.7	4 403.85	5 720.85	7 071.93

从表1中我们可以看出：互联网期刊的收入规模从2008年的5亿元增长至2017年的20.1亿元，10年间增幅呈现不平稳态势，除了2009年和2010年增长幅度达到23%以上外，其余均处于18%以下，但总体依旧呈现增长趋势，且近几年来态势趋稳。电子图书（e-book）收入规模2008年为3亿元，2009为4亿元，2010年为5亿元，2011年为7亿元，2012年为31亿元，2013年为38亿元，2014年为45亿元，2015年为49亿元，2016年为52亿元，2017年为54亿元，与纸版图书销售收入相比，所占比例依然很少，在国家大力推进全民阅读、构建书香社会、移动阅读渐已成为用户生活方式的影响下，从2012年开始至2016年止，呈现快速增长态势，年平均增长幅度达16.13%。2017年相较于2016年增幅不大，电子图书行业在经历了大幅增长的发展后，开始进行又一轮市场调整，积蓄力量、寻找新的发力点。

移动出版和网络游戏的收入分别为1 796.3亿元和884.9亿元，在数字出版总收入中所占比例分别为25.40%和12.51%，两者合计占比37.91%，接近全年总收入规模的40%，这说明移动出版和网络游戏依然是拉动数字出版产业收入的主力军，地位比较稳固。需要注意的是，2017年，中国网络游戏产业市场规模没有达到往年的最高点，但市场规模在逐步扩大，实际销售收入的增长速度较2016年有一定幅度的提高，市场增长势头迎来反弹。多方面的利好因素，不断为游戏行业注入活力，推动市场规模有所扩大。

---

① 数据来源：互联网教育研究院，数据不包括教育信息化产业营收情况。
② 数据来源：中国互联网络信息中心《中国互联网络发展状况统计报告》（第41次）。

2. 传统书报刊数字化收入占比增幅依然呈现下降态势

图书、报纸、期刊作为我国传统新闻出版单位的主营业务，一直颇受重视。近年来，这些单位纷纷推进转型升级、融合发展工作，加快实施数字出版业务，但是相对来说仍存在转型力度弱、融合不到位等问题。

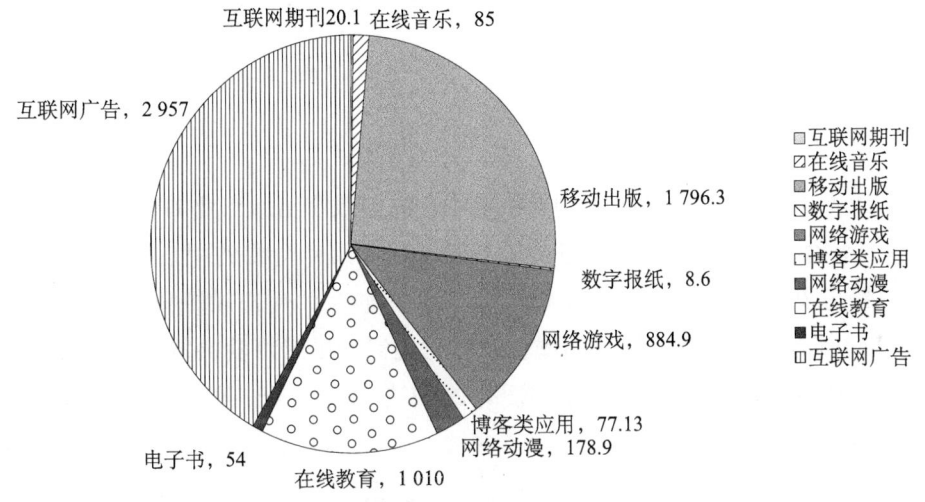

图3　2017年数字出版产业收入情况（单位：亿元）

从图3的数据我们可以看出，2017年互联网期刊、电子图书、数字报纸的总收入为82.7亿元，相比2016年的78.5亿元，增长幅度为5.35%，低于2016年5.44%的增长幅度，在数字出版总收入中所占比例为1.17%，相较于2016年的1.54%和2015年的1.77%来说，继续处于下降阶段。这说明传统新闻出版单位仍需要加大数字化转型升级的力度、加快推进融合发展进程，通过现有平台加大资源整合力度，立足内容资源为中心，注重提升内容品质，严格把握价值导向，打造内容利用与开发的立体体系；加大对新技术的研发与把握程度，实现技术与内容的优势互补；激发人才活力、科研活力，强化协同推进，探索产业新形态、研发新产品、开展新服务。既要保证数字化转型升级的推进速度，又要提升数字化转型升级工作的质量，努力形成数字化转型升级不断深化、融合发展不断突破的新局面，努力提升传统书报刊企业在数字内容产业中的话语权与竞争力。

3. 新兴板块持续发力

2017年，移动出版收入规模为1 796.3亿元，在线教育收入规模为1 010

亿元，网络动漫收入规模为178.9亿元，三者占数字出版收入规模的比例为42.21%，这表明移动出版依然是数字出版的重要发展方向，具有雄厚的发展潜力；在线教育作为数字教育出版最为活跃的部分，经过激烈的市场竞争，资源趋向集中化，马太效应初显；网络动漫经过多年的探索与坚持，在深受资本追逐和动漫IP运营颇受重视的情况下，继续保持快速发展态势。

（二）用户规模

从表2可以看出：截至2017年年底，我国数字出版产业的累计用户规模达到18.25亿人（家/个）（包含了重复注册和历年尘封的用户等）。微博的用户数与2016年相比，增长了16.6%。网络游戏的用户规模数在2008年至2017年都有一个跨越式的大幅增长过程。在线音乐用户数保持平稳增长。另外，虽然原创网络文学注册用户数从2009年开始统计，但也保持着高速增长的势头。

表2　2008—2017中国数字出版产业用户规模（单位：人/家/个）

数字出版物	2008年	2009年	2011年	2012年	2013年	2014年	2015年	2016年	2017年	来源
互联网期刊用户数	8 700万人	9 500万人	数据缺失	数据缺失	数据缺失	数据缺失	数据缺失	数据缺失	数据缺失	——
电子图书机构用户数	4 000家	4 500家	8 000家	8 500家	数据缺失	数据缺失	数据缺失	数据缺失	数据缺失	
数字报纸用户数	5 500万人	6 500万人	>3亿人	数据缺失	数据缺失	数据缺失	数据缺失	数据缺失	数据缺失	
博客类应用注册用户数	1.62亿	2.21亿	3.186 4亿	3.729 9亿	4.37亿	1.1亿	4.745 7亿	2.71亿	3.16亿[①]	《第41次中国互联网络发展状况统计报告》

---

① 这里主要采集的是2017年微博用户数据。

续表

数字出版物	2008年	2009年	2011年	2012年	2013年	2014年	2015年	2016年	2017年	来源
在线音乐用户数	2.48亿人	3.2亿人	3.8亿人	4.36亿人	4.5亿人	4.78亿人	5.01亿人	5.03亿人	5.48亿人	《第41次中国互联网络发展状况统计报告》
网络游戏用户数	4 935万人	6 587万人	1.2亿人	1.4亿人	1.5亿人	3.66亿人	4.51亿人	5.66亿人	5.83亿人	分报告
手机阅读活跃用户数	1.04亿	1.55亿	3.09亿	数据缺失	数据缺失	数据缺失	数据缺失	数据缺失	数据缺失	——
原创网络文学注册用户数	——	1.62亿人	2.03亿（数据截止到2011年12月）	2.33亿（数据截止到2012年12月）	2.74亿（数据截止到2013年12月）	2.94亿（数据截止到2014年12月）	2.97亿（数据截止到2015年12月）	3.33亿（数据截止到2016年12月）	3.78亿（数据截止到2016年12月）	《第41次中国互联网络发展状况统计报告》
合计①	——	10.84亿	16.31亿	11.82亿	13.11亿	12.48亿	17.235 7亿	16.73亿	18.25亿	——

三、数字出版产业态势分析

数字出版产业发展进入深化期，从高速度发展迈向高质量发展的新阶段。2017年，主管部门对产业转型融合发展的规划部署和引导力度进一步加强，在知识服务等领域的部署有序开展，行业创新支撑体系日臻完备；在政策引导下，出版单位转型升级迈向深化，在探索实践中，发展思路更加明确；网络文学发展渐趋成熟，进一步产业化、规范化，良性环境渐趋形成；数字教育产品体系日趋完整，人工智能等先进技术为数字教育带来新动力；数字出版人才建设加快推进；网络内容监管进一步加强，促进出版企业的导向意识和责任意识

---

① 电子图书机构用户数没有计算在内；2012、2013、2014、2015、2016、2017年互联网期刊用户数、数字报纸用户数和手机阅读活跃用户数缺失，未计算。

进一步提升；知识付费浪潮仍在持续，为数字出版创新发展带来新空间；数字出版产业保障体系进一步完善。

（一）转型升级迈向深化

自2014年国家新闻出版广电总局、财政部联合发布《关于推动新闻出版业数字化转型升级的指导意见》以来，传统新闻出版单位转型升级步伐逐步加快，初步形成数字化转型升级工作模式和技术支撑体系，我国出版业的数字化转型升级工作取得显著的阶段性成果，出版单位的转型升级、融合发展日益目标明确、布局日益清晰，数据共享与应用能力、创新能力大大增强，出版业转型升级基本具备进入深化阶段的基础条件。2017年3月，国家新闻出版广电总局联合财政部，再次发布《关于深化新闻出版业数字化转型升级工作的通知》，对进一步推动新闻出版业转型升级进行新的部署，提出新的目标与任务。2017年9月，《新闻出版广播影视业"十三五"时期发展规划》正式对外公布，将深化转型、融合发展作为"十三五"时期新闻出版业发展的重要任务。在主管部门积极引导下，出版单位积极探索，对转型升级、融合发展有了更加清晰的、更为全局化的部署和规划，传统出版单位转型升级、融合发展无论从深度还是广度都迈上了新台阶。

中国科技出版集团持续深入推进向"知识服务"的转型。一方面，加大对学科知识库、医疗健康大数据、数字教育服务三大业务的投入，科学文库、中科医库平台、中科云教育平台、医兮网等数字产品已取得销售收入；另一方面，集团自主研发的按需印刷（POD）智能化生产平台已成为企业效益提升的一项重要抓手；中国科技期刊全流程数字出版与国际化传播平台投入使用并取得了良好的社会效益。辽宁出版集团为了进一步提高融合发展的速度和质量，制定了"五融"战略，即"融出版（信息化）""融资产（数字化）""融管理（标准化）""融发行（转型运营）"和"融团队（组织与人才）"，推动融合发展的集约化、规模化发展，同时以项目制运作方式，实施了"大耳娃"、IP化电商营销、AR/VR图书、专业出版数据库等多项跨平台融合项目。浙报传媒于2017年完成了转型重组动作，更名为浙数文化，对公司的业务结构进行优化，一方面，将传统新闻媒体资产剥离，由浙报集团进行统一的集团管控和全媒体融合；另一方面，上市公司专注于数字娱乐和大数据产业业务，转型互联网数字文化产业集团。优质IP为核心的数字娱乐产业，电子竞技等为主的垂直直播业务，大数据产业及文化产业经营和文化产业投资等业务成为公司重点布局的三大领域。近两年，浙数传媒在大数据方面持续发力①。2017年12月，浙数文化投建的"富春云互联网数据中心"在杭州正式开放，这是浙报集团大数据战略布局的重要组成部分，并设立总额10亿元的大数据产业基金。位于乌镇的"大数据交易中心"已于2016年9月上线运营，互联网数据中心与大数据交易中心将实现联动效应，互联网数据中心提供基础数据服务、数据挖掘和分析服务，大数据交易中心提供数据交易服务，促进各板块业务实现资源互联互通，借助大数据技术激发产业发展创新动力②。人民卫生出版社在建社65周年之际，旗下期刊《创伤与急诊电子杂志》开设新技术探索栏目，在期刊移动端APP，点击进入AR识别界面，将移动终端的后置摄像头取景框对准期刊导读本或数字出版内容中的图片，即可快速识别，并在手机屏幕上观看清晰立体的图像，为读者带来更加直观的阅读体验，这是期刊出版的内容与技术相结合的一次积极探索。由此可见，在主管部门和出版单位的双重努力下，新闻出版业数字化转型升级工作不断开创新局面，取得新业绩，保持良好的发展态势。

（二）网络文学发展进一步规范化、产业化

2017年以来，网络文学依然保持良好发展态势，并进一步向规范化、产业化方向发展。据相关数据显示，2017年网络文学市场规模达到130.2亿元，比2016年增长44.2%。网络文学用户规模达到3.78亿，占网民总数的48.9%。据原国家新闻出版广电总局数字出版司不完全统计，截至2017年12月，国内45家主要网络文学网站原创作品总量达到1 646.7万种，其中签约作品达到132.7万；进行各种创作的写作者超过1 300万人，签约作者达68万人。

在内容生产方面，精品化趋势明显，现实主义题材增多。无论从企业引导和作者创作意愿来看，反映时代风貌和社会百态的现实主义题材都成为网络文学作品发展的重点方向之一，因与现实生活的贴合，得到读者的广泛青睐。现实主义题材让网络文学与传统文学之间有了更多的融汇，让网络文学逐渐摆脱

---

① 田红媛. 2017出版集团"最亮眼"三件事. http://www.cbbr.com.cn/article/117803.html.
② 创造AI时代新价值 富春云互联网数据中心盛大开园. http://city.sina.com.cn/invest/t/2017-12-26/175218841.html.

只能架空、虚幻，不切实际的诟病。同时，传统文化融入网络文学作品的现象日趋增多，网络文学在传承优秀传统文化中发挥的作用日益提升。此外，科幻、励志、经营等小众题材、特色题材类型涌现，网络文学题材、内容与风格逐渐呈现出多元化的发展态势，以满足读者多层次多元化的阅读需求。

2017年8月，首届中国"网络文学+"大会以网络文学为核心，打造中国网络文学行业交流合作平台，推进网络文学版权运营生态构建，开创了网络文学发展之先河，被媒体誉为"树立起了我国文学发展史上一块新的里程碑"。掌阅科技、中版集团数字传媒有限公司、中文在线、晋江文学城、爱奇艺文学、纵横文学、阿里文学、红袖添香等16家企业代表和王凌英、董哲、贺涛、梦入洪荒4位作家代表共同发起《中国"网络文学+"大会北京倡议书》，倡导业界坚持以人民为中心的创作导向，坚持把好网络文学质量关[①]。此"倡议书"的发布，标志着我国网络文学的自律意识得到提升。

网络文学IP运营模式渐趋成熟。网络文学IP改编持续升温。据原国家新闻出版广电总局数字出版司不完全统计，截至2017年12月，国内45家主要网络文学网站组织出版纸质图书6 942部，改编电影1 195部，改编电视剧1 232部，改编游戏605部，改编动漫712部。网络文学在IP开发模式上更加多元，很多作品创作从创意策划就直接服务于IP改编，且更加注重作品的孵化培育。同时，网络文学IP运营产业链上下游逐渐打通实现融合发展，可以看到，网络文学企业、网络文学作者更加深度地参与到网络文学的衍生改编过程中，而影视、游戏等制作公司，也逐渐将业务延伸至内容生产环节，打造全产业链生态布局。

网络文学的政策法规体系日趋健全。2017年6月，国家新闻出版广电总局印发《网络文学出版服务单位社会效益评估试行办法》，提出对原创网络文学网站和网络文学阅读平台的单位实施社会效益评估，网络文学出版服务单位要做到始终把社会效益放在首位，实现社会效益和经济效益相统一。由此，主管部门对网络文学内容管理和引导力进一步加强。2017年北京市新闻出版广电局在创建网络文学阅评制度方面取得突出成效。制定了《网络文学阅评工作实施办法（试行）》，从阅评方法与要求、阅评工作管理、专家组成与职责、保障

---

① 中国"网络文学+"大会闭幕 启动大运河文化带作品征集. https：//news. uc. cn/a_17780413499186466509/.

措施等方面，对网络文学阅评工作作出具体规定。

资本力量对网络文学发展格局影响加剧，进一步驱动网络文学的产业化发展进程。2017 年 9 月和 11 月，掌阅科技和阅文集团先后在 A 股和香港上市，阅文集团首日开盘价 90 港元，上市 20 分钟即破百，当日收盘价报 102.4 港元，总市值超过 900 亿港元（约合人民币 765 亿元），此前，百度完美文学于 2017 年 5 月成功获得红杉资本和完美世界的 8 亿元融资。

网络文学研究与培育体系建设不断完善。2017 年 4 月，中国作协网络文学研究院正式成立，重点围绕中国网络文学前沿发展态势和创作现象展开理论研究，打造中国网络文学的产业智库。12 月，我国首个网络文学作家村在杭州授牌。通过吸引网络文学作家入驻，为创作者搭建线下良性沟通平台，营造网络文学创作的良好环境。2017 年 11 月，阅文集团和上海大学联合成立中国网络文学首个创意写作硕士点，这是网络文学产学研一体化发展迈出的重要一步，实现网络文学作品创作与理论的真正接轨。

（三）数字教育出版产品市场布局渐趋完整

2017 年初，国务院印发《国家教育事业发展"十三五"规划的通知》，明确提出"互联网＋教育"成为国家教育事业的重要抓手。要推进互联网＋教育发展，推进数字教育资源的普遍开放共享，支持"互联网＋教育"教学新模式，发展"互联网＋教育"服务新业态。该《规划》的颁布不仅推动国家教育信息化进程的逐步加快，也为数字教育出版带来发展机遇和空间。

2017 年，随着教育出版转型升级、融合发展渐趋深入，数字教育出版发展模式日趋多元，多家出版单位基于自身优势，在学前教育、基础教育、高等教育、职业教育、在线培训等领域探索数字教育发展路径，布局数字教育产品市场。特别是基础教育领域，基于课前、课中、课后不同场景，围绕教程、教辅、测试、作业各类内容的数字教育产品日益丰富。

教育出版是出版业融合发展探索的重要领域。多家出版单位以项目为抓手，进行教育出版转型融合探索实践。华东师范大学出版社依托于出版融合发展实验室，探索并研究教育出版大数据的应用，搭建教育出版大数据平台；人民教育出版社完成了人教智慧平台 1.0 版本的发布，2017 年 10 月起在天津、上海、广东、广西等地开展应用实验。

人工智能在数字教育出版的探索应用逐步加强。出版单位纷纷加大对人工智能的布局，特别是幼教领域和学前领域，成为人工智能应用的重要领域，主要是开发智能机器人，通过智能化的强交互性，提升儿童的学习兴趣。北方妇女儿童出版社开发智能机器人，并提供新的学习解决方案，拟构建纸质书＋数字＋音频＋机器人的全体教育体系。

（四）知识服务体系构建进一步完善

为贯彻落实国务院《促进大数据发展行动纲要》中提出建立"国家知识服务平台与知识资源服务中心"的要求，加快推进专业化知识服务平台建设，聚集专业领域数字内容资源，分步式推进知识资源服务的基础设施，整合各领域知识数据平台，形成层次清晰、覆盖全面、高度关联、内容精准的知识库群，重新构建知识价值服务体系。继2015年原国家新闻出版广电总局批复筹建"知识资源服务中心"，启动专业数字内容资源知识服务模式试点工作，确定了首批28家出版单位作为专业数字内容资源知识服务模式试点单位。同时，批复中国新闻出版研究院负责筹建"知识资源服务中心"，并具体组织试点工作。现阶段，"知识资源服务中心"筹建工作进展顺利，国家知识服务平台建设工作已全面启动，首批试点单位在专业领域知识体系建设、知识服务标准研制、知识资源加工、知识生产工具研发、知识服务平台建设、知识服务模式探索等方面均卓有成效。2017年11月，国家新闻出版广电总局发布《关于征集第二批专业数字内容资源知识服务模式试点单位的通知》，开启第二批专业数字内容资源知识服务模式试点单位的申报工作，并于2018年1月，公布了第二批试点单位名单。外研社、中华书局、中国大百科出版社、商务印书馆、中国社会科学出版社、中国人民公安大学出版社等27家新闻出版单位被遴选为第二批专业数字内容资源知识服务模式试点单位。2018年3月，启动第三批知识服务模式（综合类）试点单位征集工作，并于6月1日公布了遴选名单，有55家单位入选。此次遴选扩大了征集范畴，主管部门对知识服务的布局逐步完备，新闻出版知识服务支撑体系渐趋完善。可以看到，随着产业的不断发展，主管部门对知识服务的认识逐步深入，知识服务的概念得到新的诠释，不仅仅局限于专业出版领域，也同样涵盖教育出版和大众出版领域。各试点出版单位根据自身资源状况和学科特点，分类别、级别，构建所属学科的专业领域知识体系，目前所开发知识服务产品中一级分类最多的能够达到 100 类，层级最多达到 20 余层[①]。

（五）数字出版人才建设加快推进

2017 年，数字出版人才队伍建设有力推进。一方面，"数字出版千人培养计划"有序实施。作为数字出版"十三五"时期发展规划的重点项目，2017 年 8 月国家新闻出版广电总局下发了《关于开展"数字出版千人培养计划"试点培训工作的通知》，正式启动此项工作，明确了培养对象及条件，对 2017 年相关工作做出了部署安排，将分年度、分类别、分层次为书报刊新闻出版企业培养高端复合型战略人才和精通专业技能的骨干人才。培养共包括三个阶段：第一阶段是为期 30 天的高校脱产学习；第二阶段是进入互联网企业进行为期 30 天的实训，学习了解互联网企业的先进经验与成熟模式；第三阶段是境外学习交流，开拓视野。依据该项目总体工作部署，2017 年以图书出版单位为主进行试点。11 月 15 日，召开了试点培训工作启动会，经原总局慎重遴选，确定北京印刷学院和武汉大学承担"数字出版千人计划"试点培训工作，首期学员 100 名，其中战略班 40 人，骨干班 60 人，从 11 月 6 日起进行了为期 30 天的集中学习。在 2018 年 3 月 14 日召开的全国新闻出版单位数字出版工作交流会上，提出在 2018 年将全面实施"数字出版千人培养计划"，完成试点班企业实训和境外学习交流，并研究制定《数字出版千人培训计划课程体系》，建立政产学研一体化的师资队伍。另一方面，2017 年以来，出版单位在人才建设方面也实施了多项举措，大力推进体制机制创新，以满足融合发展需求。如安徽出版集团在人才队伍建设方面制定了清晰的线路图图，大力推进体制机制创新，持续推行首席编辑制度、工作室制度，并制定人才发展规划纲要，实施"四个一批"人才培养工程、后备人才培养计划、高端人才培养工程等人才培养计划，分类别、分步骤、阶梯式培养出版领军人才、骨干人才与专业人才。2017 年 9 月，安徽出版集团首次开展了境外培训活动，组织集团各单位从事数字出版、技术开发等岗位年轻员工远赴英国牛津布鲁克斯大学开展"数字出版管理高级人才"培训班，课程涉及数字产品的盈利模式分析、大数据在出版业中的

---

① 2018 知识服务重点：技术研发、机构建设、产业推进. http://www.cbbr.com.cn/article/121213.html.

应用、数字版权运营模式探析、数字环境下出版角色的转变、电子书商业模式研究等①。

同时，数字出版人才考核评定机制逐步健全。2017年北京市数字编辑职称考试工作持续推进，方式进一步创新优化，进行了《数字编辑考试指导用书》修订再版，并完成了无纸化考试命题工作。在2017年北京市第二批数字编辑正副高评审工作中，人才选拔、评审机制进一步确立，民营技术企业、互联网企业的参评人数占比较高。更加值得关注的是，2017年出版专业高级职称评审工作中，将数字副审、数字编审明确列入其中，从全国层面上，为数字出版的正副高职称评审建立了通道。

（六）知识付费风口持续成果初显

2017年以来，互联网知识付费浪潮仍在持续，市场竞争日益激烈。2017年2月，36氪付费专栏"开氪"上线，主要由知名创业者、投资人、媒体人、大公司高管开设专栏；3月，豆瓣时间上线，将豆瓣的品牌风格延伸至其知识付费产品，主要以音乐、绘画、哲学、影视等领域的在线课程方式，风格偏于文艺；同月，十点读书在北京成立了分公司，打造知识付费子品牌十点课堂；6月，喜马拉雅FM推出内容付费会员日——"66会员日"，创造了召集342万会员、知识消费6114万元的成绩；喜马拉雅第二届"123知识狂欢节"的内容消费总额达1.96亿元，实现了较首届知识狂欢节消费总额近4倍的增长，《蔡康永的201节情商课》销售额超过千万元。2017年，现有的知识付费形态与模式已基本成熟。面向个人的知识付费产品与服务浪潮涌现带来知识经济的变化。在移动互联上用新技术重新生产知识的服务机构尝试着各种融合了媒体、出版、教育等内容和形式，通过打造单位时间价值最大化的知识解决方案来满足人们在精神文化生活中的需求，产品形态日趋多元。

现阶段，较为多见并在运营方面已较为成熟的的知识付费模式包括：知识电商类、社区直播类、讲座课程类、内容打赏类、线下咨询类、第三方支付工具、付费文档类等。知识付费平台的行业格局也初步形成。知乎live、分答、得到、喜马拉雅作为知识付费的先行者，也已成为行业的佼佼者，分答、问

---

① 集团党群工作部．安徽出版集团网站．http：//www.apgmart.com/frontarticle/detail/48-9558.

咖、在行、知识星球、微博问答、馒头商学院、三节课、豆瓣时间、荔枝微课、熊猫书院、量子学派、樊登读书会等也凭借自身特点，实现了用户积累，并努力寻求差异化、特色化发展。其中，处于知识付费领域第一梯队的喜马拉雅经过五年多的发展，已拥有4.7亿手机激活用户、上亿条音频内容，吸引了超过500万的UGC主播入驻，人均每日收听时长超过128分钟，估值也在五年间增长了近1 000倍，入驻喜马拉雅开设知识付费专栏的知识大咖已超过3 000位。另外，得到在2018年5月迎来上线两周年，付费用户数量达到2 000万，上线付费产品71个，提供了3 788个净小时的优质内容，换算成大学学时有5 051个学时。其中旗下专栏"薛兆丰的经济学课"创造了单价199元，付费订阅人数26万+的优质成绩。知识付费的发展改变的不仅是内容的表述本身，也改变也以知识为载体的经济新格局。

2017年，除了喜马拉雅、得到等知识付费平台外，越来越多的传统出版单位也加入到知识付费的阵营中来。如《三联生活周刊》围绕自身期刊品牌特色，打造的知识付费产品——《中读》，以碎片化时代的深度阅读，获得良好的市场反响。相信未来会有越来越多的传统出版单位在知识付费领域寻求到发展新路径。同时，知识付费也得到了各界的更多关注，有期待，也有争议和质疑。2017年年底，人民日报连续发文评论知识付费，肯定了知识付费为知识传播带来的影响，为人们的工作学习带来的便利，同时也提出优质内容为知识付费的核心价值，同时发出知识付费让人丧失"思考能力"的警示，引人深思。

（七）互联网内容监管与自律机制进一步加强

2017年，相关管理部门进一步加大了对互联网信息内容的监管力度。国家互联网信息办公室于2017年5月2日发布了《互联网新闻信息服务管理规定》，明确了互联网新闻信息服务的许可、运行、监督检查、法律责任等内容，将各类新媒体纳入管理范畴。《规定》对互联网信息作出了明确规范，要求"提供互联网新闻信息服务，应当遵守宪法、法律和行政法规，坚持正确舆论导向，发挥舆论监督作用，促进形成积极健康、向上向善的网络文化"。依据上述规定，互联网新闻信息服务平台要切实履行主体责任，加强平台账号管理，传递社会主义核心价值观，抵制低俗、恶俗、虚假之风，营造清朗的网络环境。《规定》于2017年6月1日起予以实施。10月30日，国家互联网信息办公室又公布了《互联网新闻信息服务单位内容管理从业人员管理办法》，首次从制度层面明确了互联网信息服务单位内容管理从业人员的行为规范，加强教育培训的要求，以及监督管理的措施，由此把党管媒体的原则贯彻到了新媒体领域。该《管理办法》于2017年12月1日起正式实施。相关规定和管理办法的出台，规范了互联网信息流程，确立了主体责任，让互联网新闻信息传播更加法制化、规范化。

2017年6月7日，北京市网信办依法约谈微博、今日头条、腾讯、一点资讯、优酷、网易、百度等网站，责令履行主体责任，营造健康向上主流舆论环境，采取有效措施遏制渲染演艺明星绯闻隐私、炒作明星炫富享乐、低俗媚俗之风等问题。而后，相关约谈网站对自身平台的账户进行了清理，依照相关法律法规，关闭封停了一批违规账号。此后，有关部门又进行了多次网络信息清理行动，网络环境得到有效净化。

互联网内容传播的约束力不断加强，引导互联网内容平台的自律意识不断强化，不断树立新时代的文化责任与文化担当，加强了对平台内容的管理，特别是对内容导向的管理。

2018年1月30日，北京市新闻出版广电局下发了《关于在北京地区网络出版服务单位全面落实编辑责任制度的通知》，要求北京地区网络出版服务单位全面落实"三审三校"制度，保障产品质量，在全国率先实行网络出版服务单位编辑责任制。这也是北京市新闻出版广电局首次对包括网络游戏、网络文学、网络动漫等在内的网络出版服务单位全面落实编辑责任制度作出具体部署。通过制定相关具体业务分类编辑职责的实施细则，落实持证上岗制度，建立健全发表网络出版物作者实名注册、责任编辑及出版单位署名等管理制度，以明确范围、规范程序、强化监督和责任追溯为重点，加强了网络出版服务单位编辑人员的职业道德教育和业务培训，引导企业建立有利于落实编辑责任制的考评办法和激励机制，提升网络出版物内容质量。

（八）保障体系进一步完善

2017年，我国数字出版产业保障体系在诸多方面得以完善与丰富，尤其是在标准建设和版权保护方面取得了新的进展，成为产业发展的有力支撑。

数字出版标准建设正在向新型标准体系过渡。标准的制定工作正在由追求数量到追求质量，由追求规模到追求精品，由追求概念到追求实践的方向不断发展转变。《深化标准化工作改革方案》的获批、《标准化法》修订工作的完成和《标准化技术委员会管理规定》的颁布，不仅使标准化工作逐步纳入正规化、制度化、规范化轨道，而且也为标准化工作指明了发展方向，开启向新型标准体系过渡的进程。标准布局逐渐升级，从企业标准、行业标准到国家标准三级标准向企业标准、团体标准、行业标准和国家标准的全新四级标准转变，既能实现与国际接轨，又有利于标准的产业实践与行业认同。标准体系建设得到进一步推进，国家新闻出版广电总局数字出版司领导的新闻出版标准体系框架研究工作的启动与开展有助于推进标准体系框架的顶层设计。《内容资源数据化加工》等10项国家标准的立项和《数据加工规格》等12项资源加工行业标准的申报制定为形成一套完整的内容数字化加工规范系统奠定了基础，丰富和拓展了标准的涵盖领域。《数字出版产品内容标引规范》行业标准的申报立项和《新闻出版知识服务系列标准》的制定使关键技术标准问题有望得到进一步解决。2017年新闻出版标准化技术委员会秘书处承担单位——中国新闻出版研究院承建的数字出版标准符合性测试北京市科委重点实验室通过考核，表明新闻出版标准化技术委员会对行业标准化工作的支撑能力得到进一步增强。

数字版权保护是数字出版产业发展的基本保障。为了尽量避免作者权益受到损害、稳固企业发展基础与动力、平衡各方利益，构建和维护良好的网络传播秩序，多方力量进行了不懈的努力。新修订的《反不正当竞争法》将知名人士的姓名扩大到商标法及其他存在特定联系的领域，有效解决相关纠纷中署名权遭遇的尴尬，加大了对版权权利人的保护力度。由北上广3家知识产权法院、以长沙为代表的15座二线城市的知识法院和杭州互联网法院共同构成的中国知识产权"3+15+1"新的大保护格局，将知识产权司法保护水平推向了一个新的高度。国家版权局、国家网信办、公安部、工信部等四部门联合开展的第13次打击网络侵权盗版"剑网2017"专项行动，关闭侵权盗版网站2 554个，删除侵权盗版链接71万条，收缴侵权盗版制品276万件，立案调查网络侵权盗版案件543件，会同公安部门查办刑事案件57件、涉案金额1.07亿元，并向社会公开发布20件网络侵权盗版典型案件。连续开展13年的"剑网行动"以来，使大规模侵权盗版现象得到遏制，网络版权环境持续好转，日益彰显数字版权行政保护的力度与重要性。由10家主要中央新闻单位和新媒体网站联合发起的"中国新闻媒体版权保护联盟"的成立与网络版权产业研究基地发布的《2017中国网络版权产业发展报告》都表明业界和学界等各方面力量积极加入到版权保护工作中来，推进数字版权保护工作社会化进程。

四、数字出版产业问题与对策分析

2017年，国家发展进入新时期，对数字出版产业也提出了新的要求，数字出版产业在新时代的发展，需要展现一番新作为，承担起新时代赋予我们的新责任与新使命，重塑发展定位，着力推进产业迈向高质量发展的新阶段。加快内容深耕，优化数字出版市场的有效供给；充分运用新技术、新工具，提升服务水平，增强发展竞争力；着力把握新动向，培育新动能，以打造精品IP为抓手，推进产业可持续发展。

（一）高度把握新时代产业新定位

多年以来，数字出版产业取得快速发展，成为拉动文化产业的重要力量。党的十九大报告明确了文化建设在中国特色社会主义新时代的新定位，把文化建设上升至兴国强国的高度，在中国特色社会主义发展步入新时代，我国社会主要矛盾已转变为人民日益增长的美好生活需要和不平衡不充分的发展之间的矛盾的大背景下，数字出版产业在新时代下被赋予了新的责任与使命。数字出版作为文化产业的新动能，要立足新时代的发展新起点，把握新定位，在传播主流意识形态，弘扬社会主义核心价值观，坚定文化自信方面承担起更加重要的责任，在拉动新经济，促进新增长，满足人民日益丰富多元的美好精神需求，进一步扩大精神文化产品的有效供给，推进文化产业进一步成为国民经济支柱性产业方面发挥更大作用。数字出版产业在保持较快速度发展的同时，也应提出更高要求。在追求产量和流量的同时，更要追求质量，需要回溯内容本源，植根于中国特色社会主义文化，要深入贯彻习近平新时代中国特色社会主义思想，不断提高思想觉悟，尊重公序良俗，秉承身为文化传播者的社会良知，坚守底线，不触红线，对于违背社会主义核心价值观予以坚决抵制，以更强的使命感与责任感，更为广阔的视野，更高远的思想境界，顺应新时代新要求，加强内容导向管理，确保数字出版产业的意识形态安全，对数字出版产品的内容导向给予高度重视，持续强化导向意识、大局意识、核心意识，看齐意识，不断增强新时代数字中国和网络强国建设的文化自觉与文化担当。

（二）持续推进转型融合向高质量发展

新时代下，我国经济运行已由高速增长阶段，转向高质量发展阶段，新闻出版业转型升级融合发展也应迈向高质量发展的更高层面。转型升级、融合发展是"十三五"时期出版业发展的重点任务。2017年，出版单位努力落实战略规划，积极创新进取，将转型升级融合发展工作推向了新高度。然而当前产业环境变化快，新技术层出不穷，新的商业模式快速迭代，用户需求也在不断提高，持续推进出版业转型融合向高质量发展任重而道远。为了持续推进转型融合向高质量发展，需从以下几个方面着力：一是加强政策引导，主管部门应将党的十九大报告中对推动社会主义文化繁荣兴盛的总体部署和政策方针落到实处；根据出版业面临的新形势，所处的新阶段，制定行之有效的产业政策，着眼新形势，培育新动能，促进新发展，促进产业结构优化，推进新旧动能转换步伐；及时总结经验，制定符合市场规律的产业政策，努力营造创新环境。二是持续推进融合发展实验室和数字出版新型智库建设，为转型升级积累先进经验，为融合发展路径创新、技术应用提供持续智力支持。三是出版单位在转型升级、融合升级方面，要持续根据产业新热点、新趋向，运用新技术、新媒介，不断寻求转型升级、融合发展的突破口，打造新的竞争力，创造新的发展优势。四是持续完善出版单位的内部管理结构，创新激励机制，实现精准管理、精准作业、精准考核，促进生产、运营、管理的全面优化。五是充分借助资本力量，创新发展方式，激发转型升级动力，保持融合发展活力。六是大力推进"走出去"，持续创新"走出去"有效方式，积极开展与海外出版机构的合作，以多元化版权运营，传播中国好故事，提升我国出版业的影响力和竞争力。

（三）进一步增强优质内容供给能力

数字出版产业的高质量发展，就要始终坚持把内容建设放在首位，把将提升内容质量作为打造数字出版产品的核心。特别是当前在知识付费浪潮下，用户对互联网内容提出了更高要求，内容成为数字出版产品的核心竞争力之一。推动数字出版的高质量发展，不断强化精品意识，力促精品出版，以更高质量的数字内容产品满足用户日益多元的精神文化需求。持续秉承工匠精神与钉子精神，着力提升数字出版产品的内容质量，提高数字出版产品的有效供给水平，在内容生产上精细打磨，打造质量上乘、有特色、有价值、受大众喜爱的高质量数字出版产品，努力实现"两个效益""两种价值"的有机统一和有益增长。出版单位要建立数字出版产品的内容质量管理长效机制，加强对内容质量的把控，设立数字出版产品质量考核制度，将社会效益纳入出版单位绩效考核机制，建立数字出版精品生产的评价机制和激励机制，引导全体员工提升质量意识，从而建立数字出版精品化生产机制。与此同时，注重内容创新，推进内容与技术的有机结合，充分挖掘优势资源的潜在价值，运用新媒介、新形态、新模式，不断创新内容的表现方式，根据不同用户需求、不同媒介、不同场景，进行内容打造，不断丰富和优化产品结构；提升原创内容的生产能力，加强主题出版，着力提升原创内容的文化品位和思想格调，丰富数字内容的文化内涵。对于自媒体和知识付费产品而言，只有加强优质内容的持续供给能力，以保证其产品的持续生命力，健全内容质量审核与把关制度，注重内容的专业化、精致化打造。

（四）着力提升运营服务能力

运营能力的高低，直接影响到数字出版产品的市场影响力。在互联网和移动互联网环境下，信息传播场景不断拓展，催生出信息传播的新需求。成熟的产业架构下，正是需要根据这些新场景下的新需求，提供新的内容与服务，提升产品的影响力。出版单位要不断创新服务方式，根据个性化需求，提供精准服务，构建完善运营体系。创新运营机制，做到精准定位、精准发力，精细化管理。充分运用各类技术工具、数据工具和运营工具，运用技术化手段，强化产品运营管理水平，提高运营的数据化、专业化水平，以数据为基础，提升运营效率和效果。经过专业化的整理、分析，从海量数据中挖掘出产品运营的有效信息。主要包括三个层面：一是行业外部数据，或称宏观数据，主要指国民经济相关生产活动与生产需求数据，为出版单位制定运营规划提供依据；二是行业数据，或称中观数据，即新闻出版业相关数据，包括信息内容资源数据、信息内容产品数据、市场数据及营销渠道反馈的数据等，为出版单位确定产品定位和经营策略提供依据；三是出版单位自身数据，也称微观数据，即与出版单位产品运营直接相关的数据，包括竞品数据，为总结自身优势和短板，进行产品竞争力分析，着力寻求产品竞争的关键点，优化产品运营方式提供依据。要不断强化用户服务意识，为服务对象提供持续稳定的确定性，满足消费者对自身的依赖，才能拥有获取竞争力的入场筹码；运营事件化运营等运营方式，提高在用户面前的存在感。当下，以用户为中心的服务思维不再是我有什么，给你什么，而是需要服务者真心诚意地与消费对象进行充分交流和沟通，将内容打磨成值得让消费者兴奋、激动、愿意与熟人分享的产品，增强消费者对内容的信任；不是只关注销量，而是反思什么样的运营方式才能让服务对象有良好的体验感到满足，建立产品与用户之间的情感关联和利益契合。同时，要进一步强化品牌意识，塑造品牌个性，强化品牌的核心价值通过多元方式，强化用户心目中的品牌印象。

（五）努力打造精品 IP

互联网发展日新月异，想要在激烈的市场竞争中立足，就要形成对互联网环境的高敏感度和适应力。出版单位要充分意识到，有些机遇稍纵即逝，要顺应产业发展新技术、新媒介、新动向、新热点，从中找到最佳切入点，加强创新的主动性，勇于探索，敢于试错，着力培育行业发展新动能，满足新需求，拓展新市场，培育新的增长点。

党的十九大报告中明确提出，倡导创新文化，要强化知识产权创造、保护、运用。当前，IP 运营模式已基本成熟，IP 运营的理念已得到普遍认同，包括网络文学、网络游戏、动漫、影视等延伸至知识付费、数字教育等领域，IP 生态已初步构建，推出精品内容、夯实内容渠道、多样化的合作营销、深化产业融合、优化 IP 运作模式、放大精品 IP 价值，已成为数字内容产业发展的重要途径和主攻方向。推进 IP 运营良性发展，壮大版权产业，已成为壮大数字出版产业乃至文化产业的重要动能和推进数字内容产业可持续发展的重要力量。随着我国数字内容产业的迅速发展，对优质原创内容的需求量大大增加，亟待构建数字内容 IP 评价体系，建立健全优质 IP 挖掘、孵化、生产、培育、安全转化、精品化打造的良性机制。

打造精品 IP，建立良性的 IP 运营生态需要做到以下几点。一是要具备优秀的、有潜力的 IP 的发现机制；二是要有耐心，摒弃急功近利的心态，对 IP

进行精细打磨、精心制作；三是要有规划，找到 IP 最适合的呈现方式和运作方式，不盲目消耗 IP。最重要的一点是，要建立起业内普遍认同的、普遍适用的 IP 价值评估标准，建立 IP 评估模型，从内容建设、品牌建设、市场运营等多维度判断 IP 的所具备的潜力、优势，对 IP 进行价值衡量，与制作商、投资者形成对接，在 IP 运营时做到有的放矢。这已成为当前数字内容产业打造 IP 的共同诉求，也已成为近年来业内研究者需要攻克的一项重要课题。

（六）健全数字出版行业分类和统计指标体系

2017 年 6 月 30 日，由国家统计局起草，国家质量监督检验检疫总局、国家标准化管理委员会发布了最新修订的《国民经济行业分类（GB/T 4754—2017）》，从 2017 年 10 月 1 日起正式实施。该标准添加了数字出版的行业分类代码（代码为 8626，其释义为：指利用数字技术进行内容编辑加工，并通过网络传播数字内容产品的出版服务），首次在国民经济行业分类的层面上给予"数字出版"一个独立的身份，由此也意味着数字出版对国民经济发展所发挥的地位和作用得到肯定。下一步要明确数字出版的行业细分类目。随着数字出版的快速发展，产品形态日益丰富多元，在互联网环境下，不同领域之间的交叉融合也在日趋加深。因此，有必要进一步明确数字出版的范畴与边界，科学界定数字出版的内涵与外延，这需要结合网络出版服务许可资质对网络出版服务领域的划分，根据当前我国数字出版业务发展变化和需求来进行。健全数字出版行业细分类别，并构建科学、完善的数字出版统计指标体系，已成为当前影响数字出版产业发展全局性、基础性问题。一方面，是为了能够更加真实、清晰、客观、全面地把握数字出版发展的实际水平；另一方面，可有助于主管部门在行业引导与管理过程中做到更加有的放矢，各项政策与举措更加精准到位，引导数字出版产业向更高质量、更有效率、更加规范、更可持续的方向发展。做好这项工作的主要包括以下几个层面：一是要明确数字出版的产业形态及相关概念，确定相关术语规范；二是明确数字出版的市场主体结构和影响因素；三是明确统计对象和统计方法，建立健全数字出版统计指标，构建统计模型。此外，要建立动态的统计机制，以适应数字出版的快速发展。

五、数字出版产业趋势分析

2017年，在国家政策的有力引导扶持下，数字出版行业整体呈现出健康向上良好的新气象。随着产业发展的渐趋成熟，产业发展核心重新回到内容价值本身；数据和技术对产业的支撑作用将进一步加大，为提供优质、个性化的内容而服务；内容生产创作专业化程度进一步加深，优质内容持续供给能力加强；知识付费浪潮仍未过去，将涌现更多的知识变现方式，为数字出版带来新模式；资本对于数字内容的驱动力量将进一步加强，激发IP潜能的充分释放；各地的文化特色小镇建设将为数字内容产业创造新的发展空间。具体到未来一年，我们有望看到数字出版产业呈现以下发展趋势。

（一）内容深耕时代来临

在移动互联网时代，内容是海量的，并且还处于快速增长状态。用户的选择越来越多，面对选择时的自主意识也会不断提升。而在信息过剩的环境之下，优质内容，特别是优质的原创内容就变得尤为珍贵。当互联网平台过于依赖算法，提供的大量内容往往不是优质的，而是低质的甚至是低俗的，从而引发从业者的审视与反思。这些根据算法，所谓个性化推送的内容，真的是用户所希望获取到的吗？又真的是作为平台，作为媒体，所应该传递的吗？答案毋庸置疑是否定的，事实上，这样的内容和产品是缺乏生命力的，是不被用户认可和接纳的。《好奇心日报》总编辑杨樱以媒体机构为视角在腾讯芒种特训营2018年度大课上发出"你为谁而写"的质问，其中谈及内容的格调、媒体的自我要求，引发业界对优质内容重要性的深思与共鸣。这样的反思，是行业的希望，说明从业者有着正向发展的愿望。可以看到，有越来越多的媒体从业者开始在娱乐至死的年代，回归到内容的严肃与认真，这不仅仅是出于政策层面上对意识形态管理的日益加强，也是作为文化传播者所应该担负起的责任和应该秉承的情怀，更是源于人们对优质内容的强烈诉求。数字内容产业的行业自律意识不断提升，行业发展的核心逐渐回归到内容本身，把重心更多地放在深耕内容方面，对内容进行精致打磨，自发地进行有深度、有思想、有价值的内容创作与传播，加强对平台内容的把关与审核，互联网内容良性生态渐趋形成。与此同时，数字内容分级制度将逐步形成，特别是在引导未成年人方面，各家媒体平台将予以加强。

（二）数据和技术将推动产业升级

在智能化时代，产品的品牌竞争已上升至更高层面，品牌对于数字产品而言具有越来越至关重要的意义，数据和技术对于产品的生产与运营、品牌打造与升级也将发挥越来越重要的作用。

大数据、人工智能等技术的创新应用，将大大提升产品的运营效能，提升数字品牌的核心竞争力。在数字出版产品的创新升级和品牌打造过程中，洞悉用户需求变得尤为重要，其实现的基础即是大数据，同时品牌也不应再是单一的，而是多层次、多维度的。面向不同用户，以不同的触达渠道和应用场景，以更加适合的方式，传递不同的品牌信息，以满足多元化用户需求，以达到千人千面，精准营销。用户在产品运营决策中将扮演着越来越重要的角色。算法、绘制用户画像和海量数据处理技术在数字出版业务流程中的应用将愈发普遍，通过舆情监测洞悉发展新机遇，海量数据实时监测、分析，更加精准的捕捉用户需求，及时、高效地调整品牌运营策略，优化产品设计。在数据和技术驱动下，产业发展路径得以重塑与优化，品牌价值将以更加科学的方式被认知与衡量，促进数字出版产品调整生产、运营思维，不再仅仅是让用户接触到，而是感知到并予以认同和接纳，让产品与用户之间产生关联性，更精准有效地与用户完成个性化沟通。如何让产品和服务有效触达用户，真正满足用户需求，以内容和服务提升用户体验，成为当下数字出版企业在数字出版生产和营销中需要考虑的关键问题。随着数字出版产品迈向精细化发展，数据和技术发挥的支撑作用不断加大。同时随着数字出版企业在业务上的持续推进，用户规模的不断增长，用户数据将实现更大程度的复杂性和规模积累，加强对大数据的投入与应用，将有效提高出版企业的生产效率和服务质量，促进产品创新与设计优化，从而进一步打造产品优势竞争力，提升产品的品牌价值。

（三）内容生产创作渐趋专业化

随着互联网内容创业者的生存压力日益加大，行业竞争日益加剧，由此对优质内容的持续供给能力和稳定变现能力提出了更高要求。当下,很多内容创业者都面临着流量红利消耗殆尽、品牌价值提升和变现困难等发展瓶颈。MCN模式应运而生,并逐渐迈向成熟。所谓MCN,是Multi-Channel Network(多频道网络)的简称,发源于美国视频网站YouTube,指将PGC或PUGC内容联合起来,在资本的支持下,保证内容的持续输出,从而实现稳定变现。这是行业发展到一定阶段,迈向规范化、专业化、精细化的必然产物,内容生产运作更加专业化,从内容生产到市场运作有了更为精细的职业化分工。

国外的MCN早期以经纪模式为主,MCN机构本身不参与内容制作,为内容创作者提供技术支持、数据支持与销售支持,帮助视频红人寻求消费变现。而国内的MCN则在经纪模式基础上实现了本土化发展,参与一定程度的内容制作,并为内容创业者提供内容运营、渠道分发、粉丝经营、商业变现等支持与服务,让内容创业者更加专注于内容创作。

2017年6月,阅文集团成立内容合作基金,在2017—2018年度投入2亿元,在优质出版内容引进、内容方商业扶持、内容品牌传播和优秀青年作家创作扶持四个方面给予投入和支持。在作家方面,阅文开始以MCN模式进行运营,着力提升作家的影响力,推进作家的明星化[①]。过去一年来,各领域MCN机构不断涌现,同时,越来越多的互联网企业和媒体平台从以前的直接对内容创作者的扶持,转而加大对MCN机构的扶持。以微信、微博为代表的社交媒体平台,以腾讯视频、优酷等为代表的视频平台,以美拍、快手等为代表的短视频平台,以腾讯新闻、今日头条等为代表的新闻资讯平台,与花椒、映客等为代表的直播平台在构建内容生态的过程中,都从直接对内容创作者的聚集,逐渐转变为对MCN机构的聚集。2017年11月开始,网易新闻旗下的自媒体平台"网易号"上线"MCN功能",接入各个垂直领域的MCN机构,对其开放舆情监控等信息资源。2018年初,网易新闻又宣布投入10亿元用于补贴短视频及MCN,向MCN机构开放平台50%的资源,帮助MCN在流量、品牌等方面获取收益;而后发布"MCN赋能计划",以帮助MCN机构在流量、品牌、变现等层面取得更好发展,实现平台、MCN机构、内容生产者之间的三方共

---

① 36氪. 阅文集团成立两亿生态基金,能再造一个三生三世吗?. http://news.ifeng.com/a/20170607/51207980_0.shtml.

赢。截至目前，网易号平台已接入 138 家 MCN 机构[①]。微博近年来着力打造基于粉丝的、全媒体形态的社交媒体平台，着力加强内容布局。近一年来，通过与内容生产机构和 MCN 合作，不断打造自身的内容输出机制和输出能力，实现了从信息实时网络平台向"实时信息＋社交兴趣"的平台转型，打造了趋于完整的包括内容、影响力、商业变现等在内的生态闭环，并延伸至垂直领域，通过与垂直领域"头部用户"合作，微博的内容输出机制得以不断优化。过去一年来，微博通过加强与内容生产机构和 MCN 机构合作，进一步提升内容生产能力。2017 年 5 月，微博推出《微博垂直 MCN 合作计划》。据微博公布数据显示，截至 2017 年 12 月，微博合作的 MCN 机构超过 1 200 家，共覆盖 1.6 万个帐号、53 个垂直领域，每月创造 1 210 亿阅读；2017 年年末，微博再次宣布，2018 年微博将成立 30 亿元联合出品基金，从资金、创意、商业化等方面，在内容电商、优质短视频、泛文娱等方向，深度扶持生产优质内容的 MCN 机构[②]。据微博发布 2018 年第一季度财报数据显示，截至 2018 年 3 月，微博月活跃用户数量达到 4.11 亿，成为全球第七个活跃用户超过 4 亿的社交应用。与 2017 年同期相比，微博的月活跃用户增长约 7 000 万，这个数字已超过了英国人口的总数，在移动端应用增速整体放缓的情况下，微博保持强劲增长，这与其近一年来的业务布局不无关系。

目前，MCN 模式已在新闻资讯、游戏、短视频等领域得以推行。特别是正值互联网风口的短视频，是 MCN 模式发展最快、最集中的领域。据易观数据统计，2017 年中国互联网泛内容 MCN 机构达到 2300 家，预计 2018 年将增至 4 500 家。其中，2017 年中国互联网短视频 MCN 机构数量达到 1700 家，预计 2018 年将达到 3 300 家[③]。随着 MCN 模式在我国发展渐趋成熟，互联网内容创业者的创新能力和商业能力将得到更加充分的激发，互联网内容产业仍将保持快速发展势头。

---

① 网易号开放四大 MCN 功能权限，推动平台、MCN、账号三方共赢. http：//tech.ifeng.com/a/20180102/44828940_0.shtml.

② 微博成立 30 亿基金扶持 MCN 2017 年自媒体总收入达到 207 亿. http：//tech.ifeng.com/a/20171205/44791880_0.shtml.

③ 王威. 2017 年中国互联网泛内容 MCN 机构为 2 300 家，预计 2018 年增至 4 500 家. http://www.adquan.com/post－13－43409.html.

（四）知识变现方式将更加多元

2018年，知识付费的热度仍将持续。但与每个互联网领域一样，都将经历萌芽、发展、高潮、洗牌、再发展的过程。2018年的知识付费行业即将迎来从高潮迈向洗牌的拐点，行业竞争日益加剧，分水岭逐渐形成。未来一年，知识付费领域仍然会有很多新参与者，但更多的是老产品的退出或迭代与拓展。2018年5月，知乎就将其推出的"知乎市场"升级为"知乎大学"，对产品体系、内容等做了进一步的丰富和调整，内容覆盖通识知识、专业技能、兴趣爱好三大类别。当前，用户对知识付费产品的选择更加理性，源于对自身需求的认知更加清晰，由此倒逼知识付费产品的内容和服务加速升级，也进一步加剧知识付费行业的优胜劣汰，对知识付费产品的内容和服务能力提出了更高的要求和更为艰巨的考验。知识付费的行业门槛将不断提高，产品的评价体系逐步建立。一些行业领先产品或将要或者正在面临活跃用户增长的瓶颈，促使一些先期参与者的离场，同时也将催生更多围绕"知识"的变现新尝试。知识付费的概念将不断拓展，从知识付费迈向知识服务的更高层面，呈现方式从图文、音频到视频、直播的可视化，传播渠道从APP、到公众号再到微信小程序，从线上延展至线下；模式从问答到培训再到训练营……未来一年，将有越来越多"内容＋服务"的知识付费模式和产品形态涌现，在经历市场试错之后，或昙花一现或得以留存。正如2018年初兴起的直播答题，仅短短数月，就归于平静。这样的新风口、新热点仍将频繁出现，在形态和模式迭代更新之外，内容成为知识付费产品的核心竞争力。而强调内容深耕，并不仅仅是指内容的有深度、有价值，更是需要将优质内容以用户更加喜欢、需要的方式予以呈现。同时，知识内容的层次和领域细分化成为趋势，面向用户的不同需求，传递或书本知识或学习类知识，或常识类知识或专业类知识。从整体上来看，细分领域的专业类知识更能激发用户的付费意愿，将成为知识付费今后的发展重点。此外，伴随在线课程成为知识付费的新模式，在线教育与知识付费之间或将找到更多的结合点，实现融合发展。未来，无论是专业出版、教育出版还是大众出版领域，都能在知识付费领域能找到自己的着力点。

（五）资本驱动IP价值潜能充分释放

近年来，伴随多家国有出版集团，以及掌阅科技、阅文集团等先后上市和积极筹备上市,各地文化产业投资基金相继设立,上海、广东、浙江等地也纷纷设立了文化产业政府引导基金,以资本力量撬动文化市场。文化产业投融资体系日臻完善,文化金融价值链条初步形成。可以看到,资本对于文化产业发展的驱动作用日益凸显,文化资本运作日益活跃。其中新媒体、网络文化等新兴文化领域是文化产业基金支持的重点。2017年11月,经上海市委宣传部批准,上海报业集团主导发起设立了文化产业母基金,基金总规模100亿元,首期管理规模30亿元,主要投向新媒体、网络文化等领域,这是国内首只由国有传媒集团主导发起的文化产业母基金[①]。此前,2017年6月,由中共上海市委宣传部、上海双创投资中心、闵行区人民政府、浦发银行发起设立了"上海双创文化产业投资母基金"。文化产业基金的市场化运作,将引入更多的社会资本,金融杠杆和市场化运作共同发力,将增强文化产业发展动力,激发文化产业内在潜力。

近年来,随着IP浪潮的持续发展,有力提升了产业价值,版权资产成为文化产业的核心资产,文化产权交易平台和文化产权交易机构纷纷涌现,提供文化产权交易、项目推介、投资引导、项目融资、权益评估等服务,对资产与资本的有效对接起到重要作用。与此同时,近年来版权资产管理与评估相关政策体系逐步完善,文化产业与资本融合的环境得以持续优化。2016年4月,在中宣部和财政部的组织和指导下,《文化企业无形资产评估指导意见》出台,对文化企业无形资产评估的内容和方法做出详细规定,其中涉及对网络游戏、互联网内容等新兴业态的无形资产评估工作也提出规范指引。2016年12月1日起,《资产评估法》开始实施,版权资产作为重要无形资产被纳入其中,版权资产评估行为得到有效规范。2018年2月,原国家新闻出版广电总局发布《新闻出版广播影视企业版权资产管理工作指引(试行)》,从组织机构和人员、常规管理、建立制度等层面做出指引。由此,建立完整的IP评估指标体系和评估方法体系,既是文化企业实现社会效益与经济效益相统一的必然要求,也是壮大版权产业、推进文化产业持续发展的迫切需求。让IP作为重要无形资产明确其市场价值定位,通过有效的运营管理,实现版权资产与资本的高效、有效对接,并使其潜在价值得以充分发掘和释放。

---

① 刘歆宇. 众源母基金启航,上海文化金融再出重磅. http://finance.sina.com.cn/roll/2017-11-06/doc-ifynmvuq8877957.shtml.

（六）新型园区建设赋能数字内容产业

近年来，国家大力推动特色小镇建设，为数字内容产业带来发展新机遇新空间。特色小镇兴起于浙江，壮大于长三角，目前已在全国各地铺开，是国家推进中国城镇化建设的重要探索。2016年，中央将特色小镇创建列为农村建设的一项重点工作，当年7月，住房和城乡建设部、国家发展改革委、财政部联合下发《关于开展特色小镇培育工作的通知》。2016年10月和2017年7月，住房和城乡建设部先后公布两批共403个特色小镇名单，各部委、地方政府密集出台相关政策，支持特色小镇工作，特色小镇已进入从国家层面向全国推广的新阶段。在一系列特色小镇政策部署出台和大量资本的强势助力下，全国各地掀起特色小镇建设风潮，各地政府、产业资本、房产商等都投入到特色小镇建设中来。据统计，截至2017年年底，全国31个省市自治区中，已有23个地方政府启动了特色小镇培育创建工作，除了已公布的403家特色小镇，各地方正在培育的特色小镇达到2 000余个，到2020年全国特色小镇数量将达到2 500个。2016年是特色小镇的起步之年，2017年是特色小镇的探索之年，2018年将是从战略规划迈向落地实践的关键之年，各地特色小镇建设将迈入实质阶段，结合地方文化和小镇发展定位，实现差异化发展。

2017年12月，国家发展改革委等四部委联合发布《关于规范推进特色小镇和特色小城镇建设的若干意见》中提出，特色小镇建设要"聚焦高端产业和产业高端方向，着力发展优势主导特色产业，延伸产业链、提升价值链、创新供应链""提炼文化经典元素和标志性符号，合理应用于建设运营及公共空间"。2018年2月，原国家新闻出版广电总局制定了《国家新闻出版产业基地创建工作规范》，进一步规范开展国家新闻出版产业基地（园区、特色小镇）创建工作，充分发挥其在推进新闻出版产业供给侧结构性改革，促进产业优化升级，引领行业高质量发展中的作用。其中明确指出，国家新闻出版产业特色小镇包括阅读小镇、书香小镇、音乐小镇、动漫小镇、游戏小镇、IP小镇等特色文化小镇。《规范》明确了基地创建的指导思想、基本原则、职责和条件、工作任务、工作程序、激励机制等，为新闻出版产业特色小镇建设提供了政策依据和基本思路，有助于加快推进新闻出版产业特色小镇建设发展。可以看到，特色小镇作为一种新型园区，同样聚焦战略新兴产业，通过产业聚集，构建区域产业生态链条，推进产业融合发展，促进经济增长。相较于传统的产业园区，特色小镇更强调特色产业与城镇化建设相融合，注重特色产业与城镇生态环境融为一体，与产业园区粗放式发展不同，特色小镇的功能布局更加注重紧凑、协调、和谐[①]。文化产业，特别是数字文化创意产业是特色小镇建设的重要着力点。可以看到，以文化强特色，以文化调结构，在全国各地特色小镇建设中均获得积极实践，特色小镇建设对包括数字文化创意在内的文化产业发展将具有重要的推动作用。特色小镇的建设可以充分挖掘地方文化内涵，围绕网络文学、网络游戏、网络动漫等新兴文化业态，基于文化IP，运用现代科技，深度挖掘文化元素，并与地方旅游业、商业、服务业等领域深度融合，将充分激发文化产业内在潜能，构建文化产业生态系统，让其焕发更大生命力。与此同时，在文化及相关产业带动下，特色小镇建设将通过实现产业集聚，科技集聚与人才集聚，有效促进经济结构调整，打造新的经济增长极，推动地方经济腾飞发展。

（课题组组长：张立；副组长：王飚　李广宇；课题组成员：毛文思　徐瑶　刘玉柱　孟晓明　郝园园　宋迪莹）

---

① 特色小镇与产业园区的共性和区别. https://www.sohu.com/a/121299507_465527.

分 报 告

2017—2018 中国电子图书出版产业年度报告

万 智 艾顺刚 乔莉莉 杨兴兵

一、电子图书出版概述

2017年，在继续深化供给侧结构性改革的大背景下，新闻出版业不断推进产业转型升级和融合发展，持续增加优质出版产品供给，实现了行业的良好发展。电子图书出版也取得令人瞩目的成绩，总结分析有以下几方面特点。

（一）优良的政治环境促进电子图书需求量持续增长

"十八大"以来，我国思想文化建设取得重大进展；"十九大"之后，更是加快了坚定文化自信、建设社会主义文化强国的发展步伐。《中华人民共和国国民经济和社会发展第十三个五年规划纲要》要求大力推动全民阅读，并将全民阅读工程列为"十三五"时期文化重大工程之一。"全民阅读"活动不断有效推进，带动各类图书需求呈现快速增长趋势，电子图书的需求量持续增长。

通过加强顶层设计，相关系列政策相继出台，为电子图书进一步发展指明方向。原国家新闻出版广电总局在《新闻出版广播影视"十三五"时期发展规划》中明确指出：加快出版和科技融合的技术研发及成果应用，加快发展出版装备制造业，加快推进数字版权保护技术应用，这三个"加快"从电子图书的应用和终端两个方面深化数字化转型升级。在电子图书市场体系建设方面，《规划》指出，要加快建设聚合出版发行资源的互联网发行平台，提高电子图书发行流通的信息化、智能化、标准化、集约化水平；"十三五"期末，实现国民年人均电子图书阅读量4.0册。我国第一部图书馆专法——《中华人民共和国公共图书馆法》的正式实施，不仅赋予公共图书馆法律保障，而且也将进一步推动图书乃至电子图书产业的发展。

（二）经济稳健发展助力数字阅读行业高速增长

我国文化产业发展指数呈现正增长态势，为电子图书市场营造了良好的文化市场氛围，促进了电子图书行业的快速发展。根据中国人民大学白连永发布的"中国省市文化产业发展指数（2017）"显示，从2010—2017年指数的变化来看，我国文化产业发展指数平均值基本呈现正增长的态势。在经历了2010—2011年的高速增长、2012—2014年的稳步增长、2015—2016年的基本稳定之后，2017年文化产业发展指数又再次呈现增长态势。我国文化产业在巩固前一阶段的发展成果之后，继续稳步向前发展。

同时得益于近年来教育经费的投入与人均可支配收入的不断增加，我国国民图书阅读率也不断提升，带动了电子图书市场规模的增长。据中华教育改进社披露，2016年教育经费投入增加至38 866亿元，我国城镇人均可支配收入上升到33 616元。教育投入持续增长和人均可支配收入持续增长，为国民阅读消费提供了有力的保障。

（三）良好社会环境营造电子图书阅读氛围

数字阅读市场加速发展，为电子图书提供了更多机遇。随着"全民阅读"工作的推进，智能手机、平板电脑等产品的普及，数字阅读市场快速发展的时代已经到来。据艾瑞咨询统计，每年我国数字阅读新增用户近10%。互联网的人口红利让更多用户加入到数字阅读的队伍，为电子图书创造了良好的市场氛围。

各大内容创业平台的兴起，为电子图书市场赋予良性、积极的竞争力。近年来，数字阅读主流用户对内容需求更加多元、个性化，各大内容创业平台通过打造优质内容，以求增加更多用户数和阅读量。同时，生活节奏加快使碎片化阅读方式成为主流，在碎片时间内，读者对各大平台推送的短小精悍的文章或新闻，更加喜闻乐见。据《2017年度中国数字阅读白皮书》显示：2017年中国人均电子图书阅读量达到10.1本。

(四) 技术发展为电子图书普及提高提供保障

高新技术已经成为数字出版产业发展的重要动力，为数字出版，包括电子图书的普及提高，起到很好的支撑与保障作用。

尤其是近年来推出的增强现实（AR）、虚拟现实（VR）技术不断完善与发展，为电子图书读者提供更为直观的阅读体验。增强现实电子书通过在书中插入虚拟对象等方法，极大丰富了书籍内容的表现形式，读者可以与书中的真实场景进行交互。近年来，基于AR的技术，互动式3D电子书已正式上线，如AR"涂涂乐"，能将孩子的涂鸦作品变成跃然纸上的动画，全方位激发孩子的"视、听、说、触、想"多感体验，一经面世就获得良好的市场反响。大数据分析技术为电子图书带来新的机遇。数据分析服务提供商能更好地掌握读者的阅读行为偏好，精准预测用户的知识需求，形成个人定制化的推送内容，从而实现电子图书的精准化营销；同时在该技术的支撑下，"用户需求导向"已成为数字出版业务流程设计的指导思想，为电子图书的出版发行带来变革和活力，实现了真正意义上的按需出版。

二、电子图书出版产业现状

(一) 市场规模整体较小，渗透率较低，尚有较大发展空间

2017年，我国数字出版产业的市场规模排名居前的是互联网广告、移动出版、网络游戏、在线教育。相比之下，较小的市场规模与较低的市场渗透率，意味着电子图书市场有待开拓的空间很大。聚焦到电子图书出版产业，整体呈现出稳健的增长态势。2017年，我国电子图书市场规模从52亿元增长到54亿元（见图1）。

(二) 用户规模与阅读时长保持稳步增长

2011年至今，数字阅读用户规模整体保持高速增长。据QuestMobile发布

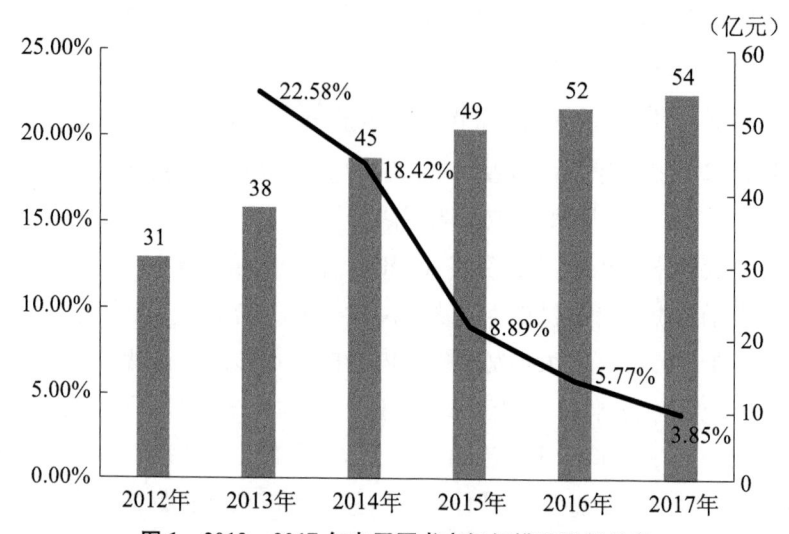

图1 2012—2017年电子图书市场规模及增长趋势

数据来源：综合中国数字产业网、企业调研及其他资料计算所得

的《2017年数字阅读报告》显示，2017年，中国数字阅读独立APP行业月活跃用户规模达到2.53亿，比当年初增加1 392.5万，月平均阅读时长超16亿小时。2017年，数字阅读行业用户总使用时长同比增长16.6%，人均单日阅读时长同比增长9.6%，达到73.4分钟，包括电子图书在内的数字阅读，正在快速成为国民文化生活中不可或缺的部分。

（三）细分领域强弱互现，喜忧参半

根据目前电子图书产业领域的划分方法，主要分为专业类、少儿类、教育类等多个领域。从这些细分领域的市场表现来看，呈现"强弱互现、喜忧参半"的态势。

1. 专业类电子图书开始走入大众视野，快速精准服务前景看好

20世纪90年代，随着信息技术的发展，专业类电子图书开始进入大众视野。近几年来，一些大型专业出版社开始进入电子图书市场，对专业电子图书的内容定位和商业模式等，都产生了较为深远的影响。

专业类电子图书优势显著。专业类电子图书作为专业图书的数字化产品，不仅具有专业图书的核心价值，也具有互联网产品的各种优点。在近年的发展中，专业电子图书呈现出以下几大发展特点。

一是内容专业、更新速度快。专业类电子图书秉承专业图书的特点，作者专业性较强、学术水准较高，作品创作时间较长；内容方面更专业权威、科学系统。相较纸质专业图书销售周期较长、内容更新较慢的缺点，专业类电子图书则更快、更易更新内容，保证了专业知识的时效性。

二是能够有效获取客户信息，提供定位服务。专业类图书的读者群较为明确集中，如某些大中专院校、科研机构、图书馆等，且读者刚性需求居多。多年来出版社销售专业书籍主要依托实体书店，因此很难积累专业用户的阅读喜好。但专业类电子图书能够通过用户注册等方式获取用户信息，从而便于日后对读者的定位服务。

三是快速精准传播专业知识。专业电子图书依托网络平台，没有纸质专业图书的库存压力，制作成功上线后，基于互联网产品易于被检索到的优势，解决了刚需读者在线下难以找到专业图书的难题，同时也利于专业知识的传播。

2. 少儿类电子图书与纸质图书互补发展，势头喜人

近年来，中国家长对少儿阅读的关注度持续升温，少儿类图书呈热销趋势。同时，随着信息技术和移动终端的发展，越来越多的家长开始选择少儿类电子图书。少儿类电子图书和纸质图书的相互促进和补充，有力推动了少儿类电子图书的发展。

少儿类电子图书销量不断提升。在电子图书和纸质图书的选择上，出现了较为明显的年龄差异。据亚马逊纸质少儿图书销售数据显示，销售额占比最高的是适合3—6岁儿童阅读的图书。在图书题材的选择上，性格培养、益智类绘本是家长的首选。而根据亚马逊的少儿电子图书销售数据显示，适合7岁以上儿童的图书销售额占比高达90%，其下载量近两年也不断上升。在少儿电子图书的题材上，家长更倾向于为孩子选择成语故事、神话等传统经典文学，以及经典少儿文学作品。

目前，市场上涌现出一批优秀的少儿类电子图书，也出现了一批优秀公司。位于广州的AppleTreeBooks已发布100余种少儿电子图书，且已有作品荣获美国图书类销量冠军。此外，专注儿童图书的"禹田文化"和建有数字图书馆的"儿童之路"，均已进入少儿电子图书市场。

我国少儿电子图书市场相较于发达国家成熟的市场，还处于发展中阶段。目前虽然有中国少年儿童新闻出版总社和中国出版集团等一些大型国有出版集

团涉足少儿电子图书领域,也有一些省级出版集团试水少儿电子图书市场,但依旧缺乏专注于少儿电子图书的航母级大型企业集团。而且涉足少儿电子图书的集团,主要精力和财力依旧专注于纸质图书,电子图书业务只作为时代发展的补充,还未成为主要业务支撑。因此,我国少儿电子图书市场还存在着很大的发展空间。

(四)终端细分现状

作为电子图书关键的核心硬件要素,电子图书终端设备的应用和普及,对于整个电子图书市场的发展具有不可忽视的作用。目前,终端细分市场的现状呈现出其自有的产业特征。

1. 电子书阅读器接触率快速上升

根据易观发布的《电子书阅读器市场专题分析2017》[①] 显示,2000年至2016年期间,我国电子书阅读器接触率上升7.8%,其中2008年到2016年期间,电子书阅读器接触率呈现明显加速态势。这主要受益于内容产业的有效开发与政府对盗版行为的严加管控,使文学内容数字化逐渐形成规模,各大业内巨头纷纷对各类优质IP的争夺,催生众多优质文学作品上线。同时,相关企业积累已久的电子书阅读器研发能力,为增强硬件设备体验感提供了保障,电子阅读器阅读行为被逐渐培养,有效带动了电子书阅读消费意愿,行业进入快速增长阶段。

2. 移动端阅读用户稳步提升,手机是用户阅读覆盖面最大的终端

目前,使用移动端阅读电子图书仍是多数人的选择,手机阅读是主力军。根据北京师范大学万安伦发布的《中国网民数字阅读状况调查报告》[②] 显示:PC电脑端使用意愿明显降低,仅29.9%的电子图书阅读用户选择PC电脑端方式进行阅读,而手机端阅读用户已经超过63%(如图2)。使用移动端进行电子书阅读,相对于PC端更具备便携性,迎合了当代数字阅读主力群体青年人的碎片化阅读习惯,而手机端阅读对用户来说,整合了通讯和阅读两种必备功能,既能解决随身携带两部终端的不便利性,又能减少非高收入群体的部分资

---

① 黄国锋. 电子书阅读器市场专题分析2017 [D]. 北京:易观智库,2017.
② 万安伦. 中国网民数字阅读状况调查报告 [D]. 北京:北京师范大学新闻与传播学院,2016.

金负担。相对于 PC 端的用户群体的趋于稳定，手机终端阅读的使用率仍会进一步升高，势必拥有更广阔的市场前景。

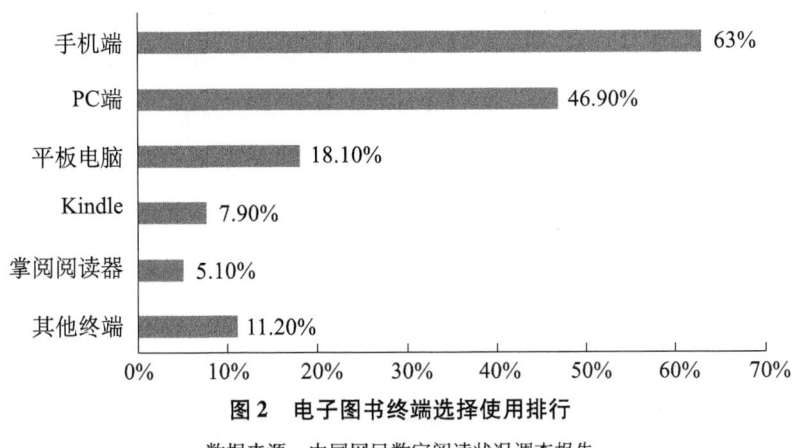

终端	使用率
手机端	63%
PC端	46.90%
平板电脑	18.10%
Kindle	7.90%
掌阅阅读器	5.10%
其他终端	11.20%

图 2　电子图书终端选择使用排行

数据来源：中国网民数字阅读状况调查报告

3. 电子图书终端行业格局逐渐行成

电子图书移动终端除了手机端和平板电脑占据绝对优势外，其他数字阅读器如 Kindle 仍占据一定的市场份额，使用率第二位的是掌阅阅读器，加上当当阅读器、QQ 阅读器、京东 JDreader 等，共同占据了剩余移动阅读终端市场的主要份额。虽然这些国产的硬件渗透率不到百分之一，但已趋于成熟，掌阅阅读器一度被使用者称为"国产 kindle"，实际上掌阅在某些方面已经有了超越 kindle 的亮点。在内容端和用户体验方面，QQ 阅读器、掌阅等公司立足于自身资源优势，牢牢把握内容端领头羊角色；当当、京东等传统图书电商则侧重于通过合作推出电子书阅读器，确立阅读终端优势。在此形势下，国内电子书终端行业格局逐渐形成。

（五）运营模式分析

根据"电子图书市场营收情况"与"近年来电子图书行业动向"的研究可见，电子图书行业运营模式逐渐发生演变。"内容 + 终端"的运营模式，给数字阅读行业带来盈利模式的多元化，推动行业巨头间的合作。

1. 终端行业运营模式逐渐演变

电子图书终端行业在硬件落后、内容市场不成熟的背景下，经历了长久的探索期后，硬件设备市场逐渐成熟，此阶段的终端市场主要通过硬件提升改善阅读体验为手段，依靠出售硬件这种单一模式实现盈利。与此同时具备较为成熟硬件的 kindle 进入中国市场，引发国内新一轮优质配置的增长，但并没有因此撬动电子图书阅读市场，平台内容市场的欠开发导致用户流失。

内容提供商的入局，使内容供应与硬件生产开始融合，实现终端化布局，增加了电子书的阅读终端和销售渠道，形成了一个消费与资源的闭环运营模式，使其与用户形成较好的互动关系，进一步提升了用户体验。

2. "内容＋终端"盈利模式引发品牌合作

2017 年，电子图书相关企业间的合作加强，通过跨界携手，数字内容提供商不断充实和优化内容资源。相关大型投资、并购以及战略合作事件达 10 余起，所涉金额数十亿元，同时集中出现了众多品牌案例，咪咕与亚马逊 kindle 合作推出 Kindle X 咪咕，海尔与当当联合推出海尔 Topsir，以及当当与国文集团推出国文当当电子书阅读器。

这种"内容＋终端"的品牌合作形式，革新了传统的运营模式。借助终端市场的相对优势地位，以及内容提供商掌握的优质核心内容资源，实现了双重盈利。

3. "免费电子图书"广告盈利模式受关注

广告盈利模式是免费电子图书营销策略的一个分支，广告投放者利用免费电子图书带来的更高的关注与流量规模，在电子书内嵌入或者阅读平台上投放广告。电子图书广告表现形式一般为图片或视频，图片广告有静态和动态两种方式，多以"BANNER"的方式出现，而视频形式广告分为弹出和内嵌两种方式，视频广告多为自动弹出播放。

广告投放模式一般有两种逻辑：第一，根据电子图书的种类，选择与广告投放方产业相关领域的电子图书，服装行业投放广告在时尚类电子图书中，酒店行业投放在旅行类电子图书中，通过电子图书与行业间的高关联性，做到对消费群体的精准推送；第二，将相同广告重复投放在电子图书中，且是多个有关联性的电子图书，此模式可以很好的节约广告制作成本，还能使读者被动加深对广告内容的印象。一般来说，互联网企业、游戏企业等广告主更愿意选择阅读平台发布广告。目前，很多阅读平台开发了会员免广告功能，这在一定程度上带动了电子图书的会员盈利模式。

4. 付费阅读是电子图书营收的主要力量

付费阅读正在成为国内电子图书市场营收的重要手段。付费阅读一般采用"先免费后付费"模式，商家用免费吸引大量用户前期流量，形成较为固定的用户群体后，再采取收费模式实现变现，一旦付费，用户对平台黏度会大大增加，形成良性循环。此类付费方式多体现在网络文学领域，除了读者通过购买网络付费内容进行的在线阅读活动外，还包括按章节支付、包月套餐及其他捆绑套餐等多种形式。

此外，打赏也是内容提供商和作者重要的收入来源。打赏是对作者或读者评论进行奖励的一种方式，粉丝通过各种形式打赏作者，变相实现内容付费。这一盈利模式增强了用户的体验和互动性，激发了作者的创作热情，在鼓励原创文学发展的同时，也有利于为用户提供更多优质内容。平台会收取一定比例的打赏费用作为平台费，成为网站的另一部分收入来源。

总之，数字阅读市场商业模式逐渐成熟，电子图书市场收入结构从以往单一的硬件收入逐渐呈现多元化。随着用户付费阅读的意愿逐渐增强，第三方支付平台应用性的提高，以及外部良好的版权环境与大众对正版认知程度的提高，付费阅读模式将被更多用户接受，其他模式的变现收入也有望逐步提升。

三、电子图书产业年度重大事件

（一）《全民阅读促进条例（草案）》进入立法程序

2017年6月，国务院法制办办务会议审议并原则通过了《全民阅读促进条例（草案）》。《条例》对促进全民阅读，保障公民的基本阅读权利，提高公民的思想道德素质和科学文化素质，培育和践行社会主义核心价值观，传承中华优秀传统文化，推动社会文明进步发挥重要作用。据悉，《全民阅读促进条例》有望于2018年出台。

（二）国家版权局下发《关于规范电子版作品登记证书的通知》

2017年6月12日，国家版权局根据《中华人民共和国著作权法》和《作品自愿登记试行办法》等规定，下发《关于规范电子版作品登记证书的通知》。针对当前电子版作品登记证书出具、制发过程中的不规范问题，对规范电子版作品登记证书做出七大规定，不仅要求电子版作品登记证书样本须通过国家版权局网站下载使用，还强调违反国家版权局《关于规范作品登记证书的通知》（国版函〔2016〕1号）制发、出具的电子版作品登记证书一律无效。

（三）睿泰携手中国质检出版社打造全新"中国地理标志产品数字资源服务平台"

2017年6月28日，睿泰集团和中国质检出版社就"中国地理标志产品数字资源服务平台"项目正式达成合作。睿泰结合中国质检出版社发展需求，通过"技术工程师+内容开发设计师+视觉设计工程师"的专业化合作开发模式，结合针对数字出版、数字教育行业自主研发的可视化超媒体出版套件DreamBook，与中国质检出版社共同打造承载中国多样性的"中国地理标志产品数字资源服务平台"，为宣传中国地理标志产品和物产文化，在推动传统出版和数字出版深度融合上进行积极有益的尝试。

（四）首届中国"网络文学+"大会在京举办

2017年8月11日—13日，中国"网络文学+"大会在北京亦创国际会展中心举办。大会围绕"网络正能量、文学新高峰"主题，采取政府指导，市场化运作的模式，以网络文学为核心，致力于突出"+"的概念。大会涵盖网络文学、影视、动漫、游戏、娱乐、阅读等跨IP泛娱乐内容，搭建网络文学创作、开发、展示、交流、合作、转化平台，促进网络文学精品化、高端化生产，有效整合网络文学产业链的上下游资源。

四、制约电子图书产业发展的主要问题及建议

目前，整个电子图书产业市场发展，虽然基于政策、技术等要素的推进，取得一定的发展。但是在具体发展过程中，仍然面临一定的问题，如版权保护、市场监管等问题，还需进一步予以解决，推进产业健康、可持续发展。

（一）版权保护仍需继续加强

由于数字版权监管技术与法律配套仍未成熟，版权问题制约着电子图书可持续发展。伴随着各界对版权保护意识的逐渐增强、侵权盗版行为打击力度逐渐加大，侵权盗版行为已经得到一定遏制，但是现阶段仍存在部分盗版网站，聚集大量原本需要付费阅读的电子图书的现象，特别是近几年盗版侵权现象已蔓延到逐渐崛起的移动阅读领域，严重影响了付费阅读这一数字阅读产业赖以生存的盈利模式。

1. 版权问题来源于相对复杂的网络环境

版权问题自 PC 端阅读兴起，就一直未能得到有效解决，包括百度文库等知名阅读平台都有过涉嫌侵权的行为，而移动阅读相比 PC 端版权保护更加困难。究其原因，电子图书相对纸质图书，是存在于更为复杂的网络环境中发生的侵权行为，存在一定的隐蔽性，对于侵权行为的追究也相对滞后。

即便使用法律手段终止侵权行为，也难以挽回已经造成的损失。从目前法律实践上来看，侵权违法行为的成本较低，而维权成本较高，维权的结果往往是得不偿失，严重打击了诉讼维权的积极性。

2. 版权保护工作需要多方关注

对于版权保护，应加强社会各界的版权意识，包括国家、企业、公众等层面。从国家层面来说，在政策上，要强化把关作用，加大对网络运营商和平台应用领域负责人的监督力度，建立移动互联网侵权盗版及时响应机制，抑制侵权内容流通，及时止损，推动数字出版产业的健康发展。从数字出版行业来看，应加大著作权法宣传力度，提升出版人版权意识，并且树立现代化的出版理念，它加强保护版权的同时，应对数字化环境中受众的变化。从公众层面，加强宣传版权保护的重要性，让每位民众认识到版权保护问题其实离自己很近，如在社交平台上写的文章、随手发的照片，都有可能成为侵权的对象。通过版权博览会、普法等系列形式的宣传活动，促使公众提高版权意识，加强自我保护。

最关键的是在法律方面，提高数字版权侵权违法成本，真正做到有法可依、执法必严。对于电子图书版权环境的发展变化，应不断更新完善相关法律法规，及时为新形势下版权保护中遇到的问题提供相应的法律依据，为行业营造一个良好的出版环境。而在版权保护技术方面，通过建立完善的版权管理平台，行成统一的管理标准，集中对内容运营商，平台运营商等环节进行管理，一旦涉嫌侵权问题，能够通过平台快速响应及时处理。另外，仍需加强数字版权保护技术应用的研发力度，将区块链技术应用在版权保护上，可以很好地弥补目前国内数字版权保护技术短缺。

（二）电子图书内嵌广告粗劣无序，缺乏监管

电子图书市场经历了长时间的探索期，对于盈利模式仍不清晰的部分企业来说，依靠广告盈利无疑是最后的救命稻草。然而目前对电子图书广告缺乏监管，电子图书广告乱象已经成为影响行业发展的严重问题。

1. 中小平台电子图书广告呈无序状态

电子图书广告乱象主要集中在依赖广告收入生存的中小电子书平台上，此类平台往往聚集了大量免费电子图书，更有甚者将盗版电子图书放入平台吸引用户流量。无序状况主要体现为三方面：一是广告频繁弹出，骗取用户点击量。用户在阅读中翻页或毫无准备的情况下，广告突然弹出，以致用户误点入广告。此类情况多为平台按照点击量收取广告费用的模式下发生，以上述方法骗取点击量，获取广告收入。二是广告内容低俗、粗劣。部分电子图书内嵌广告内容低俗，此类情况集中体现在两性话题的电子图书中，还有一些网游、页游的广告制作粗劣，表现形式粗暴，利用视觉上的刺激吸引阅读者的注意。三是部分数字阅读平台将广告故意遮挡在翻页、返回等重要的按键位置，与上述骗取流量的方式如出一辙，使用户被动点击广告，不法谋取广告收益。

这些无序状况严重破坏了用户的阅读环境，影响了用户的阅读体验感。对于阅读平台来说，这种粗劣无序的广告获利方式，虽可达到短期收益，但后续带来的是用户的流失，无疑是一种杀鸡取卵的行为。

2. 制度监管和违规处理双管齐下加强广告管理

目前电子图书中的广告乱象，无疑影响了电子图书产业的健康发展。解决这一问题，首先应针对具体情况制定对应的管理制度，加强相关部门对电子图

书广告的监管力度。尤其是把控广告内容质量，限制弹出类广告的播放形式以及播放频率，从审核这一环节杜绝低俗粗劣的广告的投放。

同时，对已出现的广告违规问题进行处理时，应对平台方、广告投放方双方追究责任，打击利益链条上的每一个环节。另外，应加快电子图书相关标准制定，从电子图书的质量检测、认证等方面，为电子图书产业发展提供标准支撑。

回首2017年，国家对文化产业的推动力度不断加大，为电子图书产业的可持续发展营造了良好的环境。在"大众创业、万众创新"战略的驱动下，电子图书产业蓬勃发展的环境正逐渐形成。同时，在信息技术的高速推动下，科技与电子图书的融合进一步加深，科技对电子图书产业发展的支撑作用不断彰显。电子图书整体规模呈现出稳健增长的局面，从电子图书的内容、IP运营宣传及收入结构等各个方面取得突破性进展。

2018年，伴随其他娱乐产品争夺用户碎片时间带来的流量分化，数字阅读步入发展的关键节点，需找准新定位，坚定"内容为王"，聚焦内容质量，突破重围。纵观整个行业，目前是以深度整合内容为核心，布局网络原创文学的全球化开发。同时得益于信息技术的发展为之注入了强效动力，人工智能、VR/AR、人工智能等信息技术在电子图书中的运用日趋普及，催生了电子图书的新商机。

虽然电子图书产业在发展过程中仍然存在一系列尚待解决的问题，但是在各种利好政策不断推动、市场环境不断完善的情况下，电子图书行业将逐渐走向成熟，未来将会有更大的发展空间。

附录

部分国家电子图书产业状况

一、日本"电子书+纸质书"打包销售模式[①]

近两年来,日本电子书市场进行销售战略调整和多样化的尝试。其中"电子书+纸质书"打包销售模式较为成功,该模式源于日本报纸的"纸质报纸+移动终端电子报"销售模式,即订阅纸质报纸或者电子报的读者,只需要多花费20%左右的价格,即可同时获得两类报纸的阅读权限。日本独特的"让报纸进入家庭"的订阅制度,培养了每家每户至少订阅一份报纸的习惯。而"纸质报纸+电子报"的新型销售模式,则适用于家庭成员之间互补阅读,即在家的成员可以阅读纸质版本,通勤成员可以在电车或地铁上阅读电子版。

据日本报纸协会发布的2016年报业数据显示,《日本经济新闻》的电子版会员已突破50万,其中近25万会员订阅了电子报。"纸质报纸+电子报"打包营销模式的阶段性成功,给予了电子书销售模式探索新的方向。2014年起,日本六大出版社——庆应大学出版会、劲草书房、东京大学出版会、みすず书房、有斐阁、吉川弘文馆,携手日本电子书运营商"丸善"和"京瓷",在MARUZEN EBOOK LIBRARY和BOOKLOOPE上推出"电子书+纸质书"订阅套餐,套餐折扣最高达30%。TSUTAYA等大型书店和DISCOVER等中小型电子书运营平台也紧随其后,据对日本40家电子书运营商调查结果显示:85%的电子书运营商都开始了"电子书+纸质书"套餐销售。其中八成运营商表示电子书销售势头良好,五成运营商表示"电子书+纸质书"套餐销售带动了电子书销售。

"电子书+纸质书"套餐营销手段,是日本电子书和纸质书市场"双赢"销售模式的一种探索和尝试,根本出发点和落脚点在于以读者的需求为核心,实现电子书和纸质书销售的双赢。

二、英国年轻人更多选择纸质图书

随着手机、平板电脑等电子阅读器的普及,电子书成为了当下应用广泛的

[①] 本部分摘自陈雅赛.日本电子出版商业模式探究与启示[J].出版发行研究.2017(07).

阅读方式，数字出版也在出版业占据了一席之地。然而纸质书并未受到多大影响，并且销量出现了回弹现象。根据市场调研公司尼尔森公布的数据显示，2016年英国销售书本达3.6亿英镑，消费者在纸质书与电子书上的花费共计1亿英镑。与2015年相比，英国消费者购买书的数量与花费金额分别上涨了2%与6%。尽管销售量整体上涨，英国电子书销量却下降了4%，并且这已是电子书销量连续第二年下跌。

尼尔森公司将这一现象归因于童话书的畅销以及喜爱纸质书的年轻一代。根据英国青年调研机构voxburner2013年的一项调查显示，有62%的16—24岁的年轻人比起电子书更钟爱纸质书，他们将纸质书视为缓解"电子疲劳"的出口，追求更好的阅读体验。即便如此，电子书销量仍比五年前高，2016年电子书占出版市场份额的25%，而2012年仅为18%。

同时，电子书均价也上涨至7英镑左右。尼尔森调查公司研究总监史蒂夫·伯梅表示，虽然电子书的销售进入瓶颈，但随着纸质书销量的上涨，出版行业对纸质书的信心有所增加，这有利于出版行业的良性发展。

（万智单位：武汉大学；艾顺刚　乔莉莉　杨兴兵单位：上海睿泰企业管理集团有限公司）

2017—2018 中国数字报纸出版产业年度报告

万 智　艾顺刚　孙晓翠　庄子匀　潘 瞳　陈 丽

一、数字报纸出版概述

2017年，基于政策支持、新闻产业和版权产业规模扩大、阅读习惯转变及技术升级等背景，数字报纸产业实现了各个层面的突破，获得快速发展。

（一）政策环境

2017年，新闻出版广电领域各专项"十三五"规划纷纷出台。其中也涉及数字报纸产业，从数量和质量上对其进行了规划。2017年9月，原国家新闻出版广电总局发布的《新闻出版广播影视"十三五"发展规划》提出在"十三五"期间持续深化新闻出版数字化转型升级，提升数字产品服务，打破层级和区域限制，着力解决报刊发展中的同质化、低效率等问题，加快报刊资源聚合、产业融合，力争在"十三五"期末数字报纸收入达到14亿元。同时，建立国家新闻报刊数字监管系统，建设标准统一的全国报刊数据中心和全国报刊年度核验信息化系统，建设完整的报刊出版版式和数字化报刊内容数据库，实现对报刊内容多维度挖掘和分析，提高内容监管能力。

另外，各相关机构通过净化整个网络环境，为数字报纸创造了发展机遇。2017年5月，国家网信办正式颁布《互联网新闻信息服务管理规定》，自6月1日起施行，一批娱乐公众账号被封，微博、今日头条、腾讯等网站被约谈，改善了整个网络新闻环境。2017年8月，原国家新闻出版广电总局发布公告，要求规范报刊单位及其所办新媒体采编管理，提出报刊内容审核把关制度，加强对所办报刊、网站、微博、微信、客户端等各类媒体刊发内容的审核把关，从而规范报刊单位及其所办新媒体的采编，提高数字报纸的质量，维护数字报纸的权威性和公信力。

同时，政府主管部门也通过财政政策等手段推动报纸数字化转型。2017年5月，原国家新闻出版广电总局、财政部联合下发《关于深化新闻出版业数字化转型升级工作的通知》，提出完善财政投入机制，对符合条件的新闻出版业数字化转型升级重点项目予以扶持。

（二）经济环境

对于数字报纸产业而言，整体经济环境也会影响其发展。作为文化产业重要组成部分的新闻传媒产业，在互联网时代，依靠政策扶持、资金投入、技术革新等，实现了快速增长。根据《中国互联网络发展状况统计报告》[1] 显示，截至2017年12月，网络新闻用户规模为64 689万，网民使用比例为83.8%，网络新闻成为互联网发展中的一大亮点。值得关注的是，资讯聚合平台在网络新闻中占据了主导地位，各报业机构的数字报纸在发展中面临着激烈的竞争。因此，对于数字报纸而言，蓬勃发展的新闻传媒产业既是挑战也是机遇。

另外，版权产业逐渐成为中国经济发展的新引擎。《2016年中国版权产业经济贡献》[2] 的调研结果显示，2016年中国版权产业的行业增加值为54 551.46亿元人民币，版权产业实现了产值增长和结构优化。同时，《中国网络版权产业发展报告（2018）》[3] 显示，2017年中国网络版权产业的市场规模达6 365亿元。但现阶段，数字报纸版权保护依然面临障碍。2017年，仅《新京报》一家媒体发布的反侵权公告就有13条，而全年通过反侵权公告等进行版权维护的媒体至少有15家。为了维护报业健康有序发展，2017年6月，首届中国报业版权大会通过了《中国报业版权自律宣言》。

---

[1] 中国互联网络信息中心.中国互联网络发展状况统计报告［R］.北京：中国互联网络信息中心，2018：30.

[2] 中国新闻出版研究院.2016年中国版权产业经济贡献［R］.北京：中国新闻出版研究院，2018.

[3] 国家版权局网络版权产业研究基地.中国网络版权产业发展报告（2018）［R］.北京：国家版权局网络版权产业研究基地，2018.

(三) 社会环境

互联网技术的迭代更新、各个新闻平台的竞相发展以及互联网用户阅读习惯和消费观念的转变使得数字报纸发展的社会环境充满了机遇和挑战。

其一，数字阅读方式已成为主流，移动客户端成为网民浏览新闻的主要方式。根据 CNNIC《第 41 次中国互联网络发展状况统计报告》，截至 2017 年 12 月，中国网民规模达 7.72 亿，全年共计新增网民 4 074 万人，互联网普及率为 55.8%，较 2016 年底提升了 2.6 个百分点。2017 年我国网民规模增长趋于稳定，互联网行业持续稳健发展。

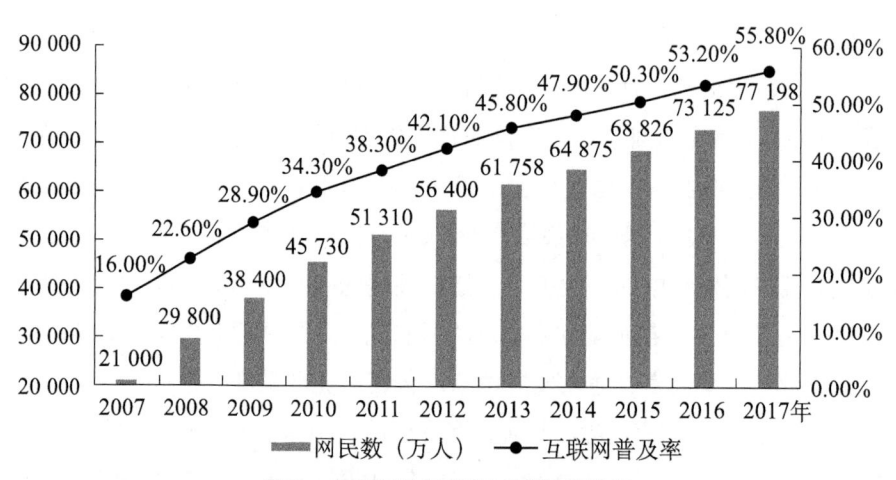

图 1　中国网民规模和互联网普及率

来源：CNNIC 中国互联网络发展状况统计调查

其二，新闻传播主体继续呈现多元化特征，数字报纸面临更加严峻的竞争压力。CNNIC 的数据显示，最近半年内，手机网民使用过的手机应用个数平均超过 10 个，手机软件的多样化促进了新闻获取渠道的多样化，也促使各个平台对移动新闻客户端的争夺进入白热化，其中《人民日报》《光明日报》等传统媒体，新浪、搜狐等门户网站，以及没有任何新闻背景的今日头条、鲜闻等新闻聚合平台，都纷纷推出移动新闻客户端。随着互联网"去中心化"的发展，网民通过微博、微信等社交平台都可以成为新闻提供商。新闻来源的多元化使得传统媒体的数字报纸优势减弱，竞争压力更加严峻。

其三，知识付费时代已经到来，数字报纸有望获益。艾媒咨询数据显示，

2017年中国移动支付用户规模均以较高的速度增长，2017年中国移动支付用户规模预计达5.60亿。同时，近两年中国内容付费用户规模呈高速增长态势，2017年内容付费用户规模达1.88亿。纸媒能否把握契机，实现数字技术的突破和用户黏度的增强，对搭建和维护数字报纸的"付费墙"至关重要。

（四）技术环境

高新技术一直是新闻传播行业的发展的重要支撑，现已成为新闻资讯平台的核心竞争力。

通信技术领域，4G应用的普及改善了网民的移动上网体验。据工业和信息化部的数据显示，截至2017年11月，移动宽带用户（3G和4G）总数达到11.1亿户，占移动电话用户的78.9%。2018年1月，工信部信息通信发展司召开"5G技术研发试验第三阶段规范"评审会，为下一步运营企业开展规模实验打下坚实基础。

人工智能技术正在重塑新闻出版行业。人工智能在新闻选题、内容撰写、编辑加工、校对、发行传播等方面得以应用，使得出版流程实现智能化。借助机器学习、深度学习、自然语言处理、文本生成等新兴算法，人工智能可以将语音实时正确地转录成文字，还可以自主写出新闻报道并编辑加工，大大提高了新闻的生成速度和编校速度；基于大数据分析技术，人工智能可以了解用户偏好，从而实现推送内容的个人定制，向用户推送其感兴趣的内容。

短视频、直播和VR技术在新闻领域繁荣发展。来自艾瑞咨询的统计数据显示，2017年短视频火热，市场规模达57.3亿元，同比增长183.9%，预计2020年段视频市场规模将超300亿元，国内新闻机构也在此领域积极布局。

二、数字报纸出版产业现状

（一）整体规模

近几年，随着自媒体等新兴业态的蓬勃发展，报纸等传统媒体受到极大的冲击，数字报纸市场整体规模也因此出现逐年下降的趋势。自2012年我国数字报纸收入总值和收入占比达到顶峰后,近几年一直呈小幅度下滑趋势,但下滑趋势减缓。相关数据显示,2017年我国数字报纸市场规模从9.0亿元下降到了8.6亿元(见图2),下降趋势逐年减缓。

图2 2012—2017 数字报纸市场规模及增长趋势

数据来源:《中国数字出版产业年度报告》、企业调研及其他数据计算所得

我国数字阅读用户规模不断扩大,为数字报纸提供了广阔的市场。根据第十五次全国国民阅读调查结果,2017年,数字化阅读方式(网络在线阅读、手机阅读、电子阅读器阅读、Pad阅读等)的接触率为73.0%,较2016年的68.2%上升了4.8个百分点。

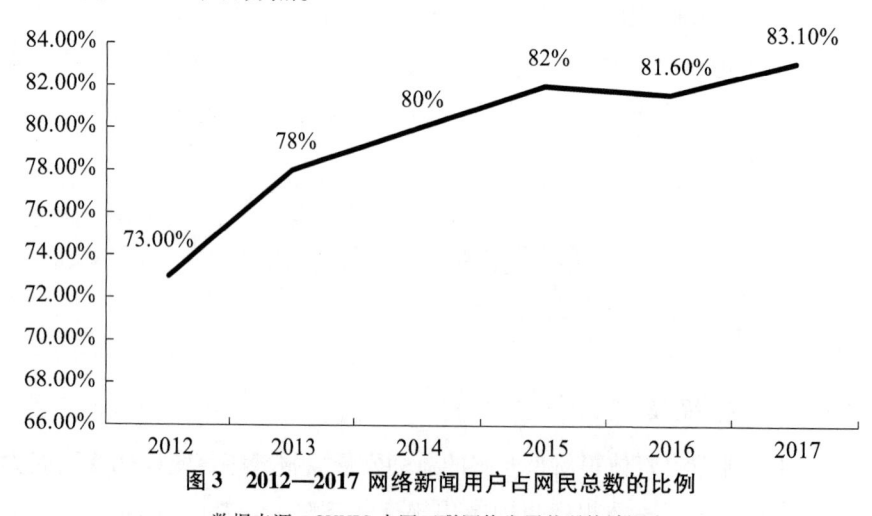

图3 2012—2017 网络新闻用户占网民总数的比例

数据来源:CNNIC 中国互联网络发展状况统计调查

根据艾媒咨询《2017—2018 中国手机新闻客户端市场研究报告》，截至 2017 年第四季度，中国手机新闻客户端用户规模增至 6.36 亿人。艾媒咨询认为，手机新闻客户端行业用户规模已趋饱和状态，但行业格局仍有变化空间，随着平台建设回归新闻本质，传统媒体类手机新闻客户端有较强发展潜力。

（二）细分领域现状

随着互联网技术飞速发展，新媒体行业随之兴起并繁荣，媒介融合的趋势不断加强。而各类传统报纸（党报、专业报、综合商业报）继续探索转型之路，在"互联网＋"的影响下，基本形成了"两微一网一端"的数字化布局，并不断与新媒体融合。

根据陈国权《2017 中国报业发展报告》[1]，专业报纸因致力于细分市场，读者对象更明确，总印数降幅较小，市场前景良好。但面对"互联网＋"模式的冲击，专业报也融入新媒体中，深挖读者需求，谋求进一步发展。根据中山大学张志安教授团队完成的《2017 年中国新闻业年度发展报告》[2] 显示，2017 年传统纸媒的发展和转型形势依然严峻。相比于党报、专业报，综合商业报由于缺乏政策红利、盈利模式相对单一、新型收入探索艰难、服务功能更易被网络所替代等原因，转型面临诸多困难，相继停刊。因此，综合商业报必须攻难克坚，在 2017 年继续与新媒体融合，寻找生存和发展的出路。从整体上看，党报在 2017 年与新媒体融合方面成效显著。

根据《2017 全国党报融合传播指数报告》[3] 显示，PC 网站和移动新媒体已成为党报融合传播矩阵的重要组成部分。各级党报在探索媒体融合方面，收到一定成效。

目前，党报媒体融合传播呈现出以下几个特点。

1. 党报纸媒内容网络传播力强

从报纸的发行量来看，超过百万份的仅有《人民日报》《广州日报》《人民日报·海外版》，10 万份已成为绝大多数地市级党报的发行"天花板"。网

---

[1] 陈国权.2017 中国报业发展报告［J］.编辑之友，2018（02）：28-36.
[2] 张志安，李霭莹.2017 年中国新闻业年度发展报告［J］.新闻界，2018（01）：4-11+73.
[3] 人民网研究院.2017 全国党报融合传播指数报告［R］.北京：人民网研究院，2017.

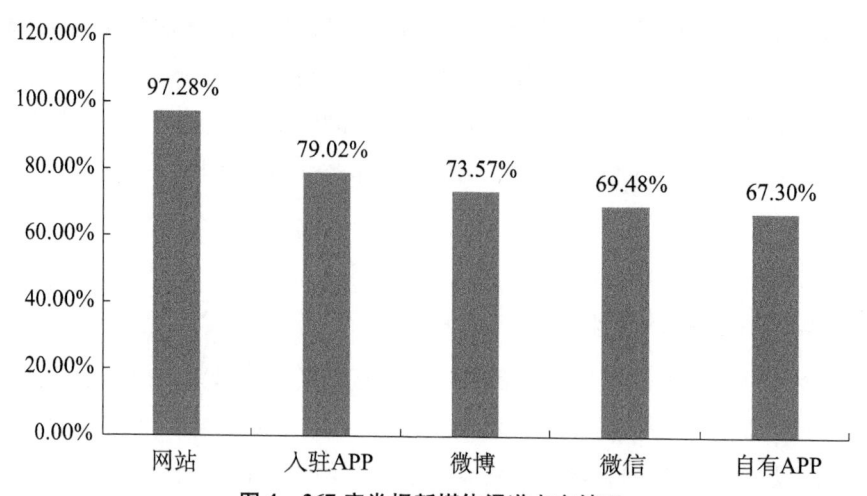

图 4　367 家党报新媒体渠道占有情况

数据来源：2017 全国党报融合传播指数报告

络为党报内容传播与影响力扩散提供了有效途径，但是地市级党报内容在平台上的传播量还是不高，传播力有待进一步提升。

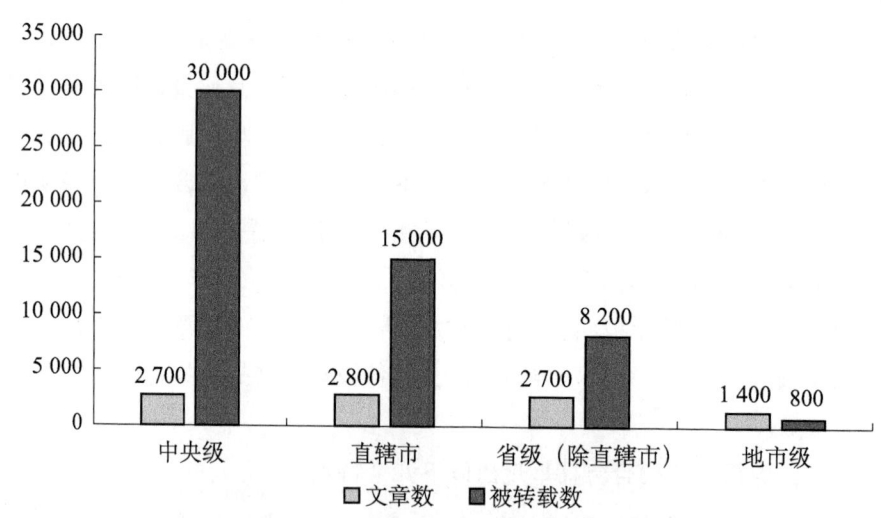

图 5　各级党报内容在网络平台的月均传播情况（篇次）

数据来源：2017 全国党报融合传播指数报告

2. 党报网站有效提升党报传播力

从新闻报道量和被转载量两个指标综合衡量，党报网站的发文量与被转载数量明显高于母媒。因此，党报网站有效提升了党报的传播力。从传播的量级来看，中央级网站＞直辖市级网站＞其他省级网站＞地市级网站，由此可见，一些省级党报网站、地市级党报网站影响力仍然很弱，需要尽快提升传播力。

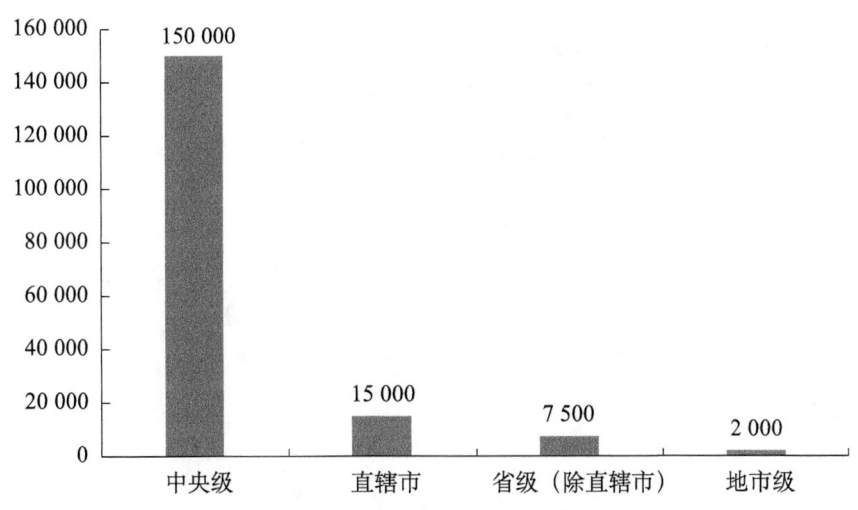

图6　各级百强党报网站每家月均被转量（篇次）

数据来源：2017全国党报融合传播指数报告

3. 党报官方微博"二八现象"明显

目前党报的微博开通率达73.6%，《人民日报》《广州日报》《南方日报》《光明日报》《新华日报》官方微博比较活跃，粉丝基数庞大，影响力也大。

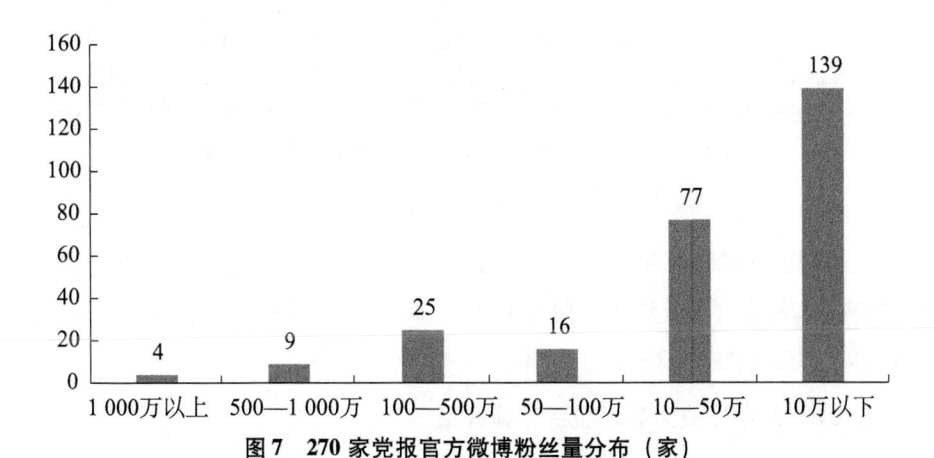

图7　270家党报官方微博粉丝量分布（家）

数据来源：2017全国党报融合传播指数报告

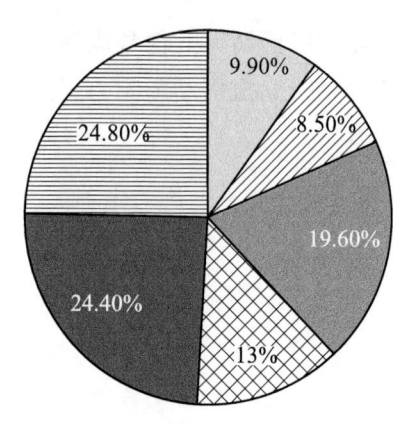

□ 30条以上　☒ 20—30条　■ 10—20条　⊠ 5—10条　■ 1—5条　□ 1条以下

图8　270家党报官方微博平均每天发文数量分布

数据来源：2017全国党报融合传播指数报告

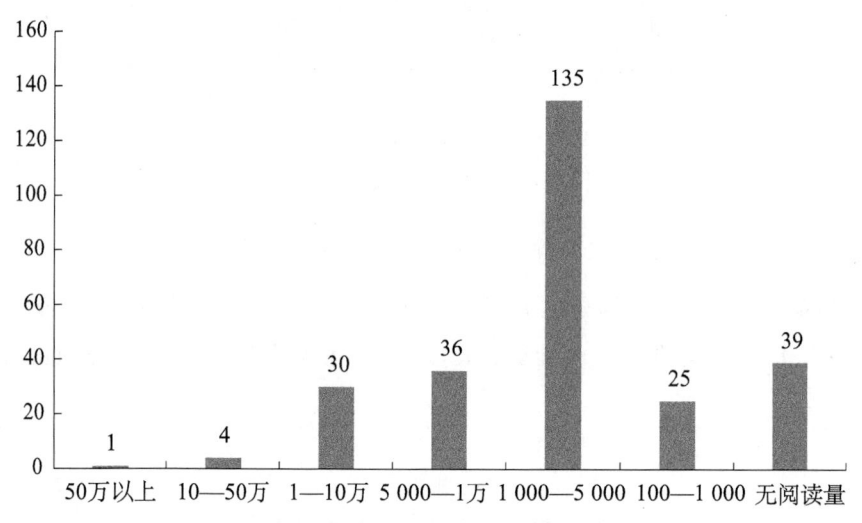

图9　270家党报官方微博单条微博阅读量分布（家）

数据来源：2017全国党报融合传播指数报告

从微博的互动情况来看，《人民日报》官方微博独占鳌头，单条微博的平均评论数、转发数、点赞数分别为1 597、3 922、6 600，分别是其余269家党报官方微博总和的2.22倍、3.78倍、3.12倍。

4. 微信公众号成为党报重要传播渠道

党报微信公众号的开通率为69.5%，低于微博的开通率，《人民日报》微信公众号影响力位列第一，《广州日报》《杭州日报》《经济日报》《河北日报》等紧随其后。

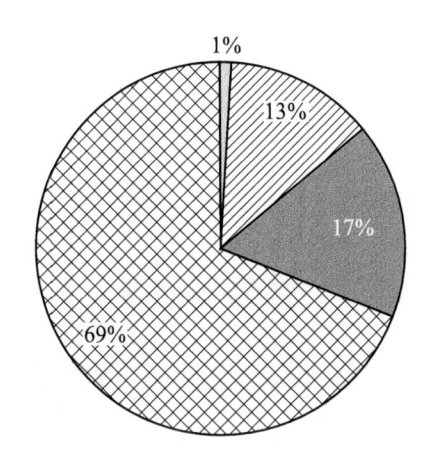

□ 10万+ ☒ 1万—10万 ■ 5 000—1万 ⊠ 1 000—5 000

图10　百强党报微信公众号单篇文章阅读量分布

数据来源：2017全国党报融合传播指数报告

5. 借助聚合新闻客户端进行二次传播还有较大空间

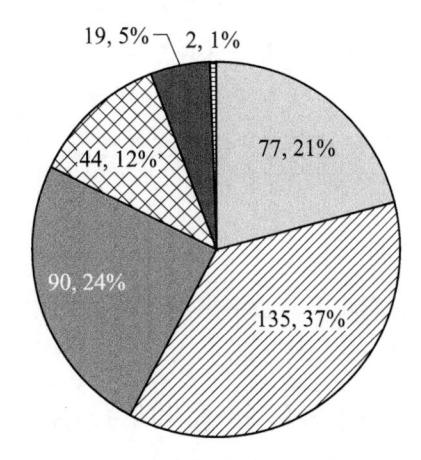

□ 未入驻 ☒ 入驻1家 ■ 入驻2家 ⊠ 入驻3家 ■ 入驻4家 □ 入驻5家

图11　367家党报入驻聚合新闻客户端的数量与占比

数据来源：2017全国党报融合传播指数报告

党报入驻聚合新闻客户端在不同的平台集中度是不同的，账号也不同，有些账号重复设置，信息也比较混乱，容易产生误导。目前，党报新闻客户端主要集中于搜狐新闻和今日头条，在网易和腾讯平台上入驻不多。客户端的阅读量较少，互动也不多，还需要进一步提升传播能力。

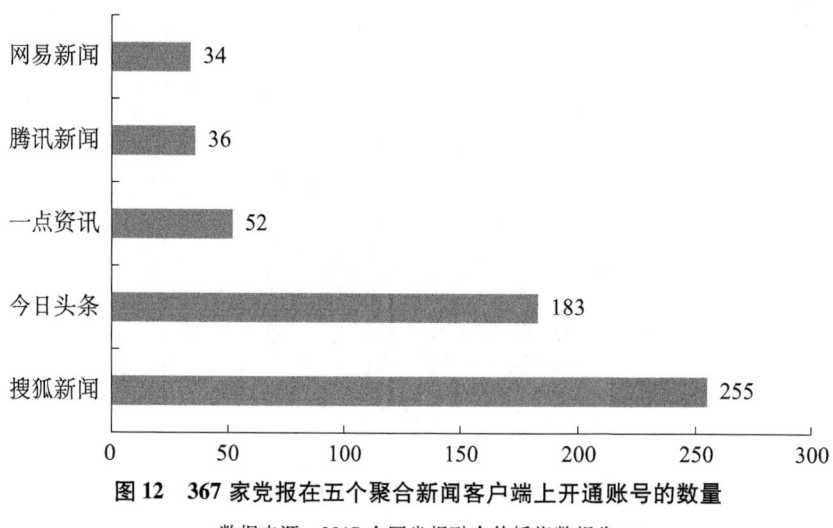

客户端	数量
网易新闻	34
腾讯新闻	36
一点资讯	52
今日头条	183
搜狐新闻	255

图 12　367 家党报在五个聚合新闻客户端上开通账号的数量

数据来源：2017 全国党报融合传播指数报告

6. 党报自有 APP 建设加快，影响力有待提升

据统计，在 378 家党报中，有 247 家拥有自己的客户端（APP），占比 67%。《人民日报》客户端下载量高达 1.8 亿，下载量上千万级的有《南方日报》《光明日报》《湖南日报》3 家党报，百万级的有《浙江日报》《广州日报》等 11 家党报。绝大多数党报客户端存在感较低，需要进行改进。

（四）运营模式分析

在新媒体和新技术的影响下，数字报纸运营模式方面从内容、设备到收入结构各个层面实现了突破。

1. 内容提供：多元化＋可视化＋亲民化的中央厨房融合体系

（1）UGC 模式下多元化的内容生产主体

在传统报业时代，由专业人士直接提供内容或对内容进行把关的 PGC（Professionally Generated Content，专业生产内容）模式是内容生产的主流。随着新媒体的发展，大批非专业新闻从业者产生，UGC（User Generated Content，用户生成内容）模式发展日趋白热化。

虽然说在 UGC 模式下，新闻内容质量无法得到完全保障，但是优质 UGC 内容可以成为报业企业在竞争中无法比拟的优势资源。2017 年，各报业机构开始通过各种措施引入优质UGC。2017年，今日头条推出"千人百万粉计划"、一点资讯"百校万人计划"等圈地了一批UGC。而依托于传统报业的"澎湃新闻""封面号""九派号"等都是采用了UGC+PGC的模式，在保证高质量的专业新闻内容的基础上，引入用户对内容的反馈作为补充。

（2）新技术下新闻内容可视化呈现方式

2017年，VR/AR等更多新媒体技术应用于数字报纸，打破了传统的图片+文字的报道方式，将视频、声音、动画等元素融入新闻叙事之中，优化其视觉呈现效果。

微视频和直播是当前新闻报道中运用最为广泛的传播载体之一。2017年，紧跟各项时事新闻，各报业机构制作了一批高质量的视频作品，例如新华社在"一带一路"国家合作高峰论坛系列报道中推出的动画《Let's go Belt and Road——一带一路世界合奏》、新华网在建军90周年到来之际发布的《大国强军梦》等视频，封面新闻直播《俯瞰"川藏第一桥"》等直播，以优质的内容及创新的形式吸引了大量用户。除了自身在新闻短视频和直播方面的尝试外，各报业机构也通过合作方式积极拓宽新闻报道传播渠道。2017年7月，澎湃新闻旗下所有原创视频内容入驻头条号。

另外，无人机、VR/AR等技术在新闻报道中的运用虽然尚不普遍，但是也在逐渐增多。各报业机构利用VR与AR技术生产"沉浸式新闻"，2017年5月，《南方日报》利用VR技术进行《不能忘却的纪念——汶川大地震九周年》报道，使用户身临其境，增强新闻报道的渲染效果。另外，跟随无人机技术热潮，新闻报道利用其进行航拍，丰富了图片、视频素材库，截至11月底，新华网2017年已发布航拍图片、视频作品超过1 150部。

（3）新媒体下亲民的宣传方式

传统新闻报道主要以专业、权威的报道叙述为主，为了适应新媒体语境，各报业机构开办的官方微博、微信增强了亲近性表达方式。例如，《人民日报·海外版》微信公众号"侠客岛"，将"岛叔"形象贯穿文本，通过将官媒人格化的方式拉近与用户之间的距离。从报业机构自身来看，其改变了以往高高在上的刻板印象，以更具人性化的形象扩大自身的影响力。而从用户角度来看，增强了其与媒体及其他用户的互动交流，也主动掌握了在新闻事件中的话语权。

除了日常运营外，各官媒会以新闻报道为基础推出一系列活动，增强宣传效果。例如，人民日报社新媒体中心在国庆节期间推出"我爱你中国"系列活动等。

（4）中央厨房的媒体融合体系

中国媒体最早的"中央厨房"尝试始于 2007 年《广州日报》的"滚动新闻部"，相当于"中央厨房"的雏形，而烟台日报传媒集团的"全媒体"模式基本形成了现在"中央厨房"的理念与架构模板。2017 年 1 月，刘奇葆同志提出要以"中央厨房"即融媒体中心建设为龙头，构建扁平机构和发行网络，意味着中国媒体进入了"中央厨房"大发展期。

"中央厨房"包括聚合型和内控型两种。人民日报社的"中央厨房"是典型的聚合型"中央厨房"，大众报业集团、河南日报报业集团、湖南日报社等地方媒体也建立了此类"中央厨房"。而一些媒体则搭建了内控型"中央厨房"，《经济日报》的"中央厨房"就是此类典型。

2. 终端设备："微博+微信+客户端"的构架日趋稳健

根据中国互联网络信息中心（CNNIC）2018 年 1 月发布的第 41 次《中国互联网络发展状况统计报告》显示，截至 2017 年 12 月，我国手机网民规模达 7.53 亿，网民中使用手机上网人群的占比达 97.5%，移动手机端已经成为报业机构终端的主要阵地。

目前，报业机构逐渐重视微博、微信的运营，报业机构纷纷开设了官方微博和微信，部分实力雄厚的报业机构推出了 APP，"微博+微信+客户端"的构架日趋稳健。除了"新华社""人民日报""澎湃新闻""上海观察"等，2017 年，温州日报报业集团、长江日报报业集团、大众报业集团等纷纷推出或者更新了 APP，从频道内容到运营方式进行了不断的完善。表 1 中，传播力指数是对国家网信办许可和确认的 100 家主流媒体和新闻网站主办的新闻客户端的访问量、原创量、发稿量、被转载量等数据进行计算之后，分析其传播力和影响力。

表 1　主流媒体 APP 排行榜 2017 年 12 月榜

名次	主办单位	APP	传播力指数
1	新华社	新华社	6 115.1
2	齐鲁晚报	齐鲁壹点	4 932.3

续表

名次	主办单位	APP	传播力指数
3	中央电视台	央视新闻	4 613.7
4	解放日报	上海观察	4 296.8
5	人民日报	人民日报	3 927.2
6	经济日报	经济日报	3 467.7
7	光明日报	光明日报	3 466.5
8	环球时报	环球 TIME	3 441.3
9	云南日报	云报	3 379.7
10	湖南日报	新湖南	3 359

数据来源：中央网信办《网络传播》杂志"主流媒体 APP 排行榜 2017 年 12 月榜"

除了开设官方微博、微信，各报业机构报纸还入驻了搜狐新闻、今日头条等聚合类新闻客户端。

3. 盈利模式：广告收入下滑，付费模式尚不成熟

近几年，报业广告经营大幅下滑，新媒体赢利模式不成熟，付费模式举步维艰，为了破除转型痛点，数字报业不断改变自己的盈利模式。

（1）广告收入"断崖式"下降

根据 CTR 媒介智讯研究显示，2017 年，中国广告市场整体增长 4.3%，而其中报纸广告刊例花费下降了 32.5%，广告面积下降 27.3%，是传统媒介中下跌最为严重的。传统报业广告收入面临严峻挑战，这与读者阅读习惯的改变以及新媒体的冲击密切相关。

在数字报纸广告方面，一些报业企业开始谋求从形式、内容到传播的创新，但是大部分报业企业依然采取的是照搬传统报纸广告方式。同时，部分报业企业逐渐拥抱新媒体，力图探索出适合的转型路径。

（2）付费模式境遇尴尬

早期，温州报业集团、《经济观察报》《环球时报》《南方都市报》等多家报业机构都曾采用过数字报付费阅读，但结果不尽如人意。而于 2010 年正式推出电子版收费阅读服务的《人民日报》，也从 2017 年 1 月 1 日起停止收费。

而随着内容付费时代的到来，用户的付费意识不断提升，付费模式依然是一个值得尝试的选择。2017 年 11 月 6 日，财新网正式启动财经新闻全面收费，聚焦精准用户，转变商业模式，谋求企业长远发展。

三、数字报纸出版产业发展面临的问题与对策

2017 年,我国数字报纸在探索转型升级的道路上,在数字报纸传播的能力、内容、营销方式以及盈利模式等方面都取得了一定的进步,同时也依然存在一些问题。

(一)传播能力差距明显,尚需重新布局精准推送

以党报媒体融合传播能力为例。从党媒官方网站发展情况来看,中央级网站平均每月被转载新闻篇次约是地市级网站的 75 倍。从党媒官方微博发展情况来看,《人民日报》《广州日报》等单个官方微信公众号的粉丝量约是排位后 50% 其他党报单个官微粉丝量的 100 倍。从党媒微信发展状况来看,《人民日报》官方微信公众号单篇文章平均阅读量与其他 69 家微信公众号的阅读量差距则更加悬殊,大概在 200—1 000 倍之间。由此可见,除了《人民日报》等中央级媒体数字传播能力较强外,其他大部分报纸数字传播能力还有较大提升空间。

目前,大部分报纸已经形成"两微一网一端"的数字化布局,而要实现不同平台的共同发展,则需要根据不同传播渠道特点和用户阅读习惯,发布不同内容。在微博上发布的内容比较短小、时效性强的文字和视频,注重与读者互动,增强读者黏性。在微信公众平台上发布深度报道,注重发布时间,以得到更多的阅读量。在官方网站上发布实时报道,满足用户的多样阅读需求。在自有 APP 上发布独家内容并提供增值服务,注重每日新闻推送的针对性和时效性。各个媒介平台还可以运用超链接的方式联通,最终整体提高数字传播能力。

(二)内容质量参差不齐,呈现方式仍需加深层次

报业机构引入了 UGC 模式,平台用户成为新闻的发布者,从而使新闻内容质量难以得到完全保证。因此,首先,平台在用户发布新闻内容前应严格审核,禁止低俗、违法、不符合事实等质量低下的新闻传播。其次,平台应培养

自己的专业新闻团队，吸纳优秀的新闻人才，为用户提供专业、权威、优质的新闻。最后，平台应该通过一定的激励措施吸引新闻界内有影响力的自媒体及非专业新闻从业者，对撰写高质量新闻稿件、点击量高的用户进行奖励。

新技术与新闻内容的融合仅停留在表层，虽然可视化呈现已成为数字报纸的基本要素，但在内容与视觉的深度结合上仍有较大空间。因此，报业机构在撰写新闻时应该考虑新技术是否有利于新闻内容的解读，而不是单纯追求视觉感受。

（三）运营思维缺乏创新，媒体人员素养尚需提高

目前，大多数报业机构都在"两微一端"上进行内容生产和营销宣传，但是一些机构在新媒体运营时仍然只是将传统的报纸内容直接复制到微信、微博，用户只能被动地接受新闻内容，未转换思维。因此，报业机构应培养专业的新媒体团队进行运营。在新媒体语境下，进行新闻撰写和宣传，以更易接受的方式表达新闻，增强与用户的互动体验，让用户参与其中。

另一方面，在"两微一端"下，新闻内容的传播力和影响力大大增强，随之而来的问题是报业机构极易陷入舆论漩涡。例如，在2017年"红黄蓝幼儿园事件"中，某主流媒体在其微信公众号发布了一篇文章，短短几百字，引起群情激奋。因此，报业机构在新闻事件中应该保持理性，从业人员需要提高的职业素养和道德素养，不因社会舆情而动摇，也不应为了关注度而发布"三观"不正的内容。

（四）盈利模式不清晰，付费模式仍需探索

2017年，数字报纸广告收入依然呈下滑趋势。这是报业在新媒体冲击下不可避免的情况，报业机构应从自身出发，思考数字报纸广告经营中存在的问题，例如广告结构单一、人才缺乏、传播度有限等，深入挖掘市场，寻找自身在广告市场中无可替代的优势。另一方面，改变广告呈现方式，应用新技术，提升宣传效果和传播范围。

同时，我国大部分报纸仍然采取的是"免费午餐"的模式。而面对付费时代的到来，部分报纸应该思考如何向付费模式转变。当下，一些数字报纸的付费模式设计仍然比较粗糙，依然是将传统纸质报纸的订阅模式复制到数字报纸上。因

此，报业机构应该针对自身报纸内容特点，对付费模式进行精细化设计，可以借鉴国外成功的"付费墙"模式，并结合实际，探索符合自身的付费模式。

四、数字报纸产业年度重要事件

（一）《东方早报》停刊，数字平台成为工作重心

《东方早报》在2017年1月1日正式停刊，不再以传统报纸的形式继续发行，新闻报道转移到澎湃新闻网，在网络上进行发布。澎湃新闻的原创力、传播力、影响力使《东方早报》具备向互联网新媒体彻底转型的条件。从纸质版走向数字化，发布平台的变更，是时代与技术给《东方早报》带来的共同选择。

（二）《中国教育报》微信公众号发展瞩目

2017年，《中国教育报》微信公众号共推出"10万+"文章350篇，日均发布一篇"10万+"，每天推送2—3次，推文原创率60%，产经媒体微信传播指数排名第一。与综合性媒体相比，行业媒体在规模和体量上不占优势，但可以利用其用户固定、内容针对强等优势，深挖读者需求，在策划和内容等方面突出专业优势。

（三）《南方周末》的反侵权声明

2017年8月25日，《南方周末》发布《南方周末反侵权声明》。文章指出，随着移动互联网的日渐繁盛，大量媒体、网站、移动客户端、自媒体平台等违反相关法律法规，未经授权擅自转载《南方周末》报纸、官网以及旗下其他官方自媒体平台刊发的作品，要求尊重原创。截至2017年8月15日，已处理非法转载文章3 013篇，对和讯网、投资界等14个网站提起诉讼。2017年7月，在起诉国内两家知名门户网站非法侵权转载《南方周末》文章的案件中均获胜诉。

（四）江西日报策划"十九大报告学习词典"

在十九大开幕当天，《江西日报》全媒体报道中心策划、中国江西网制作的 H5 作品"十九大报告学习词典"发布。作品围绕十九大报告精神，紧扣报告中提出的一系列"新思想、新论断、新要求"主线，图文并茂，互动性强，6 天时间总阅读数就超过 1 000 万，成为全国媒体解读十九大报告中少有的千万级爆款作品。这是在重大事件报道面前，省级党报集团媒体融合报道的一次有益尝试和探索。

（五）人工智能"小冰"进一步升级

微软与《钱江晚报》共同打造的国内首个机器人记者"小冰"不断升级，小冰除了担当客服和智能写稿外，2017 年 8 月，《钱江晚报》"浙江 24 小时"APP 在 4.2 版本中加入个性化推荐功能，小冰观察并分析用户常规的偏好选择、停留时长、阅读文章比例、是否收藏转发、是否在阅读过程中有过评论、收藏、点赞的意愿等行为，完成文章特征标记和用户画像勾勒，然后匹配内容与用户。2017 年 9 月底，"浙江 24 小时"4.3 版本发布，小冰与用户的对话形式增加了语音和图片等富媒体交流。

五、总结展望

纵观 2017 年数字报纸发展状况，在政策扶持，新闻传媒、数字版权等产业高速发展，以及新技术不断革新的背景下，数字报纸整体规模实现了稳步增长，从各个方面取得突破性进展，虽然在发展过程中仍然存在一系列问题尚待解决，但是未来的发展前途还是乐观的。

（一）重新定位，坚持"内容为王"

2017 年，《东方早报》《白银晚报》《九华晨报》《台州商报》等多家报刊停刊，转而发展数字报纸或者新媒体，谋求实现报业转型。

品牌、理性、权威及深度等是报业在发展数字报纸时具有的先天优势。而在发展初期，为了迎合新媒体发展，数字报纸一味追求点击率，新闻质量参差不齐，这使得部分报纸沦为低端媒介，丧失了公信力。在新媒体时代，只有找准定位，坚定"内容为王"的原则，重新抓住数字报纸的独特价值，才能突破重围。

而在新媒体环境下，"内容为王"的逻辑受到冲击，优质的内容并不意味着更高的收益。但是，对于报纸而言，"内容为王"仍然无法抛弃。因此，很多数字报纸都采取了 PGC + UGC 的模式，以 PGC 保证新闻内容质量，以 UGC 吸引流量。而为了保证 UGC 的质量，一方面平台通过版权保护和激励措施鼓励优质作者进行创作，另一方面相关政策和平台也在对价值观不正、色情擦边等内容进行整顿，使平台上数字报纸内容的品质更高，更具有内涵和调性，从而与报业品牌定位精准匹配。

（二）从内容到分发渠道，与技术深度融合

2017 年，无人机、VR/AR、直播、人工智能等新媒体技术在数字报纸中运用更加广泛。一方面，通过新技术对数字报纸内容进行视觉化呈现，以更加生动有趣、简洁易懂的方式展示和解读新闻内容，增强与读者的互动交流，读者更易理解新闻传达的内容。另一方面，新技术还渗透到数字报纸内容撰写中，在一些突发事件的快速报道中，以机器人写作将逐步取代记者消息编写。另外，通过新技术可以实时监测新闻热点，即时获取受众反馈，应用信息技术手段进行新闻内容编辑。

数字报纸与技术的深度融合，不仅是在内容的呈现方式方面，还涉及内容的分发。通过算法、数据挖掘、机器学习等新技术，更了解读者需求，满足用户差异化、个性化需求。

（三）关注"两微一端"的运营，填补广告收入缺口

目前，大部分报业机构都建立了微信公众号及官方微博，部分报业机构甚至取消纸质报纸，直接将微信、微博作为数字报纸的发布平台进行运营，通过新媒体传播形式重新出发，打通传统媒体与新媒体之间的隔阂。

同时，数字报纸也逐渐呈现出平台化的趋势，各个报业机构建立了自己的

新闻平台，将资金、技术、人才等资源投入到新闻平台，打造内容平台品牌。2017年，《扬子晚报》推出了"紫牛新闻"，追求新闻的"原创、独家、深度"，内容分发于《扬子晚报》的报纸、官方微博、微信和新闻客户端等全媒体矩阵各平台，力图打造一个具有影响力的新闻平台。

2017年，数字报纸广告运营收入依然在下滑，而"两微一端"的运营则大大填补了广告收入缺口。报业机构建立了全媒体矩阵，大大增强了其传播影响力，突破了传统报纸广告宣传的局限性，在广告市场中重新获得了竞争优势。

虽然，传统媒体的数字报纸收费遭遇了尴尬境遇，数字报纸付费模式尚未探寻到合适的发展模式。但是，随着付费时代的到来，知识付费有望成为内容盈利的新渠道，数字报纸要不断探索适合自身特点的付费模式，努力扭转发展的不利的局面。

（万智单位：武汉大学；艾顺刚　孙晓翠　庄子匀　潘瞳　陈丽单位：上海睿泰企业管理集团有限公司）

2017—2018 中国互联网期刊出版产业年度报告

李广宇　戴铁成　高默冉　王友平

一、互联网期刊出版产业概述

（一）传统期刊互联网出版商总体情况

互联网期刊出版主要分为两大类，一是传统期刊的数字化并在互联网上出版；另一类是期刊在线数据库出版。顺应时代与市场的需求，传统期刊正在经历数字化，而随着网络的发展，光盘、磁盘等形式出版的数字期刊已逐渐被网络出版所替代，大多数期刊在线数据库已转变为期刊数字出版平台，发挥平台集成性优势向消费者提供海量内容与定制化服务，因此大多数期刊选择在互联网期刊数据库进行网络出版，由中国知网出版的《中国学术期刊（网络版）》就是中国学术期刊网络出版的官方平台。据了解，目前国内传统期刊选择的互联网出版平台主要有《中国学术期刊（光盘版）》"中国期刊网""万方数据——数字化期刊群"《中文科技期刊数据库》等。

2017年，互联网期刊出版行业的主要出版商仍然是以同方知网（北京）技术有限公司（以下简称同方知网）、万方数据科技有限公司（以下简称万方数据）、重庆维普资讯有限公司（以下简称维普资讯）、龙源数字传媒集团（以下简称龙源数媒）四家出版企业占据市场最大份额，还有其他出版企业也开始接触互联网期刊业务。

表 1　互联网期刊出版主要出版商主营业务一览表

企业名称	主营业务
同方知网	采用知识发现、知识管理、知识传播技术与标准、规范、系统、持续地集成整合近百年来国内外各学科领域的研究成果与各类知识文化内容，对文献及其碎片、各类知识元进行了深度加工与挖掘，形成了当今规模最大的权威性文献检索与知识发现系统。
万方数据	已成为集信息资源产品、信息增值服务、信息处理方案和知识服务为一体的综合信息服务商。形成了以"资源+软件+硬件+服务"为核心的业务模式。
维普资讯	主要业务是为学术资源的数字化加工、数字出版与传播、数据服务解决方案。产品及服务主要涉及教育、文化、科技等众多领域，其核心产品"《中文期刊数据库》"被纳入国家长期保存数字战略计划，成为中国学术文献资源保障体系的重要组成部分。企业的服务站点维普网，也已经成为国内主流的学术传播平台。
龙源数媒	核心业务为数字出版，利用数字技术对优质期刊版权资源进行加工、传播，为机构用户、数字教育用户和个人用户提供知识文化阅读服务。

2017年是互联网期刊行业面临重大改革的一年，大数据和人工智能等新技术的发展将会为互联网期刊行业的信息服务带来巨大的变革：一方面在政策和行业的风口下互联网期刊已经从单纯的资源汇集与提供向知识服务迈进一大步，而且逐渐向智慧型知识服务发展；另一方面在大数据和人工智能技术的推动下响应用户的潜在需求，能够更加精准地进行知识传播与决策服务。各行业、各类机构目前都对大数据与知识管理有着强烈需求，并针对本行业、本机构的大数据与机构知识基础设施建设实际，又衍生出众多个性化需求。

各大互联网期刊企业也利用大数据和人工智能技术，发展推出自有的智能知识服务平台，具体建设情况见表2。

表 2　互联网期刊出版主要出版商知识服务平台建设及服务开展情况

企业名称	知识服务平台建设及知识服务开展情况
同方知网	大规模集成整合国内外出版内容资源，在其《中国知识资源总库》基础上开发出大数据知识服务支撑平台，并已经在多家机关单位的社会管理创新工作中得到应用。该平台具有产品组织的针对性与个性化、知识管理的完整性与体系化、产品设计的权威性与专业化、内容揭示的层次性与可视化等集于一体的特点。这标志着知网正在从内容提供商向服务供应商转型。
万方数据	与美亚柏科签署战略合作协议并成立"万方智讯"公司，构建专业化、社会化、市场化的大数据应用服务平台，在用户行为大数据等领域迈出重要步伐。

续表

企业名称	知识服务平台建设及知识服务开展情况
维普资讯	打造智立方·知识发现系统,支持对用户特色资源的个性化整合,云服务更新。除了为个人提供精确信息检索和延伸阅读外,智立方还可以为企业提供行业资讯,支持地方情报机构更好地为企业用户提供知识服务。
龙源数媒	推出龙源网APP,实现文章级的个性化聚合、数字内容商店、全文智能搜索三部分功能,供用户进行读文,读刊,开展个性主题内容定制。

互联网期刊与传统期刊的融合发展,将会加快改变目前印刷期刊直接数字化的现状。同方知网以"中央厨房"模式来探索"刊网融合"经营机制,实现与期刊企业共赢。万方数据建设了大数据仓储平台,通过数据分析,有助于期刊社进行选题、策划、开展定制服务、提升学术质量。龙源数媒以内容聚合者的身份为期刊社服务,并为期刊社进行数据加工,架起期刊社与阅读基地、用户之间的联系纽带,满足用户阅读需求,服务期刊社的内容推广。

(二) 互联网期刊出版市场状况分析

1. 互联网期刊出版市场规模年度变化情况

2017年,国内数字出版行业的市场营业收入总额达到7 071.93亿元;国内互联网期刊出版行业的市场营业收入总额达到20.10亿元,较2016年上涨了14.86%。

互联网期刊出版行业的市场规模自2015年的15.85亿元增长到2017年的20.10亿元,保持着年均10%以上的稳定增长。而相比于整个数字出版行业近3年来年均30%左右的增长势头,互联网期刊出版行业还存在一定差距,而且在整个数字出版行业占比正呈现下降趋势。业内商家仍处在探索新业务模式及新业绩增长点的道路上。

表3 近3年互联网期刊占整个数字出版行业规模比例

年度	2015	2016	2017
互联网期刊出版(亿元)	15.85	17.50	20.1
数字出版(亿元)	4 403.85	5 720.85	7 071.93
占比	0.36%	0.31%	0.28

表4 近3年互联网期刊与数字出版行业增速对比

年度	2015	2016	2017
互联网期刊出版	10.84%	10.41%	14.86%
数字出版	30%	29.91%	23.62%

2. 互联网期刊出版推广销售策略

国内互联网期刊出版商家的主要经营模式包括：中心网站包库、镜像站点、"上网卡"流量计费等方式。各互联网出版商也根据自身特色制定出不同的销售推广策略，具体见表5。

表5　互联网期刊出版主要出版商销售推广策略一览表

企业名称	销售推广策略
同方知网	推出"刊网融合"经营机制，充分利用数字化、网络化特性，助力突破传统出版向知识服务升级，探索新兴数字出版模式，为机构核心业务创新、个人创新能力的培养提供平台。
万方数据	基于大数据分析，知识服务平台可以为期刊业提供论文相似性检测服务、期刊统计分析平台及个刊报告等服务，助力期刊界加快科学研究与融合创新发展。
维普资讯	由"学术资源提供"向"学术数据服务"进行战略升级。从资源上，面向出版社、编辑部，重新规划上下游产业关系，由学术资源的"生产者"向"组织者"转变；从服务上，面向客户和用户对学术资源的需求场景，提供差异化的数据服务方案。当前，已经形成了从"信息检索、文献获取、自主学习、学术写作、学术工具、论文检测、论文发表、知识管理"等针对用户个体的服务集群。也形成了"文献保障、资源服务、信息组织、信息发布、资源统计、资源评价、学术评价、数据挖掘、智能业务"等针对机构客户的服务集群。维普资讯面向国内市场提供的"智立方——数据（知识）服务解决方案"系列产品，已经成为帮助学术出版机构实现业务升级，帮助学术传播机构及服务中介机构提升服务能力的实现平台。
龙源数媒	一是加强产品研发，不断创新和迭代触控阅读终端产品和移动互联网产品，丰富的产品线得到市场的充分认可；二是加大营销体系建设和资源投入，持续巩固在公共文化、数字教育和个人阅读等传统业务领域的业务，不断拓宽新的行业应用领域。

3. 互联网期刊行业营收情况及不同经营模式分析——以同方知网为例

下面以同方知网为例分析不同经营模式下收入的变化。2017年同方知网营业收入13.73亿元，比2016年增长17.1%，其中包库收入为9.27亿元，镜像站点收入为3.63亿元，流量计费收入约为0.83亿元，分别占总销售额的67.52%、26.44%、6.04%。

根据近三年来的变化显示，同方知网销售模式中一直是网站包库占最大比重，其次是镜像网站，流量计费因针对的是个人及小微型企业占比较小。

表6　同方知网不同模式下销售量变化

	2015	2016	2017
中心网站包库	7.1	7.97	9.27
镜像站点	2.67	3.01	3.63
流量计费	0.67	0.75	0.83

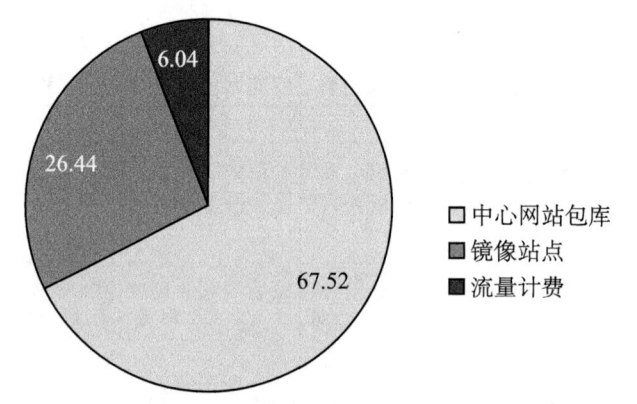

图1　2017年同方知网各销售模式占比

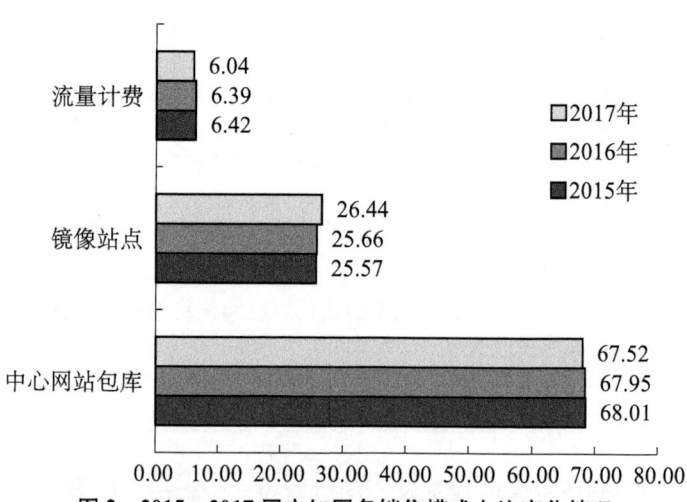

图2　2015—2017同方知网各销售模式占比变化情况

从不同销售模式的占比来看，2015年与2016年变化不明显，2017年流量与网站包库收入占比有所减小，镜像站点相比2016年有小幅增加。

（三）互联网期刊出版商平台发展状况

1. 资源建设情况

内容资源建设是各互联网期刊主要出版商的重要工作，资源建设的广度和内容挖掘的深度决定了各平台的服务能力与发展潜力。因此，各平台都非常重视该项工作，具体情况见表7。

表7 互联网期刊出版主要出版商资源建设情况

企业名称	资源建设情况
同方知网	已建成聚合6.2万余种中外学术期刊、全国454家培养单位的博士学位论文和747家硕士培养单位的优秀硕士学位论文。累积收录1984年至今博硕士学位论文全文文献300万篇和会议论文等30多类的知识资源体系。文献与信息类型涵盖期刊、会议论文与信息、博硕士学位论文、报纸、专著、年鉴、图谱、工程技术手册、科学数据、专利、标准、科技报告、科研项目信息、法律法规与政策、司法案例、临床病例、辞书、古籍、方志、社会与经济统计数据、行业经济信息等。此外，在CNKI基础上，同方知网细分需求，开发了能源、交通、通讯、电子、材料、机械制造、航空、航天、医疗、预防、制药、种植、养殖等数百种行业的I-CNKI，并提供了个人用户的PNKI定制平台。各行业组织机构用户遍布40多个国家和地区，个人用户达2亿以上。
万方数据	万方数据新一代知识服务平台已分阶段完成上线，数字图书馆产品、医药产品、企业政府产品、基础教育产品、视频产品、方志产品及万方软件产品纷纷实现了持续的改进。目前，平台不仅收录了超过4亿条覆盖各学科、各行业的高品质学术资源，而且还利用自有核心技术为学术创造和科研创新提供全方位的信息服务和解决方案。另外万方数据还有万方医学网、万方视频、中小学数字图书馆、万方数据企业知识服务平台、发现地球的等系列信息增值产品。
维普资讯	主要知识服务产品有：中文期刊服务平台、知识资源服务平台、维普考试服务平台、维普论文检测系统、机构知识库、企业知识服务平台、智慧图书馆整体解决方案等。其中《中文期刊服务平台》是维普资讯最新推出的期刊资源型产品，它以数据质量和资源保障为产品核心，对数据进行整理、信息挖掘、情报分析和数据对象化，完成从"期刊文献库"到"期刊大数据平台"的升级。平台以整合期刊、学位论文、会议论文、专利、专著、科技成果、科技报告等十种类型文献数据为基础，通过数据挖掘、大数据分析、文献计量、对象建模等技术，为用户提供高效检索、分面聚类、引文追踪、知识关联图谱、对象构建、对象对比、研究趋势分析等服务。包含十大文献的元数据2亿余条，资源覆盖近20年来国内产出中外文资源的95%，提供在线阅读、下载全文、文献传递、网络链接等多种全文获取途径，多途径综合全文保障率超过90%，能够为用户提供丰富的文献资源服务。
龙源数媒	汇聚了超过4 000种综合性人文大众类期刊、数十万册图书、音视频等优质内容，内容涵盖时政、党建、管理、财经、文学、艺术、哲学、历史、社会、科普、军事、教育、家庭、体育、休闲、健康、时尚、职场等领域。开创了面向机构、个人、电信运营商，以及北美、亚洲、澳洲等国际市场的立体营销体系。

各平台较强的资源建设与数据加工能力保障了内容的更新速度与内容的有效持续供给，同方知网、万方数据、维普资讯等平台资源情况如表8—表10。

表8 同方知网资源建设情况

	总计	2015年	2016年	2017年
期刊论文（万篇）	6 137	400	361.5	346
学位论文（万篇）	347.4	30	35.4	39.9
会议论文（万篇）	296	30	23	19

表9 万方数据资源建设情况

中文期刊（种）	8 000
核心期刊（种）	6 400
学位论文（万篇）	524
会议论文（万篇）	538
国内专利（万条）	1 500
国外专利（万条）	3 700

表10 维普资讯资源建设情况

期刊种类（种）	9 300
现刊（种）	9 456
核心期刊（种）	1 983
期刊数量（万篇）	6 437
试题（万道）	800

2. 企业基本收入情况

2017年，几大互联网期刊出版商都取得了一定的发展。同方知网2017年营业收入13.73亿元，比2016年增长17.1%，其中包库收入为9.27亿元，镜像站点收入为3.63亿元，流量计费收入约为0.83亿元，分别占总销售额的67.52%、26.44%、6.04%。

维普资讯的服务方式以"网络包库""镜像"为主。个人付费用户超过1 000万；服务方式以"流量"为主。主营业务收入超过亿元。其中不同销售模式的占比分别为：包库为65%、镜像站为30%、流量计费为5%。广告收入为200万左右。

根据龙源数媒年报获悉，报告期内，龙源数媒实现营业收入9 710.27万元，较年上一年度增长了28.32%，其中各类产品收入分析见表11。

表 11 龙源数媒不同产品销售收入情况

类别/项目	本期收入金额（万元）	占营业收入比例%	上期收入金额	占营业收入比例（万元）%
公共文化	4 609.17	47.47	4 173.87	55.16
数字教育	2 238.46	23.05	2 147.60	28.38
个人阅读	2 862.63	29.48	1 246.00	16.47
合计	9 710.26	100	7 567.47	100

二、影响互联网期刊行业发展的重要事件

（一）出版融合发展重点实验室挂牌

2017年1月起，原国家新闻出版广电总局批准建立的20家出版融合发展重点实验室陆续挂牌。这些重点实验室的依托单位，都是新闻出版行业的翘楚，共建单位则是在研究和实际应用领域优势比较突出，且在新闻出版领域有一定实践经验和成果积累的知名科研机构。

（二）《关于深化新闻出版业数字化转型升级工作的通知》发布

2017年3月17日，国家新闻出版广电总局、财政部联合发布《关于深化新闻出版业数字化转型升级工作的通知》[①]。《通知》提出深化阶段的主要任务是：全面总结新闻出版业开展数字化转型升级以来取得的各项成果，推广在中央文化企业范围内实施的技术装备改造项目、专业领域内容资源库建设项目、投送平台建设项目的相关成果，以及在全行业范围内实施的MPR国家标准应用示范项目、CNONIX国家标准应用示范项目、知识服务模式试点项目的相关成果；充分运用国家数字复合出版系统工程、数字版权保护技术研发工程、中华字库工程等新闻出版重大科技工程取得的阶段性成果，进一步提升新闻出版业的技术应用水平和能力。深化数字化转型升级从软硬件装备、数据共享与应用、知识服务、创新、人才五个方面开展。这为传统期刊的互联网化、数字化

---

① 国家新闻出版广电总局、财政部联合印发《关于深化新闻出版业数字化转型升级工作的通知》。

以及现有互联网期刊的持续发展指明了方向，并推动国家知识服务平台及知识资源数据库库群建设。

（三）2017 年全民阅读工作会议召开

2017 年 4 月 19 日上午，2017 年全民阅读工作会议在长沙召开，会议总结了 2016 年以来全民阅读取得的成效和经验，研究部署 2017 年全民阅读工作。国家新闻出版广电总局副局长吴尚之提出，2017 年，出版部门要突出坚持和发展中国特色社会主义、实现中华民族伟大复兴中国梦这一主题，突出迎接宣传贯彻党的十九大这条主线，以重大活动、重点工程、重要项目为抓手，在"大力推动"上下功夫、见实效，努力构建全民阅读推广服务体系。会议指出，当年的全民阅读工作将大力推动主题阅读活动、优秀读物的出版、少年儿童阅读、领导干部阅读、基层群众阅读、阅读设施建设、社会力量参与、阅读宣传推广等八个重点内容。

（四）《国家"十三五"时期文化发展改革规划纲要》印发

2017 年 5 月 7 日，中共中央办公厅、国务院办公厅印发《国家"十三五"时期文化发展改革规划纲要》，该规划纲要提出优化文化产业结构布局，推动传统和新兴出版在内容、技术应用、平台终端等方面共享融通，"互联网＋"行动创新网络文化产品和服务，引导支持网络文化产业基地建设，建设中国文化大数据产业平台，并且又一次提出了建设国家知识服务平台。互联网期刊与互联网期刊数据库的建设和发展都时顺应国家政策和时代发展的要求，在互联网发展的大背景下互联网期刊也将得到长足的发展。

（五）"数字出版与知识服务——2017 世纪中国论坛"在上海召开

2017 年 8 月 17 日，"数字出版与知识服务——2017 世纪中国论坛"在上海召开。全国人大常委会原副委员长、原国务委员、《辞海》《大辞海》主编陈至立，国家新闻出版广电总局副局长周慧琳，上海市委常委、宣传部长董云虎出席会议并致辞。

陈至立在致辞中指出，《辞海》要紧跟数字网络技术迅猛发展的步伐，推出丰富多样的知识产品，提供个性化、公益性的知识服务，到 2019 年第七版面世时，同步推出纸质版、网络版，并努力建成"面向知识服务的《辞海》数字出版云平台"，完成从编纂、管理到发布、运营全流程的网络化和数字化，以更好地满足广大读者和用户需求，为中国特色社会主义文化大发展、大繁荣作出新贡献。

与会专家与机构负责人的讲话都一致认为，数字化、平台化是传统出版业的方向，传统出版将逐渐被互联网所取代。这也是期刊行业发展的现状，要么转型，要么消亡，互联网期刊将迎来发展的"井喷时代"。平台化也将是互联网时代期刊发展的又一方向，平台化使得互联网期刊检索更加准确快速。

（六）"数字出版千人培养计划"试点培训

2017 年 8 月 30 日，国家新闻出版广电总局下发《关于开展"数字出版千人培养计划"试点培训工作的通知》（新广出办函〔2017〕212 号）。培训目的在于为书、报、刊三类新闻出版企业培养高端复合型战略人才和精通专业技能的骨干人才。培训工程的实施，既是提升目前新闻出版从业人员综合素质的有力举措，也是深化新闻出版业数字化转型升级工作的重要内容，更是确保新闻出版业在数字化时代继续保持平稳快速发展，巩固意识形态和宣传文化阵地的必然选择。2017 年 11 月 5 日，"数字出版千人培养计划"试点培训启动会在北京举行。

（七）《新闻出版广播影视"十三五"发展规划》印发

2017 年 9 月，国家新闻出版广电总局印发《新闻出版广播影视"十三五"发展规划》，到 2020 年数字期刊收入要达到 37 亿元；推进传统新闻出版业在人员、理念、模式、市场和服务等更高层面全面加快数字化转型升级步伐。在重点产业发展方面提出要加快发展内容产业，充分发挥在内容方面的核心优势，巩固提升期刊产业。这一目标与要求将大大的促进互联网期刊的持续快速高质量的发展，并促进互联网期刊行业的转型升级。同时在"十三五"期间建立新闻出版单位"双效"建设评价考核指标体系，制定并实施图书、音像电子、报纸、期刊及网络文学出版和新华书店等出版发行企业加强社会效益评价考核的办法。

（八）优质网络学术出版平台搭建

2017年11月25日，国家新闻出版广电总局、教育部正式对国内外公布中国学术期刊网络出版官方平台，该出版传播平台的出版网站是中国知网。为了确保学术成果的首发权与快速传播，任何一篇投稿，一经编辑部录用和审定，无需确定其后在纸质刊物出版的时间和页码，通过电子杂志社审核，即可在《中国学术期刊（网络版）》，也就是俗称的"CAJ-N"中，以网络中英文首发方式面向全世界，目前已经有651种网络首发期刊。

中国科技期刊编辑学会理事长、中国科学院院士朱邦芬说："原创性的基础研究必须与国际竞争，中文科技期刊必须要跟信息技术更好地结合，更好地把期刊内容传播，增加它的影响力，中国的科技期刊自己能有比较好的平台是有革命性意义的。"《中国学术期刊（光盘版）》电子杂志社有限公司副总编辑、副总经理肖宏说："中国的社会科学有很大的成果，但是我们在世界上的话语权还比较小。实际上我们很多故事传不开，跟没有好的数字化平台有关系。网络首发平台是面向全世界的，用先进的网络技术，第一时间让论文呈现在世人面前，这种融合发展为我们的出版界找到了一条比较好的出路[①]。"

《中国学术期刊（网络版）》出版平台的发布，是改变我国学术期刊出版落后于学术研究这一现象的有效途径，学术成果在《中国学术期刊（网络版）》的首发能够被学术界、社会届认同，提升中国学术在世界上的影响力。

三、互联网期刊出版产业发展现状及问题

2015年，政府工作报告提出"制定'互联网＋'行动计划"。2016年，国家《"十三五"发展规划纲要》明确提出加快发展数字出版等，数字出版首次列入"十三五"规划的新兴产业范围。2017年，随着互联网基础建设不断完善，期刊出版行业整体走上互联网化道路。通过互联网更便捷地为读者提供服务，更迅速地抢占阅读市场，通过互联网的成功销售反向促进实体出版物销

---

① 中国学术期刊网络出版官方平台建立. http://www.sohu.com/a/206800066_726570.

售,已成为当下共识。互联网期刊行业更是做好了充分准备,从版权交易、网站平台、服务模式及销售渠道等方面,都形成了基本模式,为当下的业务推进和未来的行业拓展打下坚实基础。

(一) 优质版权资源争夺依然激烈

对于出版企业,获得版权是整个业务逻辑的起点,没有版权不能进行合法出版。而对于成熟的出版企业,出版的中间过程已经非常完善,企业间竞争的重心自然而然地会偏向于前端的版权交易和后端的销售市场;而后端销售的表现又往往与前端版权的内容质量息息相关。

基于此,各出版企业对于所涉及的版权均摆出势在必得之姿;拿到重要的版权,便占据了重要的地位;夺得了独有的版权,便具有了独有的竞争力,抢占了新型的版权,便掌握新业务领域的话语权。

互联网期刊出版企业对版权更加重视,纷纷将其作为核心资源及核心竞争力进行倾力打造。优质资源是互联网期刊持续发展的关键,目前国内英文期刊加入国际各类数据库的情况时有发生,各大互联网期刊数据库对英文期刊内容的争夺亦屡见不鲜。

(二) 产业发展需求推动人才培养力度加大

人才直接影响产业发展的速度与质量,更影响一个企业的发展能力与核心竞争力。互联网期刊企业亦然。当前,信息技术的发展给传统期刊行业带来巨大冲击,生产流程、产品形式、传播方式、服务模式都在重构,在人才需求上既需要精通出版和学术研究的专业编辑,又需要精通新媒体技术的复合型出版人才,还需要运营、营销人才以及学术水平和专业能力都过硬的专业人才[①]。因此,复合型出版人才培养不仅是高校数字出版教育的努力方向,也是未来企业在吸纳人才时的考量标准。产业发展对人才的巨大需求,也受到政府主管部门的关注与重视,并将"数字出版千人培养计划"列入《新闻出版业数字出版"十三五"发展规划》(以下简称《规划》),且作为原国家新闻出版广电总局

---

① 郭黎阳,纪秀明."互联网+"背景下学术期刊数字化转型的盈利模式[J].大连海事大学学报(社会科学版),2017,16(04):125-128.

人才建设的重点工程。《规划》指出，支持各类型高等院校开办层次各异的数字出版专业；鼓励出版单位与研究机构、高等院校联合开展数字出版人才培养；研究制定数字出版人才培养方案和选拔方案，在书、报、刊和音像电子出版领域分别遴选一批一线骨干从业人员，进行定向培养，丰富数字出版人才体系；建立数字出版高端人才和专业人才数据库，开展年度例行培训。2017年8月30日，原国家新闻出版广电总局下发《关于开展"数字出版千人培养计划"试点培训工作的通知》（新广出办函〔2017〕212号），在"十三五"期间，该项目计划将分年度、分类别、分层次培养1 000名左右数字出版高端战略人才和精通专业技能的骨干人才，培训对象为新闻出版单位主要负责人或在本单位分管数字出版、新媒体业务的负责人，以及这些业务的部门负责人或中青年业务骨干，从而提升数字出版人才队伍的质量，相信互联网期刊出版相关从业人员也将在此项培养计划中获得很大的收益。

（三）盗版问题屡见不鲜，维权之路困境重重

纸质出版已饱尝盗版之苦，数字出版更是备受盗版折磨，网络盗版给出版方造成巨大经济损失。当今互联网期刊行业，各主要出版主体均非常重视版权保护，视其为生存命脉，但是当遇到侵权时，维权的难度却常使得企业无所适从。

这主要是因为盗版行为规模大且分散，企业如若逐一致函提醒，其工作量难以承受；而对于大批量盗版行为，盗版商家借助空壳主体，逃避法律责任，又常使被盗方追索不到合理的赔偿，有理也白说。更有甚者，有的盗版方采用"游击战术"，同一盗版行为通过更换主体方式反复出现。同时，随着互联网出版行业的高速发展，网签电子合同已初露端倪，但是合同中常没有对版权概念的界定，产生了严重的数字版权问题，这严重制约了行业的发展。

（四）免费经济对互联网期刊的销售带来很大冲击

互联网经济的兴起催生了新型经营模式——免费经济，即通过免费导入流量，再以流量为资源深入开发，创造价值。互联网期刊行业也是互联网经济的一部分，自然不能免俗，免费经济的尝试也在进行中。而对应这一模式，企业会本能地压低免费部分的成本，同时抬高创造价值部分的效益。

在互联网期刊出版领域,免费的服务导致其服务质量不能很好地满足用户,有时甚至无法使用,而深入开发创造价值的新模式还在探索之中。这一状况给探索尝试的企业带来了极大的运营压力,同时也提高了尝试者的准入门槛。从目前行业表现来看,付费模式仍是主流。

(五) 新型媒体与传统媒体的融合发展仍待加强

数字出版的兴起给传统出版企业带来巨大冲击。数字化和网络化的新型出版模式,正在逐步抢占市场份额。与互联网期刊的全球性、高效性、时效性、互动性、海量与易储性等特点相比,传统纸质期刊在发行和阅读的便捷性、随时性等方面仍然存在短板。同时,传统期刊企业自身亦存在着扩大市场、提升占有率的诉求。但是我国互联网期刊出版产业发展水平不高,多为纸版数字化,很难满足用户需求,需要进一步探索互联网期刊发展之路。

《关于推动传统出版和新兴出版融合发展的指导意见》(新广发〔2015〕32号)的发布,标志着国家开始重视出版融合发展,支持力度逐年加大,积极鼓励传统期刊企业试水,探索出版媒体融合新模式。2017年,随着国家政策的大力倡导,以及出版单位的积极努力,开拓融合出版发展的主体应运而生,无论是国家认证的融合发展实验室,还是各主体自身的融合发展研发部门,甚至是企业的单个融合发展项目,都纷纷涌现出来。互联网数字出版模式已基本形成,并培养出大量极具黏性的用户群(具备互联网使用习惯)。

而在互联网期刊整个业务链条中,互联网化最突出的仍然是互联网分发环节,其他环节仍有待开发。互联网期刊出版单位通过网络提供内容和服务,用户使用网络享受内容与服务,这已兴起多时。但是,就出版企业而言,内容的产生环节同样重要,且工作量巨大,这些工作常要涉及到多方协调。

目前的互联网期刊行业里,在内容创作环节中,互联网的应用仍仅是皮毛,例如仅通过邮件沟通,电子编辑。通过互联网平台进行协同创作则刚刚起步;通过互联网完成商务工作,也处于初期尝试阶段。

四、互联网期刊行业发展趋势研究

融合发展在未来几年都将是互联网期刊领域的发展方向,通过研发新型技术及搭建新型网络平台，整个业务链条都将充分享受到互联网的便利，各参与方所受的时间空间限制将不断缩小。

（一）互联网协同创作创新将赋予产业发展新动力

互联网的迅速发展，不仅给用户带来了诸多便利，也给用户带来全新的体验。然而，互联网期刊的内容创作环节对互联网的便利似乎缺少获得感。内容创作环节中，沟通成本高企、过程繁琐拖沓、阐述手段单一、修改过程记录不便查询等，均给作者和出版方带来极大阻碍甚至苦恼，严重影响了内容的产出效率，更消磨着多方的创作动力。

因此，为内容创作各方提供的便利、智能协同工作平台，将成为出版融合发展的方向。这个平台将能够支持多人实时在线和离线沟通，并将支持多人协同创作创新，既为研讨创新、头脑风暴提供全方位的辅助，又为协同创作、实时沟通提供完备的支持。

另外，创作作品与发行平台间的格式衔接也将逐步趋于成熟，这将会大力推动企业间协作，为整个行业带来新的发展动力。

（二）版权交易与保护更加受到重视

电子商务已在国内消费市场崛起，伴随着技术的成熟与创新，其涉足的领域一定会越来越广。互联网期刊行业的核心资源便是版权，融合先进通信、加密等技术的便捷成熟版权交易系统，必将受到各方欢迎。

便捷成熟的版权交易系统，应涵盖展示定价、协商签约、交付完成等各环节。这样的系统将大幅缩减交易环节、减低交易成本、提升交易效率，并将交易物及协议标准化和规范化，这种新型的技术融合必能反向刺激整个行业，催生相应的产业革新。

相信基于法律的不断完善、出版融合技术的不断发展，以及行业品牌的不断积累，版权使用、交易、保护必将趋于规范化，盗版行为必会被净化。

（三）知识服务平台与资源整合是未来互联网期刊的本质与发展方向

知识服务是出版行业最本质的功能，无论采用纸张还是采用网站，互联网期刊行业的本质功能依旧不变。未来互联网期刊企业将不断地提升知识服务和信息提取能力，即不断地发现乃至打造优质 IP，并根据用户需求和习惯持续创新并优化知识服务方式。

知识服务对于互联网期刊来说，是一个重要的发展方向，有助于推动传统期刊社由内容提供商向知识服务商转变，推动传统期刊数字化转型实现跨越式发展。我国期刊的数字化业务早已开展，但标准不统一、数据加工和处理方式不同，使同方知网、万方数据等平台之间，无法进行信息共享与数据交换。因此，造成数字化期刊社会服务意识较弱，也影响大众使用信息资源的有效性、简便性与快捷性。

当前，各个互联网期刊出版商都高度重视数据加工的标准化、智能化、快捷化，以及内容的深度挖掘，内容组织的系统化和科学化，形成了质量高、发布快、体系化、知识网络化的文献资源系统，并正在形成由碎片化内容与各类知识元及其知网节构成的知识资源体系。资源生产方式逐步转型升级，加快文献信息发布速度，从传统出版物印后上网，到学术期刊优先数字出版，如今以传统、增强、协创、数据四种新型文献模态进行网络首发，并进一步向前端延伸，开始与期刊、图书出版社合作，共同面向作者选题策划、约稿审稿、双语出版、注册成果、发布论文，打造数字化出版传媒品牌，从而保证了信息资源被读者使用的时效性。这些尝试与探索都将为今后互联网期刊出版企业开展知识服务平台建设和资源整合打下坚实的基础。

（四）人工智能等关键技术的应用将促进知识服务的快速发展

李克强总理在 2018 年《政府工作报告》中提出，加强新一代人工智能研发应用，在医疗、养老、教育、文化、体育等多领域推进"互联网+"。人工智能又一次在国家政策层面受到足够的重视，互联网期刊行业作为"互联网+"政策下的受益者，作为与教育和文化息息相关的行业，在未来将会成为人工智能应用的重点领域。

新闻出版领域的人工智能目前已取得一定的进展，期刊业离人工智能也并不遥远。借助人工智能，期刊业未来可以帮助作者进行资料的搜集与整理，并帮助作者分析用户的阅读行为与阅读倾向，不仅可以帮助作者明确写作方向，而且也可以向用户做个性化推介，提供解决方案，实现高品质阅读。同时人工智能可以融合 AR/VR 等技术，全方位提升阅读的品质与阅读体验。

人工智能将与语音识别、数字编辑、机器学习等技术共同打造出版业的出版流程。以新闻出版大数据整体分析为基础，人工智能将在出版选题策划、数字出版、数据挖掘等领域充分发挥作用，带动编辑、印刷、发行环节实现改进与提升，提高阅读的感受与乐趣，实现精准营销，从而为用户提供高效、优质的专业化服务。

新闻出版业要推进人工智能和人类智能的分工与协作，发挥人工智能在数据处理和分析领域的优势，把编辑从简单的活动中解放出来，把更多时间和精力投入到人类智能擅长的领域中去。[1]

人工智能对互联网期刊等数字出版领域的各个环节都具有极大的推动作用。王晓光等学者认为，未来人工智能在内容生产方面，或可发展到根据用户特征实时生产个性化内容。在内容编辑方面，要充分发挥人工智能采集信息和组织内容的作用以及对文字进行规范化处理的能力，减少繁琐、简单的工作任务压力，提升期刊社对内容质量把控的能力等。在内容发行传播方面，要利用人工智能实现对用户进行个性化定制与推送服务。

总而言之，国内外专家学者均对人工智能在互联网期刊等数字出版领域的应用非常看好，认为有明朗的发展前景，尤其是在未来期刊与读者的互动及针对性上，可以将优质、准确的期刊内容送达读者。

在大数据的精准分析与人工智能技术的双重驱动下，互联网期刊数据库的学术信息服务将更加准确地抓取到客户的需求，从而能更快速地提供知识服务，特别是人工智能的深度学习能力更有望在知识服务领域引发巨大变革，构建起全新生态，创造出更高价值的服务意义[2]。

（五）互联网期刊将成为学术文化"走出去"的重要平台

随着国家"一带一路"战略的实施，中国走向世界的步伐加快，文化交流也显得尤为重要，国际学术文化、知识资源的相互交流与促进将成为科技发展的重要推动剂。党的十九大报告中指出，推动文化事业和文化产业发展，推进

---

[1] 马莹.2017 中国期刊业现象观察与趋势研判 [J]. 出版广角，2018（04）：11-15.
[2] 聚焦大数据与人工智能 万方数据与业界共建学术信息智慧服务.http://www.sohu.com/a/226935071_529315.

国际传播能力建设，讲好中国故事，展现真实、立体、全面的中国，提高国家文化软实力。而国家学术文化、科技文化的发展能够充分展现国家科技的实力与水平。

我国互联网期刊数据库是国内学术文化、科技论文等相关文化集合的平台，相比于传统科技期刊而言，互联网期刊数据库以其在平台方面的优势，能够实现快速、便捷、有效的学术文化的传输，能够更好地成为走出去将成为学术文化交流的重要平台，推动与世界文化交流，也将成为学术交流的重要的纽带。中国知网采用本地化代理、区域合作伙伴、国际发行平台和直销相结合的渠道营销模式，开展促进中国学术文化走出去的业务探索。目前在海外的出口形式包括文献类产品和软件类产品。文献类产品包括期刊、博硕士论文、报纸、会议论文、年鉴、工具书、专利、标准、科技成果等10多种。面向海外出版的产品有20多种，这些产品全部以中文简体、中文繁体、英文等多种语言版本，面向海外市场进行推广和销售。实现了中国学术文献的规模化"走出去"。

未来，以中国知网为代表的互联网期刊出版企业，还将加快建设中国英文书刊数字化国际发布与服务集成平台，旨在搭建一个中国英文学术期刊与英文图书专著等的学术文献数字化整合平台，为海外高校、学术研究机构的读者提供一个跨越语言障碍，快速了解中国学术发展、当前研究热点、社会文化现状的全英文一站式检索发现平台；并成为传播中华民族文化和先进学术思想的重要窗口。

［李广宇单位：中国新闻出版研究院；戴铁成 高默冉 王友平单位：同方知网（北京）技术有限公司］

2017—2018 中国网络游戏出版产业年度报告

中国音数协游戏工委　伽马数据　国际数据公司

2017年的中国游戏产业呈融合发展态势，市场增速回暖，但竞争加剧，游戏资本市场活跃度与关联度双升，市场中大型企业市场控制力增强，中小企业承压加剧。

从企业维度来看，2017年，腾讯继续保持中国游戏企业第一的位置。

从细分市场维度来看，受成本上升等因素影响，客户端游戏产品呈现出少而精的特征，新品产出数量有所下降，但2017年中国客户端游戏市场增长出现反转态势。

从产品维度来看，2017年移动电子竞技游戏市场实际销售收入大幅度增长，已经成为电子竞技市场的重要组成部分。以知识产权（IP）为媒介，与其他娱乐产业联动的游戏产品越来越多，融合形式也多种多样，成为游戏产业重要的组成部分。

从用户维度来看，基于用户对游戏的个性化需求等因素的共同作用，游戏行业更重视差异化经营策略。

一、中国网络游戏市场规模

2017年，中国网络游戏产业市场规模还没有达到往年的最高点，但实际销售收入的增长速度较2016年有较大提高，市场增长势头迎来反弹。多方面的利好因素，不断为游戏行业注入活力，推动市场规模扩大。

（一）中国网络游戏市场实际销售收入

图 1-1

数据来源：中国音数协游戏工委（GPC）& 伽马数据（CNG）

2017年中国客户端网络游戏市场实际销售收入达到884.9亿元，同比增长8.79%。

（二）中国游戏出版类型分布

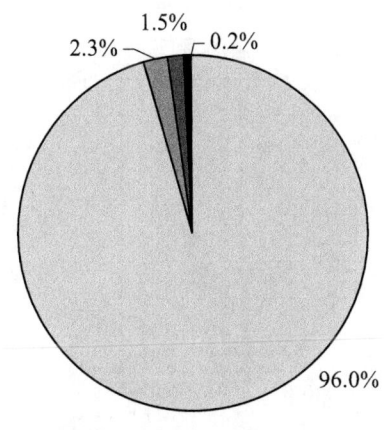

图 1-2

数据来源：中国音数协游戏工委（GPC）& 伽马数据（CNG）

2017年，国家新闻出版广电总局批准出版游戏约9800款，其中国产游戏约9310款，进口游戏约490款。

在约9310款国产游戏中，客户端游戏约占1.5%，网页游戏约占2.3%，移动游戏约占96.0%，家庭游戏机游戏约占0.2%。

在约490款进口游戏中，客户端游戏约占9.8%，网页游戏约占1.6%，移动游戏约占75.0%，家庭游戏机游戏约占13.6%。

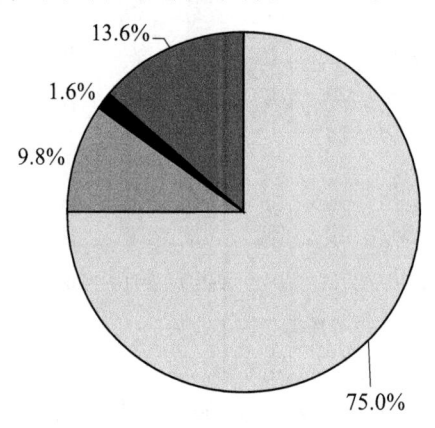

图1-3

数据来源：中国音数协游戏工委（GPC）& 伽马数据（CNG）

（三）中国国产游戏出版地区分布

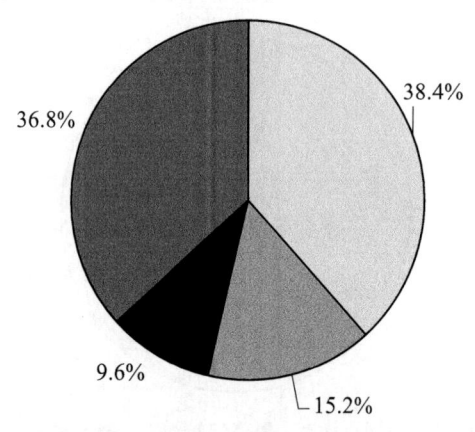

图1-4

数据来源：中国音数协游戏工委（GPC）& 伽马数据（CNG）

2017年，在批准出版的国产游戏中，北京出版游戏数量约占38.4%，上海出版游戏数量约占15.2%，广东出版游戏数量约占9.6%。

（四）中国客户端游戏市场规模

2017年，中国客户端游戏市场实际销售收入达到648.6亿元，同比增长11.4%。

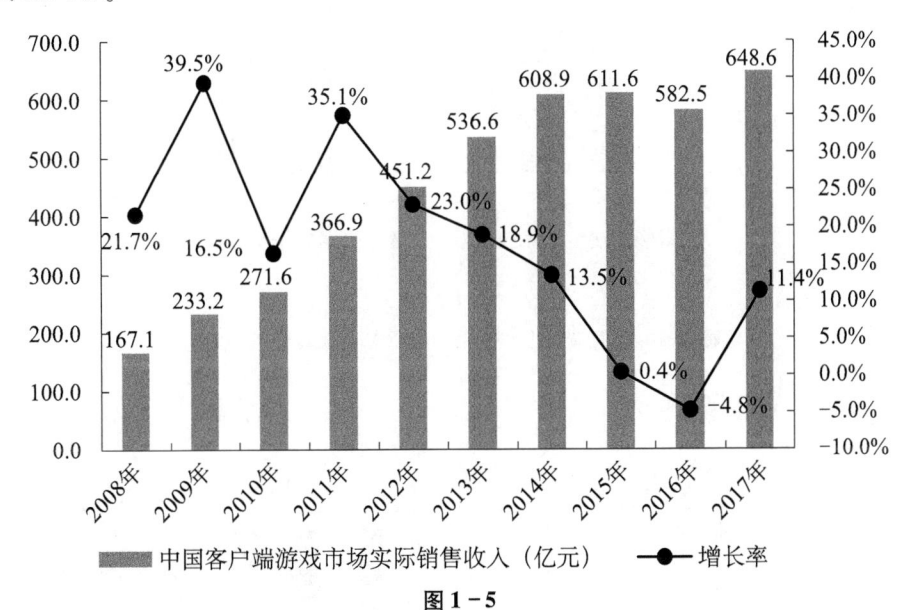

图 1-5

数据来源：中国音数协游戏工委（GPC）& 伽马数据（CNG）& 国际数据公司（IDC）

（五）中国电子竞技游戏市场实际销售收入

2017年，中国电子竞技游戏市场实际销售收入达到730.5亿元，同比增长44.8%；其中，客户端电子竞技游戏市场实际销售收入达到384.0亿元，同比增长15.2%；移动电子竞技游戏市场实际销售收入达到346.5亿元，同比增长102.2%（见图1-6）。

（六）中国网页游戏市场规模

2017年，中国网页游戏市场实际销售收入达到156.0亿元，同比下降16.6%（见图1-7）。

图 1-6

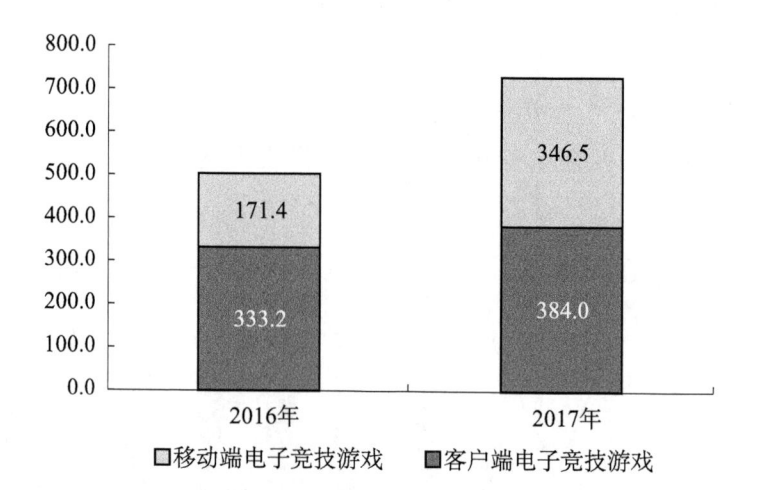

数据来源：中国音数协游戏工委（GPC）& 伽马数据（CNG）

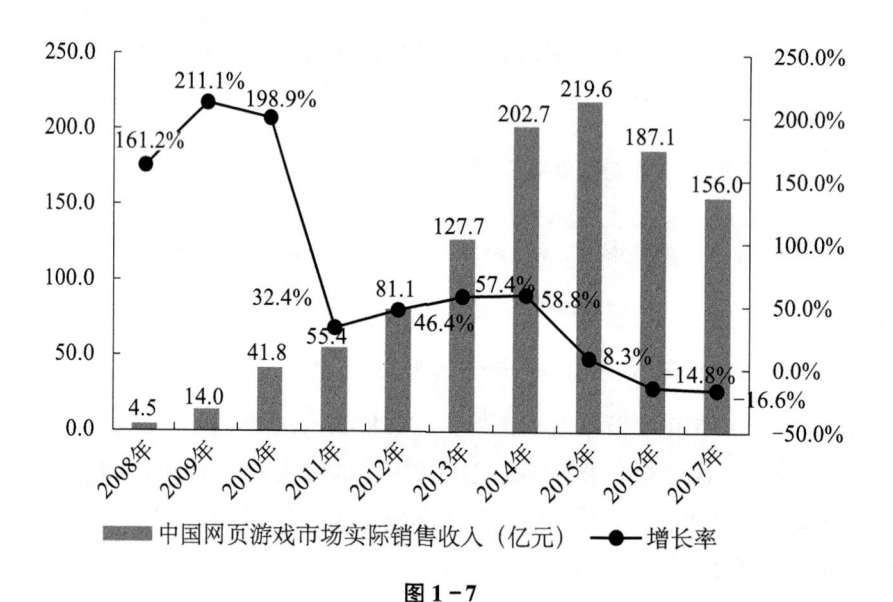

图 1-7

数据来源：中国音数协游戏工委（GPC）& 伽马数据（CNG）& 国际数据公司（IDC）

（七）网页游戏开服状况

2017年，排行前十的网页游戏开服量约10万，相对2016年下降3万。

排行前十网页游戏开服量（万）

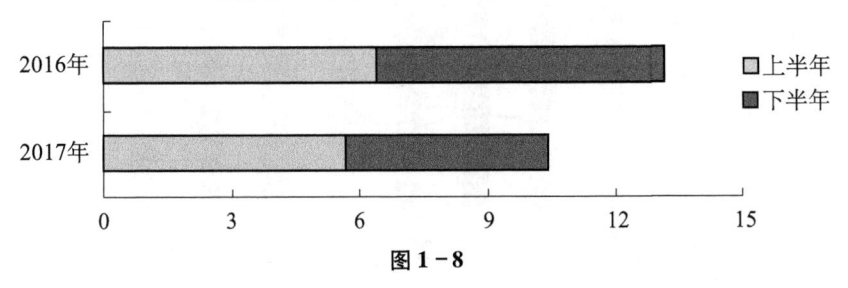

图1-8

数据来源：中国音数协游戏工委（GPC）& 伽马数据（CNG）

2017年，一线平台发行的网页游戏开服量约29万，相对2016年减少1.6万。

一线平台发行网页游戏开服量（万）

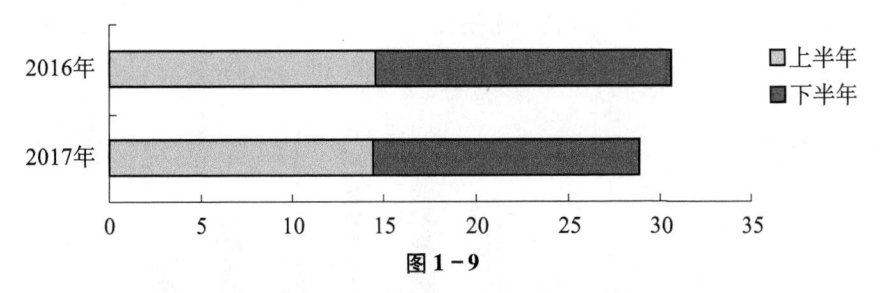

图1-9

数据来源：中国音数协游戏工委（GPC）& 伽马数据（CNG）

二、中国网络游戏用户状况

（一）中国客户端游戏用户规模

2017年中国客户端游戏用户规模达到1.58亿人，同比增长1.7%。

图 2-1

数据来源：中国音数协游戏工委（GPC）& 伽马数据（CNG）& 国际数据公司（IDC）

（二）中国网页游戏用户规模

2017年，中国网页游戏用户规模达2.57亿人，同比下降6.6%。

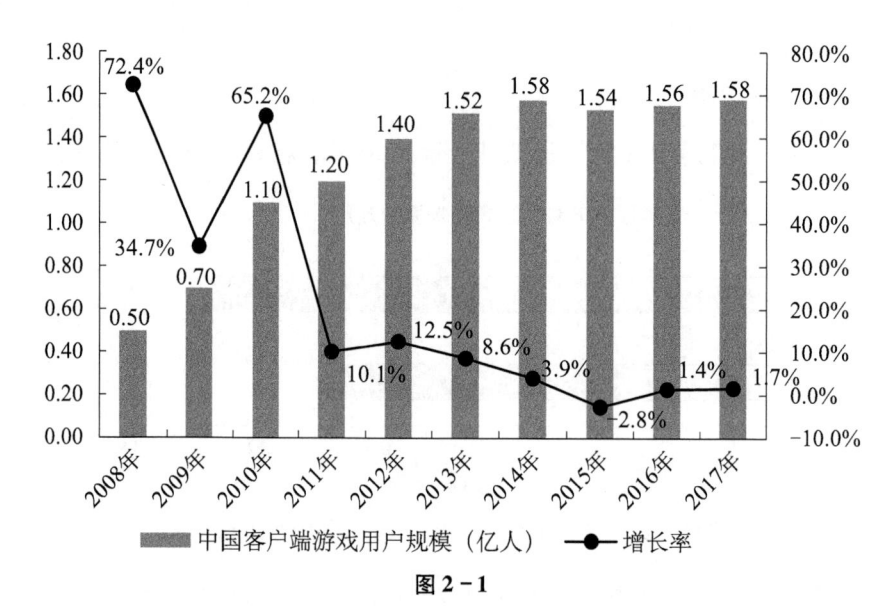

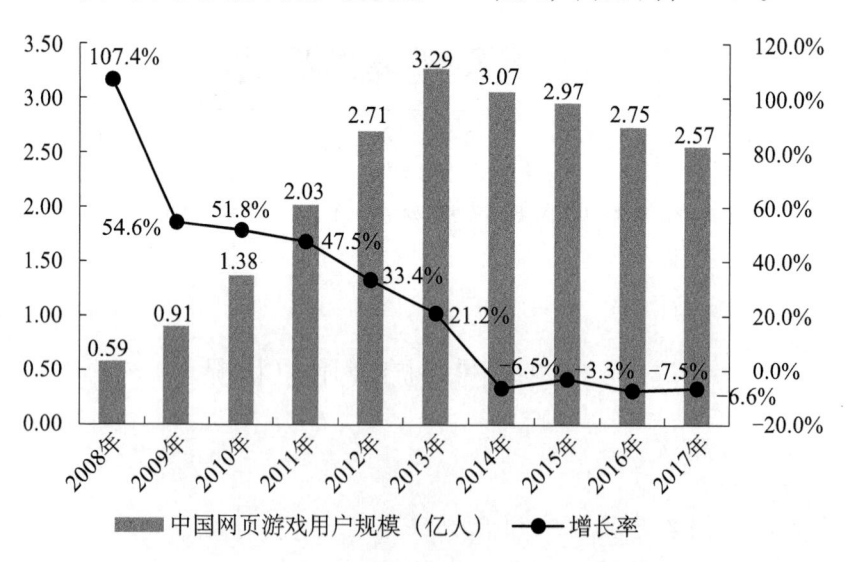

图 2-2

数据来源：中国音数协游戏工委（GPC）& 伽马数据（CNG）& 国际数据公司（IDC）

三、中国网络游戏产业分析

（一）客户端游戏市场增长出现反转态势

第一，客户端游戏对应的市场需求仍然存在。客户端游戏用户更强调游戏性，更看重游戏的体验与玩法。客户端游戏市场不再通过产品数量获得增长，而是依靠产品质量——精品。

第二，老的客户端游戏依旧表现出色。一方面，作为市场主力竞技类客户端游戏继续保持良好发展，这类产品的稳定表现成了客户端游戏在长周期内维持增长态势的重要因素。借助于赛事等手段，电子竞技客户端游戏往往有较长的生命周期、稳定的用户群体以及付费潜力。另一方面，经典角色扮演类客户端游戏依然保持着生命力，部分产品依旧保持收入的正向增长。

第三，直播有助于客户端游戏发展。直播平台的迅速发展，为客户端游戏提供了新的推广渠道。得益于更具观赏性、更富技巧性等原因，客户端游戏一直是直播平台内容主力，而直播对游戏内容直观的展示，也有利于帮助客户端游戏聚拢用户，并拉动新用户的增长。

此外，带有创新性玩法的产品在客户端游戏市场中时有出现，是客户端游戏能获得新发展的重要因素。

（二）网页游戏市场进一步萎缩

受用户需求改变、新产品减少等因素影响，网页游戏市场进一步萎缩，市场实际销售收入明显降低，用户数量减少。

第一，网页游戏产品吸引力正在降低。受限于网页这一载体，网页游戏在游戏表现力、画面创新力上都面临挑战。目前，网页游戏产品依然以角色扮演类为主，游戏玩法雷同，产品同质化严重，近两年未有新突破；同时，虽然网页游戏实现了游戏产品"点开即玩"，但无法如移动游戏一样"随时随地"体验游戏，便捷性存在欠缺。

第二，网页游戏吸引用户的效果正在下降。目前，网页游戏产品依然靠投放广告获取用户，广告成本已经大幅攀升，用户导入效果越来越差，这抬高了网页游戏运营成本。

第三，网页游戏新品大量减少。网页游戏企业业务转型，新产品供给快速减少，市场收入主要由老产品贡献，市场缺乏活力。随着用户的成熟，以上因素使得网页游戏产品无法满足用户个性化需求。

四、年度影响游戏出版产业发展的重要事件

2017年1月4日，为迎合我国电子竞技产业发展的需要，培养广大电子竞技用户爱好者，推动电子竞技赛事健康持续发展，提高全民电子竞技水平，实现电子竞技平民化、全民化的发展宗旨，由GMGC、同信互娱、游戏风云、搜云科技、圣莱达、中兴九城、内蒙古文化产权交易所等国内外知名机构共同推出的WECG赛事（全称：World E-Sports Championship Games，即全球电子竞技大赛）正式启动。

2017年1月15日，国家版权局印发《版权工作"十三五"规划》。规划回顾了"十二五"时期全国版权工作取得的成绩，分析了当前面临的形势，明确了"十三五"版权工作的发展目标和重点任务，对全国版权工作进行了全面部署，要求加强对网络文学、音乐、影视、游戏、动漫、软件等重点领域的监测。

2017年3月3日，全国政协十二届五次会议召开，多次提到对数字出版的关注，提议修改著作权法，同时提议关注未成年人健康。

2017年4月17日，阿里体育宣布与亚洲奥林匹克理事会（Olympic Council of Asia）达成战略合作伙伴关系，将电子竞技加入2017阿什哈巴德室内与武道运动会、2018雅加达亚运会和2022杭州亚运会，电子竞技将在2022杭州亚运会上成为亚运会正式比赛项目，阿里体育将会参与亚奥理事会的市场开发工作。

2017年5月18日，2016年度"中国原创游戏精品出版工程"入选作品发布会在北京成功举办。经各省级新闻出版广电部门申报推荐、原国家新闻出版

广电总局组织论证评审、向社会公示，从17个省（自治区、直辖市）87家游戏出版服务单位、游戏企业申报的173个作品中，最终确定《列王的纷争》《球球大作战》《放开那三国2》等30个作品为2016年度"中国原创游戏精品出版工程"作品并向社会公布。

2017年7月30日，第十五届中国国际数码互动娱乐展览会（ChinaJoy）在上海成功举办。本届展览会参观人数累计高达34.27万人次，比上年增长1.72万人次，再创15年来历史新高。本届展会规模再创历史新高，共涵盖15个展馆，总面积达到17万平方米。展商总数也进一步提升，B2C展商总数近300家，展出展品达4 000款，现场体验机5 000台以上；B2B展商总数600余家，其中海外展商约四成。

2017年8月17日，中国扫黄打非网发布新闻：全国"扫黄打非"办公室会同宣传、网信、工信、公安、文化、工商、新闻出版广电等部门，在全国范围内开展互联网低俗色情信息专项整治行动。其中大力清查低俗网络游戏，严禁以打"擦边球"为噱头、内容低俗的游戏网上传播，坚决处罚以低俗色情广告进行游戏推广的企业。

2017年8月22日，2017德国科隆国际游戏展（Gamescom）隆重开幕。由15家中国企业组成的中国参展团亮相当天的"中国日"主题活动。"中国日"活动由国家对外文化贸易基地（上海）指导，上海炫动汇展文化传播有限公司组织策划。活动当天以"中国游戏，全球共享"为主题，焦扬网络、西山居、维京互动、暗星游戏、上海雪宝、成都海豚互娱、武汉幻视互动、上海高魔数字等企业，展示了中国游戏在VR技术和主机游戏领域的新技术与新成果，受到了不少行业人士的关注。

2017年12月19日，2017年中国游戏产业年会在海南海口开幕，本次年会由原国家新闻出版广电总局主管，中国音像与数字出版协会、海南省工业和信息化厅、海南省文化广电出版体育厅、海南省商务厅主办，中国音数协游戏工委、海南生态软件园集团有限公司共同承办。年会由中国游戏产业年会大会、2017年度中国"游戏十强"颁奖盛典、国际游戏商务大会专场等活动组成，旨在进一步促进中国游戏产业健康发展，加强政府管理部门、行业协会、游戏企业、媒体广泛深入交流。

五、总结与展望

（一）总体态势

1. 党的十九大精神引领游戏产业繁荣兴盛

党的十九大报告指出，"要坚持中国特色社会主义文化发展道路，激发全民族文化创新创造活力，建设社会主义文化强国"，"要坚持为人民服务、为社会主义服务，坚持百花齐放、百家争鸣，坚持创造性转化、创新性发展，不断铸就中华文化新辉煌"，并提出"健全现代文化产业体系和市场体系，创新生产经营机制，完善文化经济政策，培育新型文化业态"。这明确了文化产业未来发展的总目标、总任务，当然也就指明了文化产业组成部分——游戏产业的前进方向。

2. 宏观政策支持实施游戏精品战略

2017年5月，中共中央办公厅、国务院办公厅印发《国家"十三五"时期文化发展改革规划纲要》，要求"深入贯彻《中共中央关于繁荣发展社会主义文艺的意见》，着力扶持优秀文化产品创作生产，推出更多传播当代中国价值观念、体现中华文化精神、反映中国人审美追求的精品力作"，同时还要求"加快发展网络视听、移动多媒体、数字出版、动漫游戏、创意设计、3D和巨幕电影等新兴产业，推动出版发行、影视制作、工艺美术、印刷复制、广告服务、文化娱乐等传统产业转型升级，鼓励演出、娱乐、艺术品展览等传统业态实现线上线下融合。开发文化创意产品，扩大中高端文化供给，推动现代服务业发展"。显然，今后五年国家将大力支持游戏产业发展，倡导"内容为王"，实施精品战略，推动实现规模效益增长向质量效益转型。

3. 行业主管部门提高行政效能服务游戏出版业发展

为进一步促进民族游戏产业健康发展，满足广大人民群众特别是青少年不断提升的精神文化需求，原国家新闻出版广电总局作为游戏出版归口管理部门积极探索结构化、体系化监管改革创新。根据《网络出版服务管理规定》（原国家新闻出版广电总局、工业和信息化部令第 5 号)、《关于移动游戏出版服务管理的通知》(新广出办发〔2016〕44 号),在游戏出版监管上,强化机制与制度建设,发挥各级新闻出版广电部门能力,优化办事程序、提高办事效率,游戏出版数量规模大幅提升,质量显著提高。在促进游戏产业繁荣上,从重规范游戏出版行为向规范与引导并重转变,通过领导讲话、媒体传播、企业座谈等,明确政策法规要求,提升游戏企业担负经营者责任、合法经营的自觉性和主动性;与此同时,组织实施"中国原创精品游戏出版工程",力推精品并扩大其示范作用。在行业服务上,加强对中国音像与数字出版协会及其所属中国音数协游戏工委的指导,继续办好中国国际数码互动娱乐展览会、中国国际游戏商务大会、中国游戏产业年会、中国游戏产业调查活动;另一方面,委托或指导协会,在福建厦门、广东深圳、浙江上虞等地举办游戏企业负责人及重要出版岗位人员系列培训班,全面提升企业出版管理与专业水平。

4. 著作权市场环境有利于游戏经营公平竞争

近几年来,我国完成《著作权法实施条例》《信息网络传播权保护条例》的修订,批准世界知识产权组织《视听表演北京条约》,深入推进《著作权法》第三次修订工作。2017 年 1 月 25 日,国家版权局印发《版权工作"十三五"规划》,提出加快版权强国建设总体目标,推进完善版权法律制度体系、版权行政管理体系、版权税务服务体系、版权涉外工作体系等重点任务,很大程度上为游戏作品确权、维权提供了根本保障。

2017 年 3 月以来,腾讯、百度、360、硬核联盟、阿里游戏等大型游戏运营平台企业均宣布,游戏上线必须提供完备版权信息和游戏出版许可。"剑网 2017"专项行动聚焦包括游戏出版业在内的新闻出版影视行业的网络版权保护,聚焦电子商务平台和移动互联网程序(APP)领域的版权整治,集中整治电子商务平台、APP 商店版权秩序,强化互联网企业的主体责任,维护良好的网络版权秩序。建章立制,主动维权,打击侵权,为中国著作权市场提供比较充分的保护,尊重创作、保护版权是长期方略,游戏产业会是最直接的受益产业之一。

5. 资本市场欢迎游戏企业投融资

在传媒互联网上市公司分行业中,游戏产业归属于母公司所有者的净利润同比增速,毛利率名列前茅,优势明显。同时,游戏产业链进一步延展,包括电子竞技、游戏设备、周边产品等关联领域进步显著。基于游戏产业的现有实力与发展潜力，受到资本市场的关注与欢迎。游戏产业与资本市场的关系越来越密切，游戏企业的资本运作角色正在发生转变，呈现双向性，不再如以往仅仅作为融资方，而是呈现出投融资双向并举、相互渗透的局面。综上，围绕游戏产业的资本市场处于更加活跃状态。

6. 共建网络空间命运共同体推动游戏产业全球化

中国推动共建网络空间命运共同体，增强中国游戏产业"引进来""走出去"信心。2017年，中国游戏产业的海内外市场影响力持续提升。一方面，坚持开放创业、兴业，如举办中国国际数码互动娱乐展览会、国际游戏商务大会等，观摩展示、交流技术、洽谈贸易与合作，为不同区域游戏产业进入中国市场开辟渠道；另一方面，应会员单位需求，中国音数协游戏工委组织中国游戏企业赴美国E3、日本东京电玩展、台北国际数字内容交流会进行了国际或区域间交流合作。

（二）主要问题

其一，游戏业务具有不确定性，产品迭代或新品上线市场实际销售收入不达预期在所难免，风险较高，加之投入成本的快速增长，市场竞争的日趋激烈，投资人对投资风险的把控更加严格，一级市场投资门槛明显提升，强大资金实力或业务协同、细分市场发展预判能力已经成为高溢价收购的重要保障。二级市场对产品可持续增长、新品爆发性增长、不同品类游戏生命周期和收入曲线等方面的研究更为细致。总体而言，多数投资人更看重内生而非外延增长，更强调游戏公司发展的稳定性和抗风险能力。

其二，电子竞技发展趋势向好，但人才短缺问题依然严重。就电子竞技长期发展的角度来看，专业的教练等培训人员、赛事解说人、主持人等都存在较大的缺口。近年来，中国传媒大学、蓝翔技校等相继开设了电子竞技相关专业。但截至目前，有类似学科设置的院校仍属少数，且教学内容与电子竞技实践的契合度有待验证。

（三）未来走向预测

第一，上市公司仍看好游戏市场发展，目前跨界收购已占据游戏投资较高比重，发起方以主营重金属加工、房地产、印刷业等传统企业为主，交易金额数亿至数十亿为主。在证监会关于上市公司跨界定增、涉及游戏等产业定增收购或者募集资金管理趋严后，游戏收并购开始向海外拓展，中国企业跨行业收购海外游戏公司的现象正在形成。

第二，游戏、直播平台、场地、俱乐部、赛事组织进一步融合发展。电子竞技小镇是近年兴起的一种模式，由游戏厂商和地方政府合作，在地理位置适宜的区域来构建电子竞技产业园区。这类园区通常聚集电子竞技产业链上下游企业、引进电子竞技俱乐部、设置职业选手训练基地、建造比赛举办场地等，同时将上述要素集合成旅游景点。作为新生事物，电子竞技小镇尚处于探索阶段，其成效仍然有待市场验证。

第三，2017年，一批二次元移动游戏在海内外市场表现出色，成为热点；其用户价值进一步提升，并逐渐得到验证，二次元游戏迎来发展机遇。"二次元"经过多年动漫文化培育，代表的是"青年化""巨大的消费潜力"。二次元移动游戏用户主体"90后""95后"，正逐步成为可支配收入较高的社会群体，消费能力较强。同时，移动通信技术的发展，打破了二次元游戏"小众"的标签限制，将其成功推向了更多的泛二次元用户。

（本文由郑南提供）

2017—2018 中国网络（数字）动漫出版产业年度报告

占世伟

"十三五"时期是全面建成小康社会的决胜阶段，是促进文化繁荣发展的关键时期，也是建设社会主义文化强国的重要时期。习近平总书记在党的十九大报告中提出，要坚定文化自信，推动社会主义文化繁荣兴盛，这对包括动漫产业在内的文化产业提出了新的要求。

2017年，我国动漫产业产值进一步提升。据艺恩咨询《中国动漫行业IP价值研究报告》显示，2017年动漫行业总产值达到1 500亿元，二次元用户超过3亿人。未来随着内容付费模式和中国动漫产业链日渐完善，二次元群体消费潜力将进一步释放。

在互联网领域，国产动漫也在快速蜕变，按三文娱的研究成果显示，国产动漫进入了一个"亿"时代：无论是用户数、收入还是融资额等，都已经以"亿"为单位开始计算，ACGN和二次元的市场潜力得到认可。

早在2016年，QQ平台的大数据报告就显示，82%的95后认为国产动漫在变得越来越好；虽然网易漫画平台引进了美国、日本、韩国超过1 000部优质正版漫画，但95后、00后的用户们还是更加青睐国产漫画，在点击破亿的作品中，国产原创漫画占比达90%以上，人气榜前列也多数都是国产漫画。

2017年，腾讯动漫的《一人之下》《狐妖小红娘》、快看漫画的《快把我哥带走》等，都探索出新的线上线下联动方式，开辟了更多的商业模式，让创作人有了更好的收益来反哺创作。

在国产动漫内容质量进一步提高的同时，动漫产业的下游也涌现出御座文化、52toys、ACtoys、艾漫等一批融资数千万甚至上亿元的创业公司。它们的出现，预示着国产动漫IP下游市场正在走向成熟。

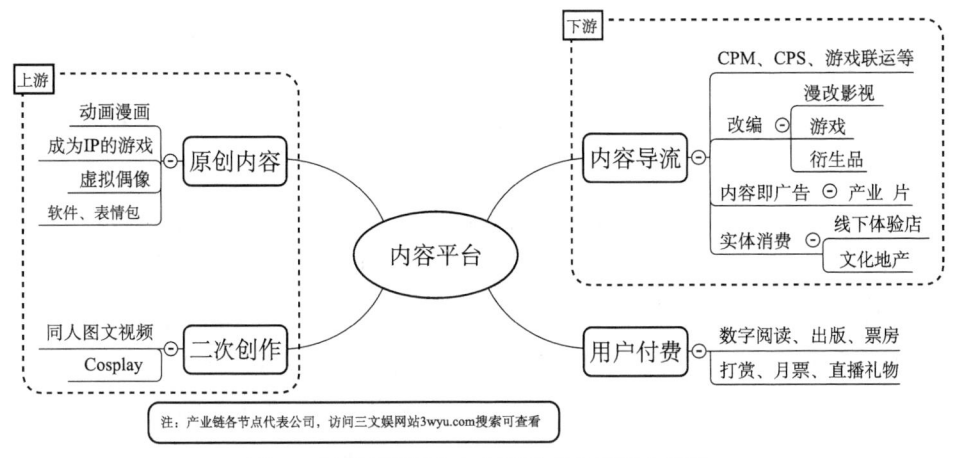

```
下游
                                              CPM、CPS、游戏联运等
  上游                                              ┌ 漫改影视
    动画漫画                              改编 ─┼ 游戏
    成为IP的游戏   原创内容      内容导流        └ 衍生品
    虚拟偶像                       内容即广告 ─ 产业 片
    软件、表情包                                   ┌ 线下体验店
                      内容平台        实体消费 ─┤
                                                   └ 文化地产
    同人图文视频                     数字阅读、出版、票房
    Cosplay      二次创作   用户付费
                                     打赏、月票、直播礼物

  注：产业链各节点代表公司，访问三文娱网站3wyu.com搜索可查看
```

图 1　中国动漫行业上中下游产业链融合情况

一、网络（数字）动漫出版产业发展态势

2017—2018 年，网络（数字）动漫在国家的高度重视下，在相关政府主管部门出台的具体政策的指引下，呈现出良好的发展势头。

（一）龙头企业发展规模日益壮大，备受资本青睐

随着政策环境、经济环境等不断提升，网络（数字）动漫产业发展迅速，龙头企业不断发展壮大。截至 2017 年 12 月，快看漫画总用户量达 1.3 亿，月活近 4 000 万，日活近 1 000 万。腾讯动漫全平台月活跃用户 1.2 亿，2017 年回馈创作者总收益 1.4 亿元，其中来自付费阅读的部分总计有 8 000 万元，同比实现 166% 的增长。产业的快速发展，引发资本的高度关注。2017 年 12 月，快看漫画完成 D 轮融资，由投资过滴滴等大平台的 Coatue Management 领投，华人文化产业投资基金、襄禾资本等跟投，融资总金额为 1.77 亿美元。多家头部动画漫画内容生产者，也在 2017 年完成（或即将完成）亿级融资。绘梦动画获得腾讯与梧桐树资本的上亿元人民币投资，玄机科技获得了腾讯近 2 亿元投资，若森数字宣布融资数亿元，并改制为股份有限公司，计划在 2018 年申报 IPO。资本的大量涌入，将助推网络（数字）动漫产业的发展迈向新高度。

（二）人才需求量大和薪资待遇大幅提升

网络（数字）动漫产业的快速发展，对人才的需求达到前所未有的程度。据调查，国内动漫人才缺口已高达 60 万人。另据三文娱发布的动漫人才报告显示，在中国动漫业发展的大潮里，兼通艺术表现与计算机多媒体技术的复合型动漫人才市场需求量非常大，ACGN 公司的编辑、市场与行政等岗位对学历要求比较高，而动画师、原画师等偏技术型的职位则更看重从业经验与能力。由于 2017 年是众多国创 IP 的爆发年，为推动品牌和衍生品开发等取得进展，品牌经理、发行经理、IP 授权等市场商务类职位人才需求量直线上升。地区产业带的形成也加大了对人才的需求。据三文娱统计，国内 ACGN 类公司主要集中在北京、上海、杭州、广州、武汉等城市。北京占比 40% 左右，江浙沪、深圳广州一带都已经形成完善的产业链。同时，动漫产业的市场规模持续扩大，其他地区的动漫行业也有了逐渐兴起的势头，各地区为满足动漫产业发展需要，也加大了对人才的需求量。产业的发展和人才的紧缺，推动动漫产业的薪资有了很大的突破。目前很多职位起薪较高，高级人才的待遇更是突破月薪 3 万元的关卡，许多高薪职位都在虚位以待。多家公司平均岗位薪酬都已突破万元，快看漫画、柏言映画等公司都待遇优厚。在北上广深等动漫产业发展良好的一线城市，动漫行业的最低薪酬待遇普遍都达到了 4 000 元。

（三）上市公司、大平台布局和深度介入网络（数字）动漫产业

上市公司通过股市募集到大量资金，它们与大平台一样，以雄厚的资金为武器，开始向网络（数字）动漫领域拓展。在 2017 年成功上市的掌阅与阅文集团，随着内容升级和读者阅读习惯由文字向图片、视频的变迁，非常重视数字动漫领域。B 站、爱奇艺在 2018 年成功上市后，更加注重深耕数字动漫领域。B 站投资了鲜漫、天工艺彩、有度文化等数字动漫企业，还在日本设立动画制作公司。爱奇艺投资了主打轻小说的轻之文库和轻文来补充内容，还投资了翻翻动漫、变月文化等动漫公司，现已全面构建起包含轻小说、漫画、动画、二次元直播、二次元社区在内的泛二次元娱乐矩阵，计划通过"轻春联盟""晨星计划"及"苍穹计划"，加强与产业链各环节的合作联动。各大平台投资力度的加大，一方面促进了更多更好的数字动漫内容产生，另一方面对

行业的控制力也更加强化，相当多的创业公司不得不依附于大平台以求生存发展。仅腾讯一家大平台在2017年就投资了十几家动画漫画公司，工商可查的就有如下12家：

表1 腾讯2017年投资的动画漫画公司（三文娱制表）

	被投企业简称	占股比例	投资时间	部分代表作
1	漫悦文化	20.00%	2017/3/7	万网驱魔人
2	丛潇动漫	25.00%	2017/3/17	演平乱志
3	乐匠文化	20.00%	2017/4/25	通职者
4	悟漫田	20.00%	2017/1/22	末世人间道
5	艺画开天	10.00%	2017/6/30	疯味英雄
6	铸梦文化	15.00%	2017/7/18	墓王之王
7	动漫堂	12.00%	2017/3/6	一人之下
8	骏豪宏风	15.00%	2017/7/10	超神学院
9	糖人动漫	11.09%	2017/4/26	妖怪名单
10	玄机科技	12.00%	2017/1/23	秦时明月
11	徒子文化	10.00%	2017/8/31	阎王不高兴
12	十字星	15.00%	2017/11/7	黑色曼陀罗

注：腾讯系的阅文、B站等也投资了数十家动漫公司。

阿里系（仅指优酷土豆+UC+阿里影业）在数字动漫领域，投资许多主打少儿动画或全年龄向动漫内容的公司，如左袋文化（代表作《艾米咕噜》）、灌木文化（代表IP《熊滚滚》）、优其文化（代表作《混元太子传》）；重金加注A站；投资拥有3D动画制作与三渲二技术并且有《银之守墓人》等漫画的两点十分。除了BAT等网络巨头，光线传媒、中文在线等多家企业也在数字动漫领域进行了投资与布局。以华人文化、创新工场为代表的多家基金公司也在动漫领域投资数十家企业。国资单位、文投集团，在投资数字动漫的热潮中，也多有入局。这些力量，一起推动了动漫产业"亿时代"的到来。

（四）行业优胜劣汰演变加快，资源进一步集中

网络（数字）动漫产业由于资本的介入和互联网巨头企业跨界涌入，市场竞争格局正在急剧演变。有的企业上市成功，借助资本的力量，一跃成为行业翘楚；但是，在市场资源有限的情况下，也有许多企业在竞争中失去原有阵地，呈现萎缩，甚至是濒临倒闭的情况。快看漫画融资过亿美金的同时，也伴

随着多家漫画平台进行转型以谋求发展路径；B 站在冲击上市的同时，A 站处于困局之中，经营团队不稳，活跃用户急剧下降。据三文娱统计，仅 2016 年完成工商信息变更的动漫行业投资事件就有 108 起，由于工商信息的滞后性，以及美元投资等案例并不体现在国内工商登记里，实际达成的投资远多于这个数字，而从 2010 年到 2015 年才只有 136 起。2017 年的投资事件数量与 2016 年大致持平。由此可见，资源整合的速度在加快，资源也进一步集中于资本手里或大企业手里，集中度进一步加强。

（五）多方促进文化自信建设，动漫"走出去"取得初步成功

为了响应"一带一路"的倡议，为了坚定文化自信，推动中国优秀文化"走出去"，网络（数字）动漫企业都积极进行布局，推动动漫产业发展，为以动漫为依托的中国优秀文化"走出去"进行不懈的探索，并取得了初步成功。腾讯阅文集团推出全新 IP 开发战略，塑造新时代的中国民族 IP。腾讯互动娱乐动漫业务部除了大力传播推广有中国文化内涵的《一人之下》《狐妖小红娘》等作品，2018 年初还公布了对传统文化新演绎的内容布局：与敦煌研究院深入合作，携手启动"数字丝路"计划，联合制作敦煌的漫画作品；与凤凰娱乐达成战略合作，15 部金庸武侠小说将漫画化；与魔方工作室群携手推出"国潮 IP 联动计划"，展示中国本土文化魅力。阿里文娱集团则注重内容的原创性，强调以内容的品质来增强国际竞争力，推动文化"走出去"，获得更多的商业空间。爱奇艺认为漫画形象的无国界性，更有助于动漫产品"走出去"。爱奇艺 3D 动画片《无敌鹿战队》海外独播权被全球顶级儿童媒体——《海绵宝宝》《爱探险的朵拉》等热播动画片的出品方 Nickelodeon 重金买下，《无敌鹿战队》将在全球 160 多个国家和地区播出，成为首个国漫 IP 反向输出案例。

（六）IP 开发受到重视，主题公园建设引发关注

在 2017—2018 年，随着中国动漫产业近几年的快速发展，从上游到下游的整个产业链也在不断完善中，IP 和主题乐园的结合逐渐成为行业探索和变现的热点方向。据美国主题娱乐协会 TEA 和 AECOM 集团联合发布的报告显示，在亚太地区排名前 20 位的主题乐园排行榜上，有 13 家位于中国。分别是长隆海洋王国、香港迪士尼乐园、香港海洋公园、上海迪士尼乐园、东部华侨城、

深圳世界之窗、深圳欢乐谷、广州长隆欢乐世界、北京欢乐谷、郑州方特欢乐世界、宁波方特东方神画、成都欢乐谷、上海欢乐谷。以主题乐园和动漫制作及衍生品等为主要业务的内地公司有华强方特。华强方特已在芜湖、青岛等地投入运营"方特欢乐世界""方特梦幻王国""方特东方神画""方特水上乐园"四大品牌 20 余个主题乐园,未来几年华强方特建成运营的主题乐园数量将达到 40 个。在文化内容产品与服务方面,该公司持续加大开发力度,主要有特种电影、数字动漫、衍生产品等业务,制作了《熊出没》系列动画和电影等。常州恐龙园也在主题公园的基础上进行延伸,提供文化创意和衍生服务,形成了线上动漫影视作品与线下游主题公园的联动,提供了多元的主题文化体验,推出了《恐龙宝贝》系列及《恐龙来了》等动漫剧集和电影以及玩具、礼品等衍生品。需要注意的是,在中国本土企业大力开发 IP,与主题公园相结合,进行业务拓展的同时,越来越多的海外知名主题乐园品牌也选择落地中国市场。如已经开业的浙江 hello kitty 主题公园、香港和上海迪士尼乐园,正在筹备中的北京环球影城主题公园等。这需要我们积极提升自身实力,迎接已经到来的竞争。

二、网络(数字)动漫产业的生产规模与市场规模状况

根据艺恩咨询《中国动漫行业 IP 价值研究报告》显示,2017 年动漫行业总产值达到 1 500 亿元,二次元用户超过 3 亿人。未来随着内容付费模式和国漫产业链日渐完善,二次元群体消费潜力将进一步释放。另据中商产业研究院数据报告显示,2017 年我国泛二次元用户规模已达 2.5 亿人,其中核心二次元用户超过 8 000 万人,人数逐年递增从"小众"到 3 亿用户群,二次元市场也不再是小众市场。在动漫行业整体向好、用户规模不断扩大的前提下,2017 年,我国网络(数字)动漫产业营收达到 178.9 亿元。

如前所述,从 2016 年开始,互联网巨头们在产业链中的介入愈发深入,产业各环节的边界也变得模糊,2017 年这一态势愈发明显。下面,本报告将从三个部分来解读、分析中国网络(数字)动漫产业的构成:内容、平台以及衍生服务方(它们为内容和平台提供数据、营销、变现等服务)。

(一) 内容型公司

内容是数字动漫产业链的源头，也是数字动漫产业链的上游环节，内容的质量直接影响终端用户的购买力。

内容型公司，作为数字动漫内容的生产机构，在数字领域的商业模式主要以版权分销为主，将其作品的信息网络传播权，以许可授权的方式，允许第三方机构或平台在约定的渠道范围内传播，并获得相应的收益。

2017 年，数字动漫产业链中的内容生产商进一步朝专业化和规模化发展，其中的头部公司除了与巨头资本结盟，打造在用户层面影响更大的 IP，也开始成为巨头在产业布局上的先锋。

根据三文娱不完全统计，2017 年 4 月—2018 年 3 月获得投资（包括获得多次投资）的数字动漫内容生产公司有 77 家之多，包括：双界仪、幻维数码、七灵石、丹青映画、轻文、游色文化等。

目前，有 30 多家以动漫画内容制作和运营为主营业务的公司在新三板挂牌，它们的数据则更直观地体现了当前国内动漫内容公司的经营情况。

表 2　部分动漫画内容制作与运营公司经营情况

公司简称	2017 年全年年收	2016 年全年年收	营收增减比例	2017 年全年净利润	2016 年全年净利润	净利润增减比例
博润通	4 196.52	2 479.58	69.24%	703.55	531.86	32.28%
大千阳光	2 083.37	1 224.56	70.13%	108.81	100.53	8.23%
凤炫动漫	3 321.15	2 499.94	32.85%	528.39	374.57	41.07%
光远文化	2 059.20	1 234.61	66.79%	-177.40	147.47	-220.30%
华强方特	386 294.33	335 987.98	14.97%	74 831.94	71 084.01	5.27%
华映星球	2 947.11	1 062.38	177.41%	-172.02	-627.08	72.57
杰外动漫	17 087.54	13 540.02	26.20%	3 987.32	2 996.29	33.08%
金正动画	1 049.09	879.03	19.35%	54.98	2.98	1 746.72%
梦之城	3 827.07	4 510.14	-15.15%	-1 018.39	-1 032.38	-1.35%
千年传说	380.42	247.03	54.00%	88.50	122.52	-27.77%
如意通	491.15	269.22	82.43%	133.31	337.88	-60.55%
维真视界	1 572.19	1 599.74	-1.72%	-12.38	60.48	-120.47%
舞之动画	4 098.41	3 532.71	16.01%	-434.86	-357.69	-21.57%
星原文化	5 024.80	5 810.28	-13.52%	36.38	445.17	-91.76%
约克动漫	10 809.84	11 710.07	-7.69%	1 443.17	2 023.84	-28.69%
云图动漫	4 506.86	4 021.68	12.06%	341.59	-105.26	424.53%

续表

公司简称	2017年全年年收	2016年全年年收	营收增减比例	2017年全年净利润	2016年全年净利润	净利润增减比例
欢乐动漫	8 360.22	7 549.57	10.74%	1 543.12	2 830.04	-45.47%
金添动漫	26 899.06	19 131.64	40.60%	1 083.18	729.85	48.41%
妙音动漫	1 940.00	1 074.97	80.47%	497.94	-36.07	1 480.31%
盛天彩	1 224.64	1 194.87	2.49%	-967.88	-791.15	22.34%
童石网络	13 027.78	10.863.38	19.92%	1 417.60	1 931.14	-26.59%
智高文创	5 226.89	9 929.41	-47.36%	381.33	90.92	319.39%
蓝桃文化	1 531.34	1 103.73	38.74%	31.73	-65.57	—
每日视界	2 315.34	1 868.46	23.91%	102.79	-392.72	126.17%
小白龙	18 294.89	17 180.63	6.49%	920.69	1 802.95	-48.93%
中科动漫	6 795.27	5 999.60	13.26%	315.17	-511.00	161.68%
盈富通	1 331.77	1 621.39	-17.86%	-256.99	22.22	-1 256.49%
河马动画	5 586.92	3 777.70	47.89%	-2 642.65	-3 108.11	—
阿法贝	78.23	42.54	83.91%	-194.72	-178.41	-9.14%
喜悦娱乐	5 453.95	2 973.74	83.40%	1 094.18	1 068.87	2.37%
山猫传媒	2 309.78	1 969.29	17.29%	165.09	264.52	-37.59%
金诺科技	2 668.85	2 455.81	8.68%	76.48	258.79	-70.45%
精英动漫	8 961.08	3 671.68	144.06%	719.76	172.37	317.57%
花火文化	5 120.08	3 593.87	42.47%	1 280.35	1 164.56	9.94%
漫界文化	775.77	1 566.27	-50.47%	-87.88	-18.48	375.54%

注：1. 三文娱制表，单位：万元人民币；数据来源：官方年报；
2. 此表格采用扣除非经常性损益后的净利润。

据三文娱统计，新三板上市公司，营收与去年同期相比有所增长的占到了8成，扣除非经常性损益后能够盈利的公司占六成左右。

从盈利来源看，大部分动漫公司主要通过动漫发行、受托动漫制作、IP授权及衍生品销售（包括图书、音像、玩具、服饰、食品等）取得收益。同时，随着市场空间的深度挖掘，杰外动漫、欢乐动漫等动漫公司也开始注重幼教IP的开发。杰外动漫正在各大视频网站积极开展儿童频道建设，建立幼教节目版权库。2017年，杰外动漫全年营收1.70亿元，净利润3 987万元，同比2016年净利润增长33.08%，其中幼教IP收入占比10.29%。

以动漫制作等为主业的动漫公司生存依然艰难，只有部分公司凭借制作实力和参与成功作品出品获得良好收益。北京大千阳光数字科技股份有限公司主要从事影视动画内容的IP开发及制片制作，公司收入来源于受托动漫制作分成，2017年其动画电影的制作收入规模同比接近翻番，占全部营业收入的

86.00%，直接推动了公司整体收入的大幅增长，并使制片制作业务的结构进一步升级优化。

从上述三文娱汇总表中这些公司的数据情况不难看出，当前单靠动漫内容制作无法取得很大盈利，加上渠道收入压低、动漫原创需要大量资金投入等原因，导致许多动漫公司面临着生存发展问题，需要进一步探索新的商业模式。

（二）平台型公司

2017 年的网络（数字）动漫平台商，相比 2016 年的寡头格局，又有了一些变化。

数字动画平台方面，2015 年，B 站 A 站与 BAT 系视频平台就已经开始了激烈的动画版权争夺战与关系微妙的合作。2016 年，A 站、乐视视频、苏宁旗下 PPTV 等平台开始掉队。2017—2018 年，今日头条及其收购的半次元，又加入了战场。

这些平台的盈利模式主要是广告、会员付费与引流分成。刚上市的 B 站比较有代表性。

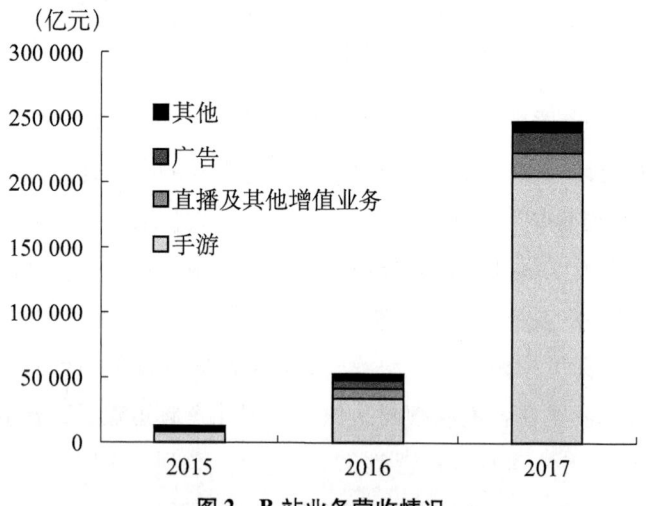

图 2 B 站业务营收情况

B 站业务分为手游、广告、直播及其他增值业务、其他等四大板块。B 站 2017 年净营收为 24.684 亿元，其中游戏收入占比 83.4%，直播业务和广告业务起步较晚，收入分别占比 7.1% 和 6.5%。截至 2017 年底，B 站用户群中大约有 81.7% 属于"90 后"和"00 后"，2017 年四季度 B 站平均月活跃用户数达到 7 180 万。由于 B 站提供了海量的数字动画内容，其游戏 90% 的玩家直接来自其社区用户，较少依赖外部流量。B 站也通过增值服务产生收入，包括会员订阅、付费内容以及视频平台上虚拟物品销售。B 站的展示广告包括在平台的特定区域投放广告，也有节目的内置广告。B 站预计新的广告和营销解决方案推出将吸引更多的广告客户，广告收入将实现增长。B 站的其他服务主要包括在电子商务平台上销售产品以及与我们线下活动相关的销售，即周边、会员购和漫展票务等。

数字漫画平台方面，腾讯动漫和快看漫画优势进一步突出，爱奇艺漫画、阿里旗下 UC 漫画和网易漫画开始发力，漫画岛等创业平台开始平台与内容发行双线并进，传统平台知音漫客在资本介入之后也有了更强的活力。截至 2018 年一季度，腾讯动漫全平台月活跃用户 1.2 亿，签约作者数超 700 人，签约漫画作品近千部。在线动漫作品总量超 27 000 部，超千部漫画作品人气过亿，其中 180 部漫画作品人气过 10 亿，20 部动画作品播放量破亿。《狐妖小红娘》动画全网播放量已突破 31 亿，而《一人之下》动画全网播放量也达到了 21 亿。

（三）衍生服务型公司

在众多平台和内容原创公司之外，还有许多为它们提供服务的公司。大致可以分为：资讯类动漫网站、运营型公司、衍生品公司。

第一类：资讯类动漫网站

资讯类动漫网站以展示动漫行业的资讯信息和分析研究为主，为动漫爱好者、动漫行业从业者提供一个信息共享的资讯平台，其宗旨是为中国动漫传导先进的文化理念和产业意识，搭建跨媒体一体化的产业运营平台。

三文娱就属于这类公司，通过三文娱的发展，可以了解这类公司的现状。三文娱关注新文化新娱乐新内容产业，为动漫与文化娱乐创意人提供了大量的深度研究文章，持续分享新闻报道、案例分析与行业报告，也有专业人士在线上线下的探讨。通过媒体来嫁接相关部门、企业、专业院校（教学基地）、动漫人才、跨行业公司等多方面资源，2017 年，三文娱在内容建设之外拓展了更多的企业服务，包括招聘、举办行业峰会、开展赛事和展映等。

第二类：运营型公司

随着平台进一步深度介入数字动漫内容生产，处于中间运营层的公司，如果继续做传统的版权代理以通过信息不对称盈利，发展空间将会越来越小。这些公司纷纷探索向数字动漫内容上游或平台流量层面进行拓展。杰外动漫就是通过自有渠道获得国内外动漫企业的授权（包括动画片授权、动画电影授权等），对 IP 有针对性地进行策划包装和营销，然后在全球领域内将自主或代理的动画 IP 向播出媒体、出版机构、商品化生产经营机构、游戏制作机构、演出活动商等企业用户出售知识产权各项权益，实现 IP 的品牌效应最大化与效益最大化，从而获取业务收入。2017 年末，其节目库总时长约 37 万分钟，其中动画节目约 27 万分钟、幼教节目约 10 万分钟。同时，杰外动漫新开展了动画节目的投资制作业务，加大自有版权的项目投入，截至 2017 年底，其通过参与投资制片成功获得了《逗岛》《斗龙战士 4》《斗龙战士 5》《动画同好会》《战刻夜想曲》等多部拥有著作权的动画作品。

第三类：衍生品公司

2016 年开始，兴起了许多为动漫 IP 提供变现服务和更亲密触达粉丝的服务的公司，分为授权消费品的公司、虚拟偶像公司以及游戏或影视等其他行业变现端的公司。

消费品中的手办厂商，ACTOYS、末那工作室、北裔堂创作联盟、开天工作室等，也开始与国内原创 IP 一起成长，不过普遍尚处于市场培育期。目前国内手办行业厂商数量少、圈子小、体量不大，部分产品成本和利润持平，只有少部分优质 IP 会给厂商和 IP 方带来可观的利润。

一些虚拟偶像公司通过打造虚拟偶像，构建虚拟偶像产业链，以实现变现。上海禾念科技有限公司的洛天依从登上电视荧屏，到与时尚杂志合作，再到进行万人现场演出，2012 年出道的她缔造了很多个中国虚拟偶像的第一次。目前已有嫣汐、乐正绫、言和、星尘、夏雨遥等多个中文虚拟歌手存在，他们在近年获得资本的支持后，开始进行商业化探索，从传统偶像的专辑、周边、演唱会、代言，到结合 VR、AR 等技术的游戏。

通过下表，我们可以对 2017 年度的部分动漫消费品公司业绩进行了解。

表3 动漫公司2017年业绩表（衍生品部分，三文娱不完全统计）

单位：万元

公司简称	2017年营收	2016年营收	营收增减比例	2017年净利润	2016年净利润	净利润增减比例
奥飞娱乐	364 246.41	336 066.84	8.39%	-16 013.16	33 927.37	-147.20%
星辉娱乐	275 548.93	239 327.26	15.13%	15 168.78	42 641.26	-64.43%
美盛文化	91 220.80	63 315.73	44.07%	7 629.35	7 376.15	3.43%
高乐玩具	66 115.29	40 350.74	63.85%	3 460.42	3 422.42	1.11%
小白龙	18 294.89	17 180.63	6.49%	1 597.12	1 830.41	-12.75%
童石网络	13 027.78	10 863.38	19.92%	1 142.61	1 512.29	-24.45%
星原文化	5 024.80	5 810.28	-13.52%	-77.85	355.15	-121.91%
金添动漫	26 899.06	19 131.64	40.60%	949.86	543.43	74.79%
智高文创	5 226.89	9 929.41	-47.36%	79.60	54.70	45.52%
梦之城	3 827.07	4 510.13	-15.15%	-2 690.04	-1 145.65	-134.80%
芝兰玉树	7 732.85	5 895.95	31.16%	416.80	-4 741.77	108.79%
精英动漫	8 961.08	3 671.68	144.06%	597.13	-43.61	1 469.11%
凯迪威	16 687.79	16 105.85	3.61%	1 901.30	2 055.07	-7.48%
亲宝文化	787.75	679.11	16.00%	25.73	-284.14	109.06%
亲子企鹅	3 218.22	3 502.52	-8.12%	-203.61	-382.81	-46.81%

注：1. 三文娱制表，数据来自官方年报；
2. 本表格采用扣除非经常性损益后的净利润。

在上市和挂牌的动漫公司中，以衍生品和玩具为主营业务的公司有七成盈利以及营收增长。这些帮助动漫IP实现变现的公司也正在从自主IP的研发、泛娱乐模式的布局以及线上线下平台的扩展等多个方面探索合适的商业开发模式，以完善整个IP产业链的布局。2017年美盛文化在泛娱乐转型的布局下，衍生品营收占比虽然达到五成，但相比2016年有大幅度下降，动漫、游戏等业务则实现了较大的增幅。智高文创的主营业务也由文化教育用品的开发销售，变更为原创动漫IP的制作、授权以及衍生品的开发等。奥飞通过线上平台资源整合以及线下与主题乐园的结合，旗下的室内乐园奥飞欢乐世界先后在广州优托邦和成都凯德开业，梦之城也推出了"FunMax-EXPO阿狸儿童探索博物馆"，以及"阿狸田野乐园"项目等。

需要强调的是，不少公司传统的玩具业务受到《王者荣耀》等网络游戏产品用户低龄化的冲击，收入及利润锐减。星辉娱乐2017年玩具及衍生品业务实现营业收入6.76亿元，同比减少3.47%。其中车模玩具业务实现营业收入4.58亿元，同比减少11.64%；美盛文化衍生品营收占比为5成，相比2016年占比八成大幅度下降。但是，拥有独立自主品牌和 IP 的公司衍生品业务仍然在增长。2017 年，拥有独立自主的 "GOLDLOK" 玩具品牌的高乐玩具的玩具业务实现营业收入 59 796.39 万元，占比 90.44%，并实现同比增长 63.85%；其中国际市场收入为 46 019.46 万元，同比增长 61.16%；国内市场收入为 13 776.93 万元，同比增长 19.83%。开发《积高侠》系列动画的小白龙，以自主开发及授权的动漫玩具销售收入作为主要收入来源，2017 年度实现营业收入 18 294.89 万元，较去年同期增长 6.49%，主要是自主开发的动漫玩具销售收入增加所致，2017 年度自主开发的动漫类玩具收入较 2016 年度增加 2 200.66 万元，增幅达 26.95%。

三、年度网络（数字）动漫出版产业发展的重要事件

2017 年与 2018 年初的网络（数字）动漫出版大事件主要体现在投资、上市和商业模式突破方面。

（一）知音动漫增资 5.67 亿元

2017 年 3 月初，据湖北华中文化产权交易所披露，湖北知音动漫有限公司完成了增资扩股，募集资金 5.67 亿元。募集资金将用于加大自制内容生产投入、加大研发与发行投入、加大优质内容采购与优质内容生产商并购投入、加大新媒体内容营销平台的搭建、加大团队建设力度并引进动漫高端人才等五大用途。这起融资，意味着国有文化企业知音动漫通过增资扩股方式引入战略投资者，加速了市场化运作。

（二）腾讯半年投资 10 家动漫公司

2017 年 1 月到 7 月，短短半年时间，腾讯就完成了对十家动画漫画公司的投资。这当中有老牌大厂玄机科技，也有新秀动画公司骏豪宏风、艺画开天、铸梦文化，还有动漫堂、糖人家、漫悦文化、丛潇动漫、乐匠文化、悟漫田等目前主打漫画 IP 生产的公司。腾讯投资头部作品及其团队，一来把控住头部作品的主动权和获益权，同时这些作品接下来也会是腾讯要加大投入做后续开发

的产品；二来这些团队是经过市场筛选的能创作优秀作品的团队，本身就有价值，再产出好作品的概率也相对较大，投资入股是最好的持久合作手段。

（三）腾讯动漫签作者，QQ、腾讯视频等分发漫画

2017年4月，腾讯动漫已与夏天岛工作室达成协议，将小新、大鬼、十尾、腊肉、阿莱夏、盘丝大仙等7位漫画作者引入，成为腾讯动漫独家签约作者，通过直接签约作者的方式来增强内容供应。在平台建设上，腾讯动漫已与微信、手机QQ、腾讯视频、QQ阅读、QQ浏览器等腾讯系优质平台达成合作，将根据不同的平台用户属性，以内容为核心，进行个性化的联合运营。

（四）掌阅科技与阅文集团上市

在内容升级的大背景下，掌阅科技、阅文集团等数字阅读企业在成功上市后，也将网络动漫纳入重点布局方向。2017年掌阅漫画频道收入1亿元。掌阅漫画还公布了四大策略：开放小说版权库、将改编权免费给到漫画创作者；3年内向创作者分享2亿元的漫画内容收入，2018年向需要快速发展的内容团队和公司提供3亿元的资金进行投资支持；提供海量曝光；开放商业闭环。2018年3月，阅文正式推出旗下首个二次元综合平台"元气阅读"。

（五）快看漫画宣布完成D轮融资1.77亿美元

2017年12月1日，快看漫画宣布完成D轮融资，由Coatue Management领投、华人文化产业投资基金、襄禾资本等跟投，融资总金额为1.77亿美元。

（六）相关管理部门加大网络动漫内容管控力度

随着网络动漫内容的受众越来越多，受影响人群越来越大，从2017年11月开始，原文化部、原国家新闻出版广电总局等有关部门对网络游戏、动漫等内容加强了市场监管。2017年末，邪典动画引起风波。针对一些含有危害未成年人身心健康内容的动漫视频流入境内问题，文化部立即部署清理查处工作，严查相关互联网文化产品和互联网文化单位，坚决保护未成年人文化权益，为未成年人健康成长营造良好的社会文化环境。到2018年1月份，主要互联网文

化单位累计下线动漫视频 27.9 万余条，封禁违规账号 1 079 个，下线内容违规游戏 771 款。2018 年 3 月，原国家新闻出版广电总局下发特急文件《关于进一步规范网络视听节目传播秩序的通知》。通知要求，所有节目网站不得制作、传播歪曲、恶搞、丑化经典文艺作品的节目，不得擅自作重新剪辑、重新配音、重配字幕，不得截取若干节目片段拼接成新节目播出。

四、问题与对策

2017—2018 年，我国网络（数字）动漫产业已进入高速发展期，无论是 Web 端还是手机端，产业链各环节的竞争合作更加密切，正在呈现出新的发展趋势，碰撞出新的运营模式和商业模式，令人欣喜。但是，我们也应该看到，网络（数字）动漫产业在发展过程中也面临着诸多问题。一是富有创意的精品内容缺乏，虽然资本热潮涌动，国内读者和消费者的需求高涨，但动漫行业高端创意人才仍然匮乏，创作技巧仍需锤炼，内容环节的发展水平直接决定着整个产业的发展水平。二是商业模式仍在探索当中，本报告前述的衍生服务型公司，当中创业公司多数仍在试错之中，这使得国产原创内容在人气、收入的形式和体量等多方面相对于国外都有较大差距。

面对着当前发展所存在的一系列问题，我国网络（数字）动漫行业要实现良性、快速的发展，必须从以下几个方面努力。

首先，要建立更有效的知识产权保护体系。动漫产品的核心是动漫原创创意的知识产权，产业发展的前提是动漫的创意版权能被有效保护。当前各大平台对漫画动画等版权内容的保护，相比于三五年前，已经有很大改观。不过，在某些网盘和在线视频网站、漫画网站仍有不少侵权内容，国家有关监管部门需要进一步加以打击。

其次，加大产业政策扶持力度。特别是要加大对动漫创业公司政策和资金扶持力度。虽然当前国内多个城市都对动漫产业有着扶持政策，还有不少被命名为或被授与"动漫之都""漫画之乡"与"动漫发展城市基地"名号，但是是由于动漫创业公司起步和业务开展都很不容易，需要有关部门进行奖励与大力扶持。

再次，重视动漫从业人员的培养，促进动漫专业人才多进行实践，推进校企合作。网络（数字）动漫的快速发展，带来巨大的人才需求，但目前高校人才培养与产业发展实际相脱节，动漫人才的培养模式需要进行改变。要大力推进高校与企业的互动与积极合作，通过比赛、授课、讲座、实习等形式，培养与选拔网络（数字）动漫产业需要的人才，开发人力资源，从而保证我国网络（数字）动漫产业发展有强劲的动力。

附录

国外网络（数字）动漫发展状况

一、日本网络（数字）动漫发展情况

1. 打击动漫侵权盗版

日本政府通过实施法律措施、运用行政手段和加强国民教育三种方式来保护知识产权，打击动漫侵权盗版。

日本于 2010 年初颁布了新的著作权法，从网络下载未经授权的音乐和影像文件，可能面临 2 年以下拘役或 200 万日元以下的罚款。修订案还规定从禁止拷贝 DVD 中压缩影像文件到个人电脑终端也属于违法行为。但是，此版权法不适用于在线阅读或下载盗版漫画的人，因此日本计划于 2019 年将下载书籍、漫画等静态图片也列入违法范围。

日本警方也采取强力措施来对付资源上传者，自 2010 年起引进了一套 P2P 观测系统。这套系统可以在文件共享网络中收集到共享文件的相关情报，如该文件的上传者、文件名等关键信息，并对收集到的情报进行分析和检索，一次掌握这些上传盗版资源者的详细情况，并对他们展开抓捕行动。

作为漫画作品发布的主要平台，日本各大出版社也在积极维护自己的权益。集英社为打击盗版漫画实行四种措施。一是对盗版网站和网站服务提供商，寄删除盗版警告书或者要求域名注册商进行域名封锁；二是对广告和搜索公司，要求屏蔽盗版网站的搜索结果和停止在盗版网站刊载广告；三是向法院提交盗版网站运营者的通信信息以进行临时处理，或者和警察配合进行检举；四是通过教育机构进行知识产权普及教育等。

2. 日本漫画三大出版社的危机

面对纸媒衰落的大背景，还有盗版网站的冲击，日本漫画行业的三大出版社如今状况不算太好。

集英社的第 76 期（2016.6.1—2017.5.31）决算信息显示，其销售额为 1 175.21 亿日元（比上一年度同比减少 4.4%），在连续两年超过 1 200 亿日元之后，这一年的销售出现了明显下滑。其杂志销售额同比减少 24%，书籍销售额同比减少 3.8%，广告收入同比减少 5.4%，"数字、版权等其他"收入则同比增长 19.5%，为 381.11 亿日元。

讲谈社第 79 期（2016.12.1—2017.11.30）决算信息显示，这一财年其销售额为 1 179.57 亿日元（比上年增加 0.6%），营业利润约 19 亿日元（同比减少 37.2%），常利约 43 亿日元（同比减少 15.3%），本期纯利润为 17.48 亿日元（同比减少 35.6%）。2017 年数字、版权业务等"事业收入"的占有率已经超过了销售额的 30%，成为业绩的第二大支柱。不过讲谈社的杂志和书籍销售额以及广告收入这三个部分已经连续三年下降。

小学馆最为惨淡，第 79 期（2016.3.1—2017.2.28）决算信息显示，这一年它的销售额为 973.9 亿日元，亏损为 8.13 亿日元。

从近三年的财报来看，日本三大出版社的经营状况都不甚乐观，漫画的销售量也逐年下降。集英社和讲谈社的本期净利润都出现了下滑，小学馆更是连续两年亏损。但是，三大出版社无一例外都在电子漫画收入上有了大幅度的增加。

二、韩国网络（数字）动漫发展情况

韩国 2017 年的漫画产业销售额约为一兆韩元（约 60 亿人民币），同比增加 6.3%，其中网络漫画市场的规模就达到了 7 240 亿韩元（约 43 亿人民币），可谓是推动韩国漫画产业发展的中坚力量。据韩国 2017 年漫画产业白皮书的数据显示，国内用户在 2017 年最常用的网络漫画平台为 Naver Webtoon（76.9%），其次则分别是 Daum Webtoon（9.4%）、Lezhin Comics（3.8%）、KaKaoPage（2.9%）、Ktoon（1.2%）等。本报告将主要通过韩国网络漫画 TOP5 平台发展的具体情况来加以阐述。

以 Naver 和 Daum 为代表的韩国门户网站始终在推进自身 webtoon 服务体系的建立，Daum Webtoon 和 Naver Webtoon 则于 2003 年和 2005 年先后展开了服务，并成为推进韩国网络漫画产业发展的中坚力量。

Naver Webtoon 在早期主要提供收费的出版漫画阅读，在 2006 年 2 月改版之后，则主要开始提供网络漫画服务。而随着网络环境的不断发展，用户能够很容易接触到网络漫画，同时平台内部对优秀作品的不断挖掘，尽可能为用户提供服务，如为用户设立了"漫画挑战""我也是漫画家"之类的专题栏目等。

Naver 除了韩国本土的 Naver Webtoon 平台之外，还发布了专门面向海外市场的国际漫画平台 Line Webtoon，目前有提供 5 种语言版本的服务。Line

Webtoon 于 2013 年开展服务，经过 5 年的发展，于 2018 年 4 月用户数突破 2 000 万名，原创作品订阅数超过 630 万名，免费连载的作品数为 1 800 篇，APP 的下载量则达到了 1 900 万次。

相对来说，Daum Webtoon 更多倾向于为成人读者提供稍微成熟和精炼的作品，Naver 则采取只要是读者喜欢的漫画作品就会提供的策略，也因此获取了更为广泛的受众群体并取得了一定优势。

早期的网络漫画平台给读者们提供免费阅读服务，而伴随着 Lezhin Comics、Tooptoon、Toomics 等付费网络漫画平台的登场，提供免费阅读的网络漫画平台也开始出现付费内容。如 Naver 也在连载漫画中引入了"提前阅读"的服务，确保付费用户能够提前看到一周的连载内容。

但是，"网络漫画免费"的固有观念还在对读者们产生着深刻的影响。因此截至目前，Naver Webtoon 和 Daum Webtoon 的服务主要还是集中于免费网络漫画的服务。但未来随着付费模式的不断成熟以及进行付费阅读人数的不断增加，也许会出现新的变化。

KaKaoPage 成立于 2013 年，提供网络漫画、网络小说、网剧等的连载和销售服务，起初并未取得很大的成功，但是后续通过人气作品如《月光雕刻师》等的引进，以及借助 KaKao Talk 平台进行积极的宣传推广等，逐渐实现转变。它在 2014 年提出了"等待就免费"的商业模式，只要等待每部作品所设置的 1 天至 3 天不等，即可免费阅读一个章节，或者读者也可以选择使用阅读券进行付费观看，通过这种同时给读者提供免费和收费的阅读模式，KaKaoPage 自身也取得了快速的成长。

韩国文化产业振兴院认为，KaKaoPage 的"等待就免费"的服务带动了网络漫画产业的整体销售。KaKaoPage 在韩国的日平均交易额可达 6 亿韩元，在日本则突破了 1 亿韩元。想要免费阅读的读者只要等待就可以，很大程度上吸引了更多读者。此外，也引导对下一话内容很好奇不想等待的用户进行付费观看，促进了用户和销售市场的整体发展。

Ktoon 是韩国移动运营商 KT 在 2013 年推出的网络漫画平台，2015 年开始同时提供小说阅读服务。在初期只提供了手机移动页面的服务，后续通过网页版的改编也对整体呈现效果做了改进。像 Lezhin Comics 一样，Ktoon 也提供了等待就免费的付费阅读漫画作品。

Lezhin 是一家创业公司，于 2013 年 6 月份推出 Lezhin Comics，并因为坚持部分付费阅读的商业模式而备受瞩目。首先上线的是 APP，网页版的服务则于同年 9 月份展开。它从一开始就坚持部分付费阅读的商业模式，还一度引来极大的争议，但在成立第一年就实现了盈利。

2017 年 Lezhin Comics 的销售额为 513 亿韩元（约 3 亿元人民币），与 2016 年的 398 亿韩元相比增长了 29%。特别值得一提的是，销售额中有 100 亿（约 5 900 万人民币）韩元来自海外输出业务，海外销售额中包括对美国、日本市场的直接销售和对中国市场的间接销售，与 2016 年 27 亿韩元的销售额相比增长了 4 倍。除了在韩国国内有着不错的表现，Lezhin Comics 在海外输出上也逐渐发力。在 2018 年第一季度，Lezhin Comics 在美国 Google play 的漫画分区的 TOP Grossing 榜单（畅销排行）上超过漫威 Comics 和 DC Comics 位列第一。

分析 Lezhin Comics 取得成功的原因，主要有四点：一是保证漫画作品的高质量，给读者提供付费也想看的漫画；二是"为成熟的读者提供网络漫画服务"的定位。通过坚持更加垂直化的面向成人读者的营销策略，平台上 20% 左右的漫画为成人漫画而且这部分只有付费才能阅读。成人的购买消费能力相对较强，自然而然也推动了 Lezhin Comics 付费模式更好展开。三是平台相对简单的付费流程。阅读时直接通过代币进行购买，不需要跳至其他的页面，同时也可以使用文化商品券等途径进行支付。四则是坚持部分收费的策略。在平台上，需要付费阅读的作品主要有两种，首先是必须付费才能浏览的作品，其次是过了一定时限即可以免费观看的作品。每话的收费一般在 300—500 韩元之间，付费率相对较高。

（作者单位：北京创艺天地科技有限公司）

2017—2018 中国网络社交媒体出版产业年度报告

张孝荣

一、中国网络社交媒体发展概况

2017年，中国网络社交媒体发展稳中有进，微博以多元化的内容生态吸引用户加速重返增长轨道，以知识付费为主要驱动力的问答平台渗透率迅速上升，门户网站的传统博客则退出历史舞台，取而代之的专业性较强的自媒体平台经历了初期的爆发式增长，如今已进入转型沉淀期。网络自制剧及综艺依然是行业收入的大头，而移动音频、短视频的兴起更是为行业发展创造了更大的提升空间。[①]

（一）博客相关应用发展情况

1. 微博用户规模持续回升，移动端渗透趋势加强

根据中国互联网信息中心（CNNIC）发布的第41次中国互联网发展统计报告显示，截至2017年12月，我国微博用户规模为3.16亿，比2016全年上升了16.4%，增长率基本平稳，用户规模持续扩大。微博使用率2017年则回

[①] 网络社交媒体是网民彼此之间用来分享信息的工具和平台，也简称社交媒体，随着微博与微信的发展，目前已经成为互联网的主流应用。按照中国互联网络信息中心（CNNIC）发布的《中国互联网络发展状况统计报告》中所披露的数据，社交媒体大致包括即时通信、视频音乐、博客、微博、社交网络、论坛、移动社交这几类平台。本报告主要关注博客、微博、自媒体、播客、视频分享类网站的发展情况，在下文中，前三者统称博客类应用，后二者统称网络视频，另外，以移动电台、移动K歌APP为主的音频类社交媒体也发展迅速，本文也会对此进行简单介绍。

升至40.9%。微博在经历前几年的低谷期后,近两年正快速收复失地,在吸引新用户、增加用户黏性的同时,老顾客召回率也在大幅度提高。

从手机微博用户来看也有相同的趋势。手机微博用户规模2016年为2.4亿,网民使用率达34.6%,这一数字在2017年进一步上升为2.86亿,全年增长18.1%,网民使用率也提高至38.0%。随着智能手机广泛普及和微博向三四线城市渗透,移动端用户增长势头强劲,渗透率加深,不过目前来看人口红利基本已经释放完毕。移动端用户已从2016年Q1的85%持续上升到2017年Q4的93%,所占比例进一步提升的空间不大。

延续2016年的反弹态势,微博在2017年月活跃用户继续稳步增长,巩固了其行业前三的地位。在渠道建设方面,获益于与国内手机厂商和头部APP在营销和内容上互补性的日益增强,双方的合作持续深入,使微博在市场竞争日趋激烈的情况下,仍在用户获取成本上相对行业整体保持着优势。在内容生产方面,微博内容生态更趋多元化,链接、视频、音乐类博文全面增长;微博头条文章发布量同比增长90%,Q3短视频播放量同比增长达175%;且自微博故事上线后,月活跃用户迅速扩大,同时也大幅度提升了UGC短视频的规模。微博2017年的亮眼成就,可以看做是其加大对用户产品的投入以及内容生态的建设、创新广告形式、提高变现效率的成果。

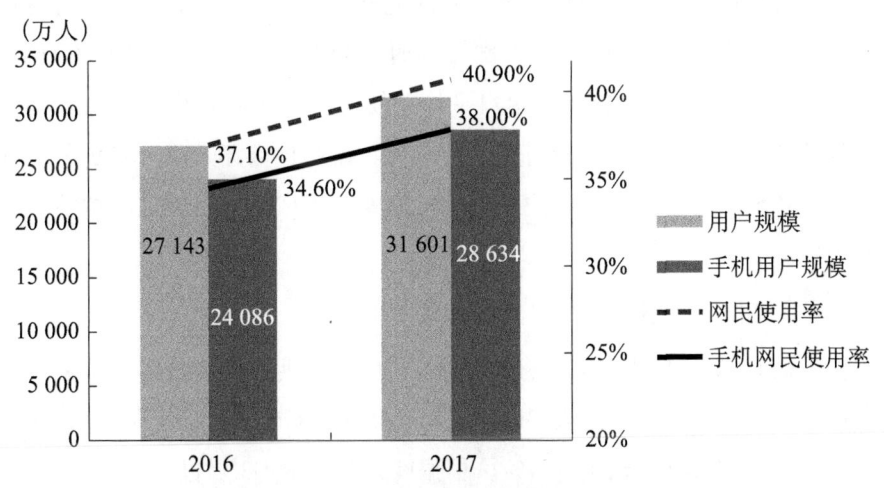

图1 2016、2017年微博用户规模及用户使用率

2. 社区类、问答平台等应用用户使用率加速上升

除微信、QQ、微博三大社交应用以外,新兴的社交平台诸如知乎、豆瓣、天涯社区等的用户使用率也都出现急速上升，用户使用率分别达到14.6%、12.8%、8.8%，较2016年分别提升了7个百分点、4.7个百分点以及1.8个百分点，知乎、豆瓣的使用率增幅达到92%、58%，呈现加速上升的态势。而随着80、90后加速成为社会主要消费群体以及我国平均居民教育水平的进一步提高，这些带有博客特点，主打问答、推荐或交友等多种功能的平台将会加速渗透到特定的高消费能力群体中，未来将有很大提升空间。

以知乎为例，其用户中高学历人群占比达到80.1%，硕士及以上人群比例高于总体水平，近两成用户拥有海外留学经历；从月收入分布来看，占比76%的高收入人群和小康人群是使用知乎的主力，月收入1万元以上用户占比30%，2万元以上家庭月收入用户占比41%；可投资资产10万元以上的用户占比36%，24岁以下的新新人类和25—35岁的社会中坚是它的核心群体，分别占比为22%和61%。年轻化、高学历、高收入、高购买力的特征也让知乎的整个用户群体呈现出高价值特性。

截至2017年12月，知乎的注册用户数达到1.2亿，日活跃用户超过3 000万，月浏览量达到180亿，机构号超过4 000个。用户平均使用时长60分钟，共在知乎上生产了25万话题、2 100万问题和8 200万回答。在用户使用黏性上，知乎凭借11.2分钟的用户单次使用时长超过全网7.9分钟的平均水平，用户单日使用时长35.8分钟和用户平均总使用时长160.6分钟，也都高于全网其他的社区交友类平台和新闻资讯类平台。在用户推荐方面，知乎平均分达8.2分，NPS值达33.7%，用户对知乎的满意程度较高，也更加愿意向亲朋好友作出推荐。

3. QQ空间、传统博客用户规模或稳中有降

作为拥有12年历史的老牌社交平台，QQ空间拥有大量的用户积累。但随着微信、微博等社交媒体的兴起，QQ空间的使用率出现小幅下降，由2016年的67.8%下降到2017年的64.4%。根据腾讯公司的Q3财报，QQ空间月活跃账户数为5.68亿，比上年同期下降10%，智能终端月活跃账户数为5.52亿，比上年同期下降8.1%，比Q2财报中的7%和3.5%降幅更大。考虑到QQ空间主要面向年轻群体，尤其是在校学生，QQ空间将进一步推广校园空间以覆

盖更多中学、大学，从而提高学生的参与度。

2016年起，CNNIC暂停对博客网站用户数据的相关更新，博客行业已发展成熟，用户规模提升空间较小。而随着微信占据社交媒体龙头地位、微博全面复活以及问答交友类平台的兴起，现阶段博客网站、尤其是活跃网站的数量减少，网站排名也有所下降，用户主要关注科技IT类、财经类等专业性较强的博客内容。

4. 自媒体发展趋势：增速放缓，内容精品化、形式多样化

根据艾媒咨询的报告，2016年中国各大自媒体平台中，微信公众号以63.4%的绝对优势领衔自媒体行业，微博自媒体平台成为用户传播第二渠道选择，其占比为19.3%。2017Q1中国微信公众号自媒体文章平均阅读量呈现稳步增长，达12 709.5次，增速较2016年放缓。报告显示，2017年公众号数量增速也在放缓[①]。与此同时，尽管我国自媒体从业人数保持增长，但整体增速也呈现加速下降趋势。这些现象都表明，经过前两年市场的激烈竞争与大浪淘沙，如今能够长期坚持内容更新与运营推广的自媒体人规模增速不高，自媒体人或迎来一个行业爆发之后的"转型期"。

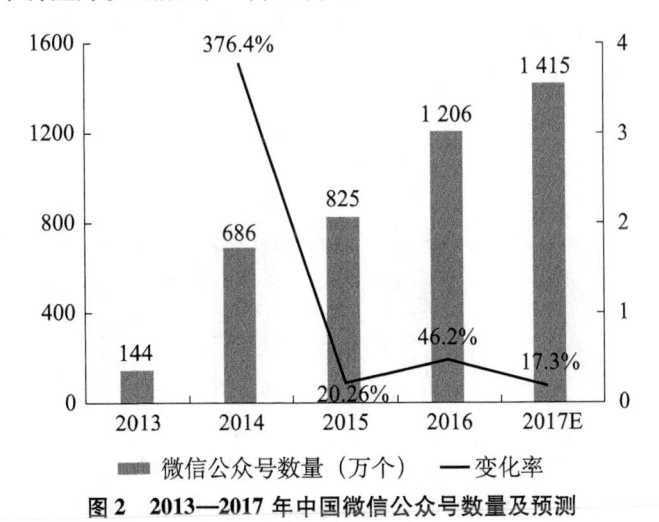

图2 2013—2017年中国微信公众号数量及预测

2017年，自媒体逐渐从增量时代走向存量时代，行业野蛮生长逐渐停止，

---

① 图中预测数量与其他网站预测有矛盾，因此此处仅说了趋势。

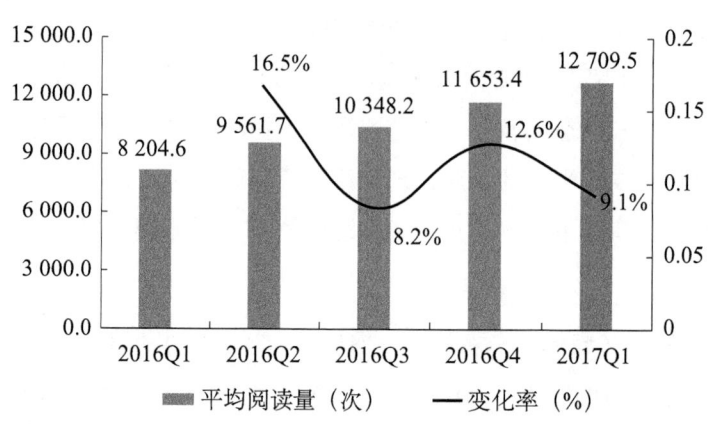

图 3　2016Q1—2017Q1 中国自媒体微信公众号平均阅读量及变化率

用户对自媒体内容的质量要求正在提升。企鹅智酷早在 2016 年 5 月份发布的《2017 自媒体趋势报告》（以下简称"《趋势报告》"）中提到，近八成用户高频关注或置顶的公众号不超过五个，超五成用户对自媒体内容质量表示担忧、不满意；超过三分之二用户关注的自媒体账号数量不再增加，甚至下降，分享文章的欲望也在冷却。在用户注意力成为稀缺资源的背景下，自媒体内容的同质化、生产过剩已成为该行业继续发展的巨大挑战。转向垂直内容细分领域，避开已有大类，呈现出有营养、高质量的专业化内容，将成为未来自媒体吸引用户注意的关键。

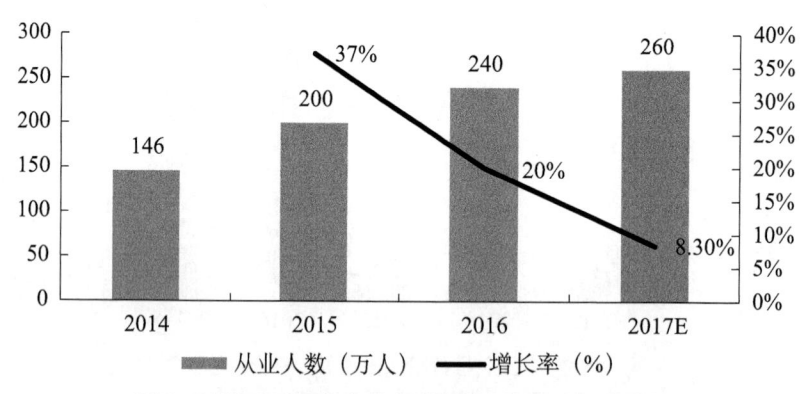

图 4　2014—2017 年中国自媒体从业人数变化及预测

另一方面，结合音频、视频等多种形式的自媒体内容将越来越受到欢迎。企鹅智库在《2017 中国新媒体趋势报告：通向媒体新星球的未来地图》（以下简称"《报告》"）中提到，我国观看视频的用户渗透率达 61.8%，而此前《趋势报告》中表明，近五成自媒体表示会在内容中加入更多短视频。《报告》还提到，一年内有超 7 成的网民至少听过一次网络音频类内容，新闻类、娱乐幽默类、情感类和有声图书占据第一阵营。由此可见，短视频、音频等愈发成为用户追捧的热点，这些新形式带来的流量或将成为 2018 年自媒体平台的新红利。

（二）中国网络音视频行业发展概况

1. 网络视频行业用户规模上升

自 2008 年以来，网络视频行业的用户规模一直呈增长趋势，截至 2017 年 12 月，网络视频用户规模达 5.79 亿，比 2016 年底增加了 3 437 万人，同比增加 6.3%，用户使用率为 75%，上升了 2.8 个百分点，保持着第一大休闲娱乐类互联网应用的地位。另一方面，移动端用户数量也保持稳步增长，使用率逐渐上升。截至 2017 年 12 月，手机网络视频用户规模达到 5.49 亿，较上年增加 4 870 万，占手机网民的 72.9%。

从结构上来看，手机是用户观看网络视频节目的首选终端。根据《2017 年中国网络视听发展研究报告》，95% 的网络视频用户选择用手机收看网络视频，

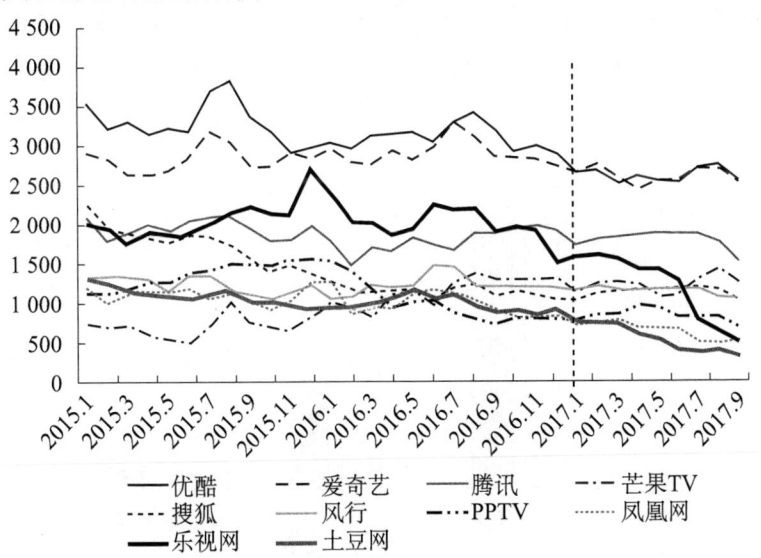

图 5　2017 年 PC 端视频网站的流量有所下降（日均覆盖人数，单位：万）

资料来源：快乐购公司公告，广发证券研究与发展中心

使用率比上年增加了18.3%，成为网络视频的第一终端。其次是台式电脑，视频用户的使用率为38.4%，相比上年锐减了15.7%，平板、笔记本电脑的使用率分别为24.5%、30.6%，与2016年相比都减少10%左右。据快乐购的公司公告披露，2017年以来PC端日均覆盖人数，爱奇艺、腾讯、优酷均出现了一定程度的下滑，而中小型视频网站乐视网下滑更严重，仅有芒果TV逆势实现增长。这些现象都反映出用户对移动端观看视频日益增强的偏好，手机继续坐稳收视端第一的宝座。

2. 付费意识逐渐形成

如今，用户对网络视频的付费习惯已经逐渐形成。根据《2017年中国网络视听发展研究报告》，2017年网络视频付费用户规模达到2.43亿，同比增速预计为25.6%，与上年相比大幅下跌；付费率为42.9%，与2016年的35.5%相比剧增20.8%；满意度为55.8%，较2016年提高0.8个百分点。用户付费能力有所提升，每月支出40元以上的付费会员由2016年的20.2%增加到26.6%。

不过，《报告》中的调查显示，付费的前景不容乐观。相比2016年，2017年用户的影视内容付费意愿小幅下降，电视剧、网络剧用户付费比例分别下滑13.3%和32.8%。最近一年内没有购买过视频网站付费服务的用户中，有61.6%的用户表示坚决不会付费，比2016年增长4个百分点，仅有5.2%的用户表示肯定会付费。其中超过半数未付费用户对网络端内容需求不够强烈，表

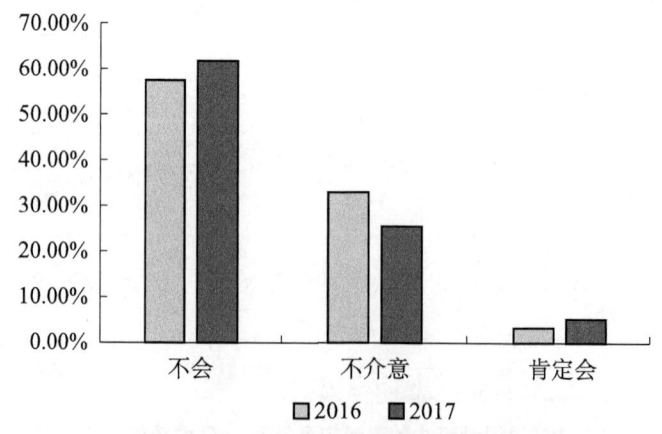

图6 2016、2017用户继续付费意愿调查

数据来源：中国网络视听节目服务协会，东北证券

示可以等到视频资源免费后再观看，45.4%的用户认为可以找到免费视频资源。目前来看，用户的未来付费意愿也不是很高。因而，付费用户是否能成为视频网站稳定的收入来源，尚不能有定论。

3. 自制剧进入"精品时代"，"头部效应"显著

2017年，自制剧规模稳中有增，其所占视频网站的比例显著提升。原国家新闻出版广电总局网络司网络视听节目备案库数据显示，2017年1月1日—10月30日，视频网站备案的网络剧为555部，共计6 921集，备案的网络电影（含微电影）为5 620部，网络动漫有658部，网络自制节目数量稳中有增。2017年腾讯视频、爱奇艺、优酷土豆的片单中自制剧比例分别为33.85%、37.84%和34.48%，均明显高于2016年爱奇艺的剧单中16%的自制剧占比。

另一方面，国家对网络视频行业的监管越发规范化。2017年1月到9月，一共颁布、开展了7项相关法规和行动，主管部门线上线下统一监管标准，或将提高网络视听行业的进入门槛，对整个行业格局产生影响。网络剧上线总数量与2016年基本持平，但同比播放量增长率高达146%，全年自制网剧当中爱奇艺的《无证之罪》《河神》、优酷土豆的《白夜追凶》、腾讯视频的《致我们单纯的小美好》纷纷在话题度、口碑上占据高位，特别是在拉动付费会员上贡献颇多。

从结构上来看，自制剧的头部效应也得到进一步增强。2016年6月到2017年6月，TOP20网剧平均播放量达到30.527亿次，是全网平均播放量的10倍；累计播放量达到610.54亿次，贡献了网剧总播放量的一半，呈现明显的"二八定律"。上线网络电影数量同比增加29.4%，播放量同比上涨26.7%，增速放缓，但分账金额增加。

4. 短视频风口来袭，行业潜力巨大

短视频是指以新媒体为传播渠道，时长在5分钟以内的视频内容，其是继文字、图片、传统视频之后新兴的又一种内容传播载体。

各种数据都表明短视频行业增长势头强劲，发展潜力巨大。2017年12月短视频行业月活用户规模达4.14亿，月环比增长9.23%。市场规模将达到57.3亿元，较上年增长201.58%，行业尚处于风口期。2017年短视频行业用户人均单日使用时长为65.8分钟，相比2016年的45.7分钟增长43.98%，2017年短视频行业用户使用时长占互联网使用时长比例从2016年的1.3%增

至 5.5%，行业呈现强劲的增长力。据 QuestMobile 数据显示，2017 年 9 月份，短视频用户使用总时长渗透率为 4.1%，位于细分行业第五名，但同比增长率达到了 311.3%，领跑其他所有细分行业。

从融资角度看，短视频行业的资本市场在 2016 年的热度上持续升温。2017 年前三个季度的投融资事件次数就已经达到了 48 笔，超过 2016 全年的 41 笔。从行业整体融资分布轮次看，79.55% 的企业集中在天使轮和 A 轮，B 轮以上的企业仅占 12.5%，大部分企业仍处于早期摸索阶段。从投资方向看，2012 至 2017 年短视频平台方的融资事件占比达到 44.8%。但随着短视频行业的热度升温，资本集中度逐渐从平台方过渡到内容方，2017 年内容方投融资事件次数以 47.9% 的百分比成为资本的聚焦点。短视频行业经历了 2016 年爆发期的扩张，现在竞争格局逐渐稳定，商业模式逐渐确定，行业由用户量的积累向垂直内容领域的深入挖掘转向，开始进入成熟期。

图 7　2016—2020 中国短视频行业市场规模及预测

资料来源：艾瑞咨询，新时代证券研究所

图 8　2017 年 1—12 月短视频独立 APP 行业月活跃用户规模

资料来源：QuestMobile，新时代证券研究所

5. 音乐类节目燃爆网络综艺

2017年，网络自制综艺延续了上一年迅猛增长的势头。据《2017年腾讯娱乐白皮书》显示，相较于2016年，2017年网络自制综艺节目数量高达103部，增加了22档。就节目类型而言，音乐、脱口秀、美食等领域的数量有所增加，播放量突破"10亿"的节目较上年暴涨6.5倍，类型集中在亲子、音乐、脱口秀三类。《明日之子》《中国有嘻哈》两档音乐类节目成为爆款，《快乐男声2017》也不甘落后，这些节目共同成就了"网络选秀元年"。

表1 2017年网络自制综艺节目播放量TOP10

节目	播出平台	播放量（亿）
《明日之子》	腾讯	41.41
《中国有嘻哈》	爱奇艺	29.1
《爸爸去哪儿5》	芒果，优酷	23.02
《明星大侦探2》	芒果	20.37
《快乐男声2017》	芒果，优酷	19.95
《变形记2017》	芒果，优酷	15.3
《妈妈是超人2》	芒果	15.28
《吐槽大会》	腾讯	14.6
《放开我北鼻2》	腾讯	12.62
《演说家》	腾讯	12.22

数据来源：《腾讯娱乐白皮书》

2017年以来，语言类综艺节目数量增加迅猛，脱口秀成为类型新贵，音乐类节目成为年度爆款。其中音乐类网综尽管数量不多，但质量普遍较高。爱奇艺举全台之力重磅推出《中国有嘻哈》，地下音乐人从幕后走到台前，演出费大幅度上涨，从而使更多人开始关注嘻哈这种小众类型的音乐，同时也给日渐疲软的音乐类综艺提供了新的参考方向。腾讯视频打造的音乐偶像养成节目《明日之子》播放量突破40亿大关，跻身2017年爆款综艺行列，在亚洲新歌榜2017年度盛典上荣获2017年度音乐综艺节目。《明日之子》以"音乐+偶像养成"的模式，用互联网手法打造互联网偶像。这种"音乐+"的尝试在年轻的互联网群体中反响热烈，对于拓宽音乐类综艺的内容和模式都具有积极意义[1]。

---

[1] 摘自百家号：2017年的音乐类综艺是枯木又逢春吗？https://baijiahao.baidu.com/s?id=1584328571521339608&wfr=spider&for=pc。

6. 在线音频行业迅猛崛起

本研究报告中的音频社交媒体主要针对电台类在线音频平台和移动K歌类应用。根据对这两类平台数据的评估和测算，2017年音频用户预计达到2.58亿，移动K歌应用用户规模大约为4.52亿①，社交媒体的用户覆盖量总数约为5—7亿，其中音频移动端用户日活量达到1 400万，每日使用1.2亿次，日均累计使用时长4.3亿分钟。

单位：亿

年份	用户规模	增长率
2012A	0.41	
2013A	0.74	80.5%
2014A	1.45	95.9%
2015A	1.89	30.3%
2016A	2.26	19.6%
2017E	2.58	14.2%
2018E	2.91	12.8%
2019E	3.22	10.7%

图9 音频用户规模

数据来源：iiMedia Research，广发证券发展研究中心

移动音频不仅使用方便，而且涵盖经管人文、少儿教育、相声评书、搞笑段子等多个领域，还可以根据用户需求定制详细化、个性化的内容类型，这些特征使其成为"碎片化"时间的重要占领者。随着符合用户口味、高质量的内容陆续推出，用户的付费意愿也逐渐上升，他们通过打赏主播、付费收听等方式推动用户为优质内容买单，反过来又驱动生产者进一步提高内容质量，形成内容付费的良性循环。

据iiMedia Research公布的数据显示，2017年内容付费用户规模预计将达1.88亿人。具体到实际调查数据，有41.6%的受访网民使用音频类产品。同时，45.4%的受访网民表示，未来倾向于增加或尝试使用音频类知识付费产品。

---

① 根据比达咨询，移动网民中有60%的人使用全民K歌（排名第一的K歌软件）。

随着声音价值被挖掘，移动音频行业目前正处于高速发展期。据易观智库，我国移动音频市场 2010 年—2012 年处于探索期，音频内容价值开始凸显，蜻蜓 FM、凤凰 FM 相继推出；2013—2014 年处于市场启动期，喜马拉雅、考拉 FM 相继成立；第三阶段是 2015—至今的高速发展期，随着 UGC 的日益活跃，PGC 版权价格激增，移动音频增加了多种终端播放的功能，各大平台转向内容差异化竞争策略。预计从 2019 年开始，移动音频将会探索出更加成熟的变现模式，市场进入成熟期[①]。从用户规模角度看，继前 2013、2014 年的爆发式增长之后，近几年移动音频用户规模增速下降，整体呈现稳步上升趋势。

从竞争格局来看，整体用户分布格局的头部效应明显。2016 年 Q4 活跃用户分布上，喜马拉雅 FM、蜻蜓 FM、荔枝 FM 领跑全场，2017Q1 周活跃渗透率则是喜马拉雅 FM 独霸榜首，达到 1.2%，比第二名的蜻蜓 FM 高出 0.8 个百分点。而根据 2017 年上半年易观数据的统计结果，移动电台的头部效应显著，喜马拉雅 FM 占据了总用户规模 50% 以上的比例。

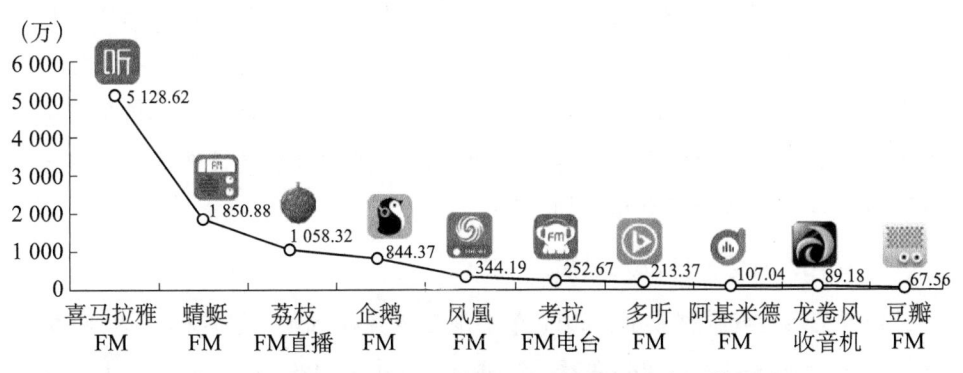

（万）
应用	用户规模
喜马拉雅 FM	5 128.62
蜻蜓 FM	1 850.88
荔枝 FM 直播	1 058.32
企鹅 FM	844.37
凤凰 FM	344.19
考拉 FM 电台	252.67
多听 FM	213.37
阿基米德	107.04
龙卷风收音机	89.18
豆瓣 FM	67.56

图 10　2017 年第 2 季度中国主流移动电台应用用户规模 TOP10

移动 K 歌类应用发展至今，已不仅只具有 K 歌功能。这类应用发挥了重要的交流平台作用，用户既可以在平台上展现自我，又能与其他人交流互动，甚至参与平台组织的节目和赛事成为明星。比达咨询（BDR）数据中心最新监测数据显示，2017 年 4 月移动 K 歌类 APP 月活跃用户数方面，全民 K 歌排名第一，月活跃用户数达 5 053.3 万人，排名第二位的是唱吧，月活跃用户数达 4 188.3 万人，远超其他应用，"头部效应"显著。据易观调查，移动音乐应用

---

① 摘自广发证券研究报告。

中，约有11%属于移动K歌，在所有应用类型中位列第二。

（三）收入规模

1. 博客与微博收入规模

博客和微博行业的收入依然来自于网络广告收入。博客方面，收入主要集中在新浪、腾讯和网易三家，其中新浪优势较为明显。微博方面收入主要集中在新浪，2017年广告收入为66.82亿元，与2016年相比增加接近75%。

从新浪博客来看，新浪博客流量约占网站（sina.com.cn）流量18%。

从腾讯博客来看，由于QQ空间和博客的用户活跃度下降，属于QQ空间（qzone.qq.com）和腾讯博客（blog.qq.com）流量约占网站（qq.com）流量的2%。

从网易博客来看，博客（blog.163.com）占网站（163.com）流量的2%。

从微博角度，2017年，微博净营收11.5亿美元（折合人民币72.87亿元），同比增长37%，其中广告营收约为9.97亿美元，同比增长74.6%。得益于微博广告客户更为强劲的广告需求、微博业务运营杠杆效益的进一步提升以及利润率较高业务例如微博会员的营收贡献的同比增长，新浪微博盈利较上年实现大幅度增长，延续了2016年的反弹趋势，正式重返增长轨道。新浪微博预计将在2018年保持强劲增长的态势。

2. 网络音视频产业收入规模

根据艾瑞咨询数据显示，2017年中国在线视频行业市场规模将达到952.3亿元，同比增长47%。细分来看，广告业务占比达48.6%，收入为463.27亿元，同比增长41.6%；内容付费占比达24.8%，收入为236.17亿元，同比增长95.8%；版权分销占比达23.1%，收入约为219.98亿元，同比增长29.4%。可以看出，内容付费增长最为强劲，未来在整个行业收入的占比有望继续提升。另外，值得关注的是，2017年短视频市场规模达到57.3亿元，同比增长高达183.9%，预计未来几年内还会保持高速增长，并实现大规模变现。

作为国内最大的音频电台，喜马拉雅FM目前拥有3.5亿的激活用户、500万名主播，市场占有率73%，人均收听时长为128分钟。官方公布，截至2017年6月，喜马拉雅已经发展了2 216 495名会员，2017年以来付费用户的月均

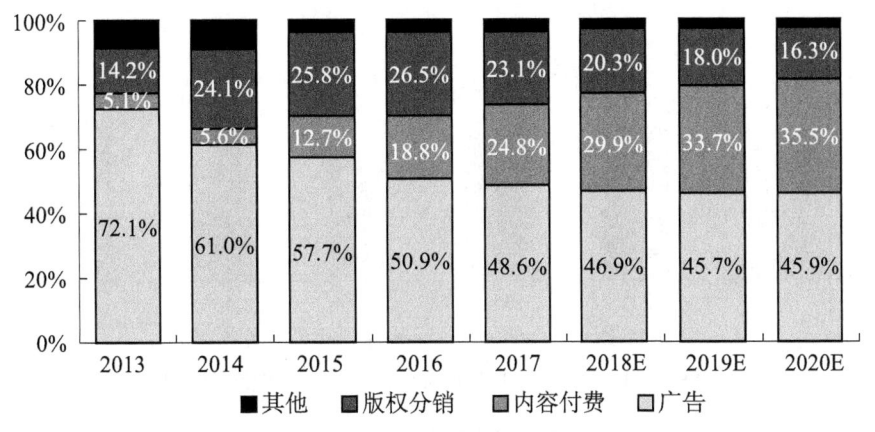

	2013	2014	2015	2016	2017	2018E	2019E	2020E
其他	14.2%	24.1%	25.8%	26.5%	23.1%	20.3%	18.0%	16.3%
版权分销	5.1%	5.6%	12.7%	18.8%	24.8%	29.9%	33.7%	35.5%
内容付费								
广告	72.1%	61.0%	57.7%	50.9%	48.6%	46.9%	45.7%	45.9%

图 11　2013—2020 中国在线视频行业各业务营收占比

年份	市场规模（亿元）	同比增长率（%）
2013	135.9	49.7%
2014	248.8	83.1%
2015	404.3	62.5%
2016	641.5	58.7%
2017E	952.3	48.5%
2018E	1 249.5	31.2%
2019E	1 568.5	25.5%
2020E	1 916.4	22.2%

图 12　2013—2020 中国在线视频行业收入规模及预测

ARPU 值（即 ARPPU）超过 90 元。根据估算，喜马拉雅 FM 2017 年的付费收入约为 7.34 亿元，总收入约为 14.7 亿元。

而同样居于龙头地位的蜻蜓 FM 已拥有超过 3 亿用户，月活跃用户量 1 500 万。在 2017 年收入比例上，蜻蜓 FM 广告端与内容付费的收入占比已接近 1∶1，同喜马拉雅相似。由于其未公布 ARPPU 数据，假设其 ARPPU、付费率均与喜马拉雅相似[①]，则蜻蜓 FM 营收约为喜马拉雅 FM 的 53%，为 7.8 亿元。根据易观数据统计，整个移动音频市场（在线电台）的月活用户为 0.66 亿人，市场规模约为 29.7 亿元。

---

① 广发证券报告通过计算得出，蜻蜓 FM 单次用户付费和喜马拉雅相似。

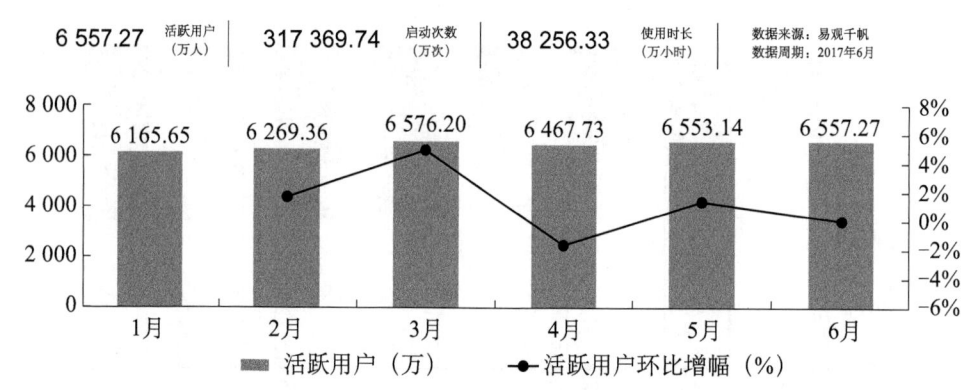

| 6 557.27 活跃用户（万人） | 317 369.74 启动次数（万次） | 38 256.33 使用时长（万小时） | 数据来源：易观千帆 数据周期：2017年6月 |

图13 2017年上半年移动电台领域活跃用户数及增长情况

移动K歌平台的收入一般来源于广告收费和增值服务。根据易观数据统计，从2015年到2016年，唱吧和全民K歌两款移动类APP的市场占有率都分别稳居第一第二，达到53.6%、43%，远远超过第三名的4.6%。可以看出，移动K歌的市场份额大头几乎被这两者占据。另外，最新数据显示，唱吧和全民K歌的MAU分别达到10 171.87万和3 652.32万，移动K歌行业的MAU为12 412.48万。根据易观千帆数据，2017年移动K歌市场规模预计达17.43亿元。

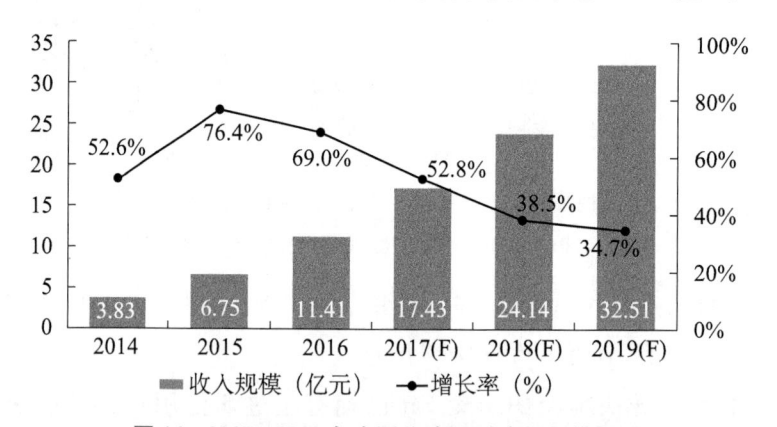

图14 2017—2019年中国移动K歌市场规模预测

说明：1. 中国移动K歌市场规模，即中国移动K歌企业围绕移动K歌业务开展服务的营收总和，含K歌厂商的直播业务，电信运营商K歌类增值服务业务不计；

2. 据上市公司财务报告、专家访谈、厂商深访、易观数据监测产品以及易观推算模型得出。

根据以上统计，2017年我国以网络视频、在线电台和移动K歌为主的社交类音频行业的市场规模约为980亿元，且依照其上升趋势，预计2018年全行业市场规模将突破1 000亿元。

二、主要服务商发展情况

（一）博客类应用服务商发展概况

1. 新浪微博：重返增长轨道

根据新浪微博发布的 2017 年全年财报显示，2017 年四个季度，新浪微博月活跃用户分别为 3.4 亿、3.61 亿、3.76 亿和 3.92 亿人，环比增长率分别为 8.6%、6.2%、4.2% 和 4.3%，日活跃用户分别达到 1.54 亿、1.59 亿、1.65 亿和 1.72 亿，环比增长率分别为 10.8%、3.2%、3.8% 和 4.2%。

与 2016 年相比，2017 年微博月活跃用户量增长 25.2%，日活跃用户量增长 23.7%。全年微博月活跃用户数量也创下上市以来最大数量的净增长，市场规模持续稳定扩大。

（1）老用户加速回归，付费会员规模持续扩大

根据新浪微博数据中心发布的《2017 年度微博用户发展报告》，截至 2017 年三季度末，微博月活跃用户达到 3.76 亿，同比增长 27%，其中 92% 为移动端用户；日活跃用户达到 1.65 亿，同比增长 25%。从月登陆频次来看，月登陆天数在 15 天以上的高黏性用户占比最高，远超其他用户。过去一年中，微博通过引入机器学习，重点开发基于用户兴趣的个性化推送和基于社交关系的提醒等手段，使老用户回归微博的规模显著提升。目前，微博的月活跃用户中，召回用户的规模同比增长超过 50%，为活跃用户规模提升打开了新局面。

2017 年微博净利润达到 3.53 亿美元，上涨 227%。截至 2017 年 9 月，微博付费会员规模达 473 万，较上年同期增长 72%，总体规模持续扩大。目前，微博付费会员可享受装扮、身份、功能、手机四大类特权共计 32 项服务，微博总体价值的上涨与丰富的会员体验是付费会员持续增长的重要因素。2017 年微博增值服务营收为 1.53 亿美元，同比增长 81%。

（2）商业化效率进一步提升，广告收入大幅增长

2017 年微博的收入取得了大幅度增长，全年广告收入为 9.97 亿美元，同比增长了 75%。其中，来自大客户和中小企业（SME）的广告和营销营收为

9.121亿美元，2016年为5.131亿美元，较上年度增长78%。可以看出，广告收入的增长已经成为微博盈利稳定且重要的推动力。

（3）视频化业务发展迅猛，垂直领域内容生态日趋完善

2017年，微博全面推进视频化战略，一方面通过与版权方和媒体的深度合作增加专业短视频内容，另一方面通过上线微博故事、光影秀等产品，鼓励普通用户创作、分享视频内容。2017年Q3微博视频播放量同比增长175%，高清视频发布量占总量的30%。12月，微博视频日均发布量和播放量相比上年同期均实现了翻倍增长，来自头部用户的短视频日均发布规模同比增长超过50%。

此外，微博深耕垂直领域，致力于建立每个领域的流量生态、变现生态。目前微博已覆盖55个领域，2017年Q3单月阅读量过百亿领域达25个，微博的行业影响力和商业能力都进一步增强。2017年1—9月，微博头条文章发布量同比增长近90%；截至2017年9月，仅仅上线5个月的微博故事月活跃用户就已接近4 000万，日均发布用户规模较上季度增幅超200%，深受用户欢迎。同时，微博也在财经、教育、时政等多个领域进行孵化，增强用户黏性。

2. 信息技术类专业博客受热捧，音频类博客初露头角

根据Chinaz.com网站的统计，综合Alexa排名、百度权重、谷歌网页级别（PR值）等因素，相比于2016年，2017年博客网站的竞争格局主要呈现出三方面的特点。第一，自媒体博客排名小幅上升，而除了新浪以外，其他大型服务商诸如网易博客、搜狐博客等都已经退出竞争。第二，专注于IT技术或创业类的博客频道如博客园、CSDN博客排名仍然处于前三，而关于科技资讯类的爱范儿、提供软件下载的异次元软件、小众软件等博客排名也有所上升。第三，随着音频媒体成为新的风口，有声听书吧跻身前10。该网站包含评书、戏曲、京剧、名著以及各种类型的流行小说，并开发了移动端APP，刚好契合了当代人碎片化的时间以及对多样化娱乐形式的需求。

表2　2017国内主要博客服务商TOP15

	2017综合	2016综合	ALEXA周排名	百度	PR	反链数	得分
新浪博客	1	1	19	9	7	50 500	4 660
CSDN博客	2	3	57	8	5	1 123	4 284
博客园	3	2	306	8	6	1 832	4 210
什么值得买	4	5	8 818	7	5	1 944	4 051

续表

	2017 综合	2016 综合	ALEXA 周排名	百度	PR	反链数	得分
LOFTER	5	4	9 608	7	6	13 400	3 997
爱范儿	6	8	3 824	7	6	476	3 896
有声听书吧	7	NEW	48 199	7	3	222	3 821
卢松松的博客	8	10	15 907	6	6	1 847	3 686
异次元软件	9	12	18 729	6	5	495	3 621
小众软件	10	14	14 491	6	5	244	3 618

数据来源：chinaz.com 博客网站排行榜 2018.03.19

从博客所关注的行业角度上来看，2017—2018 年博客网站的发展中，关注行业仍然呈现多样性和分散性并存的特点，其中 IT 及创业相关、综合类及个人生活类为主要发展方向。在统计 Chinaz.com 博客网站排行榜前 30 名中我们看到，关注互联网创业及 IT 行业和个人生活类博客的分别有 9 家和 6 家，占比分别达到 28% 和 19%，关注 IT 技术、科学类以及个人生活类的博客占比都较 2016 年有所提升，而财经相关的博客占比出现较大幅度下降。这些现象也揭示了社会焦点的逐渐转移。

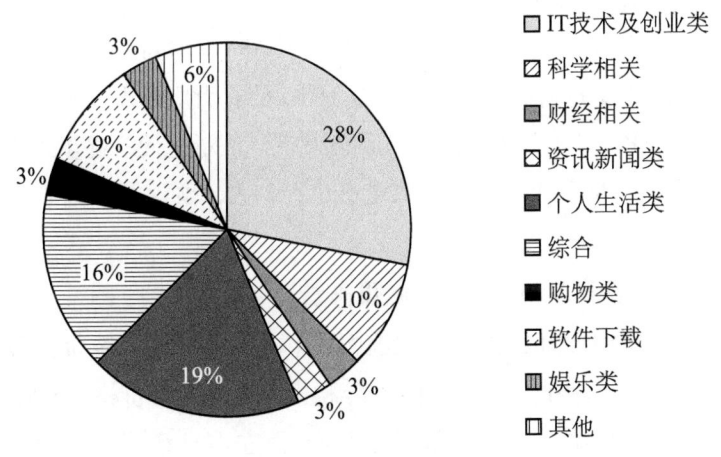

图 15 2017 年国内主要博客服务商行业分布

（二）自媒体平台大浪淘沙

自媒体平台在 2017 年继续得到发展，除去腾讯系和今日头条之外，大多数资讯客户端增长趋于平滑。自媒体马太效应愈发凸显，更多优质自媒体将被投资，内容的产出还是依赖平台的多元和传播形式的多样。随着自媒体行业的精细化、垂直化，用户将产生更多的需求，诸如专业上的要求、时间量级上的要求。自媒体的快速发展，背后根本是移动互联网的崛起，或者说是智能手机的普及。

1. 微信用户规模持续扩大

（1）用户规模破10亿，增速继续降低

腾讯财报显示，2017年第三季度微信的月活跃用户达到9.8亿，同比增长15.8%，比上年同期降低12个百分点。2018年2月，微信月活跃用户突破10亿大关，为微信进一步拓宽业务打下坚实基础。

（2）网络广告收入继续增长

根据腾讯财报，2017年第三季度社交及其他网络广告业务收入同比增长63%，达到人民币69.2亿元，主要由来自微信朋友圈、移动端新闻应用及微信公众账号广告收入的贡献增长所推动。

微信的发展也带动了腾讯的网络广告业务。凭借微信朋友圈、微信公众账号的广告收入以及移动新闻端广告的增长，腾讯的网络广告业务收入同比增长51%，达421.24亿元。

（3）微信小程序发力

小程序作为一种轻型应用，是未来移动互联网应用的主要形式。小程序充分利用"群优势"，打通线上、线下，是OMO的有力应用者。目前小程序多是简化版或相应APP的核心功能，但以后小程序会不断迭代，逐步丰富整个小程序平台的能力。目前，小程序用户数量已达到2亿，预计2018年将继续成为微信的发力点。

2. 今日头条融资成功，用户活跃度高

今日头条创建于2012年3月。2017年4月，获得红杉资本以及建银国际金禾一共10亿美元融资，并于2018年年初以3亿美元的价格收购脸萌Faceu。

截至2017年12月，今日头条拥有8 500万左右日活用户，2亿活跃用户，主要用户为35岁以上群体。用户人均月使用时长更是高达998分钟，月人均使用次数达到162.6次，30日活跃用户留存率为65.9%，卸载率为14.1%。

（三）网络音频社交媒体

1. 网络电台

目前国内较为活跃的在线音频平台包括喜马拉雅FM、荔枝FM、蜻蜓FM、多听 FM、考拉 FM、凤凰 FM、阿基米德 FM、企鹅 FM 和懒人听书等十余家。而喜马拉雅 FM、蜻蜓 FM 在活跃用户占比上远远领先于其他电台产品。

(1) 喜马拉雅

喜马拉雅现已成长为中国最大的音频平台。2017 年，喜马拉雅推出付费会员活动，活动期间实现会员消费总额 6 114 万元。借力直播风口，喜马拉雅在大型会议直播报道的基础上上线音频直播，依托知识付费业务开辟知识直播，丰富了电台变现模式。除了 UGC 和 PGC 内容，喜马拉雅还与线下实体出版社、知名作家、线上网络文学社展开合作，目前，喜马拉雅 FM 已经与国内 9 家一线图书公司签订了独家内容合作协议，拥有 70% 的有声书改编权，与 70%~80% 的知名自媒体人或公司签署了独家排他协议。

(2) 蜻蜓 FM

目前，蜻蜓 FM 已经成为中国移动互联网领域领先的音频聚合平台。2017 年 9 月，蜻蜓 FM 完成 E 轮 10 亿元融资。这笔资金将被投入到精品化内容开发、品牌建设与市场开拓、人工智能音频技术研发等领域。2016 年 10 月，以金庸武侠小说全集付费节目上线为标志，蜻蜓 FM 正式布局内容付费，此后，还联合高晓松推出一档《矮大紧指北》付费节目，首月获得 10 万人付费订阅。2017 年，蜻蜓 FM 在内容付费上建立了相应的行业地位，大力发展头部内容。目前，蜻蜓 FM 平台已入驻了李开复、张大春等大咖。另一方面，布局各个垂直领域，蜻蜓对各细分领域内容生产者的遴选更偏向于领域内的 PGC，通过大规模邀请传统电视、广播的主持人和时事军事、财经商业、人文历史等领域有专业建树的意见领袖和自媒体人入驻蜻蜓 FM 并制作发布音频节目。2017 年以来，蜻蜓 FM 先后与梁文道、张召忠、朱亚文等文化、军事、娱乐界人士合作，上线了《老梁的四大名著情商课》《局座讲风云人物》《最美情书》等节目，其中，朱亚文携手蜻蜓 FM 在 3 月 18 日推出的音频栏目在上线首日专辑播放量就超过了 100 万+。目前，蜻蜓 FM 提供的内容已经覆盖人文历史、儿童亲子、商业财经、健康心理、养老等领域。

2. 移动 K 歌平台

根据易观发布的数据，2016 年度，中国移动 K 歌市场的活跃用户规模已达 6.5 亿人，市场规模超过 11 亿元，实现 69% 的大幅增长。目前，唱吧、全民 K

歌在移动 K 歌领域处于双寡头地位，其中唱吧的用户占有量稍高，排在第三位的天籁 K 歌约占有 5%–6% 的市场，其余各平台均未超过 5%。

(1) 唱吧——打造泛娱乐生态闭环

唱吧 APP 现已稳坐移动 K 歌行业的头把交椅。唱吧致力于打造以 K 歌为核心的"内容+平台+用户"泛娱乐闭环生态。在内容方面，除了基于用户社区的 UGC 之外，唱吧积极与湖南卫视等专业媒体合作，参与内容制作。如与湖南卫视联合制作大型音乐互动综艺节目《我想和你唱》等。而唱吧直播间的直播内容也成为 VR 市场的内容源。平台是指唱吧和唱吧直播间两大平台，依托两大平台，唱吧着力发展红人经济。一方面，唱吧肥沃的原创土壤催生了丰富的原创内容，捧红了 Skm 破音、Rita 等众多素人，成为超强的明星孵化平台；另一方面，利用直播间实现红人与用户的深度互动，在此过程中通过销售表情、礼物/道具、收取会员费等方式变现；同时，基于用户社群打造线上点歌支付和线下互动、消费服务为一体的 O2O 商业模式。目前，唱吧发展出了智能硬件销售和麦颂 KTV 线下实体店两种线下商业模式。在硬件方面，除了自主品牌的智能麦克风之外，还推出了音乐耳机 A1。而麦颂 KTV 有唱吧的红人资源站台宣传，实现了全国范围内加盟连锁店的快速增长。

(2) 全民 K 歌——加码腾讯数字娱乐生态

全民 K 歌是腾讯打造的一款新型 K 歌应用。作为腾讯数字音乐生态网络的一环，全民 K 歌主打 K 歌娱乐社区，以满足用户在线听歌以外的 K 歌、互动及社区交友需求。作为 QQ 音乐社交娱乐的突破口，全民 K 歌在增强互动方面不断创新。2017 年，全民 K 歌开始进行深度化的商业尝试，包括利用平台的造星功能打造素人 IP，开通付费内容与会员机制，线下 O2O 合作等。在打造素人明星上，首先选取具备一定唱歌水平的主播和签约艺人进行包装，进而在全民 K 歌的任务体系中推荐歌手所唱的这首新歌，通过给与翻唱用户虚拟货币奖励，使得素人作品在短时间内实现大量传播，批量生产网红歌曲以及网红歌手，形成素人 IP 经济。

在线下商业化拓展方面，全民 K 歌与线下迷你 K 房和电视服务提供商合作。天籁 K 歌则是以家庭 K 歌娱乐作为切入点进行商业化，与电视厂商的软件预装打造多屏互动和智能麦克风是其主要模式。2017 年，天籁 K 歌在海信互联网电视平台的下载量环比提升 775%，用户在线时长环比提升 1 360%。此外，全民 K 歌开启线下自助店扩张，目前已经开设了四家门店。

（四）主要网络视频服务提供商

据中国互联网络信息中心（CNNIC）第 41 次《中国互联网络发展状况统计报告》显示，截至 2017 年 12 月，我国网络视频用户规模达到 5.79 亿，相比 2016 年底用户规模增长 4 870 万人，占网民总数的 75%，继续保持网络娱乐类应用首位。目前主要的网络视频服务提供商主要包括以 YY 语音、花椒直播为代表的网络直播类网站、以 BAT 旗下的优酷土豆、爱奇艺和腾讯视频为代表的播放平台类网站，及以 AcFun、Bilibili 为代表的弹幕视频类网站。网络视频行业现已成为互联网行业中占比高、增长快、发展比较稳定的类目之一，其发展前景良好，成熟的发行制作模式在探索中逐渐明晰。

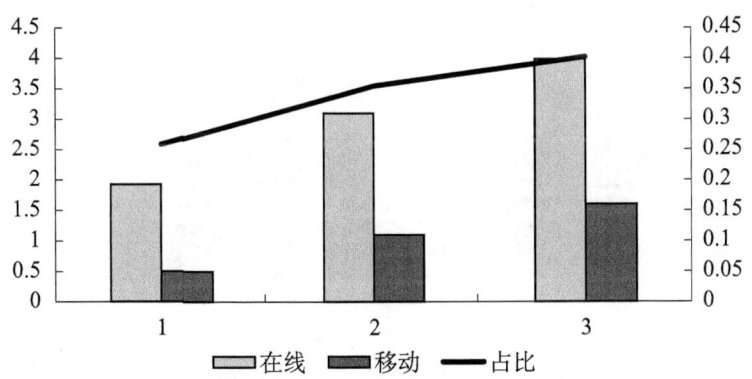

1. 网络直播类

图 16　2015—2017 直播行业用户规模（亿人）

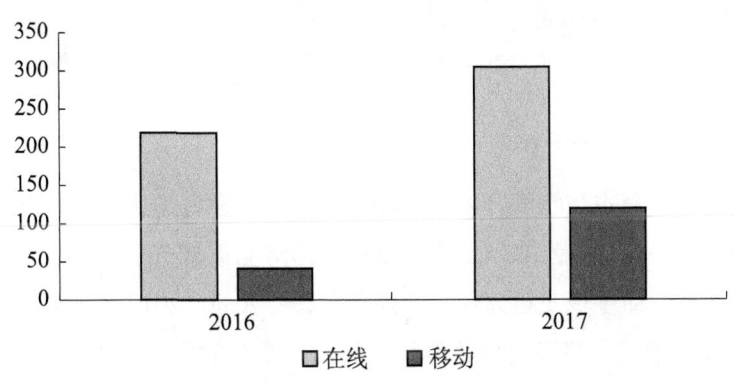

图 17　2016—2017 网络直播市场营收状况（亿元）

得益于移动端用户增长红利和国家网络"提速降费"带来的成本降低，2017年在线直播用户规模和营收规模不断提升。其中，用户规模达到3.98亿，移动直播用户达到1.6亿，受众规模不断上升，但增速放缓。2017年我国移动直播市场营收强势增长，实现翻番，直播市场总营收达到304.5亿元，同比增长39%，而增长动力源自移动直播。

然而，经历了2016年的利好发展之后，直播行业竞争激烈。2016年末《互联网直播服务管理规定》出台后，主管部门多次开展集中执法检查和专项清理整治工作，在行业监管加强和同质化竞争加剧的双重压力下，在线直播行业结束疯狂生长的阶段，进入行业调整期。2017年1月至6月，各部门已查处关闭违法违规直播平台73家。部分平台未能经受住竞争考验，其中，曾经风光无限的光圈直播黯然离场，六间房、秀色秀场等被收购，ME停止运营，更多中小直播平台生存状况堪忧。据网信部门统计，截至2017年末，全国开展直播业务的公司减少近百家。

注：未穷尽所有企业，排名不分先后。

与此同时，资本与利润开始向头部玩家集中，强者愈强的头部效应与马太效应正在彰显。资本与互联网巨头双重追捧形势全面铺开。其中，泛娱乐直播红海竞争激烈，而企业直播兴起，大量平台纷纷入局。2017年4月，微吼直播获得C轮2亿融资，想播就播获得百万美元天使轮融资；7月，云犀直播获得两千万Pre-A轮融资；8月，目睹直播获得亿元级融资。2017年阿里云与微吼达成全面战略合作,双方在技术、用户等方面深入合作;百度、腾讯也入局企业直播。游戏直播头部玩家依然受资本市场看好。3月8日,游戏直播平台斗鱼获腾讯40亿元投资,与腾讯深度战略绑定。这也是此前获得腾讯两轮融资后,斗鱼再获得腾讯融资。

(1)盈利模式

传统的秀场类内容,借助移动APP载体进行移动化升级,及时更新和优化表演功能,用户内容偏好占比最高;游戏电竞类内容,增加了游戏上线直播、游戏意见领袖直播、电竞联赛赛事直播、泛娱乐跨界直播等内容,用户选择面更加广泛,内容偏好占比也居高不下;明星、生活类直播具有流量吸附效益,一般受到粉丝、特定用户群的追捧,网络传播范围较大,目前直播平台已经开始逐步在此类内容中,加入专业节目制作或进行议程设置,从而平衡无效流量和真实用户的问题;体育赛事、综艺、新闻等类型直播,也占据较高的用户偏好比例,意味着用户对直播内容的需求更加深入和细分。

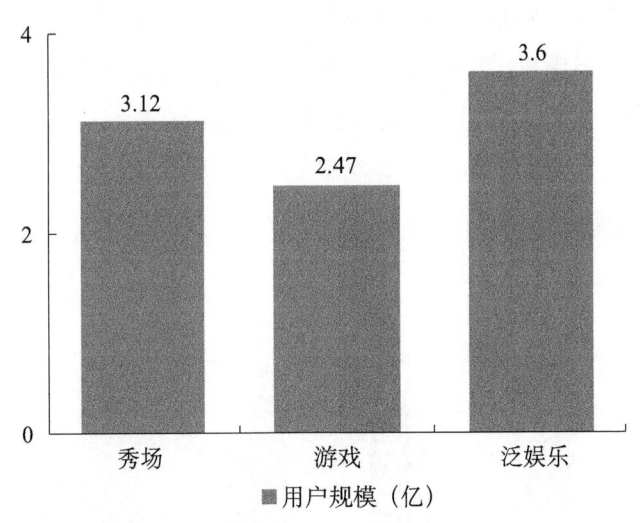

图18 秀场、游戏、泛娱乐用户规模

目前大多数网络直播营收模式还是以礼物和打赏模式为主,然而,直播+电商的模式迅速兴起,阿里巴巴、聚美优品、唯品会、蘑菇街、蜜芽等大小电商平台纷纷投身这一领域。根据淘宝直播的数据显示,目前已经有超过千万的用户观看过直播内容,每天的直播场次接近2 000场,内容涵盖化妆品、母婴、农产品、体育健身等多个品类。

（2）直播出海

在国内竞争日益激烈、新增用户遇到瓶颈的情况下，一众平台纷纷出海，寻求国外新兴的互联网市场，复制国内商业模式。而地缘接近、文化差异小、并且拥有庞大的潜在用户规模的东南亚市场，成为中国网络直播产品的发展好去处。在出海方式上，各个平台也是各显神通。比如YY旗下的直播平台BIG-OLIVE提供海外版APP，覆盖新加坡、印尼、印度、越南、泰国、马来西亚、菲律宾等国家，并荣登泰国Google Play下载榜首；而猎豹、腾讯、映客等则向海外提供直播服务，熊猫直播有4.16%的境外用户。此外，还有一些网络直播平台以其他方式走出海外，映客与新华网联合打造的《映像丝路》中外文化交流直播节目在米兰完美收官，为期4个月的跨国大型文化直播节目在此画上句号。腾讯NOW直播借助针对90后年轻人推出的"QQ-X计划"征途横跨大半个地球，为超过5 000万直播用户提供探索直播节目，影响覆盖45个国家和地区。

（3）代表平台

斗鱼TV是一家弹幕式直播分享网站，成立于2014年1月，为用户提供视频直播和赛事直播服务。2017年，斗鱼直播累计注册用户2亿，每天有9万至10万主播开播，晚间高峰时段有2万左右主播同时在线开播。2018年3月，斗鱼完成了新一轮6.3亿美元（约合39.8亿元人民币）融资。

2. 在线视频行业

（1）市场规模

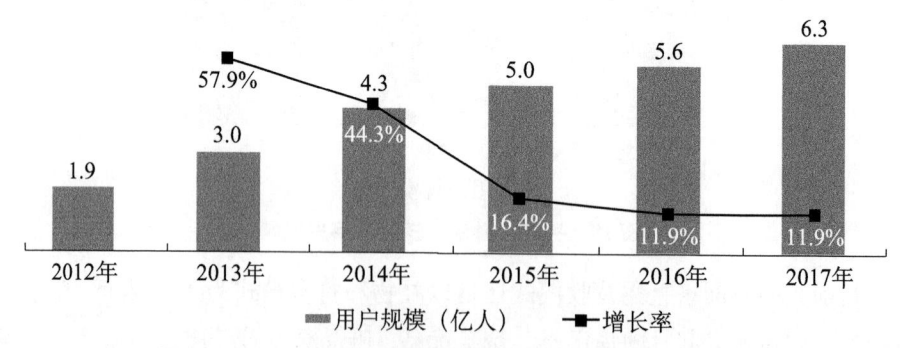

图19　2012—2017年中国在线视频行业用户规模及增长率

（数据来源：CNNIC）

截至2017年年底，我国网民规模达7.72亿，较2016年底提升2.6个百分点。其中，观看网络视频的网民在所有的网络应用中一直保持着最高的比例，

2016与2017年渗透率达7成以上。2017年我国在线视频用户为6.3亿人,同比增长11.9%,在线视频用户渗透率逐渐趋于饱和,用户规模增速呈现稳定趋势。

然而,用户规模增长放缓并未抑制在线视频行业营收的增长。2014年以后,整个行业以超过50%的年均增长率高速发展,即将突破600亿元大关。

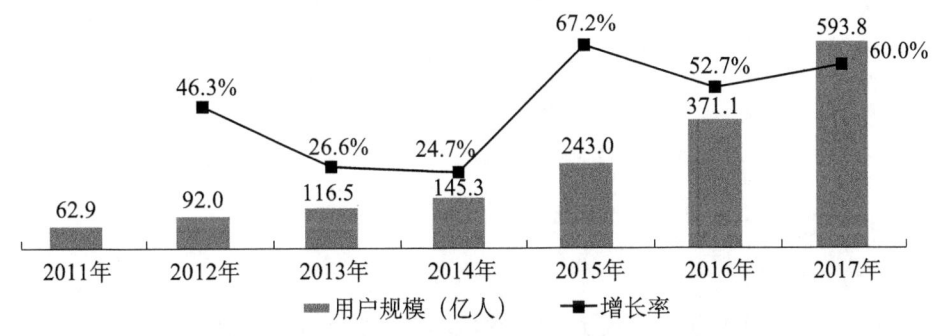

图20 2011—2017年在线视频行业市场规模及增长率

（2）竞争格局

目前,在线视频市场呈现出三足鼎立的状态,冠军奖杯频频在爱奇艺、腾讯、优酷间易手,基本格局保持不变,视频平台间逐渐拉开距离,BAT领跑,乐视视频、搜狐视频成为第二梯队,PPTV聚力、芒果TV紧随其后。2017年一季度腾讯视频以28.1%的市场份额位居第一,爱奇艺和优酷紧随其后,分别为25.9%和20.6%。而在2017年上线的197档网络综艺节目中,独播节目达到了170档,占86%。其中腾讯、爱奇艺、优酷网三家平台均拥有超过30档的独播节目,处于领先位置。

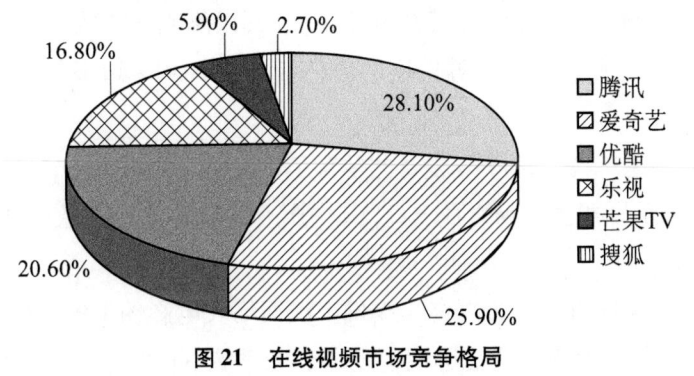

图21 在线视频市场竞争格局

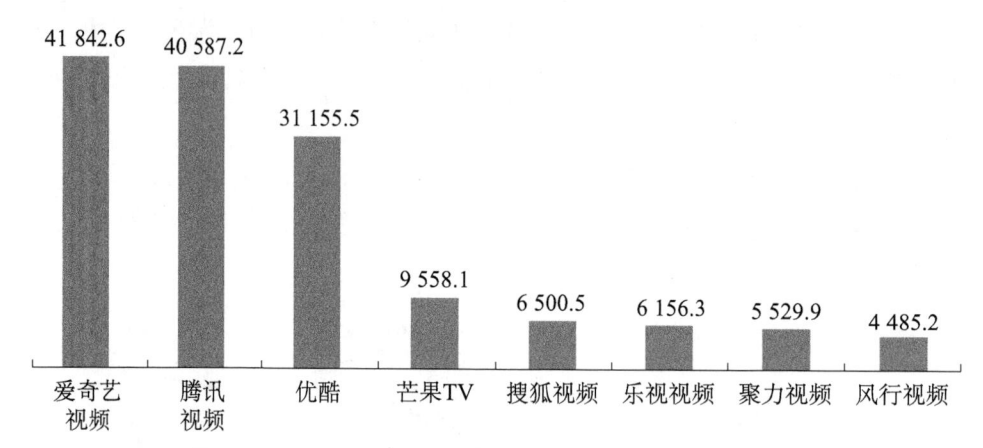

爱奇艺视频	腾讯视频	优酷	芒果TV	搜狐视频	乐视视频	聚力视频	风行视频
41 842.6	40 587.2	31 155.5	9 558.1	6 500.5	6 156.3	5 529.9	4 485.2

图22　2017年12月主要在线视频APP月活用户数（万人）

3. 典型平台分析

（1）爱奇艺

爱奇艺在2017年总收入为173.784亿元，较2016年增长54.6%，会员收入、会员规模也不断扩大，会员服务营收所占总营收的比例，从2016年的33.5%上升至2017年的37.6%。2017年爱奇艺的网络广告收入，从2016年的56.54亿元人民币增长至81.59亿元人民币（约合12.54亿美元），增长了44.4%。2018年2月28日，爱奇艺申请在美国进行IPO。

在网剧市场，爱奇艺以最多的数量、最广的题材覆盖面全面领先2017年纯网内容市场。2017年全网共有网剧295部，爱奇艺有160部网剧，以54.2%的高占比位居各平台首位。2017年，爱奇艺以"精众化"为切口，推出古装美食喜剧《花间提壶方大厨》，律政行业剧《盲侠大律师》，首部社会派推理剧《无证之罪》，全景式青春剧《你好，旧时光》，职业剧《无间道》，武侠剧新版《射雕英雄传》，恐怖类《都市怪谈》，娱乐圈剧《云巅之上》等。2017年，《河神》《无证之罪》等网剧的海外版权被Netflix购买，网剧出海时代开启。

在网络综艺市场，2017年爱奇艺孕育了一档爆款网络综艺节目《中国有嘻哈》，数据显示，截至当年9月7日，《中国有嘻哈》累计播放量29.9亿，豆瓣评分7.2。

在网络大电影市场，2017年，全网上线网络大电影约1 900部，爱奇艺上线1 321部，虽然面临行业洗牌期，爱奇艺仍凭借不俗实力站稳了脚跟。2017

年1 608家网络大电影合作方注册了爱奇艺号，累计在泡泡圈积累粉丝超过500万。越来越多的合作方开始使用爱奇艺号开放功能，开展一系列创新营销活动。

（2）腾讯视频

2017年是腾讯视频的好时光，电视剧《那年花开月正圆》播放量126亿，综艺《明日之子》播放40亿，大电影《战狼2》播放9亿，超级版权剧与精致自制剧一起为观众带来盛大的视听盛宴。2017年，腾讯视频自制剧超过30部，这些内容和版权剧类型形成优势互补，为腾讯视频构筑贯穿全产业链的良性循环生态系统。同时，腾讯视频联合江苏、东方、北京三大卫视以及TVB，以共同出品或内容反哺的合作模式，实现了从内容被动输入的1.0网台互动时代到内容反向输出的2.0网台互动时代的飞跃。

在动漫板块，2017年，改编自经典网文IP《斗破苍穹》的3D动画实现首播当日点击过亿，第一季总点击量突破9.8亿的成绩，创下了国产动画点击量的纪录，而《全职高手》开播24小时的播放量更是突破1亿。

在网络电影方面，2017年，腾讯视频持续推进国内院线电影新媒体版权全覆盖；而在国外院线，也将持续与派拉蒙、迪士尼、索尼、环球、福克斯、华纳深度合作，为观众带来最新最全的海外大片。其中，腾讯视频与华纳达成了独家战略合作，华纳院线新片都将在腾讯视频实现独播。

另外，2017年8月上线的doki社区为明星与粉丝之间的互动提供了新的平台。

（3）优　酷

2017年，优酷围绕3+X的剧集策略、6+V的综艺矩阵策略，凭借阿里生态加持的大数据营销和全链路营销体系，呈现出"绝对领娱"的大优酷娱乐版图。电视剧上，优酷聚焦欢乐喜剧、燃血青春、纯美绝恋3大题材，长期深耕，"X"则代表具有爆款潜质的其他题材的剧集，借助阿里大文娱生态全面开发超级内容的价值，在版权、广告、游戏、电影、衍生品等多方面展开合作。这一战略收效明显，2017年度播放量TOP10中，6席为阿里大文娱旗下的优酷独播剧，占领头部剧市场半壁江山，而《白夜追凶》也成为首部正式在海外大范围播出的国产网剧。

在综艺方面，"6"即脱口秀、喜剧、真人秀、亲子类、偶像养成、音乐类；"V"侧重其他领域的垂直爆款。2017年，优酷推出《看理想》《圆桌派》

系列、《最强大脑4》《维多利亚的秘密》等不同目标受众的综艺类型，打造出一个完整的内容产品矩阵。

电影方面，2017年12月，优酷与NBC环球、索尼影视达成版权战略合作，获得两家公司在中国的最大片库。

网络视频行业马太效应明显，爱奇艺、优酷、腾讯三大视频平台占据90%市场份额，其中，爱奇艺、优酷、腾讯受关注比重分别为3：2：1。

腾讯、优酷PC端关注提升，而爱奇艺在会员关注方面一家独大。

在受众画像上，爱奇艺平台用户平均学历较低，更关注汽车和游戏，偏好弹幕和直播网站，而优酷和腾讯的受众则以高学历男性居多，用户兴趣指数TOP3分别为体育赛事、汽车和时尚美妆。三大平台在用户年龄特征上并无显著差异，19—24岁的年轻用户占比过半。

4. 弹幕网站A、B之争

AcFun取意于Anime Comic Fun，一般称为A站，正式开设于2007年6月，是国内弹幕视频网站鼻祖。2017年7月，无证经营和盗版猎獗令A站伤筋动骨，大量海外电视剧以及网友剪辑的视频精华被下线。10月，手机移动端B站APP的月活用户高达5 134.89万，行业渗透率为68.31；而AcFun的月活用户已经连续出现10个月的下跌，从年初的500万跌至目前的222.99万，行业渗透率也仅为2.97。

管理层的动荡、版权隐患、忽视用户、产品弊病等等导致了A站至今的沦落。

2017年，A站因为不具备视听牌照问题频频被监管部门下架大量影视剧、网络电影、新闻节目、纪录片等内容，部分频道遭到关闭，11月底，A站及其客户端更是连续三天无法访问。

B站现已发展成为国内最大的弹幕网站。2017年3月2日，哔哩哔哩（B站）向美国证券交易委员会（SEC）提交了IPO申请（FORM F-1），计划在美国上市。截至2017年第四季度，哔哩哔哩的月度活跃用户为7 180万，是2016年第一季度的2.5倍；用户日均使用时长为76.3分钟，正式会员留存率超过79%。

目前，哔哩哔哩从传统弹幕视频网站发展为包含视频、游戏、直播、社区等服务的综合性内容平台，拥有超过1亿活跃用户和100万活跃的UP主（视频创造者），包含 7 000 多种热门文化圈，日均 1 000 多原创音乐投稿。

另外，B 站积极与知乎、上海电影节、虎嗅、小米、微博、天猫、万达等合作，不断扩大品牌影响力，开辟新的商业模式。

三、2017 年社交媒体行业发展特点

（一）博客类发展特点

1. 青年用户逃离，中年用户增加

从论坛/博客到 SNS/微博再到微信平台，我国博客类社交媒体已经进入了稳步发展阶段。2017 年，排名前三的社交媒体微信、QQ、微博的总体覆盖率继续增长，日活跃度继续攀升。其中，微博和微信的覆盖率均达到 80% 以上，触及成长的天花板，深耕用户价值、提高变现能力是下一阶段的首要任务。同时，社交媒体呈现出向大龄用户扩散的趋势，40 岁以上用户比重不断上升，而微信等社交平台对年轻用户的覆盖率有所下降。

社交媒体的负面影响引起了年轻人的警觉，据调查，有 31% 的 90 后认为"社交媒体让我空虚浮躁"，34% 的 90 后认为"社交媒体让我不能集中注意力"，29% 认为"受到负面价值观的影响"，有 39% 的 90 后已经关闭了社交媒体的推送提醒。

社交媒体对用户是否有消极影响　　　消极影响的方面

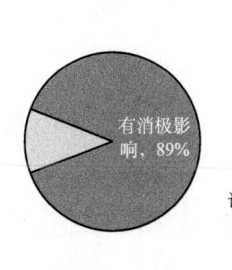

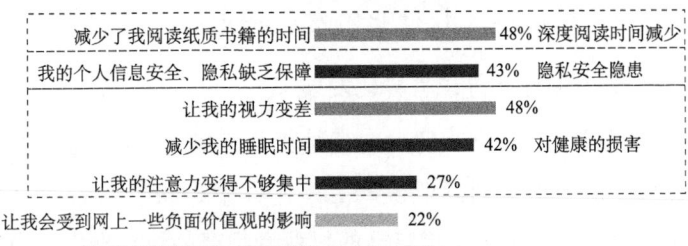

有消极影响，89%

减少了我阅读纸质书籍的时间 48%　深度阅读时间减少
我的个人信息安全、隐私缺乏保障 43%　隐私安全隐患
让我的视力变差 48%
减少我的睡眠时间 42%　对健康的损害
让我的注意力变得不够集中 27%
让我会受到网上一些负面价值观的影响 22%
虚拟社交让我空虚，变得浮躁 21%
降低我现实中人际交往的质量 19%
打乱了我原有的工作生活节奏 16%
我受不了别人在朋友圈过得比我好 8%

图 23　社交媒体负面影响调查

同时，在内容上，有56.1%的用户对自媒体内容的质量表达了明确的担忧，其中19—25岁的年轻人不满意度最高，而高学历人群的担忧明显高于低学历人群。

2. 转型与跨界合作兴起

自传统媒体人纷纷以个人身份入驻新媒体平台以来，各路传统媒体也纷纷入驻微信、微博等平台，借用平台强大带动作用触达更多人群。2017年，传统媒体与社交媒体的融合更加深入，不同社交媒体平台间的跨界合作更加频繁。党的十九大召开期间，微博再次成为媒体整合的中坚力量，数据表明，80多个与十九大相关的话题，总阅读量达175亿次，相关博文获得网友点赞35亿次。"十九大"话题以50亿的阅读量，创造重大主题宣传微博话题阅读量的纪录。另外，10.4万条带有短视频的微博，总播放量超过32亿次，100多场直播报道的观看量也超过1.2亿次。@人民日报发布的"你好，十九大"转发超过512万次，阅读量超过2亿次，成为转发量最高的一条时政类微博。传统媒体和新媒体的融合实现了内容生产和传播平台的专业分工。传统媒体从而能够专注内容生产，成为优质权威内容的"中央厨房"，而平台凭借强大的网络和算法将内容更精准地发放给目标人群。2017年，除了传统新闻媒体与社交平台合作频频，各社交平台间的合作也十分火热。比如2017年NOW直播与腾讯合作实现内容互享，同时借助腾讯宣发渠道和科技，而一直播同样与微博达成战略合作伙伴关系，微博将在运营上全力为直播导流，同时微博也可从一直播拉动的流量中获益。

（二）网络音频行业的发展特点

1. 网络电台寻求差异化发展

2017年，在网络音频内容付费大行其道之时，各大网络电台平台间的竞争由版权之争扩大到商业模式之争，各平台纷纷探索适合自己的变现道路。其中，喜马拉雅不断扩增自己的付费音频产品线，推出《京剧其实挺好玩儿》等文化类课程、《陈志武教授的金融课》等商业财经内容以及《好好说话》等头部精品的续集；蜻蜓FM继续从垂直领域头部内容切入，由知名IP带动付费音频业务；而考拉FM则专注车载市场，依托车与传媒在传统业务的优势基础上，继续与汽车品牌加深产品技术、内容布局、渠道拓展等方面的合作；荔枝 FM 则舍弃头部内容付费市场，依托 UGC 主攻音频直播，通过组织交友活动，致力于打造一个连接线上线下的音频社交平台。

2. K 歌平台泛娱乐化发展

目前，在满足用户的核心 K 歌需求之外，各大 K 歌平台积极拓展泛娱乐功能，如开发游戏、引入电商等满足用户其他需求。通过歌友会、视频直播、合唱以及评论、打擂等方式增强社交属性，满足用户互动需求，从而构建规模庞大的社区。良好的社交氛围为网红的养成奠定基础，通过与卫视合作，举办选秀类节目或者 K 歌大赛，打造素人网红，开发"网红经济"。同时，依托线上平台内容，各大 K 歌平台积极布局线下商业场景，比如搭建线下 KTV、销售智能硬件、切入家庭娱乐 K 歌场景等，实现 O2O 全方位布局、联动发展的模式。

（三）网络视频行业的发展特点

2017 年，网络视频行业主要呈现以下两个方面特征。

1. 自制剧竞争激烈

在内容层面，各大视频网站纷纷将自制剧提升到战略高度，自制内容朝精品化方向发展。原国家新闻出版广电总局网络司网络视听节目备案数据显示，2017 年我国新上线网剧 206 部，总播放量达 833 亿次，较上年实现大幅增长。其中视频网站直接参与投拍的自制剧占所有上线网络剧的 33%，且涵盖了多个头部内容。大制作成产业新常态；阿里巴巴旗下的优酷早在 2016 年就定下了 100 亿元投入内容的目标，腾讯视频则将以上年度接近 10 倍的量级增加对内容的投入，爱奇艺也宣布将在 2017 年拿出 100 亿元用于内容上的投资。

在巨大的资金支持下，网络视频平台的竞争进入了新的阶段：自制综艺节目成为最直接的对垒赛场。比如美食领域内有腾讯视频《美食告白记》，爱奇艺《吃光全宇宙》，优酷《锋味》；萌系综艺有腾讯视频《放开我北鼻》，芒果 TV《萌仔萌萌宅》，优酷《小手牵小狗》等；游戏竞技类，有腾讯视频《集结吧王者》等；选拔类有爱奇艺《天使之路》，腾讯视频《鲜活宝贝》等。同时，各大平台重金投入也直接促进了自制内容品质的大幅提升，网络自制节目在专业性、观赏性、艺术性上有显著提升，品牌意识、精品意识增强。2017年爱奇艺投资2亿多的《中国有嘻哈》播放总量近30亿，最高单期播放量3.1亿。截至2017年8月，自制内容在用户评分TOP10中占4席，自制综艺占6席。

2. 构建新台网关系

在播出模式上，基于视频网站的优质内容，视频平台收费首播，台网免费后播的新台网共赢模式逐渐规模化。视频平台逐渐形成自己的排播系统，网站付费会员为"好看""先看"付费，不仅能缩短从内容生产到播出的周期，也有利于制作公司加速商业投入的回收。付费首播舆论助推电视剧的收视率，台网跟播则再次扩大电视剧的关注度，一方面实现用户覆盖互补，另一方面也实现了台网的相互导流。比如腾讯视频《我们15个》精华版反向输出给东方卫视，爱奇艺《爱上超模》反输到湖北卫视，优酷《侣行》反输给旅游卫视，乐视《十周嫁出去》反输到安徽卫视。2017年三季度，江苏卫视新上档的两个节目《了不起的孩子2》和《穿越吧厨房2》，第一季都是较为纯正的网综，在积累了不错的流量和口碑后，第二季开始反向输给卫视。另外，前两季在四川卫视播出的历史体验类真人秀《咱们穿越吧》，2017年第三季改名为《穿越吧》，并采取了"先网后台"的播出方式，先在爱奇艺上线，会员可提前一周观看，之后在四川卫视周日档播出电视版。

四、2017年社交媒体年度大事

（一）封号整改

2017年6月22日，国家新闻出版广电总局发函责成属地管理部门，按照《互联网视听节目服务管理规定》，采取有效措施关停新浪微博、ACFUN、凤凰网等网站上的视听节目服务，进行全面整改，为广大网民营造一个更加清朗的网络空间。同时，微博、微信、今日头条等平台也开始自省与自查。众多八卦账号如全明星探的微博、今日头条、腾讯、一点资讯、百度账号等出口被关闭，此前称粉丝破千万的公众号咪蒙被禁言。众多平台和公众号被封表明国家对内容生产的管理在切实加强。

（二）光圈直播倒闭

光圈直播成立于 2014 年，最初的定位是图片社交，随后增加了直播的功能。拒绝秀场模式的光圈致力于打造一个全民直播平台。然而，直播行业的整体留存率本身就非常低，加之负责人并不重视 C 端的用户，光圈从巅峰期拥有 138 个直播间，每个直播间最低有 2 000 人同时在线变为每天只有 20—30 个直播间，每个直播间仅有 100—200 人在线，主播的热情和用户数同时锐减。缺乏成熟的商业模式使得光圈再无资金注入，2017 年年初，亏欠 300 万元左右员工薪资的光圈直播倒闭。

光圈直播的倒闭只是 2017 年直播行业大浪淘沙的一个缩影。截至 2017 年末，全国共有 200 多家公司开展或从事网络表演（直播）业务，较 2016 年减少近百家。近 1/3 的直播平台倒闭，正体现了行业如今被巨头垄断，普通平台难以延续的困境。

（三）短视频火爆

2017 年是短视频行业极为火爆的一年，短视频平台已经超过 100 家，包括 BAT 在内的巨头相继进入，市场规模达到 57.3 亿，同比增长达 183.9%。短视频独立 APP 行业用户已突破 4.1 亿人，较上年同期增长率达 116.5%。同时，用户在短视频上消耗的时长也不断增加，增加率从 2016 年的 1.3% 跃升 2017 年的 5.5%。

移动视频内容创业的火爆，从侧面折射出了互联网经济的价值正在从早期的工具属性转向内容为王。目前，短视频行业仍处于拥有用户增长红利的阶段，处于快速增长期。

（四）BAT 激战内容分发领域

2016 年以来，腾讯、阿里、今日头条等平台各自推出了内容扶持策略，可以看出内容生态的竞争已经白热化。一边是内容创业者的估值不断攀升，一边是内容平台对作者的补贴不断加码，2017年内容领域的争夺战，就此拉开大幕。

2016年11月，百度宣布2017年将累计向内容生产者分成100亿元，所有个人和机构内容生产者都可以入驻百家号，参与百亿分润；一周之后，阿里旗下的UC宣布启动"W+"量子计划，投入10亿元专项扶优基金。今日头条宣称，在未来一年内确保头条号创作者单月至少获得一万元保底收入。并且，鼓励和扶持"群媒体"，重点扶植至少100个群媒体，单月获得2万元的保底收入。在2016年3月，头条号再次提出设立2亿元规模的基金，投资早期内容创业团队，并且提供融资对接和创业培训。腾讯也于2016年发起"芒种计划"，投入2亿元补贴内容创作者。2017年2月，腾讯公布了该计划的2.0版本。2018年腾讯将继续投入12亿元扶持内容创作者，包括10亿元的现金补贴和首期2亿元的内容投资资金。其中，内容投资资金主要面向原创、稀缺、内容持续性生产能力三大方向。

可以看到的是，今日头条、百度和腾讯三大巨头，对优质内容和创作者的争夺日趋白热化，为内容疯狂烧钱。

（五）网络视频爆款频出

2017年，据娱乐独角兽统计，有11部网剧在豆瓣上评分超过7分，其中，《白夜追凶》《一起同过窗》的豆瓣评分高达9分，达到8分的剧集数量也很多，而2016年仅有三部网剧评分在8分以上。《河神》《无证之罪》等精品网剧更是被网友评价为"电影质感""美剧节奏"。

2017年，头部网综的综合影响力和传播热度可以比肩卫视综艺，出现了脱口秀《吐槽大会》、萌系综艺《放开我北鼻》和选秀节目《中国有嘻哈》等现象级网络综艺节目。

精制的内容、居高不下的播放量、话题热榜等还不是终点，2017年网剧《白夜追凶》被Netflix购买海外发行版权，而《海上牧云记》等4部网剧登上卫视荧屏，反哺电视台，台网关系开始反转。这些均表明我国网剧市场正经历着量变到质变的飞跃。

五、总结与展望

(一) 博客类应用发展的总结与展望

回顾过去的 2017 年,博客类应用中呈现出明显的分化趋势。以微博、社区与问答平台以及自媒体平台等为代表的新类型应用的用户规模不断扩大,覆盖领域愈加丰富,内容生态愈发完善,表达载体也愈发多样化,其中以音频、视频为主的社交媒体正处于风口。

2017 年,最亮眼的还是微博的全面复活。延续 2016 年触底回升的趋势,截至 2017 年 12 月,微博月活跃用户增至 3.92 亿,相比 2016 年年底增长 7 900万,创下上市以来最大数量的净增长,微博总营收达到 77.13 亿元,同比增长76%,是 2016 年增速的近两倍,净利润则达到 27.14 亿元。同时,2017 年微博的视频化和垂直化战略取得显著成效,内容生态进一步丰富。微博用户发布视频内容日均已超过 100 万,直播开播场次超过 30 万。在微博垂直化运作的领域中,单月阅读量超过百亿的达到 25 个,较上年增加 6 个,分别为游戏、摄影、时政、互联网、旅游和情感领域。在垂直领域中,游戏、区域博主、电视剧、旅游、综艺节目、母婴育儿等领域的阅读量增幅均超过了 100%。另一方面,得益于对自媒体的赋能,微博头部用户增长明显。截至 2017 年 11 月,微博全站头部用户规模达 41.8 万,较上年增长 23%;其中,大 V 用户达 2.5 万人,较上年增长 67%。头部用户微博发布量较去年提升 28%,主动互动量提升36%,带动被互动量提升 32%。在传播影响力方面,头部用户影响力进一步提升,阅读量提升 39%,占全站阅读从 47% 提升到 52%,粉丝增量达到全站用户粉丝增量的 45%。而这些不断涌现的意见群体则进一步促进了网红经济、粉丝经济的发展,加深了互联网经济的影响力。

除微博外,微信公众号也是自媒体主要的运营平台。2017 年微信公众号数量已经有 1 400 万个,但打开率持续下降——行业的打开率是 5%,优质的公众号打开率是 10%。可以看出,在激烈的竞争下,公众号的盈利空间正被不断压缩,粉丝黏性较低,变现困难。《微信图文群发数据报告》显示,2017 年 1

月到 11 月期间，约 47% 的公众号都不盈利，侧面反映出粉丝大部分被大号吸收，公众号市场头部效应严重的现象。

在收益上，广告收益依然是博客类应用的主要收益，2017 年，微博实现总营收 77.13 亿元，76% 的增速创上市以来新高，其中广告收入为 66.82 亿元，同比大增 75%。同时，增值服务收入达到 10.27 亿元，同比增速 81%，成为增速最快的业务。而腾讯 2017 年第三季度社交及其他网络广告业务收入也达到 69.2 亿元，主要来自微信朋友圈、移动端新闻应用及微信公众账号广告收入的贡献增长。微信的发展也带动了腾讯的网络广告业务。凭借微信朋友圈、微信公众账号的广告收入以及移动新闻端广告的增长，腾讯的网络广告业务收入同比增长 51%，达 421.24 亿元。

然而，传统博客类应用依然处于边缘状态，热度继续消退，用户规模上升空间不足，大部分门户网站撤出了竞争，仅剩下一些专业类型的博客继续吸引着有特定需求的用户。与此同时，在微博、微信和微博客等其他社交媒体方式的冲击下，博客和个人空间的使用率难以提升。

总体来看，预计 2018 年微博还将继续保持高速增长态势，短视频还将继续引爆市场，垂直内容领域会进一步细化，满足不同群体的需求。用户对于内容的质量要求会进一步上升，门槛的提高会淘汰一批低质量自媒体平台，剩下的平台则会形成稳定的盈利模式，行业逐渐进入成熟期。未来的主要流量还将集中于微博与 QQ 空间，知乎、豆瓣等社区和问答平台也将借助知识付费的兴起而形成新的势力。

（二）网络音视频行业发展的总结与展望

2017 年，网络音视频行业继续保持快速发展势头。

在平台方面，视频播放平台类网站的发展已经逐渐趋于成熟，探索成熟的内容制作新模式已经成为各视频网站竞争角逐的焦点。这一年，网络自制剧和自制综艺节目质量优良，各主要视频网站都纷纷拥有自己的王牌节目并打造属于自己的品牌矩阵，自制内容开始反向输出卫视，甚至出口海外，同时，各平台与国外影视制作商合作不断深入，争相抢夺国外影音资源的独播权。

在变现方式上，各大平台充分开发影音 IP 的价值，线上线下结合，形成集内容、电商、餐饮、旅游、服装等产业链的生态版图，同时，开放更多付费功能，使得付费用户规模继续快速上升。整个产业仍然呈现出马太格局，资源和利润向头部玩家集中，BAT仍然是网络视频领域的最大赢家，依托湖南卫视这棵"大树"的芒果TV也后劲十足。

短视频是2017年快速崛起的另外一个行业。从Instagram引进而来的短视频经过国内相关媒体的改造，形成了以美拍、小咖秀为代表的工具型媒体和以秒拍、快手为代表的平台型媒体二分天下的局面。短视频以其碎片化的信息传输方式、丰富的创作方式和素材、简便的拍摄制作过程深受社交媒体用户的喜爱。基于较大的用户渗透空间，享受用户增长红利的短视频行业仍处于加速扩张期，然而，随着入局者不断增多，蓝海渐红，行业必将面临重新洗牌，因此，对于目前的玩家而言，一方面要力争占据更多市场份额，同时也要在深耕客户价值上下大功夫，避免因新鲜感消失而导致用户大量流失。

音频社交媒体主要包括电台类应用和移动K歌应用。电台类应用以其不需要占用视觉注意、适合收听长时间或连载节目等特点，以其在车载市场中的天然优势基本进入稳定发展局面。移动K歌类应用中，全民K歌和唱吧两个应用占据了寡头地位，挖掘出了一批素人明星。音频社交媒体在一定程度上延续了广播的存在并弥补了其不足，未来仍有一定的发展空间。

同时，弹幕视频网站的发展方向也逐渐明晰。尽管对于整体市场而言，弹幕网站的受众相对较少，但在年轻一代（95后乃至00后）人群中，弹幕网站的使用率非常高，未来也将延续这一趋势。无论在音频行业还是视频行业，移动端的使用率都已超过PC端，跨屏发展浪潮不可抑制，如何利用移动端特性开发更多精彩、方便的功能，对于内容提供商来说十分重要。

在内容为王时代，草根网红与明星大牌"齐飞"，发力原创、开掘素人是音视频社交媒体平台内容创新的重点方向。由于消费者对精品内容的需求迫切，国家相关部门对内容监管趋严，目前的内容创作领域正由UGC狂欢向PGC演变。在这场内容洪流中，潜心深耕、抓准痛点的内容才能长居风口。

2017—2018 中国移动出版产业年度报告

毛文思

2017年,移动互联网持续快速发展,移动端网络环境持续优化,4G网络进一步普及,各运营商纷纷加快5G布局,通过流量对用户的争抢,也将用户更多的信息消费行为聚集到移动端上。与此同时,各类互联网应用持续向移动端转移,并着力满足多场景下的用户使用需求。

一、移动出版产业发展概述

据市场调研机构IDC公布的数据显示,2017年全球手机出货量达到14.72亿部,相比2016年下滑近1%。其中,美国和中国两大市场出货量均呈下降趋势。手机厂商排名分别是三星、苹果、华为、OPPO、小米。华为在中国手机品牌中仍保持首位,而小米手机在2017年第四季度表现尤为抢眼,其在过去一年来,一直在积极拓展海外市场,取得不俗成绩[1]。

据中国互联网信息中心(CNNIC)发布的《第41次中国互联网络发展状况统计报告》显示,截至2017年底,中国网民规模达到7.72亿,互联网普及率达55.8%。其中,中国手机网民规模达7.53亿,网民中使用手机上网人群占比达到97.5%,网民中使用手机上网的比例持续上升。

2017年,移动互联网持续高速发展,首先是通信技术不断有新突破。3G和4G网络覆盖率进一步提升,据工信部公布的数据显示,截至当年12月底,移动宽带用户(即3G和4G用户)总数达11.3亿,占移动电话用户的近

---

[1] IDC:2017年Q4全球智能手机出货量下降6.3%,苹果、小米实现反超 https://cn.technode.com/post/2018-02-02/idc-2017-q4-smartphone-shipment/.

```
              97.50%
         95.10%
       90.10%
    85.80%
   81.00%      75 265
  74.50%    69 531
 69.30%   61 981
66.20%  55 678
60.80% 50 006
     41 997
 35 558
30274
23 344
39.50%
11 760
24.00%
5 040
```

2007 2008 2009 2010 2011 2012 2013 2014 2015 2016 2017

■ 手机网民规模　—×— 手机网民占整体网民比例

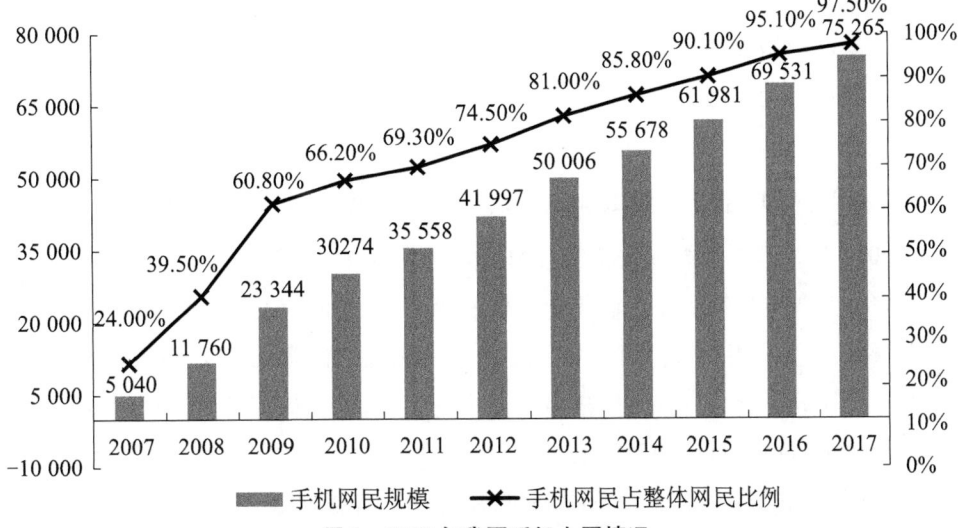

图1　2017年我国手机上网情况

80%。4G用户总数近10亿，全年净增2.27亿户，4G网络已经基本上实现全面覆盖。与此同时，数据流量消费呈爆发式增长，2017年，移动互联网接入流量消费达246亿GB，比上年增长幅度超过150%，增速较上年提高近40%。其中，手机上网流量达到235亿GB，比上年增长近180%，在移动互联网总流量中占95.6%，可见，手机上网是移动互联网流量增长的主要助力[1]。2G网络即将退出历史舞台，而5G网络正在各家电信运营商的加紧布局中。其中，当属中国移动布局最早。2017年6月，中国移动和中兴通讯在广州开通了全国首个5G预商用测试基站，而后发布了5G商用产品样机及测试成果，并公布了2018年5G规模试验的整体计划[2]。中国电信2017年已在一些城市陆续开展了试点工作。2017年8月，中国电信宣布在河北雄安新区雄县率先启动5G创新示范网建设，同时发布了《中国电信5G创新示范网白皮书》，随后在深圳、上海、苏州、成都、兰州等城市开通5G试点。2018年，三大电信运营商在5G网络部署上将进一步扩大，持续推动5G商业化进程。随着移动网络的迭代升级不断加快，手机阅读、手机音视频、手机支付等各类移动互联网应用持续快速发

---

[1]　2017年通信业统计公报 http：//www.miit.gov.cn/n1146312/n1146904/n1648372/c6048643/content.html.
[2]　三大运营商5G时间表确定：2019年换手机不迟 http：//tech.sina.com.cn/mobile/n/n/2018-03-11/doc-ifxpwyhw9144204.shtml.

展，满足人们日益多元化、多层次的信息获取需求，从而推动移动出版的蓬勃发展。移动出版在满足人们的精神文化需求中发挥着日益重要的作用。过去一年来，我国移动出版机遇与挑战并存，主要包括以下几个方面。

（一）人工智能应用日趋深入，推进移动出版持续创新

2017年，人工智能在内容领域的探索和应用进一步深入，在创新移动出版产品形态、提高出版效率、满足用户体验等方面，都因为人工智能的应用有了显著突破。2017年7月，国务院印发《新一代人工智能发展规划的通知》，人工智能已正式上升为国家发展战略。过去一年来，机器人写稿在我国媒体业务中应用更为普遍，且应用范畴更加广泛。8月8日，四川九寨沟地震后，中国地震台网运用机器人仅用25秒即完成并发布了首篇速报，其效率为媒体界惊叹；今日头条建设了人工智能实验室，并已有多项人工智能应用，如自动起标题、匹配摘要、封面图自动读取等。今日头条还把人工智能技术应用于内容审核，对低俗图片和"标题党"内容进行自动拦截，其中，对低俗图片拦截率较纯人工拦截提高了七成。与此同时，2017年智能机器人逐渐从幕后走向幕前。3月，机器人"图图"和"灵灵"在花椒直播上完成了主持首秀，两个机器人可以熟练运用网络用语，还能进行即兴的才艺表演，吸引了百万网友围观；4月，智能机器人"佳佳"作为新华社特约记者采访美国科技观察家、《连线》杂志创始人凯文·凯利，这是全球首次由智能机器人担任记者与人类进行交互对话，是人工智能在我国新闻领域的标志性事件。在出版领域，人工智能技术对选题策划、编辑加工、产品设计、市场营销等出版流程的各个环节都将带来深刻影响，由此人工智能技术也得到了出版业的广泛关注和应用探索，被视为推进出版业转型融合发展的一大利器和主要抓手。作为全国首批20家出版融合发展重点实验室之一的北师大出版社重点实验室，以北京师范大学出版社（集团）为依托单位，与科大讯飞和北京凤凰师轩文化联合共建，主要开展智能语音、人工智能及智能学习技术在教育出版融合发展中的应用研究，寻找人工智能在教育出版融合发展的突破口。在组稿编辑方面，龙源数媒旗下的人工智能平台——"知识树"，当编辑定义了一部分内容后，系统会自动组成余下的内容，大大缩减了出版流程，提升了出版效率；在模式创新方面，北方妇女儿童出版社与北方智能管家科技有限公司联合开发了系列人工智能教育机器

人，打造"纸质+数字+音频+机器人"的教育模式，实现传播方式立体化。此外，实时抓取用户使用产品的行为数据，绘制用户画像，进行用户需求的深度挖掘，进行选题内容的精准策划和精准推送，已为不少数字内容企业所应用。人工智能技术将推动出版业融合发展迈向一个新的高度，随着人工智能技术应用的不断深入，也将不断推进移动出版的持续创新，在优化产品设计、内容精准推送、完善交互体验等方面不断加强。

（二）知识付费浪潮热度不减，产品持续生命力面临考验

近两年，移动互联网掀起知识付费浪潮，高效地实现知识获取成为人们的新诉求。经历了2016年前的起步期和2016年的爆发期，2017年知识付费仍处在互联网的风口，付费专栏、付费社区、付费问答、付费咨询等知识付费的产品形态和模式日趋多元。2017年2月，36氪付费专栏"开氪"上线；3月，豆瓣付费专栏产品"豆瓣时间"上线；5月，分答上线"付费社区"功能；6月，喜马拉雅FM推出"内容付费会员节"……截至2017年12月3日24点，喜马拉雅FM宣布，第二届"123知识狂欢节"内容消费总额达到1.96亿元，实现了对首届知识狂欢节消费总额近4倍的超越。知识付费的兴起，得益于移动支付的快速发展，人们通过微信支付、支付宝支付等移动支付的条件更加便利，移动支付习惯已经普遍养成。有数据显示，2017年中国移动支付用户规模将达到5.6亿人。此外，知识付费平台主要依靠大咖吸引用户的状况已逐渐发生转变，用户更加注重内容和平台服务本身。如知乎推出了"七天无理由退款"。随着知识付费产品的不断涌现，用户对产品的选择更加理性，会根据自身的实际需求，选择优质的内容和产品，由此市场竞争日益激烈，行业优胜劣汰加剧。虽然，知识付费仍处在高速发展期，但知识付费的持续生命力在2017年受到考验。知识付费行业头部内容生产者资源稀缺，且部分行业大咖难以保证内容的持续供给。垂直细分领域的知识付费得到资本和市场的广泛关注，成为知识付费行业发展的重点方向。

（三）移动音视频市场成为内容产业布局热点

近年来，随着网络环境的日益优化，移动端视听内容需求日益旺盛，移动音视频加速发展。随着人们生活节奏的不断加快，碎片化特点日益凸显，音频

内容因伴随性与多场景共存这一特性，用户需求日益旺盛。2017年，有声读物在知识付费浪潮影响下，发展势头持续强劲，且细分化发展趋势日益明显，各移动音频平台在内容、场景、营销方式等方面着力探索，以提升用户黏性。据中国新闻出版研究院"第十五次全国国民阅读调查"结果显示，2017年成年国民的听书率为22.8%，有声阅读已成为国民阅读新增长点，此外，音频直播在2017年成为移动音频领域的另一热点，荔枝FM、蜻蜓FM、喜马拉雅FM等音频平台纷纷开通音频直播功能。相较于传统的音频录播节目，音频直播具有较强的互动性，主播可以与听众实时对话。不同于视频直播，音频直播让听众更加关注主播的声音和所表达的内容。基于有声读物和音频直播两大布局重点，2017年移动音频行业格局基本形成。与此同时，移动视频领域在2017年同样发展迅猛，特别是短视频成为移动互联网的热点领域。据艾瑞咨询数据显示，2017年短视频行业规模达57.3亿元[①]，且备受资本青睐，仅前3个季度的投融资事件就达48起，超过2016年全年。抖音、快手等短视频APP兴起，特别是受到年轻人的欢迎，差异化发展格局也初步形成。此外，各新闻资讯品牌也都内嵌有短视频功能，并将其视为布局重点。以BAT为代表的互联网大型企业也在短视频领域频繁布局。如腾讯以3.5亿美元投资快手，阿里巴巴旗下土豆网全面转型为短视频平台；另一移动视频领域经历了2016年的爆发期，2017年在行业监管收紧的情况下，进入了洗牌期和转型期，行业逐渐实现从量变到质变的升级。母婴、电商、游戏、教育等专业领域与直播的结合，成为视频直播行业发展的重要方向。

（四）行业监管日趋严格，推动移动出版规范化发展

随着互联网和移动互联网的快速发展，各类社交媒体、自媒体等新兴媒体在影响人们信息传播和获取方式的同时，其野蛮生长导致内容导向存在问题，负面社会影响日益突出，引起了相关管理机构的高度重视。过去一年来，相关部门对网络信息平台的管理进一步加强。《中华人民共和国网络安全法》于2017年6月1日起予以实施，要求网络运营者加强对其用户发布的信息的管理，该项法规对移动出版起到了有力的规范作用。2017年6月，北京市网信办

[①] 艾瑞咨询《2017年中国短视频行业研究报告》。

依法约谈今日头条、腾讯、一点资讯、优酷、网易、百度等网站，责令网站履行主体责任，加强用户账号管理，传播社会主义核心价值观，营造健康向上的意识形态环境，各网站纷纷依据相关法律法规关闭了一批违规账号，网络环境得到有效清理。7月18日，北京市网信办再次约谈相关网站负责人，责令网站对自媒体平台存在的"曲解政策、违背正确导向、无中生有、散布虚假信息，颠倒是非、歪曲党史国史，格调低俗、突破道德底线，惊悚诱导、标题党现象泛滥，抄袭剽窃、版权意识淡薄，炫富享乐、宣扬扭曲价值观，题无禁区，挑战公序良俗"八大乱象进行专项清理整治。2017年，因传播涉黄、谣言、暴力等违规内容，由国家网信办等有关部门责令关停的直播平台达到数十家。在管理部门有力治理下，网络环境得到有效净化。此外，同样是2017年6月，新浪微博、ACFUN、凤凰网等网站因不具备《信息网络传播视听节目许可证》，被原国家新闻出版广电总局要求停止视听节目服务，进行整改，故而大批影视资源下架。2017年末，今日头条根据有关部门要求，再次进行全面整改，集中清理违规账号，同时关闭社会频道，并将新时代频道设置为默认频道。过去一年来，在有关部门的强化管理下，移动出版行业秩序得到有效改善，网络平台的自律意识也得以显著提升，意识形态阵地意识和责任意识得以强化，逐步实现规范化发展。

二、移动出版产业发展现状

2017年，移动互联网应用的使用愈加深入到人们的生活中，从《第41次中国互联网络发展状况统计报告》可以看出，2017年中国网民各类手机互联网应用使用率TOP10名单与2016年基本一致，排名亦无变化。2017年我国网民各类手机应用使用率TOP10依次是：手机即时通信、手机搜索、手机网络新闻、手机网络视频、手机网上支付、手机网络音乐、手机网络购物、手机地图和手机导航、手机网络游戏、手机网上银行。同时，从《报告》中我们可以看出：第一，手机即时通信、手机搜索和手机网络新闻依旧稳居前三，手机即时通信网民使用率达到92.2%，手机搜索和手机网络新闻使用率分别达到82.9%和82.3%，这三者的增长幅度趋缓，年增长率均未达到10%；第二，TOP10手机应用中，除手机网上银行，其余 9 个手机应用的网民使用率均超 50%，手机网上银行的使用率也已接近 50%，达到 49.2%；第三，TOP10 手机应用中，手机网络视频、手机网上支付、手机网络购物、手机网络游戏、手机网络银行等 5 个应用的网民使用率仍然保持着 10% 以上的增长率；第四，手机在线教育课程、手机旅行预订、手机网上订外卖虽均不在使用率 TOP10 之列，但增长率较高，分别达到 21.3%、29.7% 和 66.2%；第五，手机网络文学虽排名不及手机网络视频、手机网络游戏、手机音乐等，但其用户规模和网民使用率依旧保持着良好的发展势头[1]。下面对部分移动出版的重点领域进行具体分析。

表 1　2017 年我国网民各类手机应用使用率 TOP10

排名	手机应用	2017 年网民使用率	2016 年网民使用率	年增长率
1	手机即时通信	92.2%	91.8%	8.7%
2	手机搜索	82.9%	82.7%	8.5%
3	手机网络新闻	82.3%	82.2%	8.5%
4	手机网络视频	72.9%	71.9%	9.7%
5	手机网上支付	70.0%	67.5%	12.3%
6	手机网络音乐	68.0%	67.3%	9.4%
7	手机网络购物	67.2%	63.4%	14.7%
8	手机地图和手机导航	61.8%	62.0%	7.8%
9	手机网络游戏	54.1%	50.6%	15.8%
10	手机网上银行	49.2%	48.0%	11.0%

（一）移动阅读

在有声读物、知识付费等行业新形态、新模式蓬勃发展的影响下，2017 年用户的阅读习惯进一步向移动端转移，在移动端进行付费阅读的意愿进一步提升。据当当与易观联合发布的《2018 中国图书阅读市场专题分析报告》显示，2017 年，中国移动阅读市场规模已达到 153.2 亿元，增速达到 29.2%[2]，仍然保持着较为快速的发展。

据第十五次全国国民阅读调查结果显示，我国国民的阅读终端继续进一步向移动端转移。2017 年，我国成年国民手机阅读接触率达到 71.0%，较 2016 年的 66.1% 上升了 3.9 个百分点；电子阅读器阅读接触率为 14.3%，Pad（平板电脑）

---

[1] 数据来源：中国互联网络信息中心：《第 41 次中国互联网络发展状况统计报告》，2018 年 1 月。
[2] 中国图书阅读市场专题分析 2018 https://www.analysys.cn/analysis/trade/detail/1001282/。

阅读接触率为 12.8%。手机作为移动阅读主要终端的趋势进一步凸显。从手机阅读的具体方式来看，人们通过微信进行阅读的比例略有提升。调查显示有超过六成的成年国民进行过微信阅读，达到 63.4%，较 2016 年增长了 1 个百分点。但增长率与 2016 年相比却大大降低，由此表明在内容质量和用户体验方面，微信平台仍需进一步深耕提升，特别要改善同质化问题。从微信阅读时长来看，2017 年我国成年国民人均每天微信阅读时长为 27.02 分钟，较 2016 年的 26.00 分钟增加了 1.02 分钟。另前文已述，2017 年我国有两成以上的成年国民养成了听书习惯，有声阅读成为国民阅读的新增长点。另外，0—17 年周岁未成年人的听书率为 22.7%，与成年国民基本持平。由此可见，有声阅读具有非常庞大的市场。其中，14—17 周岁的青少年听书率最高，达到 28.4%。此外，移动有声 APP 平台成为人们听书的主要渠道，且付费习惯已经普遍养成。

从移动阅读的整体市场来看，根据易观发布的《中国移动阅读市场季度监测报告》显示：2017 年第 4 季度，主流移动阅读 APP 用户黏性和活跃度方面有小幅提升，其中 QQ 阅读以 248.31 次人均启动次数、48.4 小时人均使用时长位居行业第一；逐浪小说表现抢眼，以 244.99 次人均启动次数、39.13 小时人均使用时长跃居第二；掌阅 IREADER 排名第三。在主流移动阅读 APP 的用户总启动次数与使用时长方面，QQ 阅读和掌阅 IREADER 得益于庞大的用户影响力在行业内居强势领先地位，分列第一位和第二位，咪咕阅读排名第三，同时可以看到排名第 3—10 位的移动阅读 APP 与前两位具有相当明显的差距。

从移动出版的企业发展情况来看，2017 年各家企业凭借自身优势，在数字内容领域持续发力。QQ 阅读在 IP 运营方面持续发力。10 月，阅文集团发布"阅创星球"活动，线上举办首届 IP 衍生作品创作大赛，通过征集《择天记》《全职高手》《斗破苍穹》等知名 IP，征集 IP 人设原画、人物配音、原创歌曲及原创剧本等作品。10 月 12 日，阅文集团举办 2017 年 IP 大会，发布《兵者为王》《银狐》等多部优质 IP。同时，阅文集团在 2017 年持续推行"IP 共营合伙人制"战略，联合 IP 产业链上下游开展 IP 的规划、孵化、生产、培育及运营，以互利共赢的心态，打造 IP 运营生态。掌阅通过上线多部热播影视剧同名小说，借助影视影响力，提升文学作品的关注度。此外，2017 年掌阅在助力全民阅读方面做了大量工作。11 月，掌阅作为深圳卫视《一路书香》的特约合作伙伴亮相荧屏，一方面壮大了掌阅自身的品牌影响力，另一方面也彰显了作为文化企业在新时代所肩负的文化责任。另外，2017年是资本与数字阅读连接得最为紧密的一年。掌阅和阅文集团先后在上交所和港股上市，至此，数字阅读行业的两大领先者均完成上市，在资本作用下，推动移动阅读行业发展迈向新高度。阅文集团上市首日，其股价在20分钟内突破100港元，截至12月31日，阅文集团整体市值达到789亿元，充分认证了资本市场对于数字阅读的青睐。据阅文集团发布的2017年度财报显示，截至2017年12月31日，其年度总收入达人民币40.95亿元，较2016年的人民币25.56亿元增长60.2%。其中在线阅读收入达34.21亿元，同比增长73.3%；版权运营业务收入达3.66亿元，同比增长48.0%，表明在线阅读收入仍然占据阅文整体收入的绝大部分份额，付费体系较为健全，而其IP输出影响力也进一步提升。

（二）移动游戏

2017年，移动游戏行业仍保持快速发展。据中国音数协游戏工委、伽马数据、国际数据公司（IDC）共同编写的《2017年中国游戏产业报告》显示，2017年我国移动游戏实际销售收入突破1 000亿元，达到1 161.2亿元，同比增长41.7%，份额持续增加，达到57.0%。但移动游戏的用户数量增长有所趋缓，2017年移动游戏用户数达到5.54亿，仅同比增长4.9%。移动游戏市场仍然是中国游戏市场竞争最为激烈、最具活力的领域，2017年原国家新闻出版广电总局批准出版游戏约9 800款，在其中9 310款国产游戏中，移动游戏占比高达96.0%。

从移动游戏类型来看，移动电子竞技游戏市场延续上一年的强劲势头，实际销售收入实现大幅度增长，达到346.5亿元，同比增长102.2%，《王者荣耀》是移动电子竞技游戏的突出代表；二次元游戏成为移动游戏市场的重要细分领域。2017年新上线的《神无月》等游戏产品营收增长显著，表现突出。另据TALKINGDATA发布的《2017年第四季度（Q4）移动游戏市场盘点》显示，吃鸡类游戏［将TPS（第三人称视角射击）、FPS（第一人称视角射击）、生存类游戏模式结合起来的一种游戏模式］成为移动游戏一大热点，"吃鸡"甚至成为社交媒体的热门话题①。此外，2017年中国IP移动游戏市场实际销售收入达到745.6亿元，同比增长36.2%，占中国移动游戏市场实际销售收入的

---

① 2017年12月移动游戏Benchmark http：//mi.talkingdata.com/report-detail.html？id=714Talking-Data -.

64.2%，表明 IP 浪潮对于移动游戏的影响力持续加强。特别是影游联动，为移动游戏发展注入了强劲动力。而移动游戏本身也作为 IP，向其他文化领域衍生发展。如由《王者荣耀》IP 改编的综艺节目《王者出击》于 2017 年 12 月在腾讯视频上线。同时，移动游戏呈现出类型化发展趋势，如《恋与制作人》即是手游类型化的代表。

（三）移动音乐

据艾媒咨询《2017—2018 中国手机音乐客户端市场监测报告》显示，2017 年第四季度中国手机音乐客户端用户规模累计达 5.05 亿人，较上年增长 6.99%，增长幅度有所趋缓。主管部门对于数字音乐的版权管理加强，各手机音乐客户端的版权意识不断提升，纷纷加大付费音乐的比例。当前，用户在手机音乐客户端进行付费下载的意愿有所加强，但付费市场仍需进一步培育和挖掘，移动音乐平台应进一步优化用户体验，如提供满足个性化需求的音乐精准推送。同据艾媒咨询数据显示，2017 年我国无线音乐市场规模为 481.9 亿元。

从手机音乐客户端的下载量来看，截至 2017 年底，酷狗音乐、QQ 音乐、酷我音乐位列行业前三，累计下载量分别占比为 30.6%、18.5%、16.3%，三者均为腾讯音乐集团旗下品牌，由此腾讯在中国手机音乐客户端市场龙头地位进一步巩固。排名第四位、第五位的是网易云音乐和百度音乐。从手机音乐客户端的用户满意度来看，与上一年相同，酷我音乐的用户满意度最高，评分为 7.8 分，QQ 音乐和酷狗音乐分列第二、三位，评分分别为 7.7 分和 7.6 分；其余客户端中，网易云音乐 7.4 分，百度音乐 7.3 分，虾米音乐 7.2 分，咪咕音乐为 7.1 分。虽然用户满意度排名前三位与上一年保持一致，但可以看到的是，这三家的评分有所下降，均未超过 8 分。而其他几家客户端的评分也都在 7 分以上，表明在手机音乐付费机制逐步形成后，各家手机音乐客户端的用户体验差异化缩小。未来的市场竞争将集中在哪家的正版音乐储存量最大以及基于用户兴趣的个性化音乐推送方面。

根据艾媒咨询数据显示，2017 年手机音乐客户端的付费习惯进一步养成，其中有 27.2% 的用户购买单曲或专辑，24.0% 的用户采取的是购买会员的方式。2017 年，用户打赏歌手或单曲的比例有所提升，达到 13.0%；另有 11.0% 的用户进行打包下载。而从用户进行手机音乐付费的原因来看，音乐质量和对歌手的喜爱成为影响用户付费的两大因素，分别占77.7%和52.1%，因此各数字音乐平台应在提升高质量音乐版权的占有量的前提下，注重头部歌手的推广和粉丝经营，促进粉丝经济。另有37.9%的用户表示未来会进一步加大音乐消费。

2017年，音乐版权格局基本稳定，各音乐平台发展重点回归音乐本身，并开始参与到音乐制作、艺人培养以及宣发等数字音乐产业链环节。原创歌手在移动音乐平台的比重提升，独立音乐人迎来发展机遇；同时，数字音乐类型的多元化、细分化成为趋势，民谣、嘻哈等小众音乐兴起。此外，2017年音乐产业投融资频繁，据不完全统计，2017年音乐泛娱乐产业共有76起融资事件，比上年上升了28.8%，涉及公司73家[1]。

（四）移动动漫[2]

根据ANALYSYS易观千帆监测数据显示，2017年第3季度中国移动动漫市场整体活跃人数达到9584.52万。整体动漫市场活跃用户渗透率排名前三的动漫APP为快看漫画、腾讯动漫和漫画岛。其中快看漫画用户渗透率达50.76%。活跃用户渗透率第4—10名的动漫APP依次是咪咕圈圈、漫漫漫画、网易漫画、有妖气漫画、触漫、布卡漫画、麦萌漫画。从人均单日使用时长来看，2017年第3季度动漫领域人均单日使用时长在30—50分钟之间。其中动漫之家、知音漫客、爱动漫三家排在行业前列，人均使用时长分别达到46.51分钟、50.97分钟和49.88分钟。

2017年，各家动漫平台在提升自身品牌知名度和影响力方面加大力度。如快看漫画在湖南卫视投放了为期两个月的广告，利用湖南卫视和热播影视剧的流量优势，进一步提升其品牌知名度。而腾讯动漫同样通过湖南卫视品牌节目《快乐大本营》，对腾讯动漫APP进行品牌推广。同时，快看漫画和腾讯动漫都利用暑期档，上线大量新作，并利用高质量动漫作品的高频率更新、免费阅读吸引用户关注，从而提升用户活跃度和用户黏性，进一步抢占市场占有率。此外，2017年各家动漫平台着力拓展发展模式，行业初步形成了差异化发展格

---

[1] "巨头深耕布局的一年——2017年国内音乐产业投融资盘点" http：//www. sohu. com/a/216109724_ 109401.

[2] 本部分内容主要参考易观智库发布的2017年第3季度中国移动动漫市场报告。

局。如网易漫画与漫威达成合作，上线正版漫威漫画作品，包括《美国队长》《复仇者联盟》《奇艺博士》《蜘蛛侠》等知名作品；咪咕动漫则更名为咪咕圈圈，在平台新增直播、圈子等社交化功能，从动漫平台向二次元社区转型，一方面形成差异化发展，另一方面可进一步提高平台用户的活跃度。此外，2017年各家移动动漫平台在培育用户付费意愿、建立用户付费机制方面也进行了多样化探索。

（五）移动音频

近年来，由于伴随性与多场景共存的特性，人们对音频内容的需求日益旺盛，移动音频发展迅速。据易观国际《2018中国移动音频市场年度综合分析报告》显示，截至2017年12月，中国移动音频活跃用户规模达到1.18亿人。当前，移动音频主要由移动电台、有声阅读和音频直播三个领域构成。其中，移动电台是移动音频发展最早、模式最为成熟的形态。在知识付费浪潮下，有声阅读发展势头强劲，已成为数字阅读的重要组成部分，并成为知识付费的主要形态，用户的付费习惯已经养成。同时，有声读物的内容类型日趋多元，已成为IP产业链的重要环节。据艾媒咨询数据显示，2017年中国有声书市场规模达32.4亿元。音频直播在2016年悄然兴起，2017年已成为各家移动音频平台布局的重要一环。

2017年移动音频市场格局渐趋形成且趋于稳定，各家音频平台的规划部署更加明确，逐步实现了差异化发展。从用户数量分布上来看，喜马拉雅FM凭借其在合作平台数量、内容资源和生态布局等方面的优势，稳居行业第一，在用户量上遥遥领先。随后是蜻蜓FM、懒人听书和荔枝FM，这三者差距不大。相较于其他移动互联网产品形态，移动音频更能满足人们多场景获取信息的需求，因此各音频平台一方面深耕内容，注重优质内容版权的获取，另一方面着力布局多元消费场景，抢占用户碎片化时间，根据不同收听场景提供多元内容服务，提升用户体验。如蜻蜓FM锁定睡前场景；考拉FM、懒人听书等纷纷布局车载场景；喜马拉雅则在有声书、音频、知识、智能家居等多个领域全面布局，构建了较为完整的产品生态链条。与此同时，移动音频的终端渠道也不断开拓，除了可随身携带的手机，还有车载网，以及智能音箱等智能家居。喜马拉雅FM于2017年6月推出了智能音箱，不仅可以收听音乐和有声读物，提供新闻和天气播报、定时闹钟等服务，还有聊天功能。随着移动音频行业发展的渐趋成熟，场景化消费成为各家音频平台的布局重点，满足用户在碎片化的不同场景中的不同信息获取需求，实现内容与场景的良好契合。

（六）移动视频

2017年，网络视频市场监管环境日臻严格，出台了《关于进一步加强网络视听节目创作播出管理的通知》《网络视听节目内容审核通则》等多项涉及网络视频的政策法规，由此也推动移动视频发展渐趋成熟与规范。可以看到，随着移动通信技术的不断完善，网络视频用户进一步向移动端转移，通过移动端看电影、看剧集成为人们生活中利用碎片化时间的常态。据第41次《中国互联网络发展状况统计报告》显示，2017年我国手机网络视频用户达到约5.49亿，手机网络视频用户占手机网民的比例为72.9%，手机网络视频用户占网络视频用户比例高达96.5%。

2017年，移动视频头部竞争日益激烈。综合视频平台是移动视频平台的重要组成部分，其中爱奇艺、腾讯视频、优酷三家平台在行业中居于领先位置，用户规模具有突出优势[1]。与此同时，各家视频平台均在着力探索商业模式，建立用户付费机制。截至2017年12月，中国网络视频市场付费用户规模达到9763万人。

短视频作为2017年移动视频的热门领域，各类短视频应用保持快速发展，行业竞争日益激烈。特别是短视频与社交平台的结合日益紧密，进一步扩大了短视频应用及其内容的影响力。据易观数据显示，截至2017年12月，短视频综合平台与短视频聚合平台活跃用户规模分别达到3.34亿和1.1亿。其中，快手用户持续攀升，2017年12月活跃用户已达到1.94亿，行业领跑者地位初步奠定。抖音则成为2017年短视频行业中的一匹黑马，无论是用户规模还是品牌影响力都取得显著突破，2017年12月活跃用户为0.55亿，2018年2月活跃用户达0.98亿，在短短两个月中，就实现了近80%的爆发式增长，与2017年同期相比更是实现了3807.69%的增长[2]。在视频直播领域，由于2017年视频直播发展趋缓，各直播平台也纷纷将目光集中在短视频领域，纷纷上线短视频

---

[1] 中国网络视频市场年度盘点分析2018 https：//www.analysys.cn/analysis/trade/detail/1001303/.
[2] 中国短视频行业年度盘点分析2018 https：//www.analysys.cn/analysis/8/detail/1001248/.

功能。由此，直播+短视频成为移动视频的重要模式，直播与短视频从两个相互竞争的形态逐渐迈向融合，构建出移动视频内容新生态。

（七）移动教育

2017年，我国在线教育发展势头持续良好，并趋于成熟。当前，人们碎片化与个性化学习需求不断提升，移动教育利用语义分析、人工智能等新一代技术，提供个性化、碎片化的学习场景，在知识付费浪潮影响下，人们通过手机进行知识学习的习惯逐渐养成，同时知识付费也为移动教育带来了新模式与新形态。由此，与其他应用一样，在线教育也逐渐从PC端向移动端转移，成为在线教育的主要形式。各类教育、学习类APP不断涌现，包括知识/资讯、在线课程、搜题答疑等多种产品类别。据《第41次中国互联网络发展状况统计报告》显示，截至2017年12月，中国在线教育用户规模达1.55亿，手机在线教育用户规模为1.19亿，占在线教育用户规模的76.77%。

2017年，各个领域的在线教育都取得了不同程度的发展。其中，高等教育是在线教育中占比最重的领域。据艾瑞咨询数据显示，中小学在线教育、高等学历在线教育及职业在线教育一直是在线教育的市场主体，占整个在线教育市场规模的95.0%以上。其中，高等学历在线教育占比最高，预计在2017年整体在线教育市场规模所占份额将达到57.3%。从产品市场上来看，中小学教育APP数量最多，品类最丰富。易观发布的2017年度教育类APP TOP50榜单涵盖了儿童教育、中小学类教育、外语学习、教育平台、职业教育及学习工具等多个领域，其中有1/4以上的产品集中在中小学教育领域，排名前三的作业帮、小猿搜题和一起作业学生端都是中小学教育类应用[1]。榜单中高等教育类产品并未有所涉及。这与之前在线教育市场相关数据略有不同。由此可以看到，相较于中小学教育领域，高等教育的移动化程度较低。中小学教育APP通常提供一些寓教于乐或辅助学习的内容，以达到提升学习兴趣和学习效果的目的。随着信息技术的迭代升级，未来移动教育产品将会满足更多深层次学习需求，高等教育移动教育将有更为广阔的发展空间。

---

[1] 2017年度教育类APP TOP50榜单. http://www.analysys.cn/media/hot/detail/20018551/.

三、年度影响移动出版产业发展的重要事件

(一) 掌阅科技和阅文集团先后上市

2017年9月21日,掌阅科技股份有限公司在上海证券交易所主板挂牌上市。发行价4.05元/股,发行4100万股,首日开盘价为5.83元/股,首日涨幅43.95%。11月8日,阅文集团在香港上市,发行价为55港元/股,开盘价为90港元/股,收盘于102.4港元/股,涨幅达86.18%,市值达到928.2亿港元。数字阅读两大龙头企业先后上市,资本驱动数字阅读竞争格局基本奠定。

(二)《中华人民共和国网络安全法》实施

《中华人民共和国网络安全法》于2017年6月1日起实施,由七个章节、79项条款组成,旨在监管网络安全、保护个人隐私和敏感信息,以及维护国家网络空间主权/安全。要求网络运营者应当加强对其用户发布的信息的管理。此法的颁布是网络信息治理的里程碑式的突破。

(三) 多家网站大规模清理关停违规账号

2017年6月7日,北京市网信办依法约谈今日头条、腾讯、一点资讯、优酷、网易、百度等网站等网站,责令网站履行主体责任,加强用户账号管理,传播社会主义核心价值观,营造健康向上的意识形态环境,各网站纷纷依据相关法律法规关闭了一批违规账号;7月18日,北京市网信办再次约谈网站相关负责人,责令网站对自媒体平台存在的"曲解政策、违背正确导向、无中生有、散布虚假信息、颠倒是非、歪曲党史国史、格调低俗、突破道德底线、惊悚诱导、标题党现象泛滥、抄袭剽窃、版权意识淡薄、炫富享乐、宣扬扭曲价值观、题无禁区、挑战公序良俗"八大乱象进行专项清理整治,网络环境得到有效净化。

（四）首届中国"网络文学+"大会召开

2017年8月11日—13日，由国家新闻出版广电总局、北京市人民政府指导，中共北京市委宣传部、中国音像与数字出版协会、北京市新闻出版广电局（北京市版权局）、北京市互联网信息办公室、北京市文学艺术界联合会、北京市经济技术开发区管委会共同主办的首届中国"网络文学+"大会，在北京亦庄国际会展中心成功举办。本届大会以"网络正能量，文学新高峰"为主题，国内65家知名文化企业参与，被誉为"树立起了我国文学发展史上一块新的里程碑"。

四、总结与展望

（一）行业发展面临考验

1. 加强优质内容供给能力

当前我国移动出版发展迅速，特别是在有声读物、知识付费等热潮影响下，新模式、新形态不断涌现。但是移动出版发展的核心仍然是内容。然而纵观当前移动出版行业，优质内容仍然稀缺，不能满足人们日益增长的精神文化需求。优质原创内容稀缺，其价值也尤为凸显，移动出版产品要加强优质原创内容的生产与版权保护。对于知识付费产品、自媒体内容，优质内容的持续供给是保持产品生命力的关键。2017年8月8日，罗振宇宣布其在得到APP上的付费专栏停止更新；而后在9月11日，PAPI酱也在她的分答社区发布了《停更声明》。由此可见，当前对于数字产品而言，或许短时间内形成影响力并不是难事，持续输出优质内容却是对产品运营者的一大考验。与此同时，移动互联网作为信息内容的主要载体，从业者要肩负起新时代赋予的文化使命与责任，要进一步强化导向意识。2017年有很多网站或自媒体，因内容导向的错讹而受到处罚。因此，移动产品要加强内容建设，特别是要加强内容政治导向的把关。同时要注重内容创新，不断丰富优质内容的表现形式。

2. 提升产品运营能力

运营能力是产品发展持续生命力和竞争力的关键。进入知识付费时代，对产品的内容和服务提出了更高的要求。出版企业需要对用户需求有更加精准的把握，不断提升用户服务意识，充分运用数据工具和运营工具，制作用户画像，完善产品设计与服务，优化用户体验，提升产品运营效率和效果；要进行需求场景分析，判断用户感知、触达、使用产品的场景，从产品应用的实际场景需求出发，开展产品运营。

3. 完善行业分类及统计指标体系

2017年，国家统计局在新修订的"国民经济行业分类注释"中，添加了数字出版行业分类代码8626，肯定了数字出版在国民经济发展中的地位和作用。近年来，移动出版发展迅速，已成为数字出版的发展重点和主要方向，产品形态日益丰富，有声读物、知识付费等新形态、新模式推动移动出版发展迈向深层次发展阶段。同时，在信息时代，不同领域之间的交叉融合也在日趋加深。进一步明晰移动出版相关概念界定与边界划分，建立与移动出版发展相适应的统计指标体系，一方面能够有效推进移动出版的产业化、规模化发展；另一方面是为了更加准确把握行业发展实际水平，有助于相关管理部门在引导和管理行业发展时更加精准到位。因此，一是要明确移动出版形态与相关概念，二是要明确移动出版的市场主体，三是要建立健全移动出版的统计指标，建立动态的统计机制，以适应移动出版的快速发展。

（二）未来展望

1. 内容创作者成为重要的IP资源

内容是移动出版发展的核心，创造优质内容的作者及作者团队成为移动出版的重要资源，行业从对优质内容的争抢转变为对作为优质内容源头的内容创作者的争抢。带动内容创作者的影响力成为与内容同等重要的核心竞争力。如知名的音频主播录制短视频，或者给影视作品配音，类似的跨界发展将更加频繁和多元化，内容创作者因这种跨界成为IP形成的影响力也将反哺于其创作的内容。

2. 市场筛选机制将逐步形成

移动出版产品形态和模式的多元化，也促进了用户对移动出版产品的内容和服务的要求日益提升，用户面对海量产品时选择更加理性，用户对自己的需求认知更加明确，由此促进移动出版市场的优胜劣汰。很多质量不高或不符合用户需求的产品将被市场过滤，新的、好的模式将会得以留存并脱颖而出。

3. 围绕知识的新模式和新形态日趋多元

在知识付费浪潮影响下，知识已逐渐成为除资讯、文娱、游戏之后内容产业布局的重点。从知识问答平台、知识社群、再到知识直播答题，未来围绕"知识"寻求变现的方式将日益多元，将涌现出更多知识付费的新形态和新模式，有些模式或许只是昙花一现，有的将会成为行业发展的新热点和新方向，行业内围绕知识变现的试错将更加频繁。

（作者单位：中国新闻出版研究院）

相关专题报告

中国数字教育出版产业发展报告

于建武　乔莉莉　杨兴兵　刘　焱　唐世发　庄子匀　杨　晨

"互联网+教育"已经纳入国家战略,在教育信息化这个"红娘"的牵线下,教育和出版"联姻",诞生了数字教育出版业。2017年在国家一系列政策的引导下,数字教育出版业迎来了前所未有的发展机遇,行业从业者们经过长时间探索,建设优质数字资源、创新数字教育出版模式,逐渐找到了适合自身发展的道路,随着市场和用户规模的快速增长,数字教育出版业步入了发展的快车道,推动了传统出版单位转型升级和数字出版企业加速布局,数字教育出版业出现了欣欣向荣的局面;产业"热"象背后也暴露了其自身诸多问题,他们开始转变思路、主动联袂技术公司,共同打造"内容+技术"产业链的上下游生态圈。数字教育出版生态圈的形成正是教育信息化、在线教育和教育出版三方合力的结果,为此,本报告将从这三个方面来介绍2017年各自的发展态势、存在问题与策略并展望行业未来发展趋势。

一、中国数字教育出版业发展整体态势

(一)政策环境分析

2017年1月—10月,一系列与数字教育出版业有关的政策文件先后出台,包括:《国家教育事业发展"十三五"规划》[①]、《〈教育部2017年工作要点〉

---

① 国务院关于印发国家教育事业发展"十三五"规划的通知. http://www.gov.cn/zhengce/content/2017-01/19/content_ 5161341.htm.

的通知》[①]《关于深化教育机制体制改革的意见》《新闻出版广播影视"十三五"发展规划》[②]。党的十九大报告中提及"发展网络教育""培育新型文化产业"。这些政策从完善制度、改善设施、科教融合、资源共建共享、教育理念创新、出版创意、出版形态等方面指明了数字教育出版业今后的发展方向。

（二）经济环境分析

《2017年中国家庭教育消费白皮书》显示，家庭月收入超1万元以上的占比超32%；不同学段教育支出占比：学龄前占比为26%、K12段占比为21%、大学段占比为29%，表明新生代家长更重视子女教育，教育支出意愿强；70后、80后、90后家长受教育程度普遍较高、重视子女教育，他们对网络等新媒体的接受程度高，更易于接受在线教育形式和在线教育产品，从而催生在线教育行业发展；2017年国家投入的教育信息化经费达到2 731亿元，主要用于信息化改造、教育资源建设、直播技术、"双师"模式发展等，促进了教育信息化的繁荣，增强了远程在线教学的亲临体验。目前，教育信息化已从"基础建设+设备配套+应用探索"层面，升级为"数据驱动+智能联接+体验归依"的新型模式；有实力的教育机构壮大规模，纷纷登陆金融资本市场，吸纳社会资本。目前，整个教育板块（包含A股、美股、港股教育上市公司）市值已突破6 000亿元，在社会资本助力下，数字教育产业公司开始大举异地扩张，整个行业蓬勃发展。

（三）社会环境分析

2015年政府工作报告中提到创新与创业是带动中国经济成长的双引擎，一时之间全中国上下人人争当"创客"；教育部发布的《关于"十三五"期间全面深入推进教育信息化工作的指导意见（征求意见稿）》提出探索新的教育模式，掀起教育科技发展热潮；2017年国家加大投入教育信息化经费，助力教育信息化教学应用水平；2017年也是PPP项目规范实施年，在全国PPP综合信

[①] 教育部关于印发《〈教育部2017年工作要点〉的通知》. http：//www. moe. edu. cn/srcsite/A02/s7049/201702/t20170214_296174. html.

[②] 广电总局：新闻出版广播影视"十三五"发展规划（全文）. http：//www. sohu. com/a/195291333_152615.

息平台项目库中，教育类项目占 4.8%[①]。枫叶教育集团就是通过 PPP 模式进行轻资产扩张办学的典范；2017 年也是全面放开二胎政策的第三年，学龄人口的数量，未来 3—5 年学前教育需求可能爆发，政府需要提前布局、加大投入以应对新的教育需求。

（四）技术环境分析

每一次教育变革、出版变革都是由科技推动的，2017 年技术在教育领域和出版领域均呈喷涌式发展。

在教育领域，教育技术的发展主要集中在：自适应学习、多元智能测评、语音处理、图像识别、机器人以及 VR、AR 等方面。这些技术的应用提高了学生的学习效率、能即时测评因材施教、实现人机智能对话和激发了学科知识互动和想象力。2018 年 2 月 20 日，自适应学习平台 Kidaptive 获 C 轮投资，进军韩国市场；易题库系统是 K12 领域智能测评产品、2018 年 3 月，IT 行业题库平台"牛客网"完成了 58 同城领投的 A 轮融资；2017 年 7 月科大讯飞推出了微信聊天机器人；黑晶科技推出面向 K12 教育的 VR 超级教室，对传统教室进行全面改造。

在新闻出版领域，出版业技术的发展主要有人工智能编辑，机器写作，数据新闻与信息可视化，文字、语音转换，聊天机器人与虚拟人物视像，AR 技术、DB 技术等，这些技术可以收集读者的喜好数据、提高写作效率、即时更新图像图表、高效媒介转换、人机合作与互动、增强视觉冲击和书籍立体化。如中国地震台网在九寨沟发生地震后 25 秒即发布了由机器人写作的新闻；图书《朗读者》运用了 AR 技术，读者只要下载"朗读者 AR"客户端，扫描书中的任何一张图片，就可观看董卿的采访视频；江苏睿泰数字传媒有限公司研发的 DB 技术让出版业新手用户轻松地创作出更加酷炫的互动图书产品。

（五）中国数字教育出版业市场情况分析

数字教育出版业在信息化技术的支持下、整合出版单位的优质资源，开展

[①] 中国经济周刊："中国 PPP 大数据"之全国 PPP 综合信息平台项目管理库 2017 年报。

线上线下互动的立体化服务体系，打造了一个具有良性循环能力的地域数字教育出版生态圈体系。在该生态圈里，教育信息化是核心发展动力、在线教育是表现形式、教育出版单位是优质内容提供方，他们三者是有机的统一体，关联着生态圈的发展动态，故本报告将分析三者的发展现状。

1. 教育信息化

教育信息化的应用主要是数字教育出版生态圈发展的核心动力，主要整合数字化学习资源、构建数字化学习环境、创新学习模式。

（1）信息化建设情况

截至2017年年底，全国中小学互联网接入率达到90%，学校网络教学环境得到大幅度改善，进一步夯实了教育信息化应用的基础条件、深化了优质资源班班通、实现了网络空间人人通。国家教育资源公共服务平台不断优化升级，向全国互联互通的数字教育资源公共服务体系转变，参加2017年10月教育部连续三轮"一师一优课、一课一名师"活动的教师达到了1 500万人次，教师信息素养得到有效提升。

（2）信息化经费支出情况

随着我国综合国力的提升，国内生产总值不断增长，教育是国家发展的基石，国家近几年不断加大对教育经费和教育信息化经费的投入，具体情况见表1：

表1　经费投入对比[①]

指标	2016 年	2017 年	2018 年	2019 年
国内生产总值	744 127	793 984	847 180	903 941
GDP 增长率	6.7%	6.7%	6.7%	6.7%
国家财政性教育经费（亿元）	31 625.4	34 141	36 852	39 773
财政性教育经费占 GDP 比重	4.25%	4.30%	4.35%	4.4%
教育信息化经费财政性教育经费比重	8.00%	8.00%	8.50%	8.50%
教育信息化经费（亿元）	2 530	2 731	3 132	3 381

表一显示2017年的教育信息化经费支出达2 731亿元，2018年有望达到3 132亿元。在教育财政支出中，教育信息化与2C培训市场相当，因此在线教

---

① 数据来源：SmartShow创新社。

育市场的前途不可估量。

(3) 信息化企业利润差异情况

通过选取10家较为典型的教育信息化企业，包括立思辰、全通教育、科大讯飞和中南传媒等10家企业对比利润情况（见图1），利润差异比较大：中南传媒是近3年完整会计年净利润最高的，年平均净利润达17.36亿元；其次为视源股份，年平均净利润为4.41亿元；最后是市值800亿元的科大讯飞，年平均净利润为4.40亿元。而净利润最低的为汇冠股份，年平均净利润仅为0.32亿元。

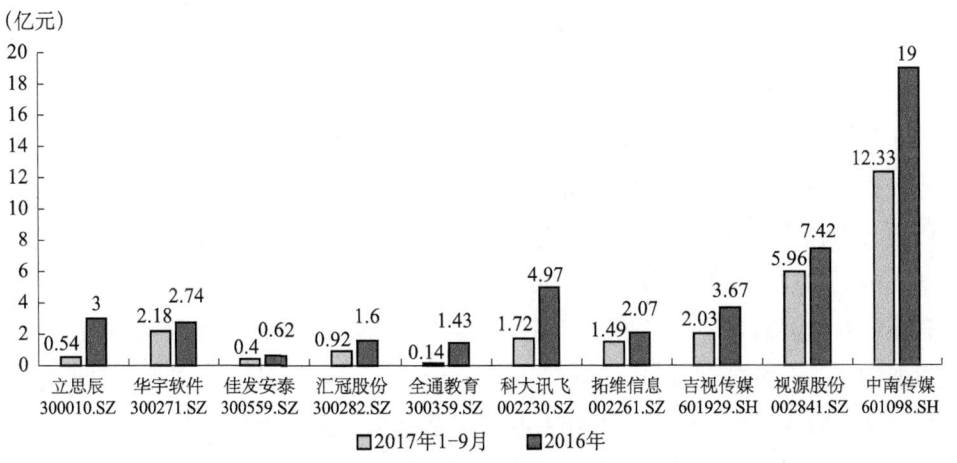

(亿元)

企业	2017年1—9月	2016年
立思辰 300010.SZ	0.54	3
华宇软件 300271.SZ	2.18	2.74
佳发安泰 300559.SZ	0.4	0.62
汇冠股份 300282.SZ	0.92	1.6
全通教育 300359.SZ	0.14	1.43
科大讯飞 002230.SZ	1.72	4.97
拓维信息 002261.SZ	1.49	2.07
吉视传媒 601929.SH	2.03	3.67
视源股份 002841.SZ	5.96	7.42
中南传媒 601098.SH	12.33	19

图1 10家教育信息化企业利润对比

众所周知，科大讯飞的语音识别技术很强，因此其整个盘子和扩张版图走的都是高举高打路线；天喻信息和全通教育，也都各自有自己的打法。所以，目前在竞争过于激烈的教育信息化市场里很难出现领军的企业，大家都处在积极探索进步的过程中。

(4) 教育信息化产品体系

课题组走访了2017年5月7—9日在福州举办的第72届中国教育装备展，总体上看来，教育装备行业处于上升阶段，教育产品大概可以分为四类，已经形成了比较完备的产品体系，包括传统教学装备、教育信息化、科技类教育、智慧教育等产品。

(5) 教育信息化投资领域与用户关注点

据凡麦资本发布的报告显示：2017年，A股上市公司已完成和进行中的教育投资并购案例共计19起。

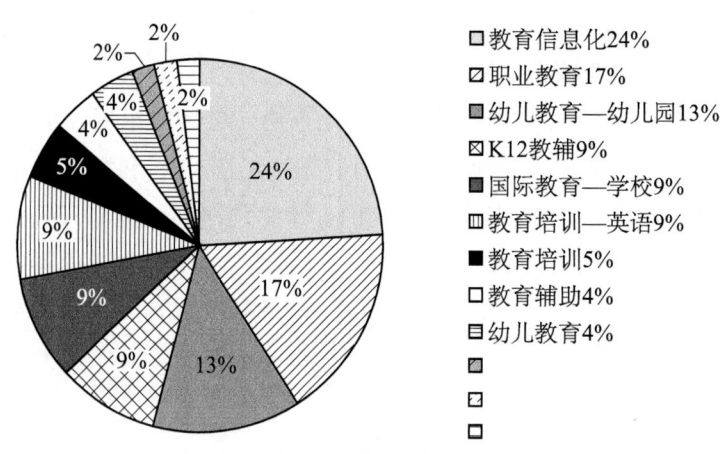

图 2　投资细分领域

- 教育信息化 24%
- 职业教育 17%
- 幼儿教育—幼儿园 13%
- K12教辅 9%
- 国际教育—学校 9%
- 教育培训—英语 9%
- 教育培训 5%
- 教育辅助 4%
- 幼儿教育 4%

从标的所处细分领域来看，教育信息化＞职业教育＞早幼教育＞K12。

据复星锐正资本发布的分析报告显示：教育信息化产品的开发要满足不同用户的需求才可持续发展，尤其在K12领域校长关注政绩、老师关注成绩和升学、学生关注学习效率和升学、家长关注成绩和排名。所以，进校园的教育信息化产品是要满足一个场景而不是某个目标人群，无疑增加了产品开发难度，不能满足一个场景（政府、学校、老师、学生、家长）的市场产品，只能是乘兴而来，败兴而归。在最近几年有些教育信息化产品尽可能满足一个场景的需求，改善学科教学需求，如下表（表二）。

表 2　满足教学需求的信息化企业

家长需求									了解信息
学生需求				学	练	试			了解信息
教师需求	切入学科	培训	备	讲	练	测	评（含作业批改）	管	反馈
易题库	初高中全科				√	√	√		√
快乐学	小初高语数外+理综				√	√	√		√
一起作业网					√	√	√		√
作业盒子	小学语数外				√	√	√		√
学乐云平台	不涉及学科内容		√	√	√	√	√	√	√
天天艾米	不涉及学科内容							√	
盒子鱼	全年龄段英语	√	√	√	√	√			
洋葱数学	小初高数学+初中物理			√	√	√			
狸米学习	小学数学	√		√	√	√			√

2. 在线教育

在线教育是数字教育出版业发展生态圈的重要表现环节，分为线上、线下教育两种。他们发展的态势反映着数字教育出版生态圈是否良性发展。

（1）投融资情况

据IT桔子、桃子资本的数据统计：2017年教育领域企业融资事件达405起，较2016年呈回暖态势，就教育行业细分领域融资热点来看：主要为素质教育、K12教育、教育信息化以及知识付费（见图3）。K12融资量占比约20%，早幼教占比16%。素质教育和教育信息化合起来占比为7%。

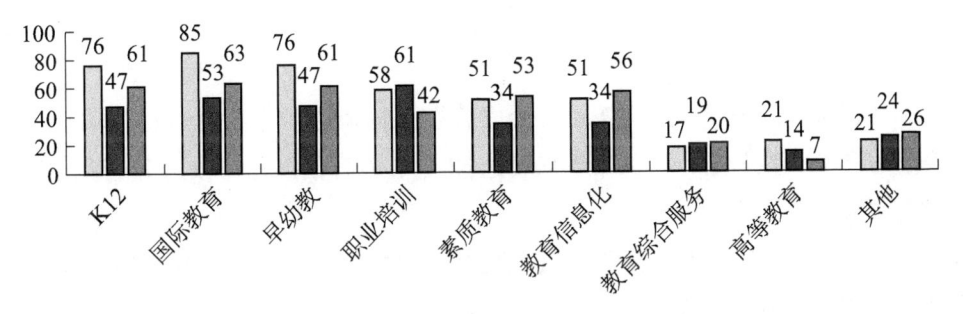

图3 2015—2017年教育行业细分领域融资情况

数据来源：IT桔子，桃李资本，华映资本整理

（2）巨头投资布局

据IT桔子数据分析，2017年新东方、好未来、沪江教育等26家投资机构在教育赛道的投资布局如下（见表3）。

表3 投资机构投资教育赛道布局[①]

领域 轮次	K12	国际教育	早幼教	职业培训	素质教育	教育信息化	语言学习	其他	总计
种子轮		2	1		1		2		6
天使轮			3	1	11	4	3	1	23
Pre-A轮	1		2	3	3	3	1	1	14
A轮	5	3	4	4	7		3	2	28
A+轮						2			2
B轮	2	1	1	2	1	2	1		10

① 数据来源：IT桔子，华映资本整理。

续表

轮次＼领域	K12	国际教育	早幼教	职业培训	素质教育	教育信息化	语言学习	其他	总计
B+轮	1						2		3
C轮	3	1					1		5
D轮	2					1	3		6
定向增发						1			1
股权转让						1			1
战略控股					1				1
战略投资	2			1	2	1			6
新三板		1							1
总计	16	8	11	11	26	15	16	4	107

从投资领域来看，素质教育是众多投资机构争夺的重要赛道达 26 起，语言学习和 K12 维持着一惯的市场热度达 32 起、教育信息化领域达 15 起，国际教育领域比较低迷。

从投资的阶段来看，由于投资机构相对谨慎以及教育公司缺乏时间沉淀，所以投资更多体现在 A 轮。

此外，知识付费领域也开始兴起也是投资者看好的方向，内容＋工具＋社交＋服务打造多场景付费可能。从 2005 年百度社区上线，到 2011 年豆丁网推出付费阅读，再到 2016 年知乎 live 上线、得到推出"李翔商业内参"付费订阅、喜马拉雅推出"好好说话"，以及直播课程等，知识付费已经历了 10 年的发展变迁。

（3）海外上市

自 2006 年新东方挂牌纽交所以来，海外上市的教育公司数量平均每年不足 2 家。而 2017 年共有 8 家教育公司登陆海外市场，堪称历年之最[1]，见表 4。

表 4　2017 年海外上市教育公司

证券代码	证券市场	证券简称	细分领域
HK6068	港股	睿见教育	K12
HK6169	港股	宇华教育	K12，高等教育
HK1569	港股	民生教育	高等教育

[1] 数据来源：Wind，华映资本整理。

续表

证券代码	证券市场	证券简称	细分领域
HK2001	港股	新高教集团	高等教育
BEDU	美股	博实乐教育	国际教育
RYB	美股	红黄蓝教育	早幼教
REDU	美股	瑞思学科英语	语言学习
FEDU	美股	四季教育	K12

从商业模式来看，海外市场对于2C类教育公司更为偏爱，尤以大型教育集团和线下连锁教育品牌最受欢迎。从细分领域来看，港股和美股市场均对国内K12领域公司更为关注。此外，早幼教和国际教育在美股市场更受欢迎，而高等教育类公司则多选择在港股上市。

3. 教育出版单位

教育出版单位是优质内容提供方，只有多生产精品资源、创新出版模式，才能保障生态圈高效运行。

（1）教育出版市场

目前，教育出版市场巨大，具有广阔的发展前景。据中国产业信息网的《2017年中国出版行业市场规模及前景预测分析》报告显示，预计2020年我国教育出版业会形成中小学课本227.40亿元（28.63亿册）、教辅读物166.56亿元（16.34亿册）的产值，这为与之相匹配的数字教育出版的发展提供了巨大空间。

（2）教育出版单位积极行动布局数字教育

2017年3月，29个省（区、市）出版集团的领导、教材中心和数字公司负责人，以及人教社领导和相关部门负责人在浙江乌镇举行数字出版工作会，共同探讨互联网发展与教育数字出版，深入推进信息技术与教育教学共生长；在数字化浪潮继续冲击下，有的出版单位早已开始进行数字化变革，在构筑完整的数字教育生态闭环的同时，以更加开放共融的心态，与技术公司、互联网企业、高等院校建立合作共赢关系并在数字化浪潮中取得收获。目前，哒哒英语已经与培生、麦格劳-希尔、美国国家地理学习、美国Highlights、外研社、牛津大学出版社等六家传统出版单位进行合作，一起进行教材线上化的研发。

二、中国数字教育出版业发展面临的问题和策略

数字教育出版业生态圈建设,围绕"内容+软硬件+平台+网络",不断引入人工智能等新技术,打造内容优质、资源丰富、体验优质的产品和资源服务体系,最终形成数字教育与传统出版融合发展、资源共享、开放合作的生态圈产业运营模式,但是在当下教育信息化、在线教育和教育出版均出现了一些问题。

(一)中国教育信息化面临的问题和策略

1. 中国教育信息化面临的问题

我国的教育信息化已经进入"初步应用整合"阶段,并逐步向着"融合创新"阶段推进。虽然我国教育信息化发展较快,但仍面临以下问题:尽管这些年一直加强信息化硬件软件建设但仍需在多媒体教室使用、教育资源公共服务用户数量、网络空间方面加大提升;政府和学校重硬件轻软件建设;教育信息化建设缺乏整体统一规划、存在重复建设和不能硬件和资源共享优势;信息化教学工具不能常态化应用;缺少优质资源、网络空间活跃度低;设备运行、维护、升级保障不足。

2. 中国教育信息化的问题策略

要提高中国的教育信息化水平,应坚持"建设"与"应用"两手抓,实现教育信息技术与教育达到有机融合。

(1)加强顶层设计与管理

全国各地市、区、县要做好顶层设计明确长远目标和近期各年度具体任务目标推动智慧校园建设、制定信息化教师考核标准、督导体系和管理体系;加强学校一把手信息化培训和领导力建设;加大信息化资金投入力度;拓宽教育信息化经费渠道;加强信息化教师队伍建设;树立典型与开展信息化示范校建设。

(2)加强基础条件建设

网络主干线万兆升级、引入竞争性运行商、降低资费、加大网络安全与净

化建设；建立奖励机制、推进信息化教学与应用管理；找到网络与教育工作的高度契合点，构建学校、教师、学生、家长网络生态圈。

（二）在线教育面临的问题和策略

1. 在线教育面临的问题

统观各类在线产品主要有以下几类问题：有些在线作业辅导APP内容现低俗、监管缺位对中小学生的身心健康发展造成不利影响；教师过分包装、缺乏基于学生对老师的评价、反馈机制；在线教育领域的技术提升与内容优化不够、效果打折扣；一对一营销成本高、规模不经济和业务缺深耕；缺乏大数据基础与个性化学习资源。

2. 在线教育问题的应对策略

规范行业秩序、对涉黄低俗的在线辅导APP加大执法力度；面对在线领域高昂的获客成本企业要创新营销形式、在线教育涉及的教师要加强业务和观念的培训，提升教学效率和行业口碑；倡导个性化教育、利用大数据与人工智能技术规划最优学习路径；提高课程质量和服务质量；在横向与纵向两个维度上展开变现的探索，巩固、拓展现有业务变现形式。

（三）中国数字教育出版面临的问题和策略

1. 中国数字教育出版业面临的问题

"互联网＋出版"推动了数字内容的传播和发展，出版单位要积极关注"互联网＋"时代新的知识传播模式、积极更新技术手段和响应国家的"双创"要求。出版单位在"摸着石头过河"转型时，主要出现以下问题：音视频播放、网页链接跳转、备注及书签加注、章节练习等极其复杂的内容编辑过程优化不足；阅读多终端兼容性和数字内容不同终端的排版美观性不足；版权保护不严密；内容付费载体待接入；增值业务空间考虑不足等。

2. 中国数字教育出版业的问题策略

针对以上问题，要着手开展以下工作：提倡出版单位与数字内容资源平台合作、创新出版单位主导的数字出版模式。为了加强对数字版权的保护，可以对电子图书阅读的使用终端数进行限制，超过允许的最高数量后就无法打开。

采用"进校园"与"校外在线辅导"相结合的商业策略，为出版单位开展校外辅导奠定基础。

三、中国数字教育出版产业发展趋势

数字教育出版的未来发展，需要调动各方力量及时迭代生态圈产品；同时，打造基于内容运营服务、特色解决方案和技术引领所构建的特色数字教育产品体系，才能激发地域性数字教育生态圈活力，然而这种趋势的发展要取决于教育信息化、在线教育和教育出版单位三者各自的发展趋势的有效融合。

（一）中国教育信息化发展趋势

1. 从销售硬件、产品转向销售服务

随着信息技术的深入发展，信息化的发展越来越走向"以用户为中心"和以"教学为中心"。因此，2018年对于具有系统课程体系和能够提供教学支持服务的公司来说，将有很大的发展机会。

2. 注重学习空间、形成性评价和教学行为数据

图书馆不再是"藏书楼"，而会转变成学生协作的学习空间、"研讨室"和数字世界的接口；在线学习将基于教与学的行为数据进行过程性评价将受亲睐，像那些能够便捷采集数据、实时分析，从而让学生进行自适应性学习、让教师科学决策的应用系统，将会逐渐成为2018年的主导。

3. 注重用户生产内容，"微课"发展减缓

随着教育信息化的进一步发展，用户生产内容包括视频内容和直播所产生的内容在教育领域持续高速发展，自上而下的"一师一优课"和自下而上的"微课"发展将增速减缓，基于视频的学习和教学应用的竞争将进一步加剧。

（二）中国在线教育发展趋势

互联网科技的发展带来教育行业学习方式、商业模式、教研模式和运营模式的发展；但同时也对中小型教育机构产生巨大危机和伴随着诱人的机会，如

新东方、学而思等顶层教育机构不但应对改革，而且也形成强强联手的局面。在线教育作为教育产业重要组成部分，不但带来危机，同时带来新的运营思路。在入口上，在线教育乘着互联网风口，迎来庞大规模流量，但要转化为真正客户需要漫长的过程，其发展趋势如下。

1. 回归教育初心，增强学习效果和品牌意识

在教育产业中，消费和服务群体是分开，但唯有品牌、口碑、师资、产品是难以分开的。因此，对消费群体的服务和教育效果势必成为选择关键因素。在线教育的发展和壮大，对传统教育机构带来巨大冲击，而如何在冲击之下维持自身优势，大力重视教研效果和教学效果，迫使教育机构回归到教育的初心上。在刚需的市场上和无压力下，教育机构发展与钱离得很近、与教学效果离得更远；互联网带来新渠道、营销模式和新的商业模式，在线教育得到颠覆性的变化。

2. 抑制成本、强化口碑和产品品牌

随着大、中小型平台和新兴平台的入局，互联网渠道争夺激烈无比。在效果导向下，每次效果提升必然带来费用的上升，激烈争夺渠道、获客成本必然上升。而作为在线教育运营者而言，既喜欢免费获取巨大的数据，也希望大打口碑、品牌带来庞大流量。所以，对于平台而言，资金链的充裕是无比重要，也是在线教育需要资本市场的原因所在。

3. 由单一产品走向多样化垂直产品

有垂直领域在线教育平台，也有大众领域的在线教育平台，而备受风投关注的平台反而是垂直领域平台。但垂直平台由于本身体量小，需要经历多年市场发展和培育，才能收获风口红利。对于在发展中在线教育平台，如潭州学院等，一直在深耕自身领域搅动风云，并且为了能够让用户重复消费，发展各类在线教育产品。

4. 线上外语和线上 K12 教育趋势向好

据国家教育部数据显示，2017 年中国教育市场总规模超过 9 万亿元。2017 年是二胎政策开放的第三年，也是早教、少儿、K12、外语和出国留学等机构大爆发的一年。科技的进步、新一代网络原生用户客户的成熟以及越来越多的家长喜欢上科技的教学模式，会导致外语、K12 在线教育市场增长加速。

5. 加快发展人工智能，创新行业模式

随着移动数字技术的高速发展，以智能录播系统、交互智能电子白板、实物视频展台、电子书包为代表的智慧教育产品流行市场，同时智能语音技术、网络视频通信技术等新技术也不断拥入在线教育领域，进一步加快该行业的发展步伐，但这些只是做到在线教育的资源线上化和私人教育，并不足以撑起智慧教育的概念。

先进科技和以人为本的结合是教育领域的关键词，强势出击的人工智能无疑是智慧教育领域发展的重点。就目前而言，不同平台针对人工智能等技术的用法和理念迥异。例如在线教育企业沪江网，强调人工智能是教育的未来，进而推出了基于大数据的个性化在线教育产品，希望以人工智能技术打掉对老师的依赖；如起家于成人英语市场的51Talk，则更强调以人工智能加强教师和学生的互动，包括智能语音识别、智能互动课堂、智能机器人等产品，均以加强师生间的互动为核心，改变简单的信息传播教育模式；虽然以人工智能为代表的先进技术可以在多个层面应用于教育领域，但作为师生间的言传身教、方法论传递、思维启发、价值观传播等教育内涵，均无法由机器来取代，所以教育仍强调以人为本。

（三）中国教育出版业发展趋势

1. 优化出版过程优化，发展方向多元化

在互联网时代，传统教育版和数字教育出版是相互依存和转化的关系。传统教育出版的发展是数字教育出版进一步发展的基础与源泉。在商业模式上，数字教育出版需要连接各部门相互协作、共同作用，共同打造以内容为中心、以平台为支撑的数字教育出版生态图；在业务方向上，针对政府、学校、教师、学生、家长的不同用户需求，出版单位要扩大教育服务外延并提供评估、咨询等服务。

2. 机器学习技术引领生态圈内局部发展

根据用户需求、整合优质资源，开发出教育出版的特有产品，运用机器学习，提供用户优质服务，完善生态圈内局部生态发展。自适应学习平台：通过线上"实施测试-发现问题提出建议-专项练习"的模式，通过系统诊断发现学生的学习薄弱点，进行反复练习与测试，已达到查缺补漏的作用，并通过线下提供基于系统分析的个性化产品，实现精准服务；图书定制出版：出版单位可以利用自身资源和经验优势，帮助中小学进行校内本土化教材的开发与定制，还可以放眼国际，结合系统数据分析结果，帮助学校选择相应年级的英语分级读物等；提供用户服务：内容＋服务将是出版业发展的必然趋势，通过创意内容、技术和商业模式融为一体，在进行机器学习时，根据用户的阅读习惯和水平定时自动推送合适的内容，用户可以通过前期打赏的方式进行体验，后期订阅的方式来获取持续的服务，甚至可以满足用户的定制和即时答疑需求，同时，出版单位根据用户反馈更新内容、迭代产品。

总之，数字教育出版圈是基于出版单位的优质资源、技术公司的技术整合起来的、发挥各自优势、合理分工的线上线下的平台应用生态系统；在生态圈建设的过程中，要对在生态圈建设基础上形成的教学工具、教育资源平台、数字内容产品等建立标准以规范市场秩序。

（作者单位：上海睿泰信息科技有限公司）

中国数字出版标准化年度报告

陈 磊

一、发展背景

（一）国家有力支持，融合日益深化

随着对标准化重视程度的不断加深，国家对于标准化工作的部署越来越详细、有关指示也越来越具体。一盘以标准化工作为核心，涉及全社会、全行业的大棋正在逐步布局和展开。

习近平总书记对于标准化工作高度重视，在他的核心论述里着重强调了："加强标准化工作，实施标准化战略，是一项重要和紧迫的任务，对经济社会发展具有长远的意义。他还指出，标准决定质量，有什么样的标准就有什么样的质量，只有高标准才有高质量。谁制定标准，谁就拥有话语权；谁掌握标准，谁就占据制高点。"

李克强总理在第39届标准化组织大会上，对标准工作的落地实施提出了很具体的要求。他指出："要更好发挥标准的引领作用，全面实施标准化战略，依靠标准硬约束淘汰落后产能。"进而提出了"用较高标准倒逼'中国制造'升级"。

从新闻出版行业的标准化工作具体态势看，标准正在从追求数量到追求质量，从追求规模到追求精品，从追求概念到追求实践的方向不断发展转变。曾经在很长一段时间里，行业的标准化工作有些落后于行业现实发展水平，但随着近几年国家新闻出版广电总局下属的新闻出版标准化技术委员会、新闻出版信息标准化技术委员会、新闻出版版权标准化技术委员会、新闻出版印刷标准化技术委员会及新闻出版发行标准化技术委员会等标准化专业机构的努力，众多空白领域得到了填补，无论标准的行业认同性还是标准化工作的全行业普及力度都得到了极大加强。

（二）政策强力推动，工作有序开展

根据国务院批准的《深化标准化工作改革方案》，标准化工作改革的第二阶段从2017到2018年，主要是稳妥向新型标准体系过渡。在这一阶段下，标准化工作的相关立法工作首先得到了极大的改善。

在有关中央领导同志的密切关注和直接指导下，2017年《标准化法》《标准化技术委员会管理规定》等相关行业法律法规得以在一年内迅速完成立法意见征求并出台。这些标准化的法律法规在很大程度上，直接作用于标准化体系改革和标准化管理体系，作用于行业的标准化推广和落实。

其中，《标准化法》属于重新修订，修订紧密结合当前社会发展状况，修订后增加了"对于生态环境安全以及满足经济社会管理基本需要"方面的内容，照顾到了当前经济发展和生态环境的平衡态问题。此外，增加了"县级以上人民政府应当将标准化工作纳入本级国民经济和社会发展规划，将标准化工作经费纳入本级预算"方面的内容，从制度上保证了标准化工作在全社会开展的经济基础。

《标准化技术委员会管理规定》为新颁法规。长期以来，各行业的标准化技术委员会是标准化工作的运转核心和主要推进机构，但缺乏审核和退出机制。这项新规的出台，使标准化的专业技术委员会的组建、运营、监督和管理做到了有法可依。结合这部法律的出台，2017年起国家标准化管理委员会对全国的各标准化技术委员会开展为期3年的全面梳理、考核、清查和整顿工作。这部法律的出台，可以基本上转变以前的管理上条块分割、运作上自行其是的工作状态，使标准化工作逐步纳入正规化、制度化、规范化的运营轨道。

通过立法途径，标准的实施监督机制得到了有效加强，标准在行业的顺利运行将得到更有效的保证，作用得以更稳定的发挥。

二、现状特点分析

（一）产业布局不断升级

国务院的《深化标准化工作改革方案》明确指出，将"培育发展团体标准。在标准制定主体上，鼓励具备相应能力的学会、协会、商会、联合会等社会组织和产业技术联盟协调相关市场主体共同制定满足市场和创新需要的标准，供市场资源选用，增加标准的有效供给"。

国家在标准管理上，对团体标准不设行政许可，由社会组织和产业技术联盟自主制定发布，通过市场竞争优胜劣汰。在工作推进上，选择市场化程度高、技术创新活跃、产品类标准较多的领域全力推动团体标准。这一改革举措，对新闻出版行业也产生了巨大促进作用，如关于教育出版的某国家科技支撑计划项目标准，审查专家提出建议改为团体标准平台注册，增加项目标准的开放性、扩展性，使国家项目成果更容易向全行业推广。

从方式上来看，团体标准模式的贯彻和实施，将彻底改变整个行业标准的运行体系，形成自愿性标准体系与政府行业管理相结合的标准化运行体制。根据改革精神，新闻出版的标准化工作也正从以前的行业标准到国家标准的形态逐步转变为从企业标准、团体标准到行业标准、国家标准的全新四级标准布局。标准化资源更加向底层下沉，形成金字塔结构。同时，将与国际接轨，更加强调企业作为标准制定的主力，成功的企业标准上升成为团体标准，在一定的企业联盟、组织或协会等范围内采用，这将有利于标准的产业实践和行业认同。对此，部分行业协会、企业已经闻风而动，加强了各自内部的标准化人员配置和工作部署。

（二）体系化建设不断加强

新闻出版标准体系化的建设工作一年来有条不紊，稳步推进。主要体现在两个方面。

一是标准化工作内容的体系建设。标准体系表是标准化工作的方向指引，关乎标准化工作的格局架构，对于明确未来标准化目标、任务都具有非常重要的现实意义。长久以来，新闻出版行业的标准化工作缺少顶层标准体系架构设计。几百项数字出版标准分布于不同标委会，自 2017 年 5 月起，新闻出版信息标准化技术委员会配合新闻出版标准化技术委员会参与了总局数字出版司领导的新闻出版标准体系框架研究工作，标志着这一事关未来标准化兴盛的工作终于正式启动。

二是体现在标准的涵盖领域不断丰富完善。如新闻出版信息标准化技术委员会于 2017 年在国家标准委成功立项《内容资源数字化加工规范 第 1 部分：术语》《内容资源数字化加工规范 第 2 部分：数字化采集方法》《内容资源数字化加工规范 第 3 部分：内容要素的加工及规格》《内容资源数字化加工规范 第 4 部分：元数据》《内容资源数字化加工规范 第 5 部分：质量要求及检测》《内容资源数字化加工规范 第 6 部分：应用模式》《数字内容对象存储、复用与交换规范 第 1 部分：对象模型》《数字内容对象存储、复用与交换规范 第 2 部分：对象封装、存储与交换》《数字内容对象存储、复用与交换规范 第 3 部分：对象一致性检查方法》《生僻汉字数字键应用编码规范》10 项国家标准。

此外，在原 10 项资源加工行业标准（《加工专业术语》《数据加工及应用模式》《数据加工规格》《数据加工质量》《资料管理》《数据管理》《数据交付》《图书加工》《报纸加工》和《期刊加工》）的基础上，补充性申报研制了包含《新闻出版内容资源加工规范 音频加工》和《新闻出版内容资源加工规范 视频加工》2 项标准的《新闻出版内容资源加工规范》，与国家标准共同形成了一套完整的内容数字化加工规范系统。

上述国家标准及行业标准全面涵盖了传统出版内容的资源数字化加工及存储复用，对于出版单位的数字化出版水平的提高将有较大促进作用。

（三）关键技术标准问题得以相继克服解决

随着互联网和移动互联网的快速发展，以及新闻出版业数字化转型升级的逐步深入，传统出版单位已经关注并大量尝试在最终产品端发展数字化形态的产品体系。数字出版产品的建设核心是对内容的组织及多维度应用，目前出版社构建数字出版产品尚缺乏指导性的内容基础编排规范，造成产品形式单一、内容很难重组利用，无法建立有效的内容组织机制等问题，制约了数字内容的一次性开发，多维度多模式数字出版产品应用。

对此，各标委会针对这一问题提出了各自的解决方法。新闻出版信息标准化技术委员会申报立项了《数字出版产品内容标引规范》行业标准。该标准着重解决的是出版单位今后发展多样化数字出版产品时，内容加工制作的统一规则问题。

新闻出版标准化技术委员会根据《新闻出版　知识服务　知识资源建设与服务工作指南》《新闻出版　知识服务　知识资源建设与服务基础术语》《新闻出版　知识服务　知识资源通用类型》《新闻出版　知识服务　知识元描述通用规范》《新闻出版　知识服务　知识应用单元描述通用规范》《新闻出版　知识服务　主题分类词表描述与建设规范》《新闻出版　知识服务　知识关联通用规则》制定《新闻出版知识服务系列标准》，既能保障基础数字内容的规范化加工制作，为今后数字出版产品提供有力支撑，也是出版单位今后发展多样化数字出版产品的必要前提。该系列标准规范落地能力强，对现实出版工作具有指导意义。

（四）新兴产业领域标准化工作开展迅速

近几年，新闻出版领域新兴技术应用蔚然成风，新型出版物形态不断涌现，标准化工作也紧跟时代发展，有关单位相继投入研制了一批相关标准。

如新闻出版标准化技术委员会在 2017 年组织地质出版社、深圳天朗时代科技有限公司等单位开展了《AR 技术在出版业中应用的标准化问题研究》，并在此基础上立项开展了《AR 出版物》的系列标准研制工作。国家"十三五"规划纲要明确指出："要推动虚拟现实与互动影视等新兴前沿领域的创新和产业化。"此次标准制定正是深扣行业发展脉搏，具体落实国家规划精神的具体举措。标准将对通过单一资源关联形成的文本、图形、声音、影像，乃至三维动画等多元结合的出版形态内容进行规范，并尝试通过我国为主导提出的国际标准关联标识符 ISLI 有效解决，AR 出版物之间的基本关联关系，实现对 AR 出版物的底层运行支撑。

此外，新闻出版标准化技术委员会还组织广东大音音像出版社、盲文出版社、人民教育电子音像出版社、中国出版集团有声事业部、咪咕数字传媒有限公司等出版机构，开展《有声读物系列标准》的研制工作。有声读物是把平面文字演绎成播讲的一种出版物形式，作为音频网络出版物在 2017 年的发展速度很快，已经产生了喜马拉雅、懒人听书等一批在线平台。该标准的制定对于加强在线出版物的行业建设，统一有声读物制作技术标准，提高有声读物内容质量，加强音频数字出版物在线服务水平，强化行业规划和管理都具有很重要的意义。

（五）标委会社会化服务能力不断加强

随着各专业技术委员会的发展和行业标准化经验的积累，对于全行业的社会化标准服务能力也在不断提升。

首先，体现在培训能力的提升上。新闻出版标准化技术委员会 2017 年全年共办 5 期培训，主要围绕编辑业务和出版质量，特别是各出版单位需求迫切的标准，与业务关系密切的标准，特别是质量相关的标准，针对全行业出版单位进行了充分的标准宣贯。2017 年，全年培训出版单位学员总数超过 1 232 人，同比 2016 年增长近 100%。

其次，直接介入企业标准化工作，帮助企业提升标准化工作水平。新闻出版标准化技术委员会在 2017 年完成了地质出版社《国土地质专业领域行业级数字内容运营平台管理标准研制》等两项标准的编制工作，同时承担了电子工业出版社《CNONIX 标准术语及标签规范》《CNONIX 标准应用指南》2 项企业标准的研制。通过协助企业制定日常业务规范，理顺了企业内部标准化工作流程，对提升企业制定标准，用好标准的水平具有实际意义和价值。

最后，加强基础设施硬件建设，为服务企业提供了有效保障。新闻出版标准化技术委员会秘书处承担单位中国新闻出版研究院于 2014 年建设的北京市科委重点实验室，在 2017 年获得了考核通过。3 年间研究院积极推进实验室能力建设，搭建了标准测试平台，开发或购置了"内容标准符合性测试工具集""标准间的标准符合性测试工具"等 6 套测试工具，使新闻出版标准化技术委员会对行业标准化工作的支撑能力得到了进一步增强。

（六）逐步开启国际交流新局面

与国际间的新闻出版标准化交流呈现出崭新局面，主要体现在三个方面：

首先，在国际标准问题上积极为中国发声。新闻出版标准化技术委员会积极跟踪国际标准，派员参加国际标准工作组，直接参与国际标准制定工作，提出代表中国利益的需求和议案。目前我国新闻出版业所参与的国际数字出版相关标准包括《国际标准书号（ISBN）》《国际标准连续出版物号（ISSN）》《国际标准录音制品编码（ISRC）》以及《期刊编排格式》等。

其次，以国际会议为舞台，推动我国主导标准的国际化应用。2017年5月，由总局数字出版司组团，赴南非参加了第44届ISO/TC 46年会。中方代表团成员就ISLI国际标准与其他国际标准的互操作进行了交流与研究，并积极推进ISLI的应用。期间与ISBN国际标准注册管理机构、ISRC国际标准注册管理机构——国际唱片业协会，ISTC国际标准注册管理机构，以及ISNI国际标准注册管理机构——国际音乐著作权管理组织的代表进行了探讨与磋商，对这几项国际标准的修订和标准的应用与管理达成了部分一致性意见，对提高我国标准的注册管理水平，加强与相关国际组织的合作和交流，具有积极的作用和意义。

最后，与国际组织直接对话，扩展国际交流领域。2017年4月，总局组织了与W3C国际组织的工作会谈，就比较关心的出版业标准问题、合作问题与国际组织进行了沟通和交流，这类对话进一步开拓了国际化标准活动的范围。

三、问题及对策建议

（一）数字标准内容不够统一

数字出版的发展使技术实现出现了很多流派。比如在排版格式中有版式、流式、版式和流式相结合等。这使得在面对同一个结果时需要制定不同的标准来规范其流程、技术或方法，特别是根据《标准化法》的规定，新闻出版行业基本只存在推荐性标准，使基于不同技术出发点的标准呈现出了一定的内容差异化，进而造成了出版单位在实际使用标准的过程中感到难以选择。以元数据为例。目前涉及数字出版物元数据的有《电子图书元数据》《中小学数字教材元数据》《元数据系列标准》《版权信息核心元数据》，还有电子课本的相关元数据等。只有电子课本和中小学数字教材元数据在标准制定时，两个标准起草工作组采取了内容共定互用的方式，使元数据得到了统一，但与其他元数据标准却不尽一致。而且这些元数据标准有的采用了都柏林元数据为核心进行了设计，但在核心元数据以外的扩展过程中都加入了各自的定义，有的甚至根据专业需要对都柏林元数据仅做了参考和借鉴。如果某出版单位要出版一本数字教辅，毫无疑问，上述元数据标准都在参考之列，但究竟以哪项标准的元数据为准，这将对出版单位的实际应用带来考验。

出现这一问题的根本原因在于，长期以来新闻出版行业内的几大专业标准化技术委员会基本处于各自为战的状态，虽然有一整套互通互联的工作机制，但是却没有实现标准化工作内容的同步互通。特别是在标准制定的过程中，因为各种因素，各标委会内部的标准基本处于专家委员主导，标委会组织实施的双极工作机制，而缺少一套更高的标准化顶层整合体制。因此，建议今后的新闻出版标准化领域能够组织一批行业专家对于整个新闻出版标准进行一次整体统合，并对以往的各标准族群之间进行系统化的梳理和修订。使标准能够尽量统一在同一个规范构架内。

（二）易用性较差

截至 2017 年 11 月，新闻出版行业已发布各类国家标准、行业标准共计 359 项。这些标准基本覆盖了新闻出版领域现有的全部流程和相关专业加工技术领域。但是，由于最上位的新闻出版标准体系尚未研制出台，上述几百项标准还处于分散的存在状态，没有形成标准树，加之标准内容没有公开，对于一般的出版单位而言，很难仅通过标准名称就能实现与实际的新闻出版工作流程的准确对应匹配，导致了易用性不足的问题。实际上，易用性问题也与各标准间内容设计问题有一定关联。因为一些概念之间的边界问题，也很可能导致专业从业人员无所适从。比如，当对电子图书进行加工时，必须要参考以下 4 项标准，才能完整的了解到如何制作一本合格的电子图书，分别是 CY/T 101.8—2014 新闻出版内容资源加工规范 第 8 部分：图书加工、CY/T 100—2014 声像节目数字出版制作技术要求及检测方法、CY/T 111—2015 电子图书基本基本质量要求、CY/T 113—2015 电子图书阅读功能要求。如果制作图片要分别参考 CY/T 101.8—2014、CY/T 111—2015 和 CY/T 113—2015 这 3 项标准，CY/T

101.8—2014 里只规定了图片的分辨率、色彩模式和压缩格式，而对于图片还原、色阶连续性、占位准确性等显示效果问题则出现在了 CY/T 113—2015 里，CY/T 113—2015 则规定了图片的缩放性问题。如果内嵌音频，则要分别参考 CY/T 100—2014、CY/T 111—2015 和 CY/T 113—2015，在 CY/T 101.8—2014 则根本没有涉及任何关于音频的内容。复杂的标准内容设定，让业务繁忙的相关出版业务人员对较难理出标准的清晰头绪，难以做业务对位。

由于这些标准并不是一家专业技术委员会组织编制，而且涉及到标准的版权所属问题，所以在各标委会组织出版单位进行业务培训时，不可能出现上述这种针对同一出版目标的交叉标准内容宣贯。这使现有标准易用性出现了较大问题。

建议针对现有已出台的标准和未来规划中的标准，尽快出台清晰完整的新闻出版标准体系表，同时统一授权专业的标准化机构，制定针对现有标准统一的《新闻出版行业标准应用指南》。

（三）标准获取困难

标准化基层普及工作不足的一个主要问题还是出在了标准获取的问题上。目前，无论国家标准还是行业标准，获取渠道较为单一且都需要支付一定费用。网络时代下，上述获取渠道无疑较为狭窄。标准制定本身是一个相对公开、公益的过程，其传播应该秉承复制便利、广泛获取的方式。

早在 2015 年，国务院发布的《深化标准化工作改革方案》就要求"免费向社会公开强制性国家标准文本""推动免费向社会公开公益类推荐性标准文本"。2017 年 2 月，国务院标准化协调推进部际联席会议办公室关于印发《推进国家标准公开工作实施方案》的通知，则明确了到 2020 年基本实现国家标准全部免费公开的工作目标。并且制定了两个阶段的工作任务，第一个阶段到 2018 年底，实现免费向社会公开强制性国家标准文本，现在这个任务已经基本实现，到 2017 年底，全部强制性国家标准共计 3 470 项已经实现了系统公开。

虽然国家颁布了相应规定，且有明确的时间表，但目前行业标准尚无法免费获取。而通常囿于标准化工作经费问题，很多标准的印刷份数尚达不到传统出版单位每单位一册的比例，更无法满足各出版单位内部相关人员人手一册学习应用的目的。而目前获取新闻出版行业标准的有效方式仍然要联系出版单位进行购买,而因标准印刷数量少,市场不大,出版单位也不会有很大库存,这甚至导致有些标准无法获取。这一问题严重阻碍了行业标准在各新闻出版单位中的落地实施。建议有关标委会能够在相关行业行政管理机构的直接指导下,依照《实施方案》尽快建设起相应的数字标准数据库,通过互联网的方式实现行业标准的免费、公开下载获取。

(四) 统计和研究不足

新闻出版行业的标准统计力度、相应研究力度均不足。主要表现在以下几个方面:第一,标准的应用成果统计工作尚处于缺位空白状态。标准在各类文字、文献中出现的频率可以从一定程度上代表该标准的社会重视程度和应用状况,特别是国家标准化管理委员会近年对各行业标准化技术委员会的考核,这是一个重要的审查内容。但从目前的情况看,新闻出版行业对于这个领域的的工作尚未展开。这项工作的内容应包括新闻报刊的标准引用;科研报告论文的标准引用;各类政府工作报告的引用情况;标准间的引用情况。目前,尚未做相关的工作。第二,标准对于行业发展支撑力的统计和相关研究极度缺乏。标准化工作的重要性在于其对行业发展、经济带动、经济提升的巨大支撑作用。在其他行业标准化工作与行业进步乃至经济发展之间的关系都有较为深度的研究和阐释,比如,在工程建设领域,工程建设标准对 GDP 的贡献度为 0.222,即标准数量每增加 1%,相应 GDP 会增加 0.222%[①]。甚至有研究表明,标准对于经济的助推作用为专利的 4 倍。这些数字均来自于对行业大数据的统计和深度分析。而新闻出版行业这方面的工作几乎为 0。

加强标准化领域方面的统计和研究工作的立足点还是要放在专业标准化组织上,建议各标准化专业技术委员会能够在各自的专业标准化领域,充分发挥专业组织实施能力,通过多样化的方式,提升行业统计和研究水平。首先,可以通过委员会内的专家委员组织专题小组,对行业各细分领域的标准化工作开展长期指向性探索和反馈式研究。其次,可以通过召开标准专题座谈会、研讨会、评审会的机会,对专家的行业见解进行详细记录整理,借此定期开展阶段性研究。最后,应重视行业的意见收集和动态跟踪,组织兴趣企业共同研判和

---

① 张宏,乔柱,孙锋娇. 标准化对经济效益贡献率的对比分析 [J]. 标准科学. 2014 (06).

深入研究,并应紧跟各相关部委的主导动向,申请相关研究性软课题。

(五) 有关法律仍待完善和加强

2015年国务院关于《深化标准化工作改革方案》提出了对于团队标准和联盟标准的概念,并且提出了相应的标准化开展方式,即"对团体标准不设行政许可,由社会组织和产业技术联盟自主制定发布,通过市场竞争优胜劣汰。国务院标准化主管部门会同国务院有关部门制定团体标准发展指导意见和标准化良好行为规范,对团体标准进行必要的规范、引导和监督"。同时指出了"选择市场化程度高、技术创新活跃、产品类标准较多的领域,先行开展团体标准试点工作。支持专利融入团体标准,推动技术进步"。这就为联盟标准、企业标准工作的市场开展指明了方向。按照《方案》表述,团体标准包括了联盟标准,并且明确了团体标准要大力推动实施。但是2017年通过立法修订的《标准化法》中的相关内容与《方案》的提法并不一致,未将联盟标准列入团体标准,而将其视为企业联盟共同制定执行的企业标准。同时,《标准化法》也没有对团队标准、联盟标准做出明确的界定,包括其制定和发布主体、规范对象、作用边界、知识产权约定等。这就可能给未来标准化工作的实施带来一定的障碍,特别是对于如何保证标准供给的合规性提出了挑战。"法律规定得愈明确,其条文就愈容易切实地施行"。因此,用什么样的法律举措去激发释放行业创新、产业活力是今后标准化方面立法和修订必须要注意的问题。建议下一次修订《标准化法》或另外制定相关办法时,能够在现行标准化管理方式和体系与标准化工作发展态势之间确定更好的平衡,能够更好的联系法律的刚化性与行业实践现状之间的关系,对于团体标准、联盟标准和企业标准之间的界定、关系和规定能够更加清晰、完善。

(作者单位:中国新闻出版研究院)

中国数字版权保护状况年度报告

童之磊　闫　芳　徐耀明　李　洋

"倡导创新文化,强化知识产权创造、保护、运用"是党的十九大对知识产权工作的新方向,说明知识产权的作用日益凸显,已经成为国际竞争的重要战略资源和核心要素[①]。在此背景下,VR、人工智能、区块链等新模式和新技术的不断渗透到数字出版产业的各个环节中,产生了大量的新内容新作品,也引发了数字版权保护的新问题,值得进一步研究。

2017年是"十三五规划"深化落实之年,国家相关法律体系亦在进一步完善,网络版权在司法保护、行政保护等方面的力度不断得到加强,版权权利人和社会各界就数字版权保护意识日趋提升,保护数字版权的社会环境和秩序进一步得到改善。

一、我国数字版权保护新进展

包括《反不正当竞争法》的修改等在内的各种与数字版权保护相关的立法新进展,不断补充或扩展着我国在数字版权保护的法律体系。最高院已经连续9年发布中国法院知识产权司法保护状况白皮书,与此同时中共中央办公厅、国务院办公厅印发《关于加强知识产权审判领域改革创新若干问题的意见》,为知识产权司法保护工作指明了方向。2017年,最高人民法院批准在南京等11个市设立知识产权专门法庭,具有跨区域管辖权,有助于统一裁判标准,提

---

① 参见《2017知识产权回望》. http://www.sipo.gov.cn/mtsd/1107609.htm.

升裁判质量。① 由国家版权局等四部门联合启动的"剑网2017"专项行动，完成了第13年的网络专项治理行动，重点治理了未经授权非法传播网络文学、新闻、影视等作品的侵权盗版行为。这一系列措施均可以看出我们国家在数字版权保护领域不断取得了新的成绩。

（一）整体概述

1. 数字版权立法保护新进展

（1）《反不正当竞争法》的修订，为版权保护"添砖加瓦"

2017年11月4日，十二届全国人大常委会第三十次会议通过了新修订的《反不正当竞争法》。修订后，该法能够更好地调整和引导新时代市场竞争秩序，扩大了版权保护范围。②

修订后的《反不正当竞争法》第六条将经营者实施的混淆行为扩大到企业和社会组织的名称及相关名号等。可以看出，新修条款将知名人士的姓名广大到了商标法及其他存在特定联系的领域，有效解决相关纠纷中署名权遭遇的尴尬，加大了对版权权利人的保护力度。

（2）新政策不断推动版权保护发展

2017年1月，国务院印发《"十三五"国家知识产权保护和运用规划》（简称"规划"）与《知识产权综合管理改革试点总体方案》（简称"方案"）两份文件，国家版权局印发《版权工作"十三五"规划》（以下简称"版权规划"）。三份文件相辅相成，为"十三五"时期的知识产权保护，提供了坚实有力的政策基础和依据。《规划》的印发，意味着知识产权首次成为国家专项规划的重点之一，有利于知识产权工作的全国布局。③《规划》着眼于知识产权强国建设，重点部署七方面工作。《方案》将以国家知识产权局为主进行落实。这将有利于完善知识产权管理机制、提升知识产权保护能力，对创新驱动战略提供支撑。《版权规划》提出，"十三五"时期，版权工作要实现版权强

---

① 参见《国家版权局：2017年版权大事件》. http：//www.ncac.gov.cn/chinacopyright/contents/518/361129.html.

② 全国人大常委会办公厅2017年11月4号新闻发布会. http：//www.scio.gov.cn/xwfbh/qyxwfbh/Document/1605291/1605291.htm.

③ 参见《新华社：关于国务院印发〈"十三五"国家知识产权保护和运用规划〉》. http：//www.gov.cn/xinwen/2017-01/13/content_5159586.htm.

国的战略目标,并部署了 26 项重点工作任务,这将对版权法律制度、行政管理、社会服务等体系的完善与建设工作起到非常大的促进作用。

2. 数字版权司法保护新进展

在司法保护方面,包括涉及信息网络传播的著作权纠纷在内的知识产权案件不断增多,审理难度加大,很多案件涉及复杂技术事实认定、巨额利益分配、社会公共利益、国家利益与知识产权权利人的利益平衡等问题[①]。近 5 年我国知识产权案件数量增长迅猛。全国法院新收各类知识产权一审案件从 2013 年的 100 800 件上升到 2017 年的 213 480 件,案件总量翻了一番,年均增速超过 20%。[②]

(1) "3+15+1" 知识产权大保护格局建立

2018 年 3 月,郑州知识产权法庭成立。至此,郑州、天津等共 15 家知识产权法庭完成挂牌,与北上广 3 家知识产权法院、杭州互联网法院一起,共同构成中国知识产权 "知识产权法院+知识产权法庭+互联网法院" 的审判矩阵,即 "3+15+1" 新的大保护格局,将知识产权司法保护水平推向一个新的高度。

(2) 案件数量再创新高

2017 年,各类知识产权案件特别是著作权案件大幅增长。在知识产权民事一审案件中,著作权、商标和专利案件分别为 137 267 件、37 964 件、16 010 件,同比上升分别为 57.80%、39.58%、29.56%。北京、上海、江苏、浙江、广东五省市法院收案数量占全国法院案件总数的 70.65%。[③]

知识产权案件年度数量比对

年份	全国法院新收案件量	一审新收著作权案件量	一审新收专利案件量	一审新收商标案件量
2010	42 931	24 719	5 785	8 460
2011	59 612	35 185	7 819	12 291
2012	87 419	53 848	9 680	19 815

---

① 参见《最高人民法院首次发布知识产权司法保护纲要》. http://www.court.gov.cn/zixun-xiangqing-41872.html.

② 参见《2017 年全国法院知识产权一审案件首次突破 20 万件》. http://legal.people.com.cn/n1/2018/0228/c42510-29840202.html.

③ 参见《中国法院知识产权司法保护状况 (2017 年)》. http://www.court.gov.cn/zixun-xiangqing-42362.html.

续表

年份	全国法院新收案件量	一审新收著作权案件量	一审新收专利案件量	一审新收商标案件量
2013	88 583	5 1351	9 195	23 272
2014	95 522	59 493	9 648	21 362
2015	109 386	66 690	11 607	24 168
2016	136 534	86 989	12 357	27 185
2017	213 480	137 267	16 010	37 964

资料来源：最高法院（数据均为地方法院新收案件量）

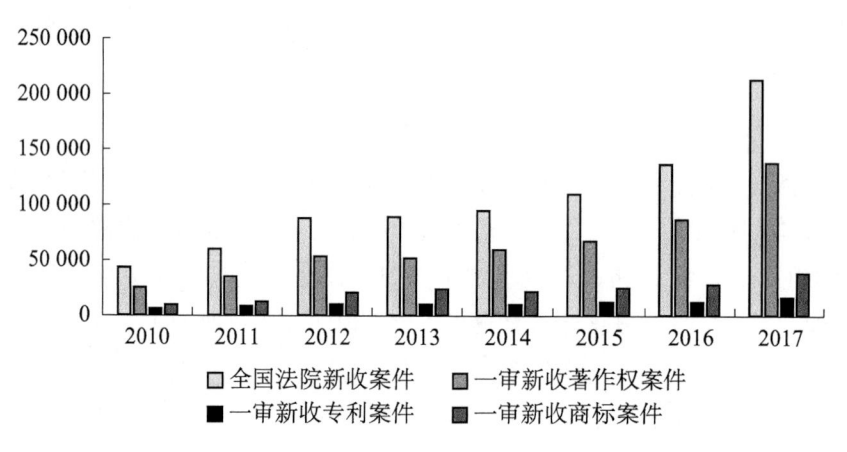

（3）各地审判数量

同期，北京、上海、广州知识产权法院共受理案件 26 698 件（包括一审、二审），共审结 22 631 件。北京知产法院受理专利行政诉讼案件同比增加 5.2%、商标行政诉讼案件同比增加 43.9%。[①] 2017 年，广东法院审结知识产权案件占全国新接收案件的 1/3，为历年来最高。随着科技和经济的发展，知识产权愈加重要，权益受到侵害的可能性也随之加大，其他省份知识产权案件也呈现激增态势，天津、河北全年新收知识产权案件分别同比上升 13.74%、29.54%。

3. 数字版权行政保护新进展

（1）版权保护总基调确定

党的十九大报告指出，要"倡导创新文化，强化知识产权创造、保护、运用"，这为今后的版权保护工作确定了总基调。一方面要重视知识产权在国际

---

① 参见《我国法院知识产权司法保护工作 2017 年取得四大进展》. http：//www.stdaily.com/sipo/sipo/2018-02/10/content_ 636643.shtml.

竞争中的重要作用，加强自主创新，形成自己独有的知识产权；另一方面也要加大知识产权保护力度，要在创新中保护，在保护中创新，实现良性循环，创造知识产权创造的优良社会氛围，满足新时代对知识产权保护的需要。

（2）"剑网行动"提升保护力度

由国家版权局、国家网信办、公安部、工信部等四部门联合开展的"剑网行动"到2017年，已经开展了13次。"剑网行动"有效地打击了侵权盗版行为，提升了版权保护力度，为网络版权环境的好转提供了有力保障。2017年的"剑网行动"关闭侵权盗版网站2 554个，71万条链接被删除，侵权盗版制品276万件被收缴，并立案调查了一批案件，向社会公布来20件侵权盗版典型案件。这将会对侵权盗版企业及行为起到有力的震慑作用。

（3）著作权法执法检查层级提升

著作权保护越来越受到重视，2017年，全国人大常委会组成执法检查组对《中华人民共和国著作权法》实施情况对北京、上海等5省市进行了检查，这表明执法检查的层级得到提升。并委托天津、河北等10个省（区）（市）人大常委会对本辖区域内实施情况进行检查，并出具《关于检查〈中华人民共和国著作权法〉实施情况的报告》，提交全国人大常委会审议。

这是著作权法自1991年实施以来最大规模的一次执法检查，通过这次执法检查，对于宣传著作权法，增强全社会尊重智力劳动和保护著作权的意识、提升版权保护水平、促进版权产业发展和推进著作权法修订都具有重要意义。

（4）软件正版化持续推进，助力软件产业可持续发展

2017年，推进使用正版软件工作部际联席会议加大工作力度，进行全面部署，通过统筹协调、服务指导和督促检查，使正版软件工作推进使用工作取得了新的成效。各级党政机关、央企、金融机构共采购操作系统、办公和杀毒软件372.81万套，2017年全国有37 667家企业实现软件正版化。部际联席会议共督查单位389家、检查计算机26 989台。党政机关和大中型企业带头使用正版软件，起到了很好的示范引领作用，促进软件创新能力不断增强，软件著作权登记量大幅增长。2017年软件著作权登记量达到74.54万件，同比增长83%；软件和信息技术服务业收入达到5.5万亿元，同比增长13.9%。[①]

[①] 参见《国家版权局：2017年版权大事件》．http：//www.ncac.gov.cn/chinacopyright/contents/518/361129.html。

4. 数字版权社会保护新进展

（1）企业合力破解新闻作品版权保护难题

2017年4月，"中国新闻媒体版权保护联盟"在第二届中国网络版权保护大会宣布成立，首批媒体版权联盟成员单位有人民日报社、新华社、中央电视台和中国搜索等中央新闻单位和新媒体网站。联盟的成立意味着新闻媒体通过行业自律和版权合作等措施来推进新闻作品版权保护的工作，合力打造平台推进版权共享、监控与交易，为新闻媒体作品版权保护和维权提供可能，为媒体融合和内容创新提供良好的行业氛围，共破新闻作品版权保护难题。[①]

（2）网络版权研究得到开展，版权工作社会化进一步推进

网络版权研究近年来得到进一步重视。主要表现一是在2016年批准在腾讯设立网络版权产业研究基地，并展开相关研究工作；二是发布《2017中国网络版权产业发展报告》；三是成立网络版权产业研究基地专家委员会。通过这三方面的努力，凝聚各方力量，推动研究工作进展。尤其是成立网络版权产业研究基地专家委员会，能够促进学界与业界的互动，加深对网络版权的认识，使版权工作社会化进程得到进一步推进。

（二）年度对比分析

较之2016年，2017年的数字版权保护在立法保护、司法保护、行政保护和社会保护方面都有一些新的进展。

在立法保护方面，《反不正当竞争法》《"十三五"国家知识产权保护和运用规划》及《知识产权综合管理改革试点总体方案》都反映出我国在司法保护方面的立法保护的推进，在不断补充或扩展我国在数字版权保护的法律体系。

在司法保护方面，全国的知识产权案件依然呈高速增长态势，且新类型版权纠纷呈上升趋势。北京、上海、深圳这些互联网企业集中城市是此类案件的高法定。最高人民法院设立了跨区域管辖的15个知识产权专门法庭，使审理不断取得重大进展与突破，对统一司法标准，提高审判质量，完善知识产权司法保护制度，提高知识产权司法保护的整体效能有着深远影响。与此同时，我

[①] 参见《国家版权局：2017年版权大事件》. http://www.ncac.gov.cn/chinacopyright/contents/518/361129.html.

国依然存在赔偿标准的统一问题,以及审理涉及网络游戏直播案件、视频聚合网站的案件等新商业模式下的网络著作权案件的服务提供商的责任认定等问题,需要在今后的工作中进一步探索和完善。

在行政保护方面,党的十九大报告为知识产权保护确定总基调,突出知识产权保护的重要性,彰显保护网络版权的突出作用。2017 年的"剑网行动",为网络版权保护的生态建设做出了突出的贡献。影视和新闻两类作品的侵权盗版状况得到有效整治,电子商务平台与 APP 平台版权秩序受到重点关注,网络文学、网络音乐、网络云存储空间、网络广告联盟等领域的版权工作得到有效巩固,使权利人的权益得到有效保障,净化了网络环境。

在社会保护方面,2017 年,网络版权的社会保护更加立体、多元、有效。"中国新闻媒体版权保护联盟"宣告成立,是新闻媒体知识产权保护意识增强的体现,凸显政府对新闻产业的版权保护的重视。学者、媒体、企业等多种社会力量不断聚焦版权保护,促使版权保护工作更加顺利进行。

二、各省区版权保护状况统计分析

(一) 各地区版权保护状况综述

2017 年,从知识产权案件分布看,北京、上海、江苏、浙江、广东五省市法院收案数量占全国法院案件总数的 70.65%。其中,广东法院 2017 年新收知识产权民事一审案件 58 000 件,同比增长 84.70%;北京法院新收 25 932 件,同比增长 49.20%;上海法院新收 14 012 年,同比增长 43.17%;吉林、湖南、福建、内蒙古等其他省份新收各类知识产权案件也呈迅猛攀升态势。[1]

(二) 我国部分地区版权保护情况

1. 北 京

2017 年,全市三级法院共新收各类知识产权案件 41 320 件,同比增长

---

[1] 参见《最高人民法院全国法院知识产权宣传周新闻发布会》. http:∥news.ifeng.com/a/20180419/57703398_ 0. shtml.

43.1%；共审结 37 522 件，同比增长 38.7%。其中，新收一审知识产权民事案件共 25 932 件，同比增长 49.2%；审结 24 606 件，同比增长 46.5%。新收一审知识产权授权确权行政案件 9 672 件，同比增长 37.5%；审结 7 188 件，同比增长 18%。市高级法院、知识产权法院共新收二审、申诉、再审知识产权民事案件 2 819 件，同比增长 127.5%；审结 2814 件，同比增长 162.5%。新收二审、申诉、再审知识产权授权确权行政案件 2 897 件，同比减少 9%；审结 2 914 件，同比减少 4.3%。①

为了提高审判效率，节约诉讼成本，便利当事人参与诉讼，已初步建立全市三级法院技术调查官资源"共享"机制。海淀法院尝试邀请知识产权法院的技术调查官参与诉讼，出庭协助法官查明技术事实，并就案件涉及的技术问题撰写技术审查意见，这是该项制度首次在全国基层法院适用。丰台法院通过借助技术调查官和专家辅助人，协助法官准确认定涉时间戳电子证据的效力。与此同时，海淀区法院引入远程庭审等新方式为当事人提供了极大的便利，亦节约了其诉讼成本，从而缓解了"案多人少"的压力，加快案件流转进程、确保审判质效，努力实现高效、稳妥、公正地审理案件。

在行政执法方面，北京市文化市场行政执法总队在市委宣传部的统一指挥下，会同市网信办、市公安局等单位开展网络游戏违法违规行为和不良内容集中整治专项行动，同时对"儿童邪典视频"开展查禁工作。自 1 月 22 日网络游戏专项整治行动启动以来，市文化执法总队本着"封到位、打到位、清到位、曝到位"的原则，坚持集中整治、高限处罚，取得了阶段性成果。累计立案 42 起、下达处罚决定 39 件，罚款 79.5 万元。加大对网络游戏违法行为的出发力度，保障良好的网络环境。②

2. 上　海

2017 年，上海全年全市法院受理各类知识产权案件 15 809 件，审结 15 715 件，同比分别增加 40.76% 和 38.47%，全市法院知识产权庭案件收结总量呈大幅增长态势；全市检察机关推动知识产权案件权利义务告知工作，进一步提升

---

① 参见《北京法院 2017 年知识产权审判工作新闻发布会》. http：//bjgy. chinacourt. org/chat/chat/id/49524/preview/1. shtml.

② 参见《国家版权局："剑网 2017"专项行动》. http：//www. ncac. gov. cn/chinacopyright/contents/10873/353006. html.

知识产权刑事办案专业化，全年全市检察机关共受理涉嫌侵犯知识产权审查逮捕案件146件241人。

上海知识产权法院积极探索，在审判专业化机制的构建、裁判规则的确立、司法保护力度方面，形成了一整套经验。立案登记制改革，破解了"立案难"的问题；人民陪审员制度改革，推进司法民主进程；人民陪审员"倍增计划"的完成，拓宽人民群众参与司法的渠道。在实践探索过程中，上海知识产权法院也取得了很好的成绩：审结全国首例电子竞技游戏赛事网络直播纠纷案件，审结的晨光公司诉得力公司侵害外观设计专利权纠纷案等6件案件入选"中国法院十大知识产权案件"。[①]

在行政执法方面，2017年上海知识产权行政执法保持高压态势。专利管理部门全年开展34次执法检查，涉及商业单位68家以及专利商品800余件；立案审理各类专利案件314件，其中立案受理专利纠纷案件240件。此外，工商和市场监管部门立案查处商标侵权违法案件1 254件，没收各类商标侵权商品和标识16.77万件（只）；文化执法部门检查各类文化经营场所1.7万家次，收缴盗版图书、非法音像制品等近35万件等。[②]

3. 广　东

2017年广东法院审结各类知识产权案件7.1万件（其中民事知识产权案件5.63万件），同比增长64.69%，占全国法院结案总数的31.7%，继续居全国法院首位。2017年，先后成立广州知识产权法院、深圳知识产权法庭，优化案件管辖布局。依法审理不正当竞争和垄断案件1 294件，审结华为公司与美国交互数字公司滥用市场支配地位纠纷等案件，支持新产业有序发展。[③]

在行政执法方面，2017年，广州市文化执法战线紧紧围绕迎接宣传贯彻党的十九大工作主线，深入开展专项行动，持续强化市场监管，有力查办大案要案，积极夯实工作基础，有效净化了网上网下文化环境，有力维护了意识形态安全和文化市场秩序。2017年，全市共出动执法人员50 042人次，检查文化

---

① 参见《2017上海高级法院工作报告》. http：//www.spcsc.sh.cn/n1939/n2440/n4645/u1ai172565.html.
② 参见《2017上海知识产权白皮书》. http：//www.shanghai.gov.cn/nw2/nw2314/nw2315/nw18454/u21aw1304424.html.
③ 参见《2018广东高级人民法院广州报告》. http：//www.gdcourts.gov.cn/web/content/40274 -?lmdm = 1075.

经营企业 15 904 家次，办结行政处罚案件 603 宗，收缴各类非法出版物 213 万册（张），办理国家部委机关督办案件 2 宗，抓获犯罪嫌疑人 24 人。

广州市文化市场综合行政执法总队执法五处被评为 2017 年全国"扫黄打非"先进集体。广州市被评为 2017 年广东省"扫黄打非"工作先进地区。[①]

三、数字版权保护技术发展状况

数字版权保护技术的发展在版权保护中的运用中的作用，日益更加突显，成为更为重要的因素。

（一）数字版权保护借力区块链技术，完善版权保护体系[②]

在数字版权领域，授权以及版权结算不畅、利益分享严重失衡、侵权盗版屡禁不止、确权及维权困难等问题尤为突出。为了破解上述难题，中国版权保护中心在 DCI 体系中应用区块链技术进行版权结算。区块链技术通过不可篡改的公共记账本客观记录事实，一旦发生诉讼，可提供合法、客观的证据，更好地保护数字版权。与此同时，中国版权保护中心也启动了"多媒体内容运营与版权费结算平台"。该平台使用创新的智能 AI 及区块链加固技术，专门从事数字版权运营与版权费用结算服务，可为版权人提供安全、快捷的数字作品版权登记接入服务通道。

（二）中国版权协会版权监测中心平台上线

2017 年 4 月，中国版权协会版权监测中心平台正式上线。该平台在人工智能搜索、云计算、大数据分析的支持下，监测范围涵盖了全球 PC 全网、移动 APP、智能电视、机顶盒、聚合 APK 等网络播放平台，并针对云盘、贴吧、直播平台、P2P 网站等新型平台。

---

① 参见《广州文化执法总队公布文化市场典型案件彰显保护版权坚定决心》. http://www.xwgd.gov.cn/xwgd/zwxx/201804/2b941a7c1ae84a71ad5a51eefb7bb333.shtml.

② 参见《数字版权保护接力区块链技术》-科技日报 2017.3.29. http://digitalpaper.stdaily.com/http_www.kjrb.com/kjrb/html/2017-03/29/content_366115.htm?div=-1.

（三）新的水印技术，助力版权保护

中国新闻出版研究院在承担国家新闻出版广电总局重大科技工程项目——数字版权保护技术研发工程的关键核心技术研发、系统总体集成和工程管控过程中产出的核心专利技术"一种视频水印的嵌入和提取方法"，能够实现数字视频版权标识的隐蔽嵌入和鲁棒提取，能够为视频媒体的数字版权保护与侵权追踪提供有效技术支撑。与其他同类技术相比，该技术不受视频编码格式限制，在版权标识不可见性、鲁棒性、高效性等方面均得到了显著提高。[①] 目前，该技术不仅在数字版权保护技术研发工程"富媒体内容版权保护应用系统"中得到了应用，而且在工程核心成果物——数字版权保护技术管理与服务平台中得到了集成应用，并发挥了关键支撑作用。同时，该技术还在多个数字版权基础服务系统或平台中得到了集成应用，提供了有效支撑。

四、典型案例分析

2017年，关于新型电子证据取证司法实践中的应用更进一步，出现了技术难度更高的远程云取证，并被司法机关采纳，具有示范效应。同时，利用"转码技术"实施侵害著作权行为首次被刑事处罚，司法审判中攻克了审理难点，通过司法判决界定了"转码"行为"罪与非罪"的界限。

（一）当当网传播影视剧原著涉电子证据著作权侵权纠纷案

【案情】

2016年8月，原告中文在线数字出版集团股份有限公司（以下可简称"中文在线"）经涉案作品《大唐后妃传》的作者沧溟水的授权，获得涉案作品的信息网络传播权专有使用权。2017年2月，根据涉案作品改编拍摄的电视剧《大唐荣耀》在卫视热播期间，中文在线发现被告北京当当科文电子商务有限

[①] 参见《自动化所发明专利"一种视频水印的嵌入和提取方法"荣获第十九届中国专利优秀奖》。http://www.xue63.com/toutiaojy/20171222B04JW700.html。

公司（以下简称"当当网"）经营的当当网电子书板块提供涉案作品，并向用户收取费用。原告通过真相网络科技（北京）有限公司运营的"IP360全方位数据权益保护开放式平台"对被告未经许可传播涉案作品的事实进行了证据保全。原告认为，被告擅自在网站上提供涉案作品的收费阅读服务，其行为严重侵犯了原告的权利，给原告造成重大经济损失，故诉至北京市东城区人民法院要求判决被告立即停止侵权，赔偿原告经济损失。

被告当当网辩称，虽然网站传播了涉案作品，但上架时间较短，且涉案作品由上游版权方授权，被告事实上已经取得了非专有信息网络传播权。因上游版权方未出具相关授权书，也未写明授权期限，导致被告超期使用。故被告侵权的主观恶意程度较小。

东城法院经审理查明，中文在线通过本地计算机登录远程取证平台后，获得系统分配的一个云主机进行取证操作。同时系统自动录屏，记录所有操作过程，并将录屏文件加盖时间戳且实施加密处理，保存于云端。法院认为，中文在线通过"IP360全方位数据权益平台"（以下简称"IP360平台"），登录该平台的远程桌面对当当网传播涉案作品的事实进行证据保全，并提交了IP360平台的录屏文件，该录屏文件有真相数据保全中心及北京网络行业协会电子数据司法鉴定中心签发的证书，结合法院的勘验过程及真相科技公司出具的说明，可以认定中文在线系通过IP360平台远程操作进行的电子证据保全，并将所保全的数据存储于数据中心，故可确认其保全时网络环境的清洁性，加之该平台对所保全证据进行了中科院国家授时中心的时间认证，故通过中文在线提交的电子保全证据可以认定当当网传播了涉案作品的在线收费阅读服务。据此，认定被告的行为已经构成侵权，应承担相应侵权责任。

【分析】

近年来，司法实践中应用新型电子证据的案件日趋增多。因新型电子证据具有效率高、成本低的特点，受到了诉讼参加人的普遍欢迎，并正推动着一场自下而上的证据形式的变革。

以往司法实践中，应用较为广泛的是诸如"联合信任时间戳"等本地取证方式。但司法实践对于这种本地取证方式存在一定争议，因为本地取证方式只能证明文件在上传后不被篡改，并不足以证明取证过程的真实性，存在清洁性方面的"先天不足"，在缺乏合理的技术措施保障的情况下，可能导致取证行为起不到预期的证据保全效果或使得被保全的证据证明力趋弱。

在此背景下,远程云取证方式弥补了本地取证方式的不足:类似 IP360 平台的远程云取证方式的云主机并不在本地运行,取证过程由系统自动录屏,不受本地计算机和网络环境的干扰,从而避免了清洁性问题。不仅解决了证据形成后不可篡改的问题,还确保了证据形成过程的真实性。

对于新型的电子证据取证方式,无论是本地取证还是远程取证,司法实践和法学界都在探索和研究。本案系北京地区首例认定远程云取证方式获取的电子证据具有证据效力和证明力的案例,对后续司法审判工作具有积极示范效应。

(二) 北京易查无限信息技术有限公司、于东侵犯著作权罪案[①]

【案情】

被告单位北京易查无限信息技术有限公司(以下可简称易查公司)系"易查网"的经营者。该公司负责人于东开发触屏版小说产品的方案,易查网将 WEB 小说网页转码成 WAP 网页供移动用户阅读。公安机关扣押了易查公司的服务器硬盘,鉴定人员确定与玄霆公司小说相同字节数占总字节数 70% 以上的有 588 本。被告人及其辩护人提出,"易查网"的开发设想系提供搜索及转码服务,而非内容服务,即在用户搜索并点击阅读时,对来源网页进行转码后临时复制到硬盘上形成缓存并提供给用户阅读,当用户离开阅读页面时自动删除该缓存。但根据鉴定确认的事实可知,"易查网"在将其所谓"临时复制"的内容传输给触发"转码"的用户后,并未随即将相应内容从服务器硬盘中自动删除,被"复制"的小说内容仍可被其他用户再次利用,上述行为已明显超出转码技术的必要过程。据此可以认定,"易查网"直接向网络用户提供了涉案文字作品。易查公司未经著作权人许可,通过"易查网"传播他人享有著作权的文字作品 500 余部,情节严重,已构成侵犯著作权罪。于东作为易查公司直接负责的主管人员,亦应承担侵犯著作权罪的刑事责任。本案中,易查公司及于东具有自首和通过赔偿获得被害单位谅解的等酌情从轻处罚情节,法院综合考虑本案的犯罪情节、后果,依法判处单位罚金,判处于东缓刑及罚金。宣判

[①] 参见《2017 年中国法院 10 大知识产权案件》。http://www.court.gov.cn/zixun-xiangqing-91312.html。

后,易查公司、于东均未提出上诉。

【分析】

转码技术是随着移动阅读逐渐普及产生的一项技术,目前已广泛应用于移动阅读领域。其基本原理是将 PC 端的网页格式转换成可以适配手机的相应格式。在格式转换过程中,图片、视频和 flash 动画等特定内容将被过滤或压缩,文本内容也会根据手机屏幕的特点进行调整。目前向手机用户提供这种格式转换服务的,正是搜索引擎。一般情况下,搜索引擎通过自动处理过程,在其服务器内存或硬盘上进行格式转换,并将由此生成的手机格式网页传输给手机用户之后,即自动删除了在内存或硬盘中临时存储的内容,该过程涉及的临时存储属于"临时复制"。

但近年来,部分网络服务者在转码之后,常常不删除临时存储的内容,而是将转码后的内容永久保存在其后台服务器中,仍可被其他用户再次利用,这种行为已明显超出转码技术的必要过程,构成了著作权法意义上的"复制"。这种手法被部分网络服务者所利用,以"转码阅读"为名,行提供内容之实,试图规避著作权风险和行政监管。

判决对"转码"技术实施的特点以及必要限度进行了详细阐释,从信息网络传播行为的本质出发,厘清了"转码"行为罪与非罪的界限。本案较好地展现了在技术飞速发展的时代背景下,知识产权司法保护在坚持技术中立的同时,如何结合技术事实认真厘清有关技术是否超越法律范围、侵犯他人合法权利的标准。

五、数字版权保护存在的困境及应对措施

人工智能、大数据、区块链技术等各种新技术助力数字出版产业的高速发展的同时,也带来了各种新的知识产权保护运用问题,给我国的数字版权保护不断提出新的挑战。

(一)新行业、新技术对知识产权保护形成一定挑战

市场的快速发展让版权生态更趋复杂、版权纠纷更趋多样,为版权保护带

来了全新挑战。从过去的单线授权、零星开发,"IP 时代"引发的版权资源活化,已经走向贯通文化产业全链条的阶段。营造良好的版权生态,成为当前文化产业的迫切需求。然而,由于新业态的不断出现、新技术的不断发展,侵权的方式和种类也不断翻新,使维权的难度进一步加大。例如:游戏直播、微信公众号、新型自媒体等新行业的兴起,涌现出大量侵权行为。例如:2017 年 11 月 14 日,广州知识产权法院一审判决认定,YY 直播"梦幻西游""梦幻西游 2"的行为属于著作权侵权,并判决确定赔偿额为 2 000 万元。这一案例从一个侧面也充分表明不断推陈出新的新的业态还没有形成对版权保护的足够认识,当前的文化产业新兴业态在作品授权、权利分割、衍生开发方面仍然不规范、不准确的现象。[1]

随着人工智能的快速发展,未来人工智能将会在新闻采写、文学创作等领域大显身手,人工智能创作物也会大量涌现,其版权的归属将会引起广泛关注。

(二)强化行政保护、司法保护、社会保护、技术保护的协同作战,建立保护数字版权体系和生态环境

推动网络版权相关产业持续健康发展,要坚持在发展中创新。在创新中发展的理念,努力实现在内容、管理等领域取得进展,需要政府管理部门以及互联网企业、权利人和专家学者共同努力。通过版权交易平台建设和版权价值评估体系的创建,完善版权资产评价机制,加强版权行业组织建设,结合互联网特点摸索授权机制的构建,建立保护数字版权体系,让版权产业更好更快发展。

(三)进一步加快数字版权保护立法

保护知识产权就是保护创新。虽然,近几年来我国知识产权保护工作取得了有效进展,但是在现有法律规则和体制框架内,很难消除知识产权侵权的网络土壤,难以从根本上对网络侵权问题进行根治,建立健全工作体制机制,已成为亟待突破的制约知识产权审判工作的瓶颈。这就需要加强顶层设计,针对

---

[1] 参见《版权保护面临新挑战》. http://www.sohu.com/a/220038844_118927.

各种制约因素进行周密详细的调研，加强立法工作，确立新的规则，通过有效手段，营造不敢侵、不愿侵的社会氛围与法制环境，推动我国数字版权保护立法实现根本性转变。

2017年，中国版权创造、运用、保护和管理水平不断提高，立法、司法保护、行政执法、版权社会服务、版权产业发展等成绩斐然，版权事业进入快速发展的新阶段。2018年，数字版权保护仍然需要所有参与者的共同努力，开启数字版权保护工作新的局面。

（作者单位：中文在线数字出版集团股份有限公司）

中国数字出版教育年度报告

张　博　雷　锦　郝于越

一、中国数字出版教育的新进展

《2016—2017中国数字出版产业年度报告》显示，截至2016年年底，国内数字出版产业累计用户达到16.73亿人，产业整体收入5 720.85亿元，比2015年增长29.9%[①]。数字出版各新兴板块产品的研发与市场化应用层出不穷，业界对人才的数量需求进一步扩大，对从业者的素质要求也更加细分化、多样化。

当前数字出版人才不仅包含传统新闻出版单位数字化转型所需人才，还囊括了网络文学、在线教育、有声读物、知识服务、网络游戏等各个新兴板块的从业者。数字出版逐步呈现技术密集、重视服务等特点。政府、企业和高校积极展开合作，从人才规范化管理、行业需求反馈、高等教育课程设置、专业实践等多个方面积极改进培育模式，不断完善数字出版人才培养体系，努力输送复合型人才。

（一）"千人培养计划"初步落实，将在2018年全面实施

"数字出版千人培养计划"是列入《新闻出版业数字出版"十三五"时期发展规划》和新闻出版广电总局"十三五"人才建设规划的重点工程。2017年该计划初步落实，取得了以下人才培养成果：首先，为了与传统的编辑出版专业有所区别，培养更多的数字出版人才，各类型高等院校开办了层次各异的数字出

---

① 魏玉山. 2016—2017中国数字出版产业年度报告[R]. 北京：第七届中国数字出版博览会，2017.

版专业，并在课程设置上与时俱进，增设特色学科；第二，各数字出版单位与研究机构、高等院校进一步开展校企合作式人才培养战略，将应用型人才培养路径与数字产业的行业需求紧密关联；第三，数字编辑职称制度成功推出，北京市 65 人首获数字编辑高级职称，其他省份也开始酝酿本地区数字出版职称计划。第四，"数字出版千人培养计划"开展试点培训并取得成功，遴选了首批共 100 名出版业一线骨干作为学员参加定向培养，丰富了数字出版人才体系。2018 年将全面实施该计划，完成试点班企业实训、国外研究两阶段任务，现已制定《数字出版千人培养计划课程体系》，将建立集政产学研于一体的师资队伍。

（二）重视培育高端人才，出版业智库建设加速

产业发展、重大决策的制定和实施都离不开专家们的智力贡献。在互联网与出版业融合发展的背景下，2017 年 10 月，在南京大学举办了首届中国新闻出版业智库高峰论坛。新闻出版领域专家学者围绕"传媒产业研究方法""资本助力数字出版行业发展""出版智库的问题意识""新闻出版应用质量标准"等议题，探讨了深化改革背景下出版业智库的建设。

2017 年 11 月，国内 18 家主流新闻出版和互联网企业于北京联合发起了自律协作型产业创新智库群——新闻出版产业新型智库联盟，这是国内首个以新闻出版产业研究为主攻方向的新型智库联盟。新闻出版业高端人才智库的建设充分推动了高等院校、科研单位、技术企业之间的跨界合作、协同创新。不仅有助于破解互联网条件下新闻出版行业数字化转型的瓶颈问题，还可以帮助数字出版行业吸引、留住高端人才，推动行业整体发展。

（三）高校办学与时俱进，增设特色学科

国内高校较早时期开设的数字出版专业往往聚焦于传统出版数字化转型领域，以传统出版专业知识和实践能力为基础，培养学生的跨界思维、文化素养，并令其掌握一定的计算机编排技术、多媒体出版技术和网络出版技术等。当前数字教育产品、有声读物、网络游戏等不同形态的数字出版产品层出不穷，新型数字出版人才的培养需求日益增加。

全国现有超过 70 所高校开设出版相关专业，涵盖本科、硕士、博士等多个人才培养层次。编辑出版类本科专业包括编辑出版学、数字出版、网络与新

媒体（数字出版方向）等专业。截至 2018 年 3 月，我国共有 77 所高校开办了编辑出版类本科专业，这些高校分布在 25 个省、自治区和直辖市，主要集中在东部和中部地区，见表 1。

表 1 编辑出版类本科专业在我国的具体分布情况①

地区	学校数量	开设编辑出版类本科专业院校
北京	3	北京大学、北京印刷学院、中国传媒大学
天津	2	南开大学、天津科技大学
河北	3	河北大学、河北经贸大学、河北大学工商学院
山西	1	山西师范大学
内蒙古	2	内蒙古大学、内蒙古民族大学
辽宁	1	辽宁大学
吉林	4	吉林师范大学、吉林工程技术师范学院、吉林华侨外国语学院
黑龙江	1	黑龙江大学
上海	3	上海理工大学、华东师范大学、上海师范大学
江苏	3	南京大学、南京师范大学、中国传媒大学南广学院
浙江	7	浙江大学、杭州电子科技大学、浙江工商大学、浙江万里学院、浙江传媒学院、宁波大红鹰学院、浙江越秀外国语学院
安徽	3	安徽大学、安徽科技学院、合肥师范学院
福建	1	闽南师范大学
山东	8	中国海洋大学、青岛科技大学、临沂大学、山东财经大学、山东工艺美术学院、山东工商学院、山东政法学院、济南大学
河南	1	河南大学
湖北	7	武汉大学、武汉理工大学、湖北大学、湖北民族学院、湖北第二师范学院、武汉理工大学华夏学院、湖北民族学院科技学院
湖南	7	中南大学、湘潭大学、湖南师范大学、衡阳师范学院、衡阳师范学院南岳学院、湖南商学院、湖南商学院北津学院
江西	1	南昌工程学院
广东	7	汕头大学、广东财经大学、广东海洋大学、华南师范大学、暨南大学珠海校区、北京师范大学珠海分校
广西	3	广西师范大学、广西民族大学、广西民族大学相思湖学院
四川	2	四川大学、四川传媒学院
云南	4	昆明理工大学、云南民族大学、云南师范大学商学院、云南师范大学文理学院
陕西	3	陕西师范大学、西北政法大学、西安欧亚学院
青海	1	青海师范大学
新疆	1	新疆大学

---

① 肖超. 我国编辑出版类本科教育现状调查与发展建议［J］. 今传媒. 2016（04）.

总体来看，编辑出版类专业的开设与各地区的经济发展水平、文化教育水平、出版发行单位规模等因素有较大关系。山东省开设编辑出版类专业的高校有 8 家，数量最多。湖北省、湖南省、浙江省均有 7 所高校设置编辑出版学专业，见图 1。海南省、重庆市、贵州省、西藏自治区、宁夏回族自治区、甘肃省等地区没有高校开设编辑出版类本科专业。

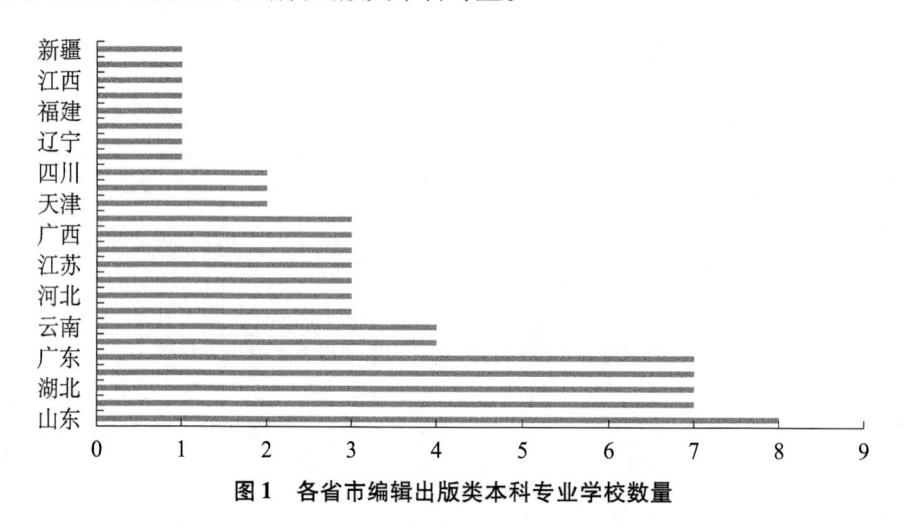

图 1　各省市编辑出版类本科专业学校数量

为了培养更多的数字出版人才，部分高校在课程设置上正积极与行业对接，或突出"数字出版"，或增设特色学科，反映了数字文化产业的变化方向与趋势。部分传统出版专业更名为"数字出版"，如湘潭大学将原有的编辑出版学专业更名为数字出版专业，部分高校在专业名称后注明专业方向为"数字出版"。

还有一些高校在数字人才培养上展开了更为大胆的尝试，增设"电子竞技"和"网络文学"相关专业。如中国传媒大学南广学院在艺术与科技专业下增设了电子竞技分析方向，培养电竞解说与主持领域人才；中国传媒大学在数字媒体艺术专业下增设数字娱乐方向，培养数字游戏的策划与运营人才。北京国家数字出版基地联合北京印刷学院开设了"数字出版与网络文学"高级研修班，采用在职研究生授课方式，学制两年，可申请硕士学位。该专业面向网络文学及相关产业管理者、编辑、商务、作家等资深从业人员，目的在于提高其从业水平，共同推动网络文学的发展。

（四）政产学研密切配合，全系统共同推进人才培养

根据数字出版产业"十三五"发展规划，我国的数字出版产业将保持17%的速度增长。然而，当前我国数字出版人才在数量和质量上都还远远不能满足数字出版行业快速发展的需求，因此加强出版人才培养，进一步扩大人才队伍成为出版业全系统实现技术变革、产业升级与创新的重难点。政府、企业与高校之间要积极展开合作，通过"政产学研"的结合来提升数字出版人才教育质量。

广东省委宣传部将"文化产业与新媒体后备人才培养基地"设在深圳大学文化产业研究院，并拟在三年内从广东省选拔100名有良好发展潜力和上升空间的文化产业与新媒体优秀人才作为培养对象，通过专题讲座、名师指导、实地考察、实战演练等多种方式培养出一批具有开阔的国际视野、现代产业理念及经营能力、德才兼备、有发展潜力的复合型文化产业与新媒体的优秀人才。

2017年高等院校数字出版人才培养国际论坛上，江苏国家数字出版基地镇江园区与全国高校数字出版联盟举行了共建"数字出版人才培养基地"签约授牌仪式，在学生实践、教师培训、联合实验室建立等方面展开全方位合作，致力于培养理论和实践相结合的创新型、复合型、应用型的高素质数字出版人才。通过政校联合的协同发展，将共同建立新式的人才培养架构，创新出版发展方向，推动出版产业的大发展。

（五）主管部门积极展开培训，加强从业者管理

人才是数字出版业的核心竞争力和决定性要素。政府主管部门积极开展资深从业者培训活动，是目前提升新闻出版从业人员综合素质的有力举措。

从国家层面看，2017年10月，原国家新闻出版广电总局于武汉和北京两地举办了"数字出版千人培养计划"试点培训班，划分为高校脱产学习、企业实训和境外学习交流三个阶段。从地方层面看，2017年11月，重庆市文化委员会举办了传统出版与新兴出版融合发展培训班，其下属单位共计100多人参加。从行业层面看，2016年下半年，中国音数协游戏工委按要求组织开展了移动游戏出版培训工作，分别于游戏企业相对集中的北京、成都、上海三地组织举办移动游戏出版培训班。参加培训的单位累计212家，培训人数累计340人。

二、中国数字出版教育的典型范例

近几年随着互联网技术的快速发展，有声读物、知识服务、网络游戏等丰富了数字出版的产业形式。众多高校根据社会热点和发展需要调整学科设置，数字出版教育的范围不断扩大，人才培养的方向更加宽泛。

（一）立足行业定位，加强数字出版实验室建设

2017 年，原国家新闻出版广电总局依托大型传媒集团，携手地方高校在科技与标准领域、出版融合发展领域共建了多家新闻出版重点实验室。这些实验室在推动相关领域科技进步、产业融合升级的同时，形成了"政产学研用"为一体的运营机制，推动了高校数字出版领域的人才培养。

1. 新闻出版业科技与标准重点实验室

2016 年 12 月，原国家新闻出版广电总局公布了首批新闻出版业科技与标准重点实验室名单，其中包括 26 家专业领域实验室和 16 家跨领域综合性实验室。专业领域实验室涵盖了产品传播与营销、内容呈现与表达、知识挖掘与服务、生产技术与装备等 7 个大方向，跨领域综合性实验室包括了大数据挖掘、版权管理、AR 等多个出版行业时下热点。这些实验室采取大学、科研院所与出版企业联合共建的模式。在完善新闻出版业科技创新体系，提高新闻出版领域科技自主创新能力，加强前沿技术跟踪与应用研究以及提高出版行业人才培养的方面将起到积极作用。

2. 出版融合发展重点实验室

为探索、推动传统出版和新兴出版在内容、渠道、平台、经营、管理等方面的深度融合，原国家新闻出版广电总局发布《关于确定出版融合发展重点实验室的通知》，依托产、学、研领域的多个机构建设了 20 个出版融合发展重点实验室。这批出版融合实验室的共建机构中涵盖了国内在出版融合研究和实际应用领域有着突出优势的多家出版发行集团、报业集团、数字技术公司、数字内容运营企业、高等院校、科研院所等。这种融合发展的实验室机制有利于为

传统出版向数字出版的融合转型输送更多复合型人才。

（二）根据社会需求，针对性培养人才

近几年，网络文学、网络游戏、知识服务等新兴产业开始在互联网经济中崭露头角，网络游戏《王者荣耀》《阴阳师》成为现象级作品，引发众多媒体的热议。由网络文学转化而成的图书，改编的影视作品、游戏、动漫、有声读物及周边产品，成为文娱产业的重要组成部分。

北京印刷学院为了适应网络文学快速发展对复合型高层次创作人才与管理人才的需求，于 2017 年开设了新闻传播学一级学科数字出版与网络文学高级课程研修班。该研修班为在职学习，学制两年，授课时间较为灵活。培养目标为"培养传播学理论功底扎实、数字出版与网络文学创作与管理熟练的高级专门人才。

近年来随着网络游戏行业的迅猛发展，行业的人才需求日益提升。电子竞技从业者作为一种新兴职业逐渐被人们所接受。2017 年，教育部批准了"电子竞技运动与管理"专业的设置。四川电影电视学院、四川传媒学院、四川科技职业学院三所四川高校相继宣布将开设电竞专业。

（三）顺应融媒体趋势，培养应用型复合人才

随着媒介技术发展和新媒体崛起，新闻业、传播业、广告业和出版业的行业边界日渐模糊，媒体融合生态环境已经形成，对出版人才进行跨专业和跨学科的培养，才能适应行业和社会发展的需求。

近年来中国人民大学新闻学院结合社会的发展、行业的变化以及自身的优势，探索出一条以"两重"和"双跨"为特征的人才培养方式。"两重"是在重视学生坚实基础知识的形成的同时注重学生基本学习能力的培养；"双跨"是指跨媒体、跨学科。

从 2009 年开始，中国人民大学推出学科基础课＋专业必修课＋专业选修课程包＋学术应用选修模式课程包。学科基础课的组成既包括本学院的基础课程，也涵盖其他学科的一些课程，如法律、经济、政治、社会等学科的课程。让学生既能培养良好的学科基础知识，又能选择自己感兴趣、有发展潜力的专业课程。学院还通过开设"跨媒体实验课"，选派不同媒介专业课程教学的老师对学生进行多种媒介应用的指导。使得学生得以在老师指导下完成一份包括

多种媒介形态的作品。

（四）优化教师资源，提高学术研究水平与实践水平

一流人才是一流大学和一流学科建设的核心基础。近些年来，随着行业对专业实践教学和产学融合的重视程度逐渐加深，更多高校开始聘请从业者和行业带头人参与教学活动，增加行业经验的传授。

北京印刷学院作为北京地区最早的四个硕士学位授权点之一，在新闻传播学专业领域打造了以国家级新闻出版专家作为学科带头人；以新闻出版行业领军人才、北京市"四个一批"人才领衔的学科"骨干"队伍；以业界知名专家组成的兼职硕导队伍。

三、中国数字出版教育发展中的主要问题

我国高校数字出版学科起步较晚，人才教育培养和高校学科建设大多依赖于国外高校和出版市场的先进经验，在人才培养体系发展成熟的同时，又面临着互联网和数字技术的高速发展给出版业带来的冲击。内容生产、市场形态和管理模式的革新，要求当前的数字出版教育要培养适应互联网和新技术的应用型和复合型人才。我国高校出版教育学科以此为目标，经过多年的学科发展和理论体系建设，在成果卓著的同时仍存在以下问题。

（一）市场变化亟待重视

现代用户对于出版物的形式和内容的需求正飞速变化，用户对于阅读的时间成本和交易成本越来越看重，信息的获取渠道也呈现多样化趋势，从单一的纸媒和出版物发展为主要利用手机、移动电脑等智能终端、各大新闻资讯平台及APP进行碎片化阅读，用户更加依赖各出版物与知识服务平台，这种市场变化趋势也要求出版教育进行转型，加快培养新型数字出版人才以适应出版市场。

1. 用户需求更加复杂

相较于传统出版，数字出版的市场需求依然在扩张，从整体情况来看，传

统数字出版业务、数字化书报占比继续下降，而新型产业发展迅速并呈现出多样化的表现形式，互联网广告、网络动漫、网络游戏、在线教育等领域发展趋势明显，增长迅速。2016 年，互联网广告以 2 902 亿元的营收占据出版市场的 50%，移动出版营收 1 399 亿元，占市场份额的 24%，网络游戏以 827 亿元的营收占据 14% 的份额，另外备受关注的电子书和网络动漫也分别营收 52 亿元和 155 亿元。

这种市场形态的变化反映了数字出版市场需求的多元化和复杂化的发展趋势，数字出版产业结合用户的生活和娱乐需求衍生出内容、营销、娱乐、教育、社交等多元的发展方向。然而目前高校的数字出版教育未能与迅速变化的市场需求相结合，也缺乏对如互联网广告、网络游戏、网络动漫、有声阅读、短视频等新方向的研究和实践，面对新的市场需求反应无力或反应滞后，其人才培养也难以适应新型数字出版市场结构。

2. 学习型人才需求扩大

传统出版教育中由教育方主动讲授，学生被动学习，并仅靠短期学习的知识储备以应对未来的职业挑战的模式已不再适应当前的市场需求变化。数字出版行业的高速发展要求新时代的出版从业者主动融入、主动学习，在数字出版行业转型中保持敏锐性和掌控感，当前数字出版行业需求学习型人才，学习型人才既是内容的生产者也是内容的销售者，既要具备出版产品流程的知识储备，更要具备商业思考能力。

(二) 学科设置缺乏规范

1. 学科归属模糊

国内不同高校根据其自身的办学理念，对数字出版人才的培养目标和课程设置也各不相同。编辑出版学科在各高校中分别归属于新闻传播学院、文学院、信息管理学院等多种学院，培养目标无法统一，培养出的人才技能也各有侧重，能力参差不齐。人才培养的不规范，导致各高校的人才培养不能协调发展，同时也为高校之间的人才交流产生了阻碍。

2. 教育课程滞后

数字出版内容编辑与网络平台、多媒体技术紧密结合，数字出版人才运用网络和多媒体的能力进行多维、立体的数字化展现，成为业务执行力不可或缺的重要组成部分。同时，与传统出版物运营模式不同，数字出版发行可以直接进行O2O交易，网络运营也对业务人员的网络技术和网络思维提出了更高要求。

由于高校间的出版教育缺乏统一的规范标准，导致各高校在出版人才的培养时依旧以自身办学特色为主，缺少考虑当前出版市场的新型需求，这也导致了高校出版课程设置与市场岗位能力需求相去甚远。高校对出版的课程设置存在重理论、轻实务的问题。开设课程多以传播学理论、出版学概论等为主，对出版创意、网络技术和其他实践课程的重视程度不够。总的来说，高校出版教育的核心课程覆盖面不够广泛，主次搭配不够合理，对实践型课程的重视程度不足，导致学生无法满足岗位需要。

3. 教育模式陈旧

数字出版的实践性要求其人才培养适用于理论实践相结合的"理论—实践—更高级理论—再实践"的培养模式，单一的从理论到实践的知识运用已无法满足当前市场需求。要培养高级出版人才，需要高校与企业联合，进行产学研一体化教育，理论课程和企业实践内容互相衔接，更有利于学生提升实务操作能力和经营管理知识，以便离开高校后更好地适应市场需求。

数字出版产品的形态多样化决定了合格的数字出版人才需要具备图文、音频、动画、计算机与网络技术、出版与编辑技术、多媒体设计等知识。高校对编辑出版类专业学生增加关于计算机技术、多媒体处理、图形图像处理、视频制作等信息技术类课程，在一定程度上弥补了出版人才的信息技能缺失问题，但同时，由于学科之间的融合不够，会出现过度强调信息技术，而忽视出版专业素质的培养等现象。

（1）技术类课程难以开设

由于数字出版人才培养的需要，各大院校纷纷增设计算机技术、多媒体处理、图形图像处理等信息技术类课程。但部分学校的出版专业设置在新闻出版、公共管理等人文社科学院中，学生的基础不一致，部分学生对于信息技术类课程学习积极性不高，导致此类课程的教学难以达到预期的目标，从而影响教学进度、质量和后期的实践安排。

(2) 忽视专业素质培养

数字出版的教育与传统出版既有内化的传承，又有外延的扩展。无论什么样的高新技术应用在数字出版物上，其核心仍是传统出版的外化和凝练，无论如何转型，专业基础理论都是出版学科的根基。当前一些高校在着重发展数字技术和应用，忽视甚至去掉了内容写作、编辑，选题策划等基础出版素养的培养。

(3) 市场运作课程不足

在实际的教学过程中，还存在跟相关数字出版行业企业岗位衔接度不够，与实际出版活动不对接的现象。传统的出版专业教学往往侧重在文本内容和信息加工的知识讲授，对市场运作尤其是数字化运维知识的课程偏少，就算进入高年级学生专业实践阶段，也缺少针对数字出版实际岗位需要进行的训练，无法让学生真正学到数字出版实践经验。

(三) 教育资源分配不均

1. 师资力量薄弱

当前高校出版学科的师资无法适应数字出版市场需求的飞速发展，大多数出版学科的教师不能同时具备市场需求的编辑出版知识和数字化技能。在课堂教学方面，教师缺乏行业从业经验，知识结构得不到及时更新，使数字出版知识和数字化技能得不到普及，导致理论与实践严重脱节。

2. 资源分布不均

我国对数字传媒相关专业在师资队伍和科研实验室建设上的支持较少。出版科学是一门与实践高度结合的学科，而大部分出版的教师没有参与出版行业工作的经验，同时也鲜有行业领袖参与高校的出版教育，真正有时间、有精力、有热情参与到出版专业各层次人才培养的业界精英很少，而且其地理分布还不均衡，主要集中在出版业发达地区，他们从事兼职教学的高校基本上都是985院校或211院校，普通高等院校的出版专业业界师资问题难以落实①。业界师资的教学模式还有待拓展。

---

① 王丹丹. 出版专业教学中的问题与困境——一线教师的思考 [J]. 现代出版. 2016 (01).

四、加快中国数字出版教育发展的对策

新形势下，数字出版产业飞速发展，培养数字出版的创新复合型人才需要社会各方的系统性推动。要建设多层次的数字出版人才格局，必须实现高校课程的动态化与时俱进、企业一线从业者的继续培养、高层次领军人才的沟通交流。

（一）优化学科体系，动态调整课程设置

当前，数字出版课程应紧密围绕产业发展状况动态设置，以培养学生创新能力为着眼点。一是明确专业发展目标以及学科定位，将教学内容与数字出版工作技能有效衔接，在教学内容方面将本科生与研究生区别对待，本科生应侧重于专业技能、策划能力和技术应用能力的培养[1]，研究生侧重于数据分析、行业研究和产业观察等视野格局的培养[2]。

二是要充分体现数字出版产业的融媒体特点，立足于传统出版，积极构建文理工法商交叉式的培养结构。如当前"IP"运营人才紧缺，可结合文、法、商构建版权运营类人才培养机制。关键是各高校必须因地制宜，结合自己已有的优势学科，办出特色。三是建立完善的实践体系，着重培养学生的实操能力。高校要与出版企业建立实习实践基地，在行业一线深化学生对数字出版流程、管理和运营等方面知识的运用，增强教学内容[3]与数字出版市场之间的联系性，提升数字出版人才在就业中的综合竞争力。

（二）对接市场需求，完善继续培养机制

出版业人才流失的问题一直严峻，很多出版公司在数字化转型过程中缺乏长效的人才培养机制、激励机制和协调机制，无法给予人才切实可见的职业上

---

[1] 王冲，金英伟．我国高校数字出版专业人才素质建构与培养［J］．现代出版．2017（07）．

[2] 王冲，金英伟．我国高校数字出版专业人才素质建构与培养［J］．现代出版，2017（04）：50-52．

[3] 王冲，金英伟．我国高校数字出版专业人才素质建构与培养［J］．现代出版．2017（07）．

升通道。数字出版技术更新迭代速度飞快，传统出版从业人员缺乏与内部技术部门的沟通与学习，个人职业生涯转型面临困境[①]。

因此，一要通过"企企"联合的方式，让传统出版企业与互联网企业积极展开内部合作。百度、阿里巴巴、腾讯和网易等互联网巨头都开始了自身的数字出版业务，富于技术但缺乏传统出版从业经验，传统出版社习惯于从事内容生产却缺乏技术思维，双方可以互通互补，共同培育懂技术、懂出版的复合型人才。

二要通过"校企"联合的方式，不少高校的专家和教授深入一线，在产业研究方面颇多建树，作为智囊团协助研究数字出版的相关问题。企业培训可邀请学者进行理论前沿介绍和趋势分析，校企合作同时也促进人才的交流和选拔。

（三）调动各方资源，增强交流合作

当前我国数字出版的教育资源在区域间、校际间、企业间都存在不均衡现象。"知识共享"热潮下，数字出版教育本身也可借此东风，整合各方资源来推进人才培养。一线从业者可通过在线问答、在线教育等方式向学生、新入行者传授技能和经验。线下可通过搭建沙龙、智库、论坛、行会等人才交流平台，让各个层次的人才有机会进行学习沟通。集结校园、企业、行会之力，形成三方通力合作的人才孕育机制。

（四）立足国际视野，汲取先进经验

欧美出版界数字化转型比中国起步更早，其中不乏爱思唯尔、斯普林格、汤森路透、威科集团等多家取得巨大成就的跨国出版传媒企业。此外，中国出版业扬帆出海也迫在眉睫，努力输送国内优质内容，讲好中国故事，是传统出版和数字出版共同的使命。因此，构建国际互动的人才交流合作机制，走开放式道路，是打开国内数字出版人才国际化视野的突破口。

一方面，要鼓励国内数字出版从业人员"走出去"，配合数字出版"千人计划"展开境外学习交流，进一步强化素质，拓展视野。到欧美先进数字出版

---

① 杨光华. 我国数字出版的编辑人才培养研究［J］. 传播与版权，2017（05）：28-30.

企业中考察交流，可以在借鉴中加强自身的业务能力，学到先进经验。

另一方面，要加强国际合作，可以将国外数字出版业富有经验的工作者"引进来"，弥补国际化人才缺少的难题。不仅是数字出版人才的引入，还可引入互联网、多媒体等方面的海外人才。国内外企业之间还可进行资本合作，比如国内出版资本和国外资本融合成立新公司，在遵守国内出版相关管理法规的同时展开合作，既能实实在在带来经济效益，也能让两方面的人才更好地交流沟通，探讨共同发展之道。

附录

一、国家新闻出版广电总局出版融合发展重点实验室建设一览表

序号	依托单位	共建单位
1	江苏凤凰出版传媒集团有限公司	南京大学
2	中国科技出版传媒股份有限公司	中国科学院自动化研究所 中国科学院计算机网络信息中心
3	中国出版集团公司	清华大学新闻与传播学院新媒体传播中心 中国科学院自动化研究所模式识别国家重点实验室
4	中文天地出版传媒股份有限公司	南昌航空大学
5	浙江日报报业集团	无
6	时代出版传媒股份有限公司	华东师范大学
7	中南出版传媒股份有限公司	北京大学新媒体研究院
8	人民教育出版社	华中师范大学
9	中国工信出版传媒集团有限公司	北京万方数据股份有限公司 北京方正阿帕比技术有限公司
10	南方报业传媒集团	中国科学院深圳先进技术研究院 武汉大学深圳研究院
11	四川新华发行集团有限公司	电子科技大学 四川大学
12	外语教学与研究出版社有限责任公司	掌阅科技股份有限公司
13	咪咕数字传媒有限公司	浙江出版联合集团有限公司 浙江大学出版社 浙江传媒学院
14	长江出版传媒股份有限公司 武汉理工大学	武汉理工数字传播工程有限公司
15	华东师范大学出版社有限公司	上海意派信息科技有限公司
16	北京师范大学出版（集团）有限公司	科大讯飞股份有限公司 北京凤凰师轩文化发展有限公司
17	中原大地传媒股份有限公司 深圳天朗时代科技有限公司 大象出版社	郑州大学
18	辽宁出版集团有限公司 大连东软控股有限公司 大连理工大学出版社有限公司	新闻出版总署信息中心 北京印刷学院 大连理工大学 大连东软信息学院
19	中国新闻出版研究院	读者出版传媒集团有限公司 北京大学 江苏睿泰数字产业园有限公司 上海理工大学
20	中国建筑工业出版社	北京建筑大学

二、新闻出版业科技与标准重点实验室建设一览表

专业领域实验室（26家）

序号	研究方向	实验室名称	牵头单位	共建单位
1	生产技术与装备（3家）	印刷环保技术重点实验室	中国印刷科学技术研究院	无
2		新新绿色印刷新材料实验室	上海新星印刷器材有限公司	上海新华印刷有限公司
3		柔软印刷绿色制版与标准化实验室	上海出版印刷高等专科学校	富林特（油墨）上海有限公司 上海印刷技术研究所
4	资源编码与管理（1家）	ISLI标准应用研发联合实验室	九州出版社	北京中启智源数字信息技术有限责任公司 中新金桥数字科技（北京）有限公司 深圳市天朗时代科技有限公司 北京北大方正电子有限公司
5	知识挖掘与服务（6家）	学术期刊动态语义出版与知识服务重点实验室	中国科学院文献情报中心	北京万方数据股份有限公司 中国科学院软件研究所 数据堂（北京）科技股份有限公司 北京玛格泰克科技发展有限公司
6		古籍数字化与知识工程重点实验室	中华书局有限公司	古联（北京）数字传媒科技有限公司 中国科学院软件研究所 中国科学技术信息研究所 中科软科技股份有限公司
7		富媒体数字出版内容组织与知识服务重点实验室	中国科学技术信息研究所	科学技术文献出版社 东南大学 武汉科技大学
8		医学融合出版知识技术重点实验室	中国医学科学院医学信息研究所	北京万方数据股份有限公司 人民卫生出版社有限公司 中国中医科学院中医药信息研究所 北京拓尔思信息技术股份有限公司
9		知识产权知识挖掘与服务实验室	知识产权出版社有限责任公司	北京中献电子技术开发中心 北京中知智慧科技有限公司
10		社会科学研究领域知识挖掘与服务实验室	社会科学文献出版社	灵玖中科软件（北京）有限公司

续表

序号	研究方向	实验室名称	牵头单位	共建单位
11	内容呈现与表达（7家）	国家数字林业重点实验室	中国林业出版社	北京林业大学 中国林业科学研究院 北京瑞易吉成数字科技有限公司 北京南北天地科技股份有限公司
12		数字教育富媒体呈现与交互技术重点实验室	江苏睿泰数字产业园有限公司	江苏云媒数字科技有限公司 江苏大学出版社有限公司
13		基于AR/VR呈现方式的知识服务科技重点实验室	红星电子音像出版社有限责任公司	江西新媒体出版有限公司 中国科学院计算机网络信息中心
14		内容表达与呈现智媒体实验室	江苏省新闻出版学校	江苏兆物数字文化传媒有限公司 南京大学多媒体科教制作中心 江苏凤凰教育出版社有限公司
15		数字影音互动科技与标准重点实验室	中国民主法制出版社有限公司	北京理工大学北京市互动媒体艺术工程技术研究中心 深圳市米尔声学科技发展有限公司 新宸盛元股权基金管理（深圳）有限公司
16		数字出版与排版技术标准重点实验室	掌阅科技股份有限公司	无
17		虚拟混合现实技术互动多媒体实验室	苏州工业园区新国大研究院	金陵科技学院 苏州梦想人软件科技有限公司
18	产品传播与营销（3家）	CNONIX国家标准应用与推广实验室	北方工业大学	九州出版社 上海新华传媒连锁有限公司 北京中启智源数字信息技术有限责任公司 《中国出版传媒商报社》有限公司
19		教育内容产品互联网传播与营销重点实验室	时代新媒体出版社有限责任公司	中国科学院自动化研究所 安徽教育网络出版有限公司
20		国际出版及版权传播营销标准研究实验室	山东友谊出版社有限公司	北京瑞易吉成数字科技有限公司

续表

序号	研究方向	实验室名称	牵头单位	共建单位
21	数据管理与运营（3家）	大数据治理与服务	上海计算机软件技术开发中心	复旦大学 上海世纪出版（集团）有限公司 上海新华传媒连锁有限公司 上海精灵天下数字技术有限公司
22		媒体大数据应用实验室	南方报业传媒集团	北京百分点信息科技有限公司
23		出版发行行业数据应用实验室	江苏凤凰出版传媒股份有限公司	化学工业出版社 湖南省新华书店有限责任公司 新疆维吾尔自治区新华书店 北京中启智源数字信息技术有限责任公司
24	版权保护与应用（3家）	DCI技术研究与应用联合实验室	中国版权保护中心	北方工业大学
25		数字内容防伪与安全取证重点实验室	清华大学	中国新闻出版研究院 北京金石威视科技发展有限公司
26		数字版权服务技术实验室	中国科学院自动化研究所	中国新闻出版研究院 版云（北京）科技有限责任公司

跨领域综合性实验室（16家）

序号	实验室名称	牵头单位	共建单位
1	新闻出版技术与标准应用国家重点实验室	中国新闻出版研究院	中国音像与数字出版协会 中国科学院自动化研究所 深圳市天朗时代科技有限公司 同方知网数字出版技术股份有限公司
2	新闻出版领域关键技术应用研究与服务综合实验室	北京印刷学院	九州出版社 河北省新华书店有限责任公司 云南新华书店集团有限公司 福建新华发行（集团）有限责任公司
3	新闻出版业科技与标准跨领域综合重点实验室	新华文轩出版传媒股份有限公司	电子科技大学
4	基于ISLI/KLS知识服务标准研究与产业化推广重点实验室	中国建筑工业出版社	中国新闻出版研究院 中新金桥数字科技（北京）有限公司 清华大学建筑学院
5	新闻出版业数据管理与知识服务重点实验室	中南出版传媒集团股份有限公司	湖南大学 天闻数媒科技（北京）有限公司

续表

序号	实验室名称	牵头单位	共建单位
6	"基于ISLI/KLS的在线知识服务模式创新"科技与标准重点实验室	电子工业出版社	电子科技大学 中新金桥信息技术（北京）有限公司
7	新闻出版大数据用户行为跟踪与分析实验室	北京师范大学	上海新华传媒连锁有限公司 北京当当网信息技术有限公司 北京中启智源数字信息技术有限责任公司 TalkingData（北京腾云天下科技有限公司）
8	新闻出版智能媒体技术重点实验室	北京大学	北京方正阿帕比技术有限公司
9	智慧型知识服务关键技术与标准重点实验室	地质出版社	南京大学信息管理学院 北京印刷学院 中国科学技术信息研究所
10	数字版权管理技术研究实验室	国家新闻出版广电总局广播科学研究院	中信国安信息产业股份有限公司 深圳市海思半导体有限公司 中云文化大数据科技有限公司
11	数字出版大数据挖掘与治理及呈现技术标准实验室	渤海大学	锦州高新技术产业开发区 辽宁中元至强信息科技有限公司
12	AR+教育数字出版联合实验室	广东省出版集团数字出版有限公司	华南师范大学 北京北大方正电子有限公司 苏州梦想人软件科技有限公司
13	基于科技大数据的知识产品服务技术重点实验室	北京万方数据股份有限公司	无
14	蒙古文数字资源标准化应用研究重点实验室	内蒙古出版集团有限责任公司	内蒙古德力海信息技术有限公司 内蒙古漠尼文化传媒有限责任公司 内蒙古维力斯信息技术有限公司 内蒙古大学
15	新闻出版业高新技术与大数据应用综合实验室	新闻出版总署信息中心	北京印刷学院 版信圆融（天津）科技有限公司
16	ISLI在汉语国际推广与中国文化"走出去"产品的应用创新研究实验室	北京语言大学出版社有限公司	中国新闻出版研究院 中国音像与数字出版协会 深圳市天朗时代科技有限公司 同方知网数字出版技术股份有限公司

（作者单位：上海理工大学）

中国国家数字出版产业基地（园区）研究报告

重庆华略数字文化研究院

2008年，我国首个国家数字出版基地——上海张江国家数字出版产业基地成立。10年间，我国数字出版产业基地完成了华北、华东、华南、华中、西南、西北的总体布局，14家国家数字出版基地陆续在上海、重庆、天津、广东、陕西、江苏、湖北、湖南、浙江、北京、福建、山东、江西成立。10年来，国家数字出版产业基地飞速发展，经济规模、技术创新、公共服务、治理手段等日益提升，对我国数字出版业产生了重要示范引领作用。国家数字出版产业基地已经成为数字出版业创新驱动平台、要素集聚平台、公共服务承载平台，成为数字出版业整体发展产的强大引擎。10年来，国家数字出版产业基地为繁荣兴盛社会主义文化，健全现代文化产业体系，完善文化经济政策，培育新型文化业态的重要平台，对推动文化产业成为国民经济支柱产业、促进区域经济转型升级、培育新动能产生了重大作用。

一、国家数字出版基地发展概况

（一）空间布局特色鲜明

一方面，国家数字出版产业基地探索出了多样化的园区空间布局模式。国家数字出版产业基地建设主要有如下三种模式。一是园中园的空间布局模式。国家数字出版产业基地与文化科技融合示范区、软件园、动漫园等园区叠加建设，不新增建设用地和配套设施。该模式比较典型的代表是重庆两江新区国家数字出版产业基地。二是单独建园的空间布局模式。这种模式打造独立的基地基础设施体系、软件配套体系，该模式的典型代表是北京国家数字出版产业基地和西安国家数字出版基地等。三是采用基地+分园区的空间布局模式。采用"1+x"的布局模式，打破地域限制形成主基地+多个分园区的方式。该模式的典型代表是江苏国家数字出版产业基地、广东国家数字出版产业基地和杭州国家数字出版产业基地。值得一提的是，部分国家数字出版产业基地的建设发展中综合运用前三种模式，既建设了主要基地，也充分挖掘在区域数字出版相关产业集聚区的产业基础，形成了空间布局多元、产业发展多元的园区布局模式，如上海张江国家数字出版产业基地、青岛国家数字出版产业基地、华中国家数字出版产业基地等。基于不同的基地空间布局，国家数字出版产业基地的治理也产生了不同模式：采用行政管理的管委会模式、采用市场化的基地开发管理公司模式等。

（二）配套设施建设完善

国家数字出版产业基地建设在地方经济社会发展中发挥愈加重要的作用，各地对国家数字出版产业基地的硬件设施建设给予多方面的扶持，在建设用地、配套设施等方面有完善的保障，为国家数字出版产业基地产生显著社会效益和经济效益提供了物质基础。一方面，各国家数字出版产业基地硬件条件保障不断完善。北京国家数字出版产业基地成立了北京国数公司负责基地的园区开发、产业运营、金融服务和产业研究，园区建筑面积约为300万平方米，轨道交通16号线穿园而过，并被纳入了北京市"三大折子工程"、北京市"十三五"重点项目，计划打造国际数字出版产业集聚区、文化产业改革先行先试试验区、文化、科技与金融融合发展示范区、文化产业"走出去"自由贸易区。西安国家数字出版产业基地总建设用地70亩，建筑面积24万平方米，并提供产业扶持、精装分期服务、园区巴士、员工餐厅。另一方面，各国家数字出版产业基地产业扶持政策有力。国家数字出版产业基地的政策扶持主要包括各地经济社会发展的涉及文化、经济、社会发展的总体规划和数字出版专项规划。各地在两个层面制定了完善的政策保障体系。如广东省出台了《关于加快推进广东省数字出版的若干意见》；重庆市出台《关于加快重庆数字出版产业发展指导意见》，上海市出台了《关于促进本市数字出版产业发展的若干意见》

《关于本市从事数字出版业务工商登记有关问题的意见》《数字出版产业引导目录》等专项制度；杭州市出台了《关于加快杭州市数字出版产业基地建设的通知》《杭州市数字出版产业专项资金管理使用办法》等。在产业资金扶持方面，各基地设立了一批数量较为可观的产业扶持资金。这类产业扶持资金一般包括文化产业专项资金和数字出版产业专项资金。如武汉市文化产业基金规模达5亿元、文化企业信贷风险池基金规模4达亿元，陕西省每年投入超过4 000万元专项资金支持西安国家数字出版产业基地建设。随着文化、科技和金融融合发展快速发展，国家数字出版产业基地资金投入方式发生了巨大变化，直接投资规模不断扩大的同时，通过市场化金融手段，建立各类市场化投资基金成为当前国家数字出版产业基地的主要融资演进方式。如上海市发挥财政资金的杠杆优势，撬动市场资本设立或吸引了一批投资机构，骅伟基金、上海文化产业股权投资基金、华人文化产业投资基金、东方惠金；北京国数公司的主要业务领域就是为基地企业提供金融服务。

（三）基地产业业态丰富

国家数字出版产业基地的产业布局对构建健康可持续发展的产业结构意义重大。各国家数字出版产业基地结合域内产业基础、发展战略打造了丰富的产业业态，既为我国文化产业整体发展奠定了坚实基础，也为地方经济社会发展培育了全新发展动能。江西作为国家数字出版产业基地的后来者，着力打造数字传媒、动漫游戏、数字内容、手机应用、人才培训等五大产业集群。杭州国家数字出版产业基地则以城市为产业基地，企业在哪里聚集，园区就在哪里，形成了涵盖移动出版、网络游戏、动漫出版等业态的八个功能园区。华中国家数字出版产业基地则重点发展知识内容产品与服务、数字在线教育及培训、动漫产业、游戏产业、数字影音、网络增值服务、数字出版终端、衍生产品开发等八大产业门类。青岛国家数字出版产业基地确定了终端研发生产、传统出版数字化、网络教育培训、动漫游戏产业等重点发展方向。上海张江国家数字出版产业基地则在网络游戏、网络文学、文化装备等领域形成了较强的优势。福建海峡国家数字出版产业基地则重点在数字图书、数字报刊、海峡数据库服务、网游动漫、手机出版、数字印刷、数字版权七个业务板块寻求突破。西安则围绕数字应用、文化创意、数字出版、数字教育四个产业板块打造完整产业链。

（四）平台体系不断完善

数字出版业产业链长、产业辐射广、融合特征强，各类产业发展平台、技术应用平台、内容发布平台对基地释放集聚效益意义显著。各数字出版产业基地根据发展需要，打造了一批功能丰富的平台。江苏国家数字出版产业基地打造了微小企业孵化平台、初创企业服务平台、成熟企业发展服务平台，形成了覆盖企业发展完整生命周期的在线服务体系。西安国家数字出版产业基地则着重打造海量内容投送平台、数字出版人才培训平台、投融资服务平台等六大支撑服务平台。北京新闻出版广电局联合北京市丰台区人民政府为北京国家数字出版产业基地建设了出版基地技术、研究、金融和宣传四大平台。天津国家数字出版产业基地分期分步骤打造综合数据库平台、技术研发平台、企业孵化平台、综合交易平台、复合媒体发布平台。上海张江国家数字出版产业基地则建设了数字作品版权登记平台、数字文档转化服务平台、上海数字信息传播服务平台、上海游戏出版申报服务平台、上海网络游戏测试公共服务平台等。青岛国家数字出版产业基地通过搭建版权交易、人才培训、投融资平台、创业孵化平台、国际合作平台等，促进数字出版产业健康发展。江苏国家数字出版产业基地无锡园区构建了综合服务、人力资源、公共技术、投融资、教育培训、知识产权六大平台。

二、国家数字出版产业基地发展特点

（一）区域协同趋势加剧

从数字出版业的全国布局来看，国家数字出版产业基地基本形成了完善的产业发展空间格局；从区域产业业态分布来看，国家数字出版产业基地形成了区域产业空间集聚，并逐渐形成了各具特色的产业集群。因此，区域产业协同成为数字出版业发展的重要路径，也是国家数字出版产业基地呈现的新趋势。首先，各国家数字出版产业基地所在省域的区域协同趋势显著。青岛国家数字出版产业基地打破产业基地物理空间相对集中的惯例，五个主要园区按照定位处于不同的位置，分别为以海尔集团、海信集团为依托的数字出版终端研发生产园区，以青岛出版集团为依托的数字出版内容园区，以青岛市北中央商务区为依托的数字出版企业孵化园区，以国家广告园为依托的数字创意新媒体园区，以青岛光谷软件园为依托的软件研发园。五个园区既有产业发展侧重，同时也协调发展构建青岛数字出版产业链。此外，杭州国家数字出版产业基地、上海张江国家数字出版产业基地等均呈相同趋势。其次，国家数字出版产业基地的跨区域协同发展态势显著。地区间国家数字出版产业协同为国家数字出版产业发展产生重要作用。湖南、江西、安徽、湖北签订了《湘赣皖鄂四省新闻出版发展合作协议》，明确提出了建立中南国家数字出版产业基地、华中国家数字出版产业基地、安徽国家数字出版产业基地协作发展机制，打造具有长江中游城市集群特色的文化产业园。华中国家数字出版产业基地跨省在河南洛阳建设分园，对跨区域协调打造数字出版产业集群产生了示范作用。此外，在统一行政区域内设立多个分园区的国家数字出版产业基地更为普遍，如江苏国家数字出版产业基地、广东国家数字出版产业基地等。最后，诞生了一批数字出版社会服务机构对各国家数字出版产业基地协同提供了组织保障。如青岛市数十家企业发起成立了青岛数字产业联盟，重庆成立重庆数字出版联盟、重庆音像与数字出版协会，广东成立了广东数字出版联合会。

（二）产业集群日趋成熟

经过 10 年发展，国家数字出版产业基地的产业集聚效应不断释放，并逐渐形成了多个成熟产业集群，形成了完善的产业链条，产生了显著的经济效益。上海张江国家数字出版产业基地网络游戏营收占全国市场份额的三分之一。上海游族信息有限公司、三七互娱科技有限公司、北京触碰科技有限公司、空中网等注明网络游戏公司纷纷在上海布局，同时腾讯、完美世界等大型游戏公司也在上海布局，上海的网络游戏集群日趋成熟。杭州国家数字出版产业基地则形成了八个功能园区，中国移动手机出版园区、中国电信手机出版园区、人民书店数字出版园区、杭报数字出版园区、华数数字出版园区、网络游戏出版园区、滨江动漫出版园区、滨江数字出版园区，形成了以手机出版、游戏动漫等为核心业态的产业集群。重庆两江新区国家数字出版产业基地则形成了教育数字出版、互联网出版、数据库出版、内容创意和版权交易产业集群、动漫游戏五大产业集群。中南国家数字出版产业基地则立足自身区域优势和文化底蕴，打造演艺服务业、休闲娱乐业、光电传媒业、出版发行业、文化会展业、文化创意业和动漫业等六大产业集群。

（三）公共服务体系完善

国家数字出版产业基地本质上形成了数字出版产业政策洼地，本身就是产业发展公共服务的承载平台。各国家数字出版产业基地均把打造完善的公共服务体系作为构建良好产业生产、释放基地集聚效应的重要方式。上海张江国家数字出版产业基地把"孵化＋投资"作为基地公共服务打造的核心方式，把财政项目补贴变成风险投资，撬动社会资本，通过专业管理团队促进基地良性发展。江苏国家数字出版产业基地则在南京雨花经济技术开发区建设了江苏国家数字出版产业基地展示中心、体验中心、云计算中心，并建立了专注于服务微型企业的数字出版云中心，与天津国家数字出版产业基地云计算中心、北京云计算中心形成了定位差异。北京国家数字出版产业基地运用云服务平台，为入驻企业提供政策咨询、投资、融资、产业配套等全产业链服务。天津国家数字出版产业基地则建成了数字版权交易中心、云计算中心、数字出版体验中心，天津还利用政府财政资金，组建了中小企业担保中心、小额贷款公司和风险投资公司，为入驻天津国家数字出版产业基地的企业打造金融服务平台。海峡国家数字出版产业基地厦门园区，为更好服务企业，有近百项政府委托业务构成的一站服务，容纳了税务、工商、人才、园区事项审批、园区公共服务申请等，提高了服务质量和基地运行效率。

（四）人才培养形式多样

一方面，产业人才培养是困扰各国家数字出版产业基地发展的重要问题。北京印刷学院、吉林工程技术师范学院、武汉大学、广东财经大学、天津科技大学、浙江传媒学院等高等学院与北京国家数字出版产业基地、杭州国家数字出版产业基地、华中国家数字出版产业基地、上海张江国家数字出版产业基地、江苏国家数字出版产业基地镇江园区、广东国家数字出版产业基地东圃园区、广东国家数字出版产业基地深圳龙园区等成立了全国高校数字出版联盟，该联盟在人才培养、学术交流、项目合作等领域对国家数字出版产业基地提供支持。另一方面，国家数字出版产业基地也通过其他形式开展了数字出版产业基地内人才的继续教育。江西省委宣传部、省新闻出版局、省出版集团组织了江西新闻出版、移动通讯、网络动漫及网络游戏等单位到北京印刷学院培训，着力培养相关从业人员观念、人才、知识更新等瓶颈问题。广东国家数字出版产业基地深圳园区进入了清华大学、武汉大学、哈尔滨工业大学、麻省理工学院、以色列理工学院、剑桥大学等建立新技术媒体融合发展实验室，打造产学研平台，为园区提供了高端人才和项目的保障。此外，深圳园区还建设新三板学院，助力园区中小创新企业上市。安徽国家数字出版产业基地则依托安徽新闻出版职业技术学院申报数字出版高端技能人才培养基地，对基地发展提供强有力的人力资源保障。

三、国家数字出版产业基地存在的问题

（一）对传统出版转型发展支撑不足

目前，国家数字出版产业基地的产业布局主要集中于新兴出版企业，数字出版企业主要集中在新技术、新模式、新产品、新体验，传统出版企业参与不足，优质内容资源效益释放不足。国家数字出版产业基地在支撑传统出版企业还存在较大的提升空间。但也不乏将国家数字出版产业基地与传统出版转型紧密结合的案例。如青岛国家数字出版产业基地形成了以青岛出版集团为主体的城市VR原创内容传播平台，并强化终端研发企业与内容企业合作，如海尔集团的"基于智能电视的互联网幼教平台"、海信集团的"支持广播电视与新媒体融合的数据内容及发布平台"，实现终端硬件与传统内容的结合。但是绝大多数国家数字出版产业基地支撑传统出版转型发展动力不足。一方面，传统出版企业在管理机制上面临诸多壁垒，尤其是如何发挥资源优势融入到国家数字出版产业基地产业链受到较大的体制束缚，即便通过资本运作方式参与基地数字出版业务运营，社会效益与经济效益之间的平衡也制约企业取舍。另一方面，传统出版企业在数字出版领域发展普遍存在较大的市场惯性，在开发利用自身内容优势方面，缺乏对市场、用户精准对接，与国家数字出版产业基地企

业之间的市场关联较弱。

（二）对小微企业培育缺乏系统支持

数字出版业受信息技术迭代的影响及其深刻，企业形态、产品形态、商业形态较为复杂。国家数字出版产业基地的产业布局规划对于中小企业发展主要集中在孵化、投资方面，财税、物业支持设定了较高门槛，系统支持小微企业发展支持体系构建不足。但大量新兴数字出版企业员工少、产品单一、资本构成单一，在财税、融资、市场等领域需要稳定的支持体系。当前国家数字出版产业基地公共服务体系的建设重点则缺乏对小微企业成长环境的打造。如上海张江数字出版构建覆盖企业生命周期的投资体系，打造了针对小型网络游戏公司开展产品测试的公共服务平台。这要求国家数字出版产业基地既要做好基地公共服务平台的打造，更要结合基地产业集群提供个性化的公共服务。总体而言，缺乏对小微企业培育的系统支持是当前国家数字出版产业基地发展的重要短板。

（三）对基地运营主体缺乏效益规制

国家数字出版产业基地的治理形式以管委会、运营公司为主，其实质都是政府通过行政手段或市场手段开展企业治理。管委会模式是直接运用行政手段治理基地。基地运营公司则主要由政府出资组建基地开发运营公司，是一种政府间接的治理手段，采用了市场化手段实现基地建设、服务体系打造。这两种基地治理模式在促进基地内部横向合作，构建内部优势资源、优势平台形成紧密产业链方面仍面临重大挑战，极易落入"政府搭台、企业唱戏、坐地收租"传统模式的藩篱。如何运用市场化手段提升治理效率，是国家数字出版产业基地必须解决的问题，其本质要求是基地必须从建设者、开发者逐步向投资者、引领者转变。但在行政主导的治理体系下，国家数字出版产业基地缺乏市场活力，公共服务资源利用成本高、利用效率低。市场化基地运营在我国受到普遍重视的当下，如何避免国资背景的运营企业以基地运营效益为要，是亟待解决的关键问题。如上海张江国家数字出版产业基地的的运营方为张江高科旗下的上海张江文化控股有限公司。其独占了大量的要素资源，尤其是政策、资本、土地等基本生产要素，使用效率提高的同时，其企业运营利益也形成了较高的使用壁垒。如何平衡基地国有或民营资本在基地发展的社会效益与企业运行的经济效益，亟待从宏观政策层面重点关注。

四、国家数字出版产业基地发展展望

（一）产业发展进入提质增效新时代

国家数字出版产业基地的设立主要目的是打造数字出版产业集群，形成区域性数字出版产业集聚区。国家数字出版产业基地经过多年发展，基地规模与经济规模已趋于稳定，质量效益已成为国家数字出版产业基地发展重点。一方面，当前国家数字出版产业基地完成了硬件基础设施建设，基本形成了公共服务体系发展框架，初步具备由数量规模向质量效益发展的基本条件。各国家数字出版产业基地普遍重视园区公共服务体系打造，覆盖园区配套、政策扶持、金融支持、技术孵化、市场平台等多个领域。国家级数字出版产业基地作为各地数字文化领域的核心园区，形成了强大的产业向心力。随着我国经济动能转换加快，国家数字出版产业基地也要实现提质增效。另一方面，国家数字出版产业基地要运用数字激发，激发基地企业的市场活力，提高数字出版产业基地的整体发展质量和运行效率。数字出版业技术要素、资本要素富集，因此市场环境的变化对产业发展影响显著。国家数字出版产业基地产业布局普遍集中于具有较高技术依赖性的新兴出版业态。国家数字出版产业基地的集聚效应，更多地体现在创新资源集聚与教育资源的集聚。在我国创新驱动发展战略的引领下，国家数字出版产业基地将充分释放创新活力。

（二）基地建设进入生态打造新周期

10年来，国家数字出版产业基地的建设任务已经由基础设施建设阶段向产业生态打造，主要工作内容为打造国家数字出版产业基地产业发展生态，设计制度、公共服务、市场环境等方面优化。在硬件基础设施建设方面，国家数字出版产业基地已较为成熟。青岛国家数字出版产业基地面积达27万平方米；江苏国家数字出版产业基地建成了5.8万平方米的体验、展示和云计算中心，无锡园区规划建筑面积达948亩,镇江园区占地70亩。北京国家数字出版产业基地在2015年8月建成投用了1万平方米的先导区,其园区核心规划建筑面积达71万平方米,生活功能与城市功能规划建筑面积分别达82万平方米、32万平方米。目前,各国家数字出版产业基地硬件建设基本完成。打造适宜数字出版企业集聚的产业生态成为各数字出版产业基地的主要任务。中心任务是围绕基地数字出版企业发展的实际情况开展政策扶持、金融服务、人才支持、市场推广、技术培育等,重点突破基地发展不均衡、整体实力和资源集聚能力弱、盈利模式单一等痼疾。上海张江国家数字出版产业基地在产业生态打造走出了一条"孵化+投资"特色之路,发挥财政资金的杠杆效应,撬动社会资本参与数字出版产业投资,基地治理逐步向市场化手段过渡。这种转型的基础是完善的政策体系和有力的运行主体。国家数字出版产业基地要充分理解产业需求,加快打造基地良好商业生态。

(三)平台体系进入融合发展新模式

数字出版产业具有显著的技术密集特征。国家数字出版产业基地公共服务体系构建中重视各类平台体系的建设。各类技术应用平台、电子政务平台、企业孵化平台、投融资平台等不断涌现,形成了较为繁杂的国家数字出版产业基地平台体系。各类平台面临运行效率、安全管理、有效使用等多方面的问题。平台体系的融合发展将成为国家数字出版产业基地深化改革的重要内容。从国家数字出版产业基地发展角度来看,平台体系最为重要的功能是服务数字出版企业,尤其是扶持中小型数字出版企业,打造实现各类数字出版生产要素高效流通的在线平台,促进金融服务、电子政务、市场推广等环节有序对接。从数字出版产业布局特征来看,平台体系最为重要的导向是实现平台与产业发展难点、焦点、痛点融合。上海市张江国家数字出版产业基地打造了上海游戏出版申报服务平台,让游戏企业实现申报到出版单位内审、提交,再到主管部门受理、审读等环节的全流程管理;打造上海网络游戏测试公共服务平台着力为小微游戏企业提供公共测试平台,降低小微游戏企业的推广成本。平台的产业融合除与优势龙头产业融合外,还与数字出版业的知识产权特性融合,即通过数字化、网络化手段实现数字出版业"放管服"改革,提高各家数字出版产业基地整体运行效率。

（四）基地治理进入规范发展新阶段

国家数字出版产业基地治理是我国数字出版产业高质量发展的压舱石，规范治理是国家数字出版产业基地释放集聚效应、打造产业集群的基础保障。国家层面已经明确释放了对基地数量实施总量控制、动态管理的信号。从国家宏观层面，国家数字出版产业基地面临更加紧迫的产业规模化、集约化、专业化的发展诉求，规范化成为国家数字出版产业基地治理主要特征。《国家新闻出版产业基地（园区）管理办法》对国家数字出版产业基地的建设、管理提出了更高要求。该《办法》对国家数字出版产业基地的治理主体责任、硬件条件、申报程序、日常运行等进行了明确约束。在基地建设准入方面，明确了建筑面积要在 5 万平方米以上等硬性指标，同时对资质审核、业务规范、年度考核、产业统计等方面的制度建设也有明确的要求。在基地运营管理方面，明确了基地建设年报制度和抽检制度，并明确提出通报批评、取消国家数字出版产业基地称号的处罚决定。从基地布局层面，采用多园区布局的国家数字出版产业基地也将呈现规范治理的阶段。分园区在国家数字出版产业基地治理中有先发优势，在产业布局、空间布局、管理体系上符合国家数字出版产业基地的发展战略。但基于产业定位、产业特性、配套服务等的规范化治理是维护国家数字出版产业基地品质的关键，部分国家数字出版产业基地建设采用"全域园区"模式容易出现管理混乱、服务滞后等情况。上海市研究制定的《上海国家数字出版基地延伸园区认定标准》在上海国家数字出版基地虹口园区首次使用，对国家数字出版基地的分园区治理提供了全新参考。

（本报告课题组成员：袁毅　陈璐　姚惠　杨金明　巫国义）

中国"出版+VR/AR"
融合发展研究报告

王 扬 尚 烨 邓 杨

科技是国家强盛之基,创新是民族进步之魂。党的十八大以来,我国创新型国家建设成果丰硕,创新驱动发展战略大力实施,创新发展理念深入人心。当前,虚拟现实技术(VR)、人工智能技术(AI)、智能制造等已成为全球技术研发的热点,并逐步向消费者日常生活渗透,为传统行业创新发展提供了技术支撑。

2016年被称为VR元年,虚拟现实(VR)/增强现实(AR)呈井喷式发展,在各个领域的运用迅速铺开,国内多家出版单位也应时而动,纷纷试水,因地制宜结合资源优势,进行创新性发展。VR/AR技术为数字出版的发展提供了新的思路和方式。

一、VR/AR图书出版总体情况

与传统图书相比,VR/AR技术具有接触式、立体式、智能化、体验化、交互性的特点,使数字化阅读体验优势更加明显,实现了纸质图书与数字化的有机结合,成为数字出版发展中的新支点。

AR(Augmented Reality,简称AR)即增强现实,是一种实时计算摄影机影像位置及角度并加上相应图像的技术,这种技术的目标是在屏幕上把虚拟世界叠加在现实世界中并进行互动。AR图书,就是将AR技术与传统图书相结合,将传统的文字和图画,配以强烈视觉冲击力的三维立体图像,通过手机、iPad等移动终端向读者全面展示图书内容,将平面的知识以立体化的形态呈现在读者面前,使知识更容易被接受,更易于传达。在不改变任何印制工序、不增加任何印制成本的前提下，依靠技术手段，就完成了纸质书的立体化。同时，AR技术又允许与纸质书所关联的内容可以不断更新，延展了纸质书的内容空间及服务周期。

传统出版社、技术生产商、民营文化公司都在AR图书出版方面有所尝试，进行了有益的探索。反响较大的有中信出版集团《科学跑出来》系列，北京联合出版公司《艾布克的立体笔记：探索系列》等。

VR（Virtual Reality，简称VR）即虚拟现实，是一项以计算机技术为核心的综合集成技术，涉及3D图形技术、多媒体技术、仿真技术、传感技术、立体显示等高新技术。利用计算机和其他设备（输入/输出设备）营造集视觉、听觉、触觉等多感官于一体的三维虚拟世界。VR图书是将虚拟现实技术与传统的科教读物相结合，让用户在虚拟环境中体验身临其境的感受，能够突破空间、时间以及其他客观限制，带给读者穿越的乐趣和眼见为实的交互式体验，是一种接触式、沉浸式的阅读新方式。具有代表性的VR图书有北京少年儿童出版社出版的《恐龙世界大冒险》丛书，海天出版社的《童喜乐魔幻互动百科》系列等。

VR/AR图书作为一种新的图书形态，从无到有，逐渐普及，其新奇性、互动性、体验性给读者带来了前所未有的阅读感受，在一段时间内市场热度很高，国内诸多出版社迅速跟进。但同时，技术复杂性、图书定价、展览展示等问题也使其在图书出版领域的优势未能有效凸显。特别是VR/AR童书，对比当当、京东、亚马逊三大图书电商平台，AR童书大部分定价都在60元以上，VR童书价格更是超过百元。然而与售价相反的是能实现VR/AR阅读的页数非常有限，会使家长产生性价比差的感受，此外VR/AR童书如何陈列和展示成为难点，大多数出版社尝试在网站上用视频方式展现效果一般，制约了VR/AR图书的大规模推广，再加上市场热度的逐渐冷却，也给出版社选择出版此类图书提出了新的思考。

二、出版+VR/AR发展态势

（一）VR/AR助力教育出版

今天已有的教学方式相比以前有了很大的不同。尤其是增强现实和虚拟现实等新技术的帮助，能够让学习者更加直接的投入到学习中。学生们可以"感受"他们正在学习的概念，记忆，比如，通过 VR 技术，一位高中生或许就可以扮演博罗季诺战役中拿破仑的角色；对于小学生来说，可以通过较为简单的 AR 体验，来观看一座大楼，并且使用 AR 来确定它的高度等等。AR 和 VR 为教育带来的可能性是无穷无尽的。目前，出版社借助 VR/AR 技术来出版教育类图书，推出教育类产品渐成趋势，如青岛出版集团旗下的青岛城市传媒股份有限公司利用资源优势，推进多学科 VR 课件产品研发；皖新传媒打造 VR 数字教育内容全媒体平台，重构产业生态圈等。

（二）与传统文化结合 出版 + VR 走出新路

出版业的本质是传播知识，传承文明。VR 技术的特点使得传统文化的传播和传承有了新的形式和载体，结合出版社资源，将 VR 技术与传统文化相结合，是出版 + VR 转型的新业态。

红色地标（北京）文化传播有限公司从 2017 年开始先后与出版单位合作，进行 VR + 中华优秀传统文化项目开发，收到了较好效果。2017 年联合中国出版集团华文出版社承担的《红色地标 VR 及配套产品在爱国主义教育中的应用》项目，成功入选 2017 年原国家新闻出版广电总局改革发展项目库；2018 年联合北京人民教育出版社承担的《千年长河——京杭大运河上的文化地标 VR》项目，经中宣部、教育部批准，列为 2018 年文化产业发展专项资金重大项目；2018 年联合中国出版集团华文出版社承担的《基于 AR/VR 等新媒体技术的中华优秀传统文化创造性传承工程》项目，成功申报 2018 年原国家新闻出版广电总局改革发展项目库入库项目。VR + 传统文化对讲好中国故事，传承中华文明起到了积极推动作用。

（三）VR/AR 童书占据半壁江山

在亚马逊、京东商城等电商中搜索 VR/AR 图书显示，VR/AR 童书占有较高比例。童书出版是 VR/AR 技术与出版业结合最为紧密的领域之一。一方面，由于儿童对新鲜事物的接受程度普遍较高，结合 VR/AR 技术的童书能让儿童在阅读过程中体验到文字、声音、视频、动画等全方位感受，增强了书籍的互动性，提高了儿童主动阅读和获取知识的兴趣。另一方面，少儿图书出版持续保持快速增长，市场蕴含巨大潜力。在国家大力倡导全民阅读的环境下，家长对儿童素质的全面提升以及寓教于乐的教育方式愈发重视，VR/AR童书带来的前沿技术为少儿图书出版注入了新的活力，成为家长们追逐的新热点，也成为了出版社在童书市场角逐的新发力点。市场上一批结合VR/AR技术，视听融合的新形态童书持续涌现。

在近两年的图书交易博览会、上海书展、江苏书展等大型活动上，都会有出版社带着VR/AR童书进行重点宣传。如北京少年儿童出版社在推出被称为"第一部结合虚拟现实（VR）技术的启智类科普读物"——《恐龙世界大冒险》之后，在2017年又相继推出了VR读物《大开眼界：西游记》与《大开眼界：宇宙星空大冒险》；还有吉林出版集团利用虚拟现实技术开发了《进入恐龙乐园》丛书；山东教育出版社出版了《恐龙大世界》（VR套装），辽宁科学技术出版社的《VR超级看：爱丽丝梦游仙境》、北京工业大学出版社的《探索北极》等。

（四）内容同质有所改善，不同题材图书涌现

内容同质化一直是VR/AR图书发展的困境所在。2016年约200种VR/AR童书中，书名带有AR涂色字样的童书就有40余种，而与恐龙题材相关的此类童书也有40余种。此外"百科""魔法""AR识字卡"等关键词也在书名中频繁出现。跟风雷同，选题同质化，导致家长选择起来难有侧重，难免给人以VR/AR童书市场混乱的印象。但值得注意的是，2016年，也有部分童书结合各自出版资源特色、选题新颖、填补了市场空白、反响热烈，开辟了VR/AR童书出版的新思路。如中国石油大学出版社的《古意新曲》（儿歌+动漫）、江西人民出版社的《成语接龙》、广东新世纪出版社的《中国川剧"变脸"：白蛇传》、西南财经大学出版社的《有趣的中国节日》等。

此外，由人民文学出版社出版，董卿主编的《朗读者》图书，采用了AR技术来提升阅读体验，借助"朗读者AR"客户端，扫描书中的任何一张图片，即可观看近1 000分钟的视频片段，体验观看视频、聆听朗读与阅读文本的无缝连接；国内首部VR旅行类图书《奇遇》于2017年9月上市，随书赠送一副VR眼镜，读者只需要扫描书中的二维码，就可以观看爱奇艺的VR视频，实现观看视频与阅读图书的完美结合，大大增强与读者的互动感。因此，出版

社要想在 VR/AR 图书领域突围，做好内容的原创和选题创新成为重点。

（五）市场评价：反映良好及反应平平各占半数

从出版社对于 VR/AR 图书的评价来看，2016 年，在出版过 VR/AR 图书的出版社中，半数出版社表示 VR/AR 图书形式新颖，丰富了出版内容，提高了孩子们的阅读兴趣，受到家长们的欢迎，市场反应良好。海天出版社、江苏凤凰出版社、中国少年儿童新闻出版社等继续推出了 VR/AR 图书。还有半数出版社认为未能达到市场预期，市场反应平平。出版社认为选题的同质化、出版成本提高带来的图书定价提高、家长对电子产品的排斥、由于网络等条件限制，下载 APP 困难，不能充分展示 VR/AR 图书特点以及市场对于此类图书的热度渐渐冷却等因素导致了投入高于产出的现状。

（六）版权引进成为一种可行选择

从版权进出口来看，传统出版社直接参与研发 VR/AR 图书具有技术难度，版权引进不失为一种稳妥的选择。如电子工业出版社的《消失的世界》从法国引进，中信出版集团"科学跑出来"从英国引进，北京工业大学出版社的《童喜乐魔幻互动百科》和《探索北极》从加拿大引进，南京大学出版社的 AR 低幼教材从韩国、日本引进。其中，中信出版集团"科学跑出来"系列从内容到技术皆从英国引进，该系列曾荣获 2015 年度英国多媒体互动图书和 THE LICENSING 大奖，在全球 32 个国家拥有高达 150 万册的销量，已经是一套成熟的 AR 童书系列。相对于高昂的技术研发成本和不可预期的市场风险，中信出版集团选择版权引进成本可控。另外，电子工业出版社和北京工业大学出版社则选择了单纯的内容引进，技术方面选择与具有研发能力的新媒体技术研发团队或民营文化公司合作，也获得了良好的市场收益。引进版 VR/AR 图书品种虽然不多，在三大图书电商平台的销量却十分可观，消费者对于引进版图书的认可度较高。

版权输出方面，西南财经大学出版的 AR 图书《有趣的中国节日：AR 互动游戏书》成为 2016 年唯一上榜书籍。版权成功输出到新加坡、马来西亚、印度尼西亚等国。

（七）VR 出版项目逐步得到资金支持

从经费来源看，2016 年出版 AR/VR 童书的出版社中，有 10% 的出版社获得过有关项目资金支持，如海天出版社获得深圳文创资金支持；南京大学出版社获得"原动力"中国原创动漫出版扶持计划支持，山东美术出版社与上海仙剑文化传媒股份有限公司合作获得上海相关资金支持，吉林科学出版社获得吉林省内数字出版相关资金支持。此外，国家出版基金资助项目等出版项目也开始有 VR 技术融入获得立项，如 2018 年度国家出版基金资助项目中云南教育音像电子出版社有限责任公司的红色之旅——党员教育 VR 体验项目（配汉语、西双版纳傣语、德宏傣语、彝语、景颇语、佤语）；2017 年北京市科普项目入选的北京工业大学出版社有限责任公司的《活起来的科学：创新互联网+AR、VR》系列童书；原国家新闻出版广电总局的首批新闻出版业科技与标准重点实验室项目中，由江西出版集团红星电子音像出版社牵头申报的，并与江西新媒体出版有限公司、中国科学院计算机网络信息中心共建的基于 AR/VR 呈现方式的知识服务科技重点实验室成功入选。

AR/VR 属于新型技术，国家鼓励其与传统产业进行融合创新发展。各地方，如山东、江西、福建、山西等地政府也纷纷大力投入资金支持 AR/VR 产业的发展。

（八）VR 阅读体验成为图书馆、书店标配

近年来，全国各地图书馆不断加大数字公共文化设施投入力度，购置 3D 立体书、VR 阅读设备、电子图书借阅机等数字阅读设备，还举办 VR 阅读相关的科普活动，为各个年龄段的读者提供了全方位的知识服务平台，不断满足人民群众的阅读需求。

2017 年 5 月，西藏图书馆以打造"融入生活的数字图书馆"为出发点，推出"VR 诵经典"虚拟现实服务项目，项目以四季为背景，构建了"铁崖苦读""怀素书蕉""流觞曲水""千里婵娟"4 个传统文化虚拟场景，引导读者在虚拟空间阅读传统诗词，在体验高新技术的同时，领略民族传统文化的魅力；2017 年 7 月，湖南省少儿图书馆升级改造，改造后的图书馆纸质阅读将不再是阅读的唯一方式，还将增加新的阅读方式，如声像阅读、VR 阅

读等；2017年9月，第五届全国出版物馆配馆建交易会在长沙召开，馆配会现场也设置了VR阅读体验馆，VR技术也在数字图书馆建设中得到实质性应用，戴上VR眼镜阅读《云冈石窟佛造像》，能看到大小1∶1的佛像，提升了阅读体验；2018年3月，河南省邓州市图书馆 开展"戌狗迎新"VR虚拟现实体验活动，通过搭建"春节家庭院落"VR场景，体验者可以体验燃放烟花爆竹、贴春联、书写福字、张贴剪纸等春节文化民俗，增强对优秀传统文化的热爱与了解；2018年4月，长春市少年儿童图书馆联合南京书童科技共同开展了"书童VR体验"主题活动，读者可以在虚拟空间阅读传统精典，体验数字阅读新形态。

三、出版＋VR/AR未来发展趋势

（一）VR全景逐渐普及

根据Omnivirt研究报告显示，VR全景内容在2017年的参与度高于普通内容。这一数据是基于对1 000多个活动视频完成、点击和整体参与的分析。除此之外，Omnivirt的研究还发现，使用VR全景内容除了在所有垂直领域传播外，内容和质量也都在逐年提升。而现在使用虚拟现实和VR全景的公司也越来越多，展望未来，我们可以看到VR全景虚拟现实内容在更大范围内普及。在出版行业VR全景的应用刚刚起步，书展、书店以及出版产业基地和出版集团都可以用VR全景进行展示，与以往的展示方式相比，VR全景具备"所见即所得"的视觉新体验，它有以下几个显著的优点：真实性；完整性；高精度；高效性。VR全景将成为出版行业应用VR技术的重点方式之一。

（二）广告领域将出现更多增强现实应用实例

虚拟现实VR广告是一种创新的广告型态，主要分为各式加载画面广告与应用内植入性广告，形式可以是360度全景视频广告、剧院级大屏幕视频广告、3D模型广告、应用推荐以及综合上述形式的混合型广告。相比于传统的广告，虚拟现实VR广告能够让用户拥有身临其境的沉浸式体验，VR体验内植入不干扰用户的广告形式大大提高了广告效果。可以说，虚拟现实 VR 广告正在逐步改变我们传统的广告投放模式，虽然目前虚拟现实 VR 广告还没有普及，但是其前景是十分广阔的。

目前，已有技术公司开发出应用于出版企业的后台系统，支持图书、期刊的 VR 出版并提供 VR 广告形式，这样在一定程度上可以为出版企业提供新的发展思路和市场空间。

（三）虚拟现实开发门槛降低

随着技术进步，VR 技术核心的建模环节可由工具完成，通过红外扫描来实现快速建模，此外，VR 的开发平台也更加便捷和智能，编辑经过短期培训就可以实现 VR 图书的开发，北京触角科技有限公司、江苏梦想人科技有限公司等技术企业都已有自定义 VR 内容平台推出，并已在部分出版社中使用。

（四）技术进步带来 VR 快速普及

未来，VR 将呈现更加身临其境的体验，除了视觉之外，虚拟现实设备能让我们鼻子的嗅觉和触觉更接近真实的体验。此外，5G 时代的到来，虚拟现实硬件价格不断下降，眩晕感技术瓶颈的缓解等利好因素，为 VR 技术应用的大众化普及做好了准备。

（五）VR 阅读成为新型阅读方式

VR 阅读正在成为新型阅读方式之一，国内外出版企业和技术公司都在致力于这一领域的研发和推广。在 2018 年 3 月举办的意大利博洛尼亚国际儿童书展是世界少儿和青少年图书出版及多媒体产品行业最重要的展览之一。在这个展览上，备受关注的虚拟现实（VR）设备和增强现（AR）设备纷纷亮相。比如 Google Daydream VR 平台团队带来了可以让使用者在虚拟空间中进行 3D 作画的设备，作家、插画家通过这款设备可以画出虚拟的星星和火焰。新加坡 MXRi 公司设计的 Snap-to-Learn VR 头盔则专为 5—6 岁的儿童设计，内置了四款虚拟世界，重新定义了儿童阅读体验。儿童文学作家孙玉虎表示，明确了阅读目的后，阅读手段不用局限，利用高科技改变少儿阅读方式是新时代的新特点。

（六）出版+VR助力中华文化走出去

近年来，VR+传统文化不断亮相国际舞台。早在2003年，由故宫博物院和日本凸版印刷株式会社共同创立的故宫文化资产数字研究所成立，奉献给公众的第一个作品就是故宫VR《紫禁城·天子的宫殿》。通过电脑设备和操作手柄实现人机互动，观众可现场自由"漫步"三大殿、养心殿各个角落，这一影像制品随展览走出国门，令故宫的形象深入人心。近年来，"数字敦煌"项目加速推进，敦煌研究院文物数字化研究所对洞窟进行VR虚拟漫游节目制作，使得敦煌艺术在保护和传承之外，有了更多、更好向国内外传播的渠道；2017年6月，在芬兰赫尔辛基成功举办的"感知中国芬兰行—触摸中国VR互动体验展"，在当地收获了民众的广泛欢迎和称赞。观众可不出国门，"探秘"敦煌莫高窟、"行走"西藏布达拉宫、更有幸进入西安兵马俑与千年前的中国军团"亲密接触"。VR互动体验展每天接待络绎不绝的芬兰民众及国际游客，为参展观众连续不断地呈现沉浸式的文化饕餮盛宴。

VR技术具有打破时空、语言交流障碍限制的优势，中华传统文化借助VR更易于向世界展示、传播，出版作为文化传播和传承的重要载体，也可将VR技术引入，让世界通过图书加载VR/AR这一窗口了解博大精深，源远流长的中国文化。

（七）VR图书馆带来阅读新体验

VR图书馆相对于传统图书馆的不同之处在于，VR图书馆是依托网络信息资源的图书馆，没有图书馆建筑物理实体的质量和体量概念，没有传统的纸质馆藏。所谓虚拟空间指的是网络环境，VR图书馆没有纸质文献资料馆藏，不以实体图书馆舍为服务平台，不以纸质印刷品为载体，在这个虚拟空间里主要依赖网络信息及远程通信技术来获取文献信息资源，是利用互联网创建的一个虚拟的图书馆文献资源库。因此，也有人将其称为"无墙图书馆"。在VR图书馆中，用户可以漫步、选书及阅读，跟在真实环境一样，还可以在图书馆中同其他读者进行交流互动，而真实的两个人可能处在不同的地区。图书馆界普遍认为，未来的图书馆是纸质图书馆、数字化图书馆、虚拟图书馆、VR图书馆的"联合体"。而VR技术在其中起到了桥梁的作用，是未来复合型现代化图书馆研究的方向。

四、结　语

　　数字化转型一直是摆在传统出版业面前一道充满期待与挑战的任务,科技化、智能化、交互式已经成为图书数字化出版的必然发展趋势。AR与VR技术的发展,为图书数字化增添了新的助力,其沉浸式的阅读体验打破了传统数字化出版的格局,带领广大读者进入一种全新的阅读模式,使数字出版实践充满了各种可能性。

（作者单位：中国新闻出版研究院）

重庆市数字出版产业发展报告

重庆市文化委员会　重庆华略数字文化研究院

2017年重庆数字出版业发展态势良好，产值达到179.58亿元，网络出版服务单位21家，较上年增加4家；传统出版数字化转型成效明显，传统出版单位均涉及数字出版业务。数字出版业创新发展模式，形成了"内容+文创""内容+电商服务""内容+教育服务""内容+智库服务""技术+教育服务"等商业模式。两江新区国家数字出版产业基地被评为全国新闻出版优秀基地（园区），产业集聚能力不断增强。

一、重庆数字出版业运行态势与特点

（一）产业规模与现状

2017年，重庆市从事数字出版及相关产业的法人单位和非法人单位事业部达3 000余家，其中法人企业715家（含非传统出版单位设立数字出版相关业务企业471家）。据全口径统计，数字出版及相关产业产值为179.58亿元，增加值94.13亿元，增加值率53%，数字出版业产值为全市国民生产总值的0.92%。

从业务分布看，从事数字内容生产、制作出版的新兴出版单位有100余家，主要从事数字内容创意、生产环节，部分涉及内容出版服务；数字出版技术研发企业150余家，主要是提供软件支撑服务。按照《国民经济行业分类（2017）》，将数字出版业分为数字出版产品生产服务、数字出版支撑服务、智能设备制造等5个类型，其中数字出版产品生产服务和数字出版支撑服务是数字出版业的核心。2017 年重庆市数字出版产品生产服务产值为 90.81 亿元，其中数字出版服务产值 31.5 亿元、数字出版内容服务产值 46.50 亿元、数字出版娱乐服务产值 12.81 亿元；数字出版支撑服务产值 84.05 亿元，其中数字出版软件服务产值 43.29 亿元、网络接入服务产值 25.34 亿元、数字出版物发行产值 3.16 亿元、数字出版信息咨询服务产值 4.72 亿元、数字出版运营平台产值 1.90 亿元；数字阅读设备制造与销售 5.64 亿元。

数字出版服务业门类齐全，包括互联网广告服务、网络游戏服务、网络新闻服务、互联网期刊出版、数字报纸出版、数字图书出版、数字教育、网络游戏出版、网络动漫出版等 13 个门类，内部居前 5 位的行业是互联网广告服务 47.03%、网络游戏服务 10.08%、网络游戏出版 7.91%、网络新闻服务 6.78%、数字教育 6.60%。互联网广告服务仍是当前重庆数字出版收入的主要来源，网络游戏制作和出版服务成为重庆数字出版业的发展动力，完美世界、迅游等引进企业和本土游戏企业正在快速成长。数字教育作为重庆数字出版业主要亮点，发展态势稳定，仍是值得期待的行业。

全市网络出版服务单位发展势头良好。全市有网络出版服务企业 21 家，其中，2017 年新增 4 家。19 家网络出版服务单位 2017 年实现产值 10.03 亿元，网络出版收入 3.16 亿元，较上年增长 13.2%。华龙网网络出版服务收入突破 1 亿元，为 1.95 亿元，较上年增长 15.4%；维普资讯网络出版服务收入 0.85 亿元，较上年增长 10.5%；西南师范大学出版社有限公司网络出版服务收入增幅为 38.4%。

（二）传统出版业数字化转型升级成效显著

传统出版数字化转型升级是当前和今后一个时期的重点任务之一，重庆市现有期刊 135 种，报纸 46 种，出版社 3 家，以及 37 家区县报，都需要数字化转型升级，以适应当前用户的需求。重庆市确立了 9 家市级转型升级示范单位，其中有 7 家确立为国家级数字出版示范单位。9 家市级数字出版转型升级示范单位中出版社 3 家，报纸 3 家，期刊 3 家。转型示范单位业务主要集中在数字阅读、知识服务、大数据、融合出版、平台建设等方面，2017 年产值为 8.4 亿元，为 21 家网络出版服务单位总营收的 81.7%。

转型升级示范单位数字业务和平台基本形成。重庆日报报业集团旗下 5

家单位获得网络出版服务资质,已成长为拥有15报、4刊、13网、5端、81个官方微信、25个官方微博以及重庆日报电子阅报屏、重庆手机报、户外LED屏等147个媒体终端在内,具备多种传播形态的现代化大型综合传媒集团,日均传播影响人群近亿人次,基本形成以重庆日报为龙头的党报集群,以华龙网为龙头的新媒体集群,以上游新闻为龙头、慢新闻、上游财经与纸媒协调发展的新型都市报集群和今日重庆、重庆法制报、新女报专业类、行业类媒体集群的"'4+1'融媒体矩阵+产业集群"的整体发展格局。重庆出版集团形成了数字版权运营、增值服务、在线教育、电商等4项主要数字出版业务。当代党员杂志社形成了当代党员客户端,《当代党员》《党员文摘》《党课参考》三刊数字化出版,七一网、重庆非公党建网、重庆国企党建网三网,党建头条、领导者头条、党员文摘、党课参考、重庆人才等5个微信公众号的"1+3+3+5"党建全媒体传播格局;承担了"党建及社科期刊编管发平台""社会主义核心价值体系全媒体创新互动党课教育平台",重庆数字出版资金资助项目"重庆党建云平台""党建及社科期刊和新兴媒体融合发展服务平台"、基于"互联网+"的党建全媒体传播平台等5个数字出版项目。商界传媒集团整合内容资源,形成《商界》全方位全媒体全场景商业财经内容服务平台,推出针对企业家不同层次、不同行业、不同场景、多角度多方位的商业资讯,覆盖了音频、视频、图文直播以及视频直播等多种形式。还扩展商界领袖俱乐部社群功能,满足企业家人脉社交、资源整合、资本对接等商务需求。

(三)融合发展能力进一步提升

经过几年的发展,重庆市数字出版业形成了基于内容服务核心产业延伸的新型出版生态,突出"内容服务+"业态。一是形成了"内容+文创"。《中华手工》杂志将其历年积累的内容资源、用户资源、受访对象资源进行深度整合,打造的"百工制器"年销售额近200万元,已经超过了杂志本身的营收。手艺APP累计下载量突破百万,月总阅读数量远超杂志阅读人群,同时位于深圳的手艺工场以及重庆鹅岭的揖美手作日接待客流近千人,年销售额近千万元。形成了完备的手工艺产业链,让报道对象的"好手艺有价值"从而实现媒体自身价值。二是"内容+电商服务"。《农家科技》杂志充分发挥其服务

"三农",与农村联系紧密的优势,拓展网络平台的功能,植入电商,形成"淘土货"农村电商平台,年营收超过 300 万元。重庆西南师范大学出版社有限公司依托网络出版平台开展基础教育教材销售,上线教材 1 000 种以上,2017 年电子商务销售 560 万元,较 2016 年增长 81%。三是"内容+教育服务"。"灵狐课外"APP 通过研发标准化活动与赛事管理系统、在线竞赛服务系统、青少年素养评测平台、线下活动赛事管理系统等,打造青少年活动赛事的整合服务平台,提供适合青少年身心发展的各类活动,大赛的组织、搜寻、报名、参加和第三方报告等服务,并以此为基础开展面向青少年课外学习、生活、消费的全程服务,实现移动互联网环境下传统青少年产业与教育服务的融合发展,促进青少年核心素养提升与成长发展。项目获得重庆市科技创业投资协会颁发的"2017 年度最有价值项目"奖。四是"内容+智库服务"。智想数字科技有限公司整合商界历史资源数据库和专家资源,建设"中小企业跨越式发展智库",服务经济新常态下,中小企业在转型升级过程中遇到的资讯、资源和资金短缺,企业制度建设、市场营销和资本运作各个方面,成为重庆地区财经媒体第一个媒体智库。五是"技术+教育服务"。重庆大学出版社下属重庆迪帕数字传媒有限公司的"新形态教材支撑平台",实现了"教材+数字内容+平台化教学工具",提升了传统教材服务能力和水平;其"课书房智慧移动课堂"项目,提供在线教学服务;向各级院校提供"数字技术+软件+平台"的数字化教学综合解决方案,为智慧化教学提供了强有力的支撑和服务。

(四)数字出版基地产业集聚不断增强

基地企业营收大幅提升。从入驻企业的经营状况看,入驻企业资产为 86.69 亿元,数字出版总产值达 64.58 亿元。排名前 8 家(CR8)企业营收占基地总营收的 44.2%,排名前 4 家(CR4)企业总营收占基地总营收的 26.8%。完美世界(重庆)互动科技有限公司、重庆小闲在线科技有限公司、重庆华龙网集团股份有限公司、重庆猪八戒知识产权服务有限公司、天极网等 9 家企业年产值过亿元。

基地的集聚能力基本形成。2017 年,重庆市从事数字出版及相关产业的法人单位和非法人单位事业部达 3 000 余家,其中法人企业 715 家,其中非传统出版单位设立数字出版相关业务的企业 471 家。在法人企业中,有 352 家落户基地。全市 21 家有网络出版资质的企业中，有 14 家集聚在基地。对重庆市 38 个区县（开发区）的区位熵测量，两江新区数字出版基地区位熵为 5.66，呈现专业分工与规模经济性，具有产业集聚效用，专业化程度处于最高水平。

二、重庆数字出版业面临的问题

（一）数字出版人才严重不足

数字出版业是数字文化产业的核心业态之一，也是文化与科技融合的重要结点，从产业发展看，属于典型的融合型产业，跨越高新技术、信息技术、文化产业等多行业，其产业属性要求其必须具备较强的创新能力，而创新能力的根本是人才，尤其是融合型人才尤其重要。目前重庆市数字出版业从业主要由文学、新闻学、计算机、信息工程和企业管理等专业人员构成，缺乏完全熟悉数字出版业务的融合型人才和纯粹数字出版教育基因的人才。主要原因有三个方面：一是目前数字出版从业单位多是传统出版单位转型或业务拓展，由事业部向产业单位转型，人员配置时更多倾向于存量人才的就地转型，由此造成后果是受传统出版业的影响，不同业务之间相互割裂断链，对产品开发、市场运营等相互不了解，导致产销脱节。二是重庆市目前数字出版产业环境还不适应数字出版人才成长。一方面，企业对数字出版重视不够，多数企业数字出版业务处于边缘地位，导致数字出版人才地位在出版单位边缘化，个人成长、薪酬待遇都无法与其付出的劳动对比。另一方面重庆市数字出版人才自我成长的环境尚未形成，一旦遇到成长的天花板就会跳槽到数字出版企业集聚较多、技术先进的地区。三是企业对数字出版人才培养力度不够。各企业对数字出版人才培养缺乏中长期战略规划，不愿意对数字出版从业人员进行系统的培训。如 2017 年"全国数字出版千人计划"重庆获得 4 个指标，实际仅 1 人报名参训。

（二）创新动力不足

重庆市数字出版企业对新技术的应用兴趣较浓，但对技术研发的愿望并不强烈，尤其是对未来发展具有"制空权"的技术研究力度不够。数字出版业技术日新月异，国家新闻出版管理部门也对此作了引导，但重庆市企业囿于投入产出的原因，未引起重视。一是由于企业本身研发力量有限，资源聚集能力有限。重庆市数字出版企业多为中小企业，研发人员少，资金投入有限，没有能力在战略性技术领域提前布局。二是投入产出周期较长，大型企业受绩效考核影响，不能持续投入，如重庆出版集团的 FRID 项目，前期投入较大，虽然获得专利，一直无法实现量产，只能放弃。三是市级研发资金分散未形成合力，不能引导企业沉心静气搞研发。目前数字出版业管理横跨市文化委、市经信委和市科委三个主要部门，而数字出版企业业务指导属于文化委，相关企业在申报其他部门项目时，优势不大。四是相关政策落地难度较大。在创新驱动发展的大环境下，国家层面创新驱动发展的政策以及重庆市有关创新驱动发展的政策在数字出版领域落地难度大，一方面是因为数字出版的文化属性，受到准入限制，需要设计新的机制来突破体制制约；另一方面，数字出版核心骨干企业属于国有企业，执行创新驱动政策难度较大，因此多部门共同认可的激励制度有利于促进国家政策落地生效。

（三）金融支撑尚未形成合力

重庆市数字出版业尚处在幼稚产业阶段，需要大量的资金投入。在业外资本进入产业存在壁垒时，优化业内资金配置，加大政策性资金引导是重要手段。重庆市用于数字出版的产业资金问题较少，着力点分散。

从资金总量上看，重庆市市级财政直接用于数字出版引导资金 100 万元，来源于市级宣传文化资金中切块而来，每年资助 8—10 个项目，每个项目最高 20 万元，就数字出版产业项目而言，少则数百万元投入，多则上千万元。如重庆日报报业集团的"重报集团新闻内容生产及运营监管平台"实际投资 1.2 亿元，《课堂内外》杂志社"青少年文化教育数字服务及互动平台建设与运营"投入 3 200 万元。除此之外，市科委、市经信委从科技研发资金、信息化资金中有相应的资助，但从立项的数量和资助的金额来看，并不多。

从资金主渠道来看，重庆市可用于数字出版业的财政资金至少有 3 个渠道，一是数字出版管理部门渠道，即重庆市宣传文化专项资金，主要来源是市委宣传部，市文化委员作为文化资金管理和配置部门；二是市科技专项资金，主要管理和配置部门是市科委，该资金主要用于基础性、前沿性和当前需要突破研发，这一部分资金数量相对较大，但涉及各个领域，数字出版业部分基础性研究可获得此资金资助；三是工业和信息化专项资金，主要管理和配置部门是市经信委，主要倾向于工业信息化改造，用于数字出版的则是实验室，相关基础平台研发，由于其设计主要针对大型的科研平台和项目，目前尚无数字出版单位获得资助。3个渠道资金的资金资助重心不一，相对分散，尚未形成合力。

从非主渠道看，数字出版业尚未对科技金融和文化投资基金形成吸引力。重庆市已经构建了市区两级科技金融体系，但由于数字出版投资大，技术迭代快，投入风险大，资金回收期长，并不为投资平台和基金看好，也没有出现大额投资合作的案例。而文化产业投资基金同样受到投资收益的影响，对数字出版业投资持谨慎态度，曾有相关投资公司投入市内某知名客户端6 000万元，资金到账后，因看不到希望而撤资。

事实上，重庆市对数字出版业的资金支持力度整体不强，且较为分散，无法形成合力，共同推进数字出版业的发展。

（四）资源孤岛现象突出

资源孤岛是重庆市数字出版业发展的重要问题之一。由于传统出版业整体不强，新兴出版业多是由中小企业主导，在产业发展中，形成分点布局，散状发展格局。主要问题是，不同企业根据自身优势进行平台建设，资源聚集，无法形成产业优势。数字教育是重庆市数字出版的特色和亮点，目前运行的主要资源平台有重庆出版集团、西南师范大学出版社的课标平台、《课堂内外》杂志社的灵狐课外、壹笔作文、迪帕数字媒体的课书房等基础教育和职业教育平台，继续教育方面，《当代党员》杂志社、商界传媒等均有介入，各个平台相互独立，不相往来，成为资源孤岛，无法形成资源优势。形成这种现象的原因一是各企业立足自身资源和技术力量，降低风险，以较少投入进入数字出版领域，寻找见效快的路径；二是企业之间合作意识不强，各自为政，安于一隅，不谋一域；三是政府对数字出版业的产业引导力未完全释放，较少的资金无法真正形成对产业的引导力。

三、2018 年重庆数字出版业发展建议

（一）增强数字出版业发展的创新动力

2011 年，重庆市政府发布《加快重庆数字出版产业发展指导意见》，对重庆市数字出版产业发展起到了积极作用。随着时间推移，技术演进，《意见》与数字出版产业的发展已经不相适应。一是应抓住重庆市委市政府以大数据智能化为引领的三年战略行动计划，及时出台《进一步加快数字出版产业发展的指导意见》《重庆市数字出版产业发展三年行动计划》或相关专项政策，确立数字出版产业发展的目标、任务、重点领域；明确产业发展中，由分管市领导牵头，以数字出版业主管部门为主，科技、经信、财政、税务等部门协同推进的数字出版产业发展协作机制，打通各部门之间的政策障碍，并适度向数字出版倾斜。二是积极推动重庆市委市政府《深化体制机制改革加快实施创新驱动发展战略行动计划（2015—2020 年）》提出的创新驱动激励措施在文化领域的落地，重点在激励机制上突破，一方面推进项目制，允许业外资本或技术，通过项目制或项目股的形式参与数字出版业，另一方面，在项目制框架下允许员工持股，增强其在项目中的主观能动性；同时，积极推进特殊管理股政策落地，赋予国有股一票否决权，既确保文化安全，也能吸收业外资本参与数字出版业，并形成产业发展驱动力。三是积极优化人才环境，一方面，实施数字出版人才工程，按技术、产品、管理、市场等各个环节，分别设立领军人物项目，遴选一批优秀人才，发挥传帮带作用和对产业人才的凝聚作用，领军人物不求所在但求所用，不囿于是否在渝和是否在数字出版领域，符合条件的均可受聘。另一方面，切实解决数字出版人才的后顾之忧，既着眼家庭发展的需要，解决其子女入学入托，家属落户问题；也要着眼本人成长的需要，在新闻出版系列职称评审时，向有贡献的数字出版人才倾斜，将其领衔的产业项目作为职称业绩证明材料；同时，鼓励各单位设立人才培养基金，为数字出版人才学历提升、外出访问提供经费支持，市级财政每年根据实际发生额给予一定的补贴；同时搭建业务交流平台，设立数

字出版创新茶座，定期邀请业内相关领域专家与在渝数字出版从业人员进行交流，并将参与时长纳入继续教育学时。

（二）整合多口径资金发展数字出版业

产业引导资金是引导产业发展方向，聚集产业发展动力的重要驱动力之一，加大数字出版产业引导资金规模。一是落实重庆市政府与原国家新闻出版总署签订的《推进重庆新闻出版统筹城乡改革和发展署市合作框架议》，连续4年每年5 000万元的数字出版产业发展专项资金，重点资助重庆市数字出版业基础性、公共性的数字出版产业项目和发展前景良好，当前发展基础较滞后的项目和企业。二是在工业和信息化、科学技术资金中列出数字出版产业专项资金，重点资助数字出版业前沿、核心技术研发和应用，突破重庆市数字出版业技术瓶颈。三是建立后奖励机制。定期对数字出版业自主投资的项目进行价值评价，根据评价结果进行投资额比例或市场估价比例的奖励。四是设立亿元级规模的数字出版投资基金，由市文投公司或相关基金公司运作，按照市场化手段对已经形成市场基础的数字出版企业和项目进行投资，有效解决数字出版业发展中资金不足问题。

（三）加强资源整合力度

运用市场手段整合重庆市数字出版资源。运用"同项相加，异项相融"的思路，一是对数字教育资源进行整合，形成统一的数字教育出版运行机制，鼓励有实力的企业搭建统一的运行平台，实现平台一体化、账号共享，按量分利的方式运行，提升重庆市数字教育出版的整体实力和市场竞争力；二是鼓励重庆市有实力国有企业运用新机制进行跨行业整合，建设重庆数字出版产业集团，将现行分散的中小企业数字出版资源进行整合，统筹规划，促进重庆市数字出版资源的有效利用，增强数字出版业的活力和竞争力。

（四）增强重大项目引导力

以大数据智能化为引领，策划一批数字出版重大项目，通过项目带动重庆市数字出版业的快速发展。一是建设重庆数字文化数据库，由国有公司或国有控股公司进行运行，对全市数字文化资源进行全面整合和标准化处理，以市场化手段进行数据交易，供各数字出版企业使用；二是建设重庆数字出版公共服务平台，按照国家有关标准建设，各数字出版企业上平台运行，实现数字出版产品研发、产品生产和产品销售一体，破除数字出版企业平台瓶颈，同时增强对数字出版生产的引导和意识形态安全的管控力；三是建设知识服务平台，以维普资讯为基础，鼓励通过市场手段，丰富知识服务内涵，完善知识服务平台的功能，实现知识服务产业化；四是建设西部媒体大数据交易中心，先期整合重庆本地媒体数据资源，逐步实现整合吸纳西部地区媒体数据资源上线交易；五是建设重庆 VR 体验中心，整合现有数字教育、非遗和旅游景点资源，增强用户对数字出版的参与性和体验感，培育数字出版业的扩展能力和赢利能力；六是建设数字资源评价中心，对全市各类数字文化资源的社会价值和市场价值进行评价，为数据交易提供基础服务。

（五）加大龙头企业培育力度

继续采取"引育"并举的措施，培育和引进行业龙头企业。一是加大龙头企业培育力度，对现有数字出版企业按产业链分类管理，采取"一企一策"分类扶持的措施，全产业链每个节点扶持 1—2 家龙头企业，3—5 家骨干企业，龙头企业、骨干企业带动中小企业发展，实现各环节企业相互支撑，相互融合。市级重点项目原则上由龙头企业和骨干企业牵头，中小企业参与。二是运用招商手段补充产业链缺少环节。根据完善产业链的需要，出台优惠政策，吸引国内行业领军企业来渝设立分部或迁入重庆，或根据重庆市产业发展需要设立相应机构。

四、2018 年重庆数字出版发展趋势

（一）数字出版业价值取向将发生变化

数字出版业的文化属性决定了其在中华文化传承和中国文化走出去的战略地位，从一定程度上讲，数字出版业既是增强人民文化获得感、幸福感和安全

感的重要内容,也是21世纪数字丝绸之路上中华文化传播的重要形态,在构建网上网下同心圆作用更大。因而其价值的取向也会发生一定的变化。

变化之一,更加注重事业属性。2018年3月,党和国家机构改革方案获得通过,未来将更注重事业属性。一方面推进传统出版数字化转型发展力度更大,数字出版业发展的速度更快;另一方面,会更加注重考察社会效益。以数字出版的传播渠道和特性,在推进公共文化服务、文化资源均衡配置中具有重要作用。

变化之二,中华文化传承的重要载体。利用数字技术对历史文献进行转化保存,利用大数据智能化手段推进历史文化资源开发利用,研发更适合当下语境和网民需求的数字文化产品,是创新文化传承路径之一。过去4年,重庆市投入1 500多万元对历史文献进行了数字化抢救性保护,建立了若干专题历史文献数据库。2018年初,重庆市委市政府推出以大数据智能为引领的创新驱动发展战略,势必对加大数字出版业在文化传承中的作用。

变化之三,作为中国文化走出去的重要载体。中国文化走出去是我国文化发展战略之一。重庆地处西部大开发重要战略支点、"一带一路"和长江经济带联结点,战略地位明显,近年来重庆数字出版业在文化走出去方面做了有益的尝试,西南师范大学出版社的"国别化(泰国)汉语教学资源库及中华文化传播平台"教学产品在泰国的清迈、南奔、清莱、乌纹、皮查纹等六个省、上百所学校使用,得到了当地师生们的广泛认可和赞誉,为重庆市数字出版业走出去作了探索,未来将会有更多的数字出版产品承载中华文化走出去重任。

(二) 新技术应用更加充分

新技术应用是数字出版产品形式创新的重要驱动力。一是体验场景技术应用受到重视。2017年,重庆天健互联网出版公司启动了AR在数字出版领域应用标准的研究,2018年初,以大数据智能化为引领的创新驱动发展战略明确在数字内容推进AR、VR、MR、全息成像、裸眼三维图形显示产品的开发,会加快这些技术在数字出版领域的应用。随着应用场景的不断拓展,数据库不断丰富和完善,AR、VR、MR等技术的应用成本会不断下降,为更为广泛应用创造了条件,加之政府政策推动,2018年,基于数字出版内容场景创新的新技术应用会更新丰富。

二是基于生产效率人工智能技术应用。近年来,重庆已经建立了数十个数字内容资源库，在 2018 年及今后的更长时间内，企业会着手数据资源的挖掘和应用，会带动人工智能技术在数字出版领域的应用，通过挖掘相关内容资源，实现内容快速生成和聚合，人工智能技术在城市文化传播、传统文化传承等领域将得到广泛应用，对提升数字出版业创新能力和经济效益具有重要支撑作用。

三是内容监管与评价领域技术创新。随着内容生产企业数量增长，内容监管和绩效评价成为管理部门面临的课题。重报大数据研究院联合技术公司，着手构建重庆媒体大数据平台，对内容生产、流向和应用等进行可视化呈现，目前基本框架和数据交换模式已经研制完成，可望在 2018 年投入应用，实现全域数字内容导向、成效可视化。

（三）内容提供商转向知识服务商

以用户需求为导向，重庆数字出版业正在进行角色转型。从产业的角度看是一次售卖模式，而知识服务商则是 N 次售卖模式。由于历史原因，重庆数字出版以内容生产、制作和传播为主导，一方面是传统资源的数字化加工，旨在对存量资源进行加工利用，形成基于传统内容和业务的数字内容产品，另一方面是传统业务纵向延伸发展，开发数据库，旨在立足于自身优势，寻求新发展模式和支撑点。新时代的用户需求悄然转型，生产模式也同步转型。以维普资讯为代表重庆数据库企业立足自身优势对存量资源进行深度挖掘，进行碎片化、条目化，探索知识服务模式。重庆出版集团、《课堂内外》杂志社两家企业入围全国"知识服务模式（综合类）试点单位"，迪帕数字传媒等同步推进基于行业知识服务，西南师范大学出版社创新在线教育模式推动知识服务，商界传媒、当代党员等期刊社在数字化转型过程中，以推进知识服务为导向，构建知识服务平台和知识服务模式。应该说，由内容提供商向知识服务商转型是重庆数字出版业界立足自身优势，转变生产和销售模式的集体觉醒，也是重庆数字出版由内容提供商向知识服务商转型的内在动力。

（四）行业发展将进入快车道

数字出版是数字内容产业的主要着力点之一。重庆市积极谋划数字出版发展战略，未来 3 年要建成 5 个数字内容产业基地。重庆的数字出版已突破"技术+出版"的模式，初步形成了"出版+服务"和"内容+服务"的商业模式，拓展了数字出版业的内涵和外延，形成网络出版服务商业模式，而服务又反向作用于出版和内容的创新，形成基于市场需求的创新动力，与政策的推动力，形成推进重庆数字出版业发展新动能。

同时，网络文学、网络游戏等过去网络出版服务中的缺项和短板，近年来正在兴起，盛世阅读网、迅游等原创网络文学网络和游戏公司的崛起，对完善重庆数字出版的产业链，构建重庆数字出版生态圈亦有积极的作用。

（本报告课题组成员：温相勇　张瑜　周兴林　陈瀚　吴江文　袁毅　杨金明）

附　录

… 附　录

2017 年中国数字出版大事记

一、电子图书

"2016 年优秀网络文学原创作品推介活动"推荐名单公布

2017 年 1 月 19 日，国家新闻出版广电总局公布"2016 年优秀网络文学原创作品推介活动"推荐名单，向社会推介《南方有乔木》《大荒洼》等 18 部原创佳作。总局组建了权威评审专家队伍，由中国作家协会网络文学委员会主任陈崎嵘担任评委会主任，并委托新华网成立推介活动组委会。评委会以"国家规格、政府标尺、网络特质、大众审美"的评选原则，经严格把关、反复讨论、认真筛选，最终从 12 个省（区、市）的 41 家网站选送的 285 部作品中遴选出推介作品。《2016 年优秀网络文学原创作品选读本》（数字版）也于同日在咪咕阅读在线发布。

第二届海峡两岸网络原创文学大赛颁奖

2017 年 4 月 20 日，第二届海峡两岸网络原创文学大赛颁奖典礼在京举行。本次活动由中国出版集团公司主办。大赛共收到作品 2 446 部，其中有效参赛作品 2 135 部，来自中国大陆地区作品 2 063 部，台湾地区作品 54 部，香港特别行政区作品 4 部，澳门特别行政区作品 3 部，以及加拿大华人作品 2 部，美国华人作品 1 部，其他地区华人作品 8 部。本届大赛首次设立散文类奖项，最终 100 部小说和 50 部散文作品进入终评。

中国分级阅读长三角论坛在苏州举办

2017 年 7 月 13 日，中国分级阅读长三角论坛在江苏苏州举办。论坛旨在搭建政产学研媒就中国分级阅读理论、政策和实践无缝对接、跨界交流的开放平台,是中国长三角区域唯一聚焦分级阅读深度研究、成果转化和产业引导的文化公益论坛。论坛上成立了中国分级阅读长三角论坛专家委员会。江浙沪京全民阅读办共同发布《中国分级阅读苏州宣言》,倡导"全民阅读,儿童优先;儿童阅读,科学引领;分级标准,合力打造。"

当当发布 2017 上半年阅读"品质"报告

2017 年 7 月 31 日,图书电商当当整合纸质书与电子书阅读大数据,发布"2017 上半年阅读'品质'报告",从数量维度、质量维度、创作者维度、场景化维度和社会环境维度五大方面揭示读者对阅读品质的多重体验和追求。

首届中国"网络文学+"大会在京举办

2017 年 8 月 11 日至 13 日,以"网络正能量、文学新高峰"为主题的首届中国"网络文学+"大会暨中国网络文学高峰论坛在北京亦创国际会展中心举行。大会包括国内 65 家行业领先企业参展,还举行了网络文学人才培养论坛、网络文学的创新与传承论坛、网络文学+生态:文学赋能影视论坛、中国网络文学 IP 交易大会、读者体验活动、网络文学线上活动、成果发布等活动。会上发布了《中国"网络文学+"大会北京倡议》。

福建开放首家数字图书馆

2017 年 9 月 30 日,福建首家数字图书馆——福州鼓楼区数字图书馆正式开放。鼓楼区数字图书馆一期建设面积为 1 160 平方米,围绕"突出数字、涵盖传统"定位,将数字图书馆门户网站、微信服务总线平台、读者统一身份认证系统、RFID 图书管理自动化系统、公共电子阅览室管理系统一体结合,使读者在触摸屏上能够通过图书查询系统查看图书馆馆藏图书信息以及数字资源展示。

阅文集团携手上海大学共建国内首个网络文学硕士点

2017 年 11 月 22 日,阅文集团与上海大学正式签署了创意写作硕士培养方向联合共建协议,并交换了联合共建执行方案草案,双方计划在教师合作、生源合作、校外教育教学基地建设等方面开展网络文学培养方向的共建工作。阅文集团携手上海大学,共建阅文集团·上海大学创意写作硕士培养教育教学基地。这是国内网络文学领域第一个创意写作硕士点。

人教社出版"中华经典资源库"四期项目成果发布

2017 年 12 月 4 日,"中华经典资源库"四期项目成果发布会在北京师范大学举行。该项目成果已由人民教育出版社出版。四期项目内容以"先秦诸子"为主题，用56集1 700分钟视频资源，重点介绍了《荀子》《墨子》《韩非子》《孙子兵法》等古籍经典，还以双语形式呈现了蒙古族、藏族、维吾尔族传世佳作。"中华经典资源库"由教育部、国家语委于2013年启动，是落实《国家中长期语言文字事业改革和发展规划纲要（2012—2020）》的重大项目。项目委托人民教育出版社具体承担。前三期项目成果已由人民教育出版社出版，五、六期项目还将继续开展。

北京市网络文学管理工作会议在京召开

2017年12月14日，由北京市新闻出版广电局主办的北京市网络文学管理工作会议在京召开。会议就2017年网络文学阅评工作情况、2017年北京网络文学推优活动选送作品整体情况和网络文学编校质量专项检查情况进行了讲评和分析。在原国家新闻出版广电总局公布的"2016年优秀网络文学原创作品推介活动"中，北京的晋江文学城、17K小说网、铁血网等5家单位的9部作品获得推介，占总推介作品的半数。

亚马逊中国发布年度阅读榜单

2017年12月15日，亚马逊中国在京举办"挚爱阅读"2017亚马逊年度阅读盛典，与出版机构、作家以及媒体机构共同盘点和回顾2017年阅读热点与趋势。根据亚马逊阅读大数据，亚马逊中国发布了2017年度纸书排行榜、Kindle付费电子书畅销榜、作家榜等系列榜单。

二、互联网期刊

第二届期刊融合发展高峰论坛在京举行

2017年4月8日至9日，由中国新闻出版研究院主办的第二届期刊融合发展高峰论坛在京举行。中国期刊协会会长石峰出席并讲话。中宣部出版局副局长刘建生、国家新闻出版广电总局新闻报刊司司长李军、《党建》杂志社社长刘汉俊、中国新闻出版研究院院长魏玉山在报告中分享了他们的思考。与会者还分享了融合发展案例，并就学术、科技期刊平台发展，刊网融合等进行了交流。

第一届全国艺术类学术期刊主编高峰论坛在京举办

2017年5月23日,北京师范大学与中国文艺评论家协会在该校京师学堂联合举办了"新全球化语境下艺术理论与批评格局的重构——第一届全国艺术类学术期刊主编高峰论坛"。本次论坛邀请了五十余家主要艺术类学术期刊,涵盖了艺术理论、影视、戏剧、传媒、美术、设计、书法、音乐和舞蹈等全部艺术门类,提供期刊之间、期刊与高校之间、期刊与作者之间进行对话与研讨的平台。

上海期刊第六届论坛召开

2017年5月25日,上海期刊第六届论坛召开。来自全国近200位期刊从业者、学界专家围绕论坛主题"融合创新:人才、内容与品牌",为中国期刊出版业的发展出谋划策。活动现场,由上海大学与国际电化学与能源科学院主办的专注于电化学能源的期刊——《Electrochemical Energy Reviews》(《电化学能源评论》)与施普林格签署合作协议,期刊融合出版实验室同时揭牌。

《中国学术期刊(网络版)》出版传播平台在京发布

2017年7月11日,我国第一个连续型网络出版物试点项目支撑系统——《中国学术期刊(网络版)》出版传播平台(CAJ-NP)在京发布。CAJ-NP由中国知网在"国家数字复合出版系统工程——学术期刊项目(V1.0)"和"国家科技支撑计划项目——学习需求驱动下的数字出版物定制投送系统"基础上历时两年打造,作为两项国家项目的应用示范,该平台是《中国学术期刊(网络版)》(CAJ-N)的出版传播与应用支撑系统,是支持CAJ-N各试点期刊规范化网络出版的业务平台。该平台构建了编辑出版、作者服务、网络传播、读者应用全流程出版运营系统,全面支持学术论文及其增强论文、协创论文、数据论文等新型论文模式以网络首发方式出版传播,支持录用定稿、排版定稿、整期定稿网络首发和相对于纸刊的优先数字出版,打通了学术期刊从选题策划、审稿校对、生产加工到出版发行全业务流程,支持各环节在线协同工作。

中国新闻出版传媒集团与龙源数字传媒集团签署战略合作协议

2017年7月12日,中国新闻出版传媒集团与龙源数字传媒集团签署协议,双方在推动媒体融合、数字化转型、产品研发推广以及资本运作等方面展开合作。双方的合作将在媒体融合及数字转型方面深入推进,在国家政策把握、版权聚合运营、技术平台研发、资本平台对接、媒体品牌推广等方面作出全方位探索。

"国家哲学社会科学学术期刊数据库"在京启动

2017年8月23日,由中国图书进出口(集团)总公司和中国社会科学院图书馆共同主办的"国家哲学社会科学学术期刊数据库"——"易阅通""一带一路"推广发布暨启动仪式在北京国际图书博览会上举行。双方计划从渠道、客户、技术、推广四个方面入手,携手推动"国家哲学社会科学学术期刊数据库"在"一带一路"沿线国家和地区的传播。

全国地方党刊工作交流研讨会在杭州举行

2017年8月29日,全国地方党刊工作交流研讨会在杭州举行。在研讨交流环节,中宣部出版局副局长、巡视员刘建生作了题为《矩阵思维提供的学习方式和方法》的专题讲座,向与会代表分享了如何认识和把握习近平总书记"7·26"重要讲话的精神、内涵和要义。复旦发展研究院传播与国家治理研究中心主任李良荣以《互联网时代的党刊大有可为》为题作主旨演讲,浙江日报报业集团总编辑鲍洪俊介绍了媒体融合经验。

"2017中国学术期刊未来论坛"在京召开

2017年11月22日至23日,由中国期刊协会、中国科学技术期刊编辑学会、中国高校科技期刊研究会、全国高等学校文科学报研究会、《中国学术期刊(光盘版)》电子杂志社有限公司5家单位联合主办、同方知网技术有限公司承办的"2017中国学术期刊未来论坛"在北京召开。论坛围绕"新时代、新思路、新发展——开创中国学术期刊新纪元"的主题,设置了一个主题论坛和"科技创新国际竞争新形势与学术期刊国际化新战略暨中国学术期刊国际影响力高层座谈会"等六个专题论坛就中国学术期刊面临的新问题、新挑战、新机遇,探讨了中国学术期刊发展与实践中的新模式、新业态、新路径。

三、数字报纸

中国报协在杭召开媒体峰会

2017年2月23日,"媒体融合与转型——浙江报业的实践和探索"峰会在杭州举行,探讨媒体融合现状,分享从业与研究经验,共商媒体转型发展的未来之路。本次峰会由中国报业协会主办。会上，浙江日报报业集团、杭州日报报业集团、衢州日报报业传媒集团、钱江晚报社、温州都市报社主要领导与全国报业同行一起分享实施转型、融合发展的探索和实践；浙江甲子资产管理有限公司与媒体举行了合作项目对接会。

经济日报社全媒体中心启动

2017年2月24日，经济日报社"全媒体中心"正式启动运行。全媒体中心分为策划指挥、新闻编发、值班调度、远程会议室等功能区，是《经济日报》及移动端、中国经济网、直属报刊实时联通、资源共享、全天候日常滚动编发新闻的业务平台。经济日报社全媒体中心启用后将实现"四个统一"，即统一指挥调度、统一协调采编、统一流程管理、统一技术保障。

浙报集团携手阿里建设媒体融合服务体系

2017年3月20日，浙江日报报业集团与阿里巴巴文化娱乐集团优视科技（UC）在杭州合作举办"与媒共舞——融媒发展战略发布会"，探索"内容＋平台＋大数据＋商业化"的融合媒体发展模式。双方建设"媒体融合服务体系"，在流量体系、创作者体系等层面进行合作。

中国报协五届三次理事会暨中国报业发展大会在海口举行

2017年4月26日，中国报协五届三次理事会暨中国报业发展大会在海南海口举行。会上发布了《2016年中国报业年度报告》，并公布中国报业第一届创新项目获奖名单。围绕报业的融合与转型，来自全国各省市报业媒体的负责人进行深度探讨。会上，还举行了中国报业融合发展研究院揭牌仪式。

2017中国报业融合创新大会在冀举行

2017年5月17日，2017中国报业融合创新大会暨全国媒体看廊坊活动在河北廊坊举行。来自全国100多家主流媒体围绕"坚守传播阵地，加快融媒发展"探讨新趋势、推介新技术，推动媒体融合发展。通过分享新技术带来的新机遇，明确媒体融合创新发展的方向，以及通过深度融合带动媒体经营创收。

首届中国报业版权大会在京召开

2017年6月9日，首届中国报业版权大会在京召开。会议通过了《中国报业版权自律宣言》。会议以"保护、合作、共赢"为主题，主要目的是加强中国报业版权的保护力度，提升中国报业版权制度化、规范化管理水平，提升各报业媒体的安全运营水平，为中国报业提供媒体版权服务，促进中国报业健康持续发展。

第二届全国党报网站高峰论坛在呼和浩特召开

2017年7月1日，2017（第二届）全国党报网站高峰论坛暨内蒙古自治区成立70周年媒体融合研讨会在呼和浩特举行。论坛主题为"深度融合 创新发展——党报网站如何找准角色定位"。论坛现场还发布了《2017全国党报融合传播指数报告》及《中国移动互联网发展报告（2017）》。

中国编辑学会报纸编辑专业委员会成立

2017年9月12日，中国编辑学会报纸编辑专业委员会成立大会在杭州召开。该委员会的业务范围包括组织和推动理论学习，开展多层面业务培训，建立和完善创新评优机制，提供行业咨询和服务，开展行业调查研究，拓展境内外交流与合作。

第三届中国报业集团高层座谈会在琼召开

2017年12月9日，由中国新闻出版传媒集团和海南日报报业集团共同举办的第三届中国报业集团高层座谈会在海南陵水召开。20余家省级党报集团在国家版权局的指导支持下，联合发起成立"全国省级党报集团版权保护联盟"，同时发布版权保护联盟宣言，并集体加入由中国搜索牵头组织的中国新闻媒体版权保护联盟。

南方报业传媒集团举办技术大会

2017年12月15日，南方报业传媒集团举办技术大会。会上，两个由原国家新闻出版广电总局授权的国家级实验室、两个应用研究院、一个中央数据库（大数据服务中心）共5个联合实验室和研究院揭牌。南方报业2017年度十大技术创新项目也同时揭晓。此次揭牌的出版融合发展重点实验室和媒体大数据应用实验室是由原国家新闻出版广电总局授牌成立，由南方报业与中科院深圳先进技术研究院、武汉大学深圳研究院、北京百分点信息科技有限公司等共建；南方数字经济研究院、智能媒体实验室两个应用研究院是南方报业与百度、阿里巴巴等互联网企业共建；南方报业集团中央数据库（大数据服务中心）建立后，南方报业将围绕数据优先战略，在人才培养及服务能力延伸等方面开展相关研究工作。

四、移动出版

掌阅在京举办"历史新纪元"战略发布会

2017年2月23日,掌阅在北京举办"历史新纪元"战略发布会,公布掌阅文学2017年战略规划。2017年掌阅在网络文学方面的布局将聚焦精品内容,围绕"精品"展开计划:打造好平台、签约好作者、传播好作品。发布会上掌阅联手百度文学、中文在线、阿里文学、磨铁文学等多家数字阅读平台成立"原创联盟",推出"精品内容全平台共享计划"。联盟成员共享优质网络文学内容,并有共同开发精品IP的权利。

咪咕数媒实验室在杭州揭牌

2017年8月3日,国家新闻出版广电总局出版融合发展(咪咕数媒)重点实验室揭牌仪式在浙江杭州举行。咪咕数媒实验室是全国唯一一家数字阅读领域的重点实验室,以咪咕数字传媒有限公司为依托,以浙江出版联合集团、浙江大学出版社、浙江传媒学院为共建单位,将基于出版融合领域的七大数字技术研究,为产业链提供可转化、可推广的数字内容供给能力,促进行业标准建立,开展移动互联网背景下全媒体出版的创新研发,构建移动阅读新媒体内容供给新模式。

掌阅科技在上交所挂牌上市

2017年9月21日,掌阅科技股份有限公司在上海证券交易所主板挂牌上市。当天,掌阅科技开盘后涨停,首日涨幅43.95%。上市后掌阅科技将继续专注数字阅读业务,并升级数字阅读资源平台、数字阅读技术平台以及数字阅读海外开发项目。其中数字阅读资源平台方面投入最大,掌阅科技将继续购买传统图书的数字版权,并发力打造自有的原创文学平台。掌阅方面表示,将以数字阅读平台为基础,进一步在内容创作、内容分发、内容衍生开发等多板块进行产业布局。

五、网络游戏

北京地区2017年游戏工作会在京召开

2017年1月13日,由北京市新闻出版广电局举办的北京地区2017年游戏工作会在北京召开。2016年，北京地区游戏出版量是2015年的15倍，全国数量第一。截止到2016年12月31日，2016年北京游戏产业产值约为505亿元，相比上一年的450亿元，增长约15%。2016年，以昆仑游戏、完美世界、智明星通为首的原创研发企业的网络游戏出口金额约为60.2亿元人民币，比上年增长约3.8%，且原创移动游戏成为北京游戏出口中的新锐力量。

腾讯游戏成长守护平台上线

2017年2月16日，腾讯公司推出"网络游戏未成年人家长监护工程"之"腾讯游戏成长守护平台"的系列服务，协助家长对未成年子女的游戏账号进行健康行为的监护，这将成为当前国内互联网游戏行业首个面向未成年人健康上网的系统解决方案。

阿里游戏在北京举行2017年战略发布会

2017年3月16日，阿里游戏在北京举行2017年战略发布会，宣布正式全面进军游戏发行领域，2017年将携10亿元资金助力游戏IP生态发展，并与阿里文学、阿里影业、优酷联手推出"IP裂变计划"。IP合作开放平台是此次阿里游戏推出的重点平台，通过这个平台，阿里游戏将把阿里文化娱乐集团内所有可对外合作游戏IP进行更直观的展现。

2016年度"中国原创游戏精品出版工程"入选作品发布

2017年5月18日，2016年度"中国原创游戏精品出版工程"入选作品发布会在京举办。《列王的纷争》《球球大作战》《放开那三国2》等30个作品入选2016年度"中国原创游戏精品出版工程"。30个作品是经各省级新闻出版广电部门申报推荐，由原国家新闻出版广电总局组织论证评审、向社会公示，从17个省（区、市）87家游戏出版服务单位、游戏企业申报的173个作品中最终选定。

2017上海游戏精英峰会暨上海游戏出版产业报告发布会在沪召开

2017年7月5日，由上海市新闻出版局指导，伽马数据（CNG）主办的"2017上海游戏精英峰会暨上海游戏出版产业报告发布会"在沪召开。《2016上海游戏出版产业报告》显示，2016年，上海网络游戏销售收入约为564.6亿元，同比增长13.1%，增长呈现放缓趋势；而自主研发能力进一步加强，网络游戏海外销售收入继续增长。会上，在上海市新闻出版局支持下，华东师范大学出版社开发的"上海网络游戏出版申报服务平台"正式上线，以进一步解决小微游戏企业申报游戏版号困难的问题。

2017年度中国游戏产业年会在海口举办

2017年12月19日至20日，由国家新闻出版广电总局主管，中国音像与数字出版协会、海南省文化广电出版体育厅等主办，中国音数协游戏工委等共同承办的2017年度中国游戏产业年会在海南省海口市举办。在年会高峰论坛上，来自网易、盛大游戏、腾讯、完美世界等企业嘉宾代表还围绕如何坚定文化自信，促进游戏行业健康发展等话题进行了演讲。大会期间发布了《2017年中国游戏产业报告》。

六、网络动漫

中国动漫集团牵手青山共建动漫创意研发中心

2017年3月13日，中国动漫集团有限公司、武汉市文化局、武汉市青山区人民政府签署战略合作协议，中国动漫集团将把青山区创青谷数字文化产业园纳入集团在全国进行产业布局的重点合作伙伴，共同搭建动漫产业的研发孵化、投融资、知识产权交易、众创空间、会展服务、智库咨询、国际推广等服务平台。

知音动漫引资启动业务重组及股改工作

2017年3月23日，湖北知音动漫有限公司宣布引资5.67亿元，正式启动业务重组及股改工作。知音动漫通过华中文化产权交易所，引进战略合作伙伴湖北长江广电传媒集团有限责任公司、卡氏（湖北）文化产业基金管理有限公司、湖北长江广电文创股权投资基金合伙企业（有限合伙），共同组建新的知音动漫公司。在股权配比中，知音动漫所属的湖北知音传媒集团占股48%、湖北长江广电传媒集团占股23%，双方持股比例合计达71%，充分发挥国有文化资本放大功能，确保国有文化资产保值增值。

第十三届中国国际动漫节在杭州举办

2017年4月26日至5月1日，以"国际动漫，拥抱世界"为主题的第十三届中国国际动漫节在杭州举办。动漫产业博览会同期举办，来自10个国家和地区的310多家企业携226个国内外知名动漫品牌到现场设展。博览会期间还举行了以"温暖·传承"为主题的动漫产业高峰论坛主论坛。

首届中国—东盟博览会动漫游戏展在广西南宁举办

2017年5月28日至30日，首届中国—东盟博览会动漫游戏展在中国广西国际会展中心举办，来自中国及马来西亚、泰国、越南、缅甸、老挝等东盟国家动漫企业、客商参展。本次展会采取商务展与消费展结合，设置B2B消费展和B2C商务展，集中展示适合中国—东盟市场的动漫游戏产品及衍生品。

江苏省高校动漫艺术联盟亮相版博会

2017年9月15日，江苏省高校动漫艺术联盟在2017江苏（南京）版权贸易博览会上成立。联盟由南京艺术学院、南京师范大学、南京晓庄学院等高校共同发起，并联合了江苏省的40余所相关专业院校及江苏本土动漫原创、软件技术研发、硬件设备开发的企业单位共同组织成立的。今后将致力于组织各高校成员共同举办相关学术活动、大师工作坊讲座、国际著名专家艺术家交流，成立学术委员会共同编撰出版相关书刊，并结合各类机构和平台推广和孵化相关的成果。

2017年（第十届）厦门国际动漫节举办

2017年11月16日至19日，2017年（第十届）厦门国际动漫节在福建厦门召开。包括"一带一路"动漫游戏产业发展峰会、二次元知识产权保护对接会、海外IP专场对接会、IP产业沙龙——内容与资本对接等。动漫节还首次举办厦门国际动漫商务大会。

第五届中国国际动漫创意产业交易会在芜湖举办

2017年12月1日至3日，第五届中国国际动漫创意产业交易会在芜湖市举办，本届交易会以"新技术、新业态、新体验"为主题，以"搭建平台、展示成果、凸显交易"为目标。本届动漫交易会开设的展示区包括"原动力"中国原创动漫出版扶持计划精选作品展、中国绘本精品展和动漫产业交易及代理洽谈区等。

亚青"动漫客"网络大赛在芜湖颁奖

2017年12月3日，第十一届亚洲青年动漫与数字艺术"动漫客"网络大赛颁奖仪式在安徽省芜湖市举行。本届大赛分为动画、漫画插画、"动漫客"故事漫画3个竞赛单元，共12部作品获奖。亚洲青年动漫与数字艺术"动漫客"网络大赛是亚太地区规模最大的青年原创动漫网络赛事。

七、视 频

人人视频转型海外短视频内容社区

2017年4月11日,人人视频在京召开品牌战略发布会暨海外内容峰会,宣布将打造国内最专业的海外内容社区。此次发布会上,人人视频还宣布和武汉市青山区政府签约,正式落地"海外内容生产基地"。

澎湃新闻与今日头条签署视频战略合作协议

2017年7月21日,今日头条与澎湃新闻签署视频战略合作伙伴协议,澎湃新闻旗下所有原创视频内容,包括新闻短视频与新闻直播,都将入驻头条号,通过今日头条的人工智能和算法技术进行分发。澎湃新闻视频项目内容以严肃新闻报道为主,覆盖时政、财经、科技、文化、新闻调查等领域,形式包括直播、短视频、专题等。双方合作后,有利于澎湃新闻更精准地将内容分发,抵达更多用户,从而持续产生影响力。对于今日头条而言,澎湃新闻的加入,也填补了今日头条在严肃新闻视频领域的不足,有利于其进一步抢占短视频市场份额。

2017上海网络视听季暨第九届中国网络视听产业论坛在沪举办

2017年9月5日至8日,"2017上海网络视听季暨第九届中国网络视听产业论坛"在上海国际会议中心举办。论坛以"法道 行稳 致远"为主题。10余个网络视听行业细分垂直领域的特色沙龙,呈现为"主题演讲+圆桌论坛+发布会"的基本形式。沙龙议题包括网络大电影、短视频、音频、网络剧、网络综艺、二次元、影游联动等网络视听行业热点领域,同时关注客厅娱乐、智能视频等产业的新技术、新领域。

短视频已进入全"竞"时代

2017年9月6日,第一财经商业数据中心(CBNData)发布了《2017短视频行业大数据洞察》,针对移动短视频市场展开包括市场现状、用户洞察、典型案例、市场趋势等方面在内的深入研究分析。该调查数据显示,年轻人是短视频的主要用户,组织化、垂直化、个性化正成为短视频内容生产的三大趋势。而社群化、付费化、版权化以及生态化是短视频行业未来发展的四个主要方向。

2017 中国—东盟网络视听产业合作发展论坛在南宁举行

2017 年 9 月 25 日，2017 中国—东盟网络视听产业合作发展论坛在广西南宁幕。论坛以"海上新丝路·网络新空间·视听新机遇"为主题，探索中国—东盟在"一带一路"倡议背景下网络视听渠道、内容的融合发展。

《中国互联网视听行业发展报告（2017）》在京发布

2017 年 11 月 28 日，CC-Smart 新传智库在北京师范大学京师大厦发布了《网络视听蓝皮书：中国互联网视听行业发展报告（2017）》。该《报告》显示，2017 年，我国网络视听行业持续高速发展，网络音频用户规模超过 2.2 亿，网络视听市场需求日益旺盛，市场规模扩大，网络视听从业者数量增加，产业链格局逐渐形成。

第五届中国网络视听大会在成都举办

2017 年 11 月 29 日至 12 月 1 日，以"新使命·新视界·新动能"为主题的第五届中国网络视听大会在成都举办。大会设置了 3 场峰会、7 场论坛来探讨媒体融合发展。与会嘉宾围绕媒体融合创新、技术创新、内容创新等内容进行交流。大会期间发布了《2017 中国网络视听发展研究报告》。

八、数字版权

中国互联网企业知识产权保护战略联盟在京成立

2017 年 1 月 20 日，在全国打击侵犯知识产权和制售假冒伪劣商品工作领导小组办公室的指导和支持下，由京东、1 号店、百度、当当网等多家中国互联网及电商知名企业在京联合发起成立"中国互联网企业知识产权保护战略联盟"。该联盟以"交流与提升、运用与保护、创新与发展"为宗旨，致力于构筑政府与行业、政府与企业以及企业间的交流平台，积极探究知识产权领域热点、难点和新型问题的解决方案，为保护知识产权发挥更大作用，助力国家知识产权有关法律、政策和制度的不断完善，联盟承诺将积极开展互联网领域打击假冒伪劣和侵犯知识产权工作，努力创造优良的网络环境，切实维护知识产权权利人法定权利和广大消费者的合法权益，推进构建中国互联网领域公平竞争秩序。同时将大力开展国际间交流与合作，积极宣传中国互联网企业知识产权运用和保护成果，不断提升中国互联网企业良好形象和国际竞争力。

2017中国版权服务年会在京举办

2017年2月22日至24日，以"尊重原创 融合创新"为主题的2017CPCC中国版权服务年会在京举办。本次年会围绕版权以渗透、互动、植入等方式促进中高端经济的融合发展，使融合成为创新常态的主旨并举办多场活动。

文著协召开著作权维权诉讼研讨会

2017年3月18日，中国文字著作权协会在北京组织召开了著作权维权诉讼座谈会。多家单位的相关负责人、法官、专家、学者以及实务界律师等共20余人，共同对涉及集体管理的维权实践、行业监管与市场规范、司法审判走向以及学术理论等问题展开深入研讨。与会嘉宾围绕著作权集体管理组织在维权诉讼上的目标、作用及效果，变相集体管理/商业维权的性质、特点及影响，对变相集体管理/商业维权进行立法规制的必要性与可能性，司法政策趋势、证据规则及赔偿标准等4个主题展开深入讨论。

第八届首都互联网知识产权保护论坛在京召开

2017年4月13日，第八届首都互联网知识产权保护论坛在京召开。厦门市美亚柏科信息股份有限公司等8家单位联合发布《电子数据保全行业公约》。《公约》提出行业各方应在遵守电子数据法律规范、遵循电子数据行业标准的条件下，积极保障电子信息安全，规范和引导行业健康发展，积极营造互联网法治发展的良好环境。中关村电子数据与法律发展促进联盟（筹）为本公约的执行机构，负责组织本公约的签署和实施，并及时向签署单位宣传国家相关政策、法律和法规。

苏浙沪签署电子商务领域知识产权保护倡议书

2017年4月13日，2017年长三角地区知识产权发展与保护状况新闻发布会在浙江杭州召开。江苏、浙江、上海三地知识产权联席会议成员单位签署了《长三角三省（市）电子商务领域知识产权保护倡议书》。倡议书倡导"网络诚信"，深化《长三角地区知识产权发展与保护合作框架协议》，完善线上线下联动办案机制，完善三地知识产权保护快速响应新机制，发挥信息技术手段在发现、防范与打击侵权假冒中的作用，促进三地知识产权人才等创新要素合理流动，着力构建协同有序、优势互补、科学高效的区域创新体系。

2017高校数字版权国际论坛在京举行

2017年4月13日，中国文字著作权协会与美国版权结算中心（CCC）在京联合举办了"2017高校数字版权国际论坛"。与会代表围绕高校数字资源建设中的版权保护与版权运营问题进行研讨。论坛设立高校数字版权合规政策、实践，学术内容获取、加工、使用及传播中的版权问题，解决学术内容版权问题的集体许可方案，以及开放获取带来的版权问题等主题进行深入研讨。美国版权结算中心分享了其在版权内容集中许可方面的经验，介绍了其链接权利人和使用者的技术服务能力，以及在开放获取下的版权合规与许可的实际做法。

第三届青岛·东亚版权创意精品展示交易会在青岛举办

2017年4月14日至16日，第三届青岛·东亚版权创意精品展示交易会在山东青岛国际会展中心举办。马来西亚作为本届展会的主宾国参展。本届交易会以"版权推动发展、创意成就梦想"为主题，设主宾国展区、全国版权示范城市展区、山东版权创意成果展区、工业设计展区、动漫游戏展区、影视音乐展区、艺术美术展区、新闻出版展区等板块。版交会上10余个合作项目正式签约，版权交易签约额达39亿多元，比第二届增长了95%。

第十四届知识产权南湖论坛在沪举行

2017年4月15日至16日，第十四届知识产权南湖论坛暨2017年新发展理念与知识产权法治现代化国际研讨会在沪举行，论坛聚焦新时期知识产权理论与实务问题的应对之道，精准服务于"国家知识产权战略"与"国家创新驱动发展战略"的大局，旨在及时为知识产权法治现代化进程提供强有力的智力支持。

江苏省版权研究中心挂牌成立

2017年4月18日，江苏省版权研究中心在南京理工大学挂牌成立。江苏省新闻出版广电局（版权局）局长焦建俊和南京理工大学副校长廖文和签署共建协议。江苏省版权研究中心是以南京理工大学知识产权学院为主体，旨在通过重大项目研究，为全省版权管理工作和版权产业发展提供理论支撑与决策咨询，中心将整合省内外优质版权研究资源，组建研究团队，明确研究方向，打造全国一流的版权高端智库。

中国版权协会版权监测中心平台上线

2017年4月19日,中国版权协会版权监测中心平台上线发布会在京举行,中国版权协会版权监测中心官网正式上线。这预示着版权方可通过线上进行版权认证、预警、监测、下线等系列维权工作。该中心依托第三方科技公司开发的"指纹特征比对技术",利用人工智能搜索、云计算、版权大数据分析,能够从海量信息中快速搜索疑似侵权内容,实现全作品、全平台、全时段的版权监测、下线处理、诉讼维权等一站式监测维权服务。监测范围涵盖了全球PC全网、移动APP、智能电视、机顶盒、聚合APK等网络播放平台,并针对云盘、贴吧、直播平台、P2P网站等新型平台,通过云平台监测子系统进行分类监测。

2017中国网络版权保护大会在京召开

2017年4月26日,国家版权局在京举办以"创新改变生活"为主题的2017中国网络版权保护大会。中国作协副主席、国务院参事、著名作家张抗抗作了题为《原创文学作品版权保护及运用》的演讲。网易公司创始人兼首席执行官丁磊、搜狐公司董事局主席兼首席执行官张朝阳、腾讯主要创始人陈一丹、阿里巴巴文化娱乐集团董事长兼首席执行官俞永福分别作了演讲。会上,发布了国家版权局"2016年度打击侵权盗版十大案件",中国信息通信研究院院长刘多发布了《2016年中国网络版权保护年度报告》。

中国版权保护中心华东版权登记大厅启用

2017年4月27日,中国版权保护中心华东版权登记大厅在上海市闵行区莘庄工业区IF如果创意产业园正式揭牌并投入运营。华东版权登记大厅是中国版权保护中心在首都之外的首家软件著作权登记受理发证窗口,也是将国家级版权公共服务向重点地区延伸的重要举措。大厅对外运营后可将中国版权保护中心提供的版权登记、维权、授权、宣传推广和研究咨询五大服务平台功能直接拓展到整个"长三角"地区,植根闵行,为上海市和整个华东地区的文化创意产业发展提供更加便捷、高效的综合性版权服务。

浙江咪咕数媒版权服务工作站成立

2017年5月16日,"浙江咪咕数媒版权服务工作站"授牌暨签约仪式在杭州举行。会上,咪咕数媒与浙江省新闻出版广电局、浙江省版权协会签署了关于共建"浙江咪咕数媒版权服务工作站"的合作协议,并在咪咕数媒正式挂牌成立版权服务工作站。双方致力于把工作站打造成为面向全国的集作品登记、版权咨询、版权交易、纠纷调解、打盗维权于一体的综合性版权服务平台。

数字版权保护技术应用产业联盟成立

2017年7月12日，数字版权保护技术应用产业联盟在京成立，该联盟由中国新闻出版研究院发起，业内外100多家单位共同参与。联盟将围绕数字版权保护技术研发工程，加快推进数字版权保护技术的推广与应用。联盟以国家新闻出版广电总局新闻出版重大科技项目——数字版权保护技术研发工程为基础，以数字版权保护技术应用为主题，兼具技术研发联盟、市场应用联盟两种性质，目的是宣传、推广版权工程研发成果及其他相关技术成果，促进数字版权保护技术发展与应用。大会同时举行了数字版权保护技术服务签约仪式。国家新闻出版广电总局电影数字节目管理中心、中国文字著作权协会、北京东灵通知识产权服务有限公司现场分别与中国新闻出版研究院签订了数字版权保护技术服务合同，将把相应技术成果应用到电影数字节目版权管理、文字作品版权管理中，并将在全国范围内推进版权服务网络建设、开展数字内容资源注册及相关服务。

中国网络版权产业联盟成立

2017年7月13日，第二届中国互联网纠纷解决机制高峰论坛在2017中国互联网大会期间举行。会上，18家企业共同发起成立中国网络版权产业联盟，并发布《中国网络版权与数据信息使用规则及竞争规范》。《规范》共3章14条。联盟成员承诺遵守"先授权后使用"的网络版权市场基本准则，未经许可或授权，不得以直接提供、设置加框链接、深度链接、聚合盗链、共享平台等方式提供作品。

中国版权保护中心粤港澳版权登记大厅启用

2017年7月14日，由中国版权保护中心与深圳市罗湖区政府共同建设的粤港澳版权登记大厅在深圳市罗湖区正式启用。这是继西南、华东版权登记大厅启用后的第三个落地项目。中国版权保护中心将通过这个服务窗口，把版权登记、维权、授权、宣传推广和研究咨询五大服务平台功能直接辐射、拓展到整个粤港澳大湾区，为区域版权产业发展提供更加便捷、高效的综合性版权服务，为粤港澳大湾区的版权产业全面繁荣发展提供核心支持要素。

"互联网+图片版权保护与产业发展"研讨会在京举办

2017年7月28日,由中国版权协会主办、中国版权产业网承办的"互联网+图片版权保护与产业发展"研讨会在京举行。此次研讨会旨在围绕图片版权的分类、流向、保护、监测、商业模式等问题展开探讨,以推进相关问题解决,促进产业发展。

首家互联网法院成立首审著作权案件

2017年8月18日,杭州互联网法院正式成立,这也意味着中国涉互联网案件的集中管辖、专业审判在杭州揭开了新的篇章。当日,杭州互联网法院首次开庭审理案件。该起案件为吴雪岚诉广州网易计算机系统有限公司、网易(杭州)网络有限公司侵害作品信息网络传播权纠纷案。杭州互联网法院的诉讼全程通过网络进行。起诉、立案、举证、开庭、送达、判决、执行全部在网上完成。

全国版权社会服务工作会议在京召开

2017年11月23日,全国版权社会服务工作会议在北京召开,会上举行了网络版权产业研究基地专家委员会成立仪式。网络版权产业研究基地是2016年获批在腾讯公司设立的机构。基地成立以后,相关的研究工作随之开展,《2017中国网络版权产业发展报告》便是基地在国家版权局的指导之下对外发布的。本次举行的网络版权产业研究基地专家委员会成立仪式,意在激励基地充分发挥好基础平台的作用,将产业界和学术界的优势力量紧密地联系在一起,进而形成更多更优质的研究成果,服务于国家的版权工作和版权事业。

阿里大文娱发布鲸观全链路数字版权服务平台

2017年12月1日,在第五届全国网络视听大会短视频高峰论坛上,阿里巴巴文化娱乐集团(简称阿里大文娱)联合阿里巴巴达摩院共同发布鲸观全链路数字版权服务平台。文娱资源与达摩技术实现首次结合,将在智能编目、版权保护和商业变现等全产业链上,持续为文娱行业打造新基础设施。鲸观平台致力于激活行业视频媒资存量,并通过技术解决短视频领域维权问题,在培养版权习惯的同时建立起视频素材交易生态,让内容实现价值最大化,推动产业升级。鲸观全链路数字版权服务平台上线和UC短视频国际化加码,意味着阿里大文娱在短视频上的又一次战略升级。

"全国报业版权百日行"发布会在京举行

2017年12月19日,"全国报业版权百日行"发布会暨北京站活动举行。活动号召全国报业机构进一步增强版权保护意识,抵制新闻侵权行为,保护新闻作品版权。针对版权管理涉及的业务环节多、服务分散、专业性较强等版权问题,会议还发布了"版权管家"软件,该软件具有互联网环境下数字内容的"发布即示权,所用即授权"功能。

九、综 合

出版融合发展重点实验室在中国出版集团公司挂牌

2017年1月10日,以中国出版集团公司为依托单位的出版融合发展重点实验室挂牌仪式在中国出版集团公司举行,这标志着这家实验室正式开始运行,这也是原国家新闻出版广电总局批准建立20家出版融合发展重点实验室中首家挂牌运行的实验室。这次中国出版集团公司与清华大学新闻与传播学院新媒体传播研究中心和中国科学院自动化研究所模式识别国家重点实验室两家国内顶级教育与研究机构作为出版融合发展重点实验室的共建单位,以组成集产学研于一体的最佳结构。

全国首家"三农"出版发行高端智库成立

2017年1月10日,"开拓图书市场 繁荣农村文化"座谈会暨全国"三农"出版发行高端智库成立大会在京举行。中国农业出版社在中国书刊发行业协会、中国新闻出版研究院的支持下,发起成立"三农"出版发行高端智库,这也是目前"三农"出版发行领域首个涵盖农业系统、出版行业、发行行业等多方面专业人才的专家队伍。会上,主办方为首批66名智库专家颁发了聘书,并以"开拓图书市场 繁荣农村文化"为主题进行座谈,专家代表们就如何加快构建"三农"文化传播新格局献策献计。

第十届新闻出版业互联网发展大会召开

2017年1月10日至11日,中国出版协会与中国新闻出版研究院举办的第十届新闻出版业互联网发展大会在京召开。本届年会以"内容多元化运营与服务"为主题,梳理了出版业进军互联网近10年的发展脉络,剖析出版业在互联网发展中探索的成功案例，研讨出版业互联网思维逐步成熟的经验。中国新闻出版研究院院长魏玉山在年会上发布《2016 新闻出版业互联网发展报告》。本届年会分论坛还针对阅读共享与数字教育、期刊数字资源服务及出版商与读书会合作等话题进行探讨交流。会议由中国新闻出版研究院党委书记、副院长黄晓新主持。

2017 全国高等教育教材峰会在京举行

2017 年 1 月 11 日，由中国出版协会、中国出版集团、《全国大中专教学用书汇编》编委会主办，新华书店总店、新华国采教育网络科技有限责任公司承办的"2017 年全国高等教育教材峰会"在中国国际展览中心举行。本届峰会以"融汇·创新·突破"为主题，有关人士围绕"新闻出版与 VR/AR 邂逅""高校教材服务的信息化转型"等主题进行演讲。与会嘉宾探讨交流了高等教育教材的出版现状、发展趋势、问题困惑以及解决对策，并分享经验，提出建议，力求努力推进高等教育教材的改革创新。峰会上举行了"全国大中专教材经销商联盟"成立仪式，并由经销商代表宣读了《全国大中专教材经销商联盟反盗版共同宣言》。

第六届图书馆资源建设学术交流论坛召开

2017 年 1 月 12 日，第六届图书馆资源建设学术交流论坛在京召开。本届论坛主题为"'双一流'背景下的图书馆文献资源建设"。与会者认为，世界一流大学和一流学科"双一流"建设为图书馆文献资源发展提出了新的要求。馆配市场尤其是高校馆配市场随着聚焦"双一流"建设，其发展仍有上升空间。同时，出版单位助力推进科研成果转化，运用新技术，开拓新平台和新渠道，在出版能力建设和供给方面阔步发展。论坛现场还演示了社会科学文献出版社新版电子书阅读平台——查思客。查思客的目标是基于该社的图书内容资源、作者和读者，建立起一个专注于人文社会科学领域的数字阅读和在线学术互动平台。通过碎片化处理和重组，查思客可以实现单本电子书分章节购买阅读，也可通过各种专题库来实现电子资源的汇聚。

2017 北京图书订货会在京举办

2017 年 1 月 12 日至 14 日，由中国出版协会和中国书刊发行协会主办的"2017 北京图书订货会"在中国国际展览中心（老馆）举办。本届订货会以"面向大出版转型升级，走融合发展新路"为主题，共设展台 2 369 个，馆配展架910个，参展单位737家，邀请新华书店、图书馆、馆配商、海内外华文书店等3 000余家，举办文化活动200余场。订货会期间，举办了以"北京图书订货会30年，出版业演进逻辑与深改走向"为主题的中国出版高层论坛，向为北京图书订货会作出突出贡献的单位和个人颁奖。

中国科技出版传媒公司挂牌上市

2017年1月18日，中国科技出版传媒股份有限公司在上海证券交易所正式挂牌上市，成为首家登陆A股主板市场的中央出版机构。

人民法院出版集团成立

2017年1月20日，人民法院出版集团挂牌仪式暨人民法院出版社成立30周年座谈会在最高人民法院举行。最高人民法院党组书记、院长周强出席仪式并讲话。由人民法院出版社、《中国审判》杂志社、人民法院电子音像出版社、北京东方法律文化传媒有限公司等"三社六公司"组成的人民法院出版集团，拥有在职员工200余人，现有15个部门、8个下属企业。

首次全国新闻出版产业基地（园区）管理工作会在京召开

2017年2月7日至8日，首次全国新闻出版产业基地（园区）管理工作会在京召开。会议总结基地（园区）建设管理工作经验，部署2017年基地（园区）建设管理工作，并研究推动基地（园区）健康发展的具体措施。

北京市数字编辑人才队伍建设工作座谈会在京举行

2017年2月17日，北京市新闻出版广电局在京举行北京市数字编辑人才队伍建设工作座谈会。国家新闻出版广电总局、北京市委宣传部、北京市人力资源和社会保障局、北京市新闻出版广电局等领导同志，首批获得北京市数字编辑专业高级技术资格的同志出席了座谈会。北京市数字编辑专业技术资格评价工作，是在国家新闻出版广电总局的大力支持下，由北京市人力资源和社会保障局与北京市新闻出版广电局组织实施的。

中南传媒入股法兰克福书展IPR公司

2017年3月3日，中南出版传媒集团股份有限公司与法兰克福书展IPR在线版权交易有限公司合作签约仪式在京举行。中南传媒此次将受让法兰克福书展持有的IPR公司部分股权，并将IPR在线版权交易平台引入中国，填补国内出版界在线版权交易领域的空白。IPR公司成立于2012年，旗下的IPR平台为各国内容创作者和出版社提供在线版权展示与在线版权交易两大服务。截至目前，IPR 平台已聚集来自 201 个国家的 3 万多名用户，上线版权图书 10 万余种、期刊文章 330 万余篇，涵盖科技、经济、教育等 172 种版权门类，覆盖美国、英国、德国等欧美主流市场。

吉林首期数字出版项目建设高级研修班在长春举行

2017 年 3 月 7 日，吉林省新闻出版广电局 2017 年度数字出版重点项目集中启动仪式暨首期数字出版项目建设高级研修班在长春举行。此次活动以"融合发展 合作共赢"为主题，以"服务行业发展，助力业态创新"为宗旨，旨在落实吉林省宣传部长会议和吉林省新闻出版广播影视工作会议精神，加快推进吉林省传统出版与新兴出版融合发展的进程，提高数字化转型升级项目的管理水平。此次集中启动的重点项目涵盖数字出版重点实验室建设、大数据应用、内容资源整合、数字产品发布以及数字阅读平台等十大重点项目。

人教数字出版工作会在浙江乌镇召开

2017 年 3 月 17 日，人教数字出版工作会在浙江乌镇召开。浙江出版联合集团董事长童健、人民教育出版社社长黄强出席会议并分别致辞。会上，与会者围绕"共创数字出版新业态，谱写合作发展新篇章"主题就当前我国出版业转型升级、融合发展、教育数字出版发展战略、教育数字产品研发和市场拓展，以及如何加强合作、共同服务教育信息化等议题研讨。

2017 年度数字出版管理工作会在武汉举办

2017 年 3 月 23 日至 24 日，2017 年度数字出版管理工作暨知识服务经验交流现场会在湖北武汉召开。原国家新闻出版广电总局副局长孙寿山对当前数字出版产业发展形势进行了深刻分析，代表总局党组对新年度数字出版工作提出新的要求。

青岛出版集团建设 VR 阅读平台

2017 年 3 月 27 日，青岛出版集团与全球虚拟现实（VR）科技企业 HTC 在深圳签署战略合作协议，共建"VR 阅读与创新教育示范平台"，双方将发挥各自优势，引领 VR 阅读特别是 VR 创新教育新趋势。双方共同建设"VR 阅读与创新教育示范平台"，努力在未来几年联合推广进驻全国主要城市的重点中小学校、职业院校、高等院校。平台将把青岛出版社与行业合作伙伴的人文艺术、教育教材等版权内容资源 VR 化，并向学校、图书馆与新华书店等阅读和教育网络提供 VR 阅读和 VR 教育内容资源服务。

"AR+教育数字出版联合实验室"落户南方传媒

2017年4月7日，国家新闻出版广电总局首批新闻出版业科技与标准重点实验室"AR+教育数字出版联合实验室"在南方传媒揭牌。该重点实验室由广东省出版集团数字出版有限公司牵头，华南师范大学、北京北大方正电子有限公司、苏州梦想人软件科技有限公司参与共建，集各方优势，强强联合，围绕 AR 技术在教育出版和教育领域应用的关键技术、标准规范、应用数据模型、软件（工具与平台）、AR 教育内容产品（AR 图书、AR 数字教材）、产业应用等方面进行研究和实践。

总局出版融合发展（人教社）重点实验室揭牌

2017年4月13日，国家新闻出版广电总局出版融合发展（人教社）重点实验室揭牌仪式在人民教育出版社有限公司举行。同期，人教社分别授予天津市、广东省中山市、湖北省武汉市青山区、黑龙江省齐齐哈尔市建华区、福建省宁化县5个区域，北京市东城区和平里第一小学、天津市第二十五中学等8所中小学，为首批"人教数字教材"应用实验区和示范校。

当当发布2016年国民图书阅读消费报告

2017年4月17日，当当在京发布"当当'4·23'书香节·2016国民图书阅读与消费报告"，全面整合纸质书与电子书阅读大数据，从地域、性别、代际、数字阅读、童书等不同维度分析2016年度国人阅读与消费实景。

"编辑导读计划"在京启动

2017年4月22日，在中国编辑学会的指导下，由中国编辑学研究中心、北京印刷学院新闻出版学院联合主办的"编辑导读计划"在京启动。"编辑导读计划"由编辑提供符合要求的图文音视频资料，包括推荐语+讲读+朗读三部分，上传指定平台"编辑邦"，建成自己的素材库，该库与网络售书渠道京东、当当、亚马逊、天猫、豆瓣等平台合作，开放下载 API，并为线上线下的各种读书会提供编辑邀请和素材请求登记。该计划帮编辑实现一次上传素材，全渠道传播，省时省力；通过丰富营销资源，激励图书推广，带动图书总销量；集中管理各网络销售渠道的销售链接，提升导读编辑的营销能力和品牌影响力，吸引更多优质作者投稿。该计划拟走进出版社，帮助出版社编辑学习如何做阅读推广人，如何将读书活动办得更充实、接地气。

第六届中华优秀出版物奖在京颁奖

2017年4月23日，第六届中华优秀出版物奖颁奖典礼在中国传媒大学举行，数百位出版人、作者、读书人围绕"走进名作、名家、名社"主题，共同享受世界读书日这一美好的日子。本届颁奖典礼是对荣获第六届中华优秀出版物奖图书奖、音像电子和游戏出版物奖、出版科研论文奖的300余种获奖作品颁奖。

第十二届文津图书奖揭晓

2017年4月23日，第十二届文津图书奖在国家图书馆揭晓。本届文津图书奖共收到推荐书目1 800余种，最终评选出获奖图书10种，推荐图书44种。第十二届获奖作品为《中国文化的根本精神》《德国天才》《造房子》《古乐之美》《大国大城：当代中国的统一、发展与平衡》《消失的微生物：滥用抗生素引发的健康危机》《星空帝国 中国古代星宿揭秘》《吃货的生物学修养》《去野外：探索大自然之旅》《盘中餐》10部。内容丰富，极具科学性、艺术性、趣味性；10部获奖图书中，社科类5部，科普类3部，少儿类2部。其中，7部是原创作品，3部翻译作品。

青岛全民阅读研究院成立

2017年5月9日，青岛全民阅读研究院在青岛出版集团揭牌成立。研究院由青岛市文化广电新闻出版局、青岛出版集团、青岛大学联合发起。青岛全民阅读研究院聘请中国编辑学会会长郝振省担任名誉院长。已聘请全国相关领域专家30余人，研究员20余人。青岛全民阅读研究院成立后，将启动青岛阅读指数调研、青岛市全民阅读社会力量调查研究等科研项目，以及青岛阅读推广人、阅读推广组织培育、公共阅读空间营造等应用项目。活动现场举办了《青岛全民阅读蓝皮书》、"爱享读·社区阅读"的项目签约。

文博会国家数字出版高端论坛举行

2017年5月11日，第十三届中国（深圳）国际文化产业博览交易会国家数字出版高端论坛在深圳举行，来自全国数字出版行业管理部门的负责人、专家学者及数字出版转型成果丰硕的出版发行企业代表共同交流和探讨中国书业向数字出版转型升级的经验和心得。

"中华文化发展智库平台"启动

2017年5月20日，由湖北大学与社会科学文献出版社联合主办的第四届中国文化发展论坛（2017）、"中华文化发展智库平台"签约暨建设启动仪式、《文化建设蓝皮书·中国文化发展报告》（2017）发布会在湖北武汉召开。会议期间，湖北大学校长赵凌云与社会科学文献出版社社长谢寿光签署了《关于合作建设中华文化发展智库平台的框架协议》，标志着国内首家"中华文化发展智库平台"建设工作正式启动。中华文化发展智库平台的系统功能模块由基础设施层、数据资源层、应用支撑层、应用服务层、展现层组成，将建立统一的资源标准规范体系和数据管理系统，实现文献资料管理、网络采集、子库管理、用户管理等多重功能。

国家数字复合出版系统工程 V1.0 成果发布

2017年5月22日，国家数字复合出版系统工程 V1.0 成果发布会在京举行。国家数字复合出版系统工程包括一系列数字复合出版标准规范的制定、数字出版工具系统平台的研发、六大技术体系的构建，形成三套系列化技术装备，开展六类典型应用示范。

首届京东文学奖获奖作品揭晓

2017年5月31日，首届京东文学奖获奖作品在京揭晓，格非的《望春风》获得年度京东文学奖（国内作家作品），以色列作家阿摩司·奥兹的《乡村生活图景》获得年度京东文学奖（国际作家作品），黄蓓佳的《童眸》获得年度童书奖，孙机的《从历史中醒来》获得年度传统文化图书奖，王晋康的《天父地母》获得年度科幻图书奖，张忌的《出家》获得年度新锐作品奖。其中，年度京东文学奖的获奖者分别获得100万元奖金。京东文学奖是国内第一个以电商平台命名的文学奖，也是第一个由企业完全出资赞助的文学奖。

浙数文化携手阿里云拓展云计算服务

2017年6月10日，浙报数字文化集团股份有限公司与阿里云计算有限公司正式宣布达成战略合作，共同建设云计算服务平台，联合在智慧城市解决方案、企业上云和互联网大数据云计算培训等领域互相合作。此次共建的云计算服务平台中，阿里云提供"飞天"计算模块和技术与人才支撑；浙数文化"富春云"数据中心提供云服务基础设施。双方共同规划建设"媒体云""医疗云""体育云""政务云"等行业云，通过试点辐射全国，成为在全国有领先地位的行业云。双方还共同推进互联网大数据和云计算培训计划。阿里云将提供培训业务课程等资源，浙数文化提供培训配套服务。

出版融合发展（浙报集团）重点实验室揭牌

2017 年 6 月 15 日，国家新闻出版广电总局出版融合发展（浙报集团）重点实验室在杭州揭牌，浙江日报报业集团发布未来 3 年内容与技术创新融合的实验室发展规划，并聘请来自新华社、浙江大学、中国人民大学、中山大学、阿里巴巴、微软亚洲研究院、科大讯飞、拓尔思等的行业顶级专家为其学术委员会委员。该重点实验室将汇集浙报集团行业研究与技术研发力量，秉承"数据驱动新闻，智能重构媒体"的理念，紧盯技术前沿和新闻出版发展趋势，围绕大数据和智能推荐、用户画像、媒体云模式、媒体项目创新孵化、内容产业 IP 培育等多个课题进行科研和开发，创新一批新技术和新产品，促进浙报集团乃至整个行业转型升级。

出版融合编辑创新研修班（第二期）在吉林长春举办

2017 年 6 月 15 日，出版融合编辑创新研修班（第二期）在吉林长春举办。本次研修班由国家数字传播工程创新人才培养示范基地和国家新闻出版广电总局出版融合发展（武汉）重点实验室共同主办，吸引了全国各地共 400 多名出版社领导和资深编辑的参与，与会专家们分别从全媒体时代的出版线上盈利模式、基于纸质出版物数字衍生内容的交易运营、全媒体出版版权保护与版权运营模式、出版融合编辑创新等 7 个方面对"现代纸书"整个体系展开深度分析。

阅文集团推出 QQ 阅读电子书

2017 年 6 月 18 日，阅文集团首款硬件产品 QQ 阅读电子书于天猫旗舰店正式开售，读者可在电子书设备上一键登录 QQ 阅读账号，同步账户所有资源，包括购书信息、书架内容以及阅读进度等。QQ 阅读电子书拥有 8G 容量和长达数周的待机时间，并有自动感光以及听书功能等配置，满足用户在各种复杂环境下的阅读需求。通过 QQ 阅读电子书，读者可以阅读阅文集团旗下近 1 000 万部作品。

网络有害出版物及信息样本特征值共享数据库系统上线

2017 年 6 月 22 日，全国"扫黄打非"办公室组织开发的"网络有害出版物及信息样本特征值共享数据库系统"正式上线运行。首批加入"网络有害出版物及信息样本特征值共享数据库系统"的，有百度、阿里巴巴、腾讯、新浪网、新浪微博、今日头条、金山、奇虎360、YY直播9家互联网企业。通过该系统，可以实现一家网络企业发现淫秽色情等有害信息，系统内全部网络企业共同查堵，有效整合了各网络企业的内容监测处置力量，形成了工作合力。

辽宁科技社与西班牙出版商合资成立创意公司

2017年7月6日，辽宁出版集团所属辽宁科学技术出版社与西班牙派拉蒙出版集团合资成立维达科技创意有限公司。新成立的维达科技创意有限公司主要从事增强现实（AR）、虚拟现实（VR）技术服务，为世界各国出版的图书提供AR、VR技术支持，创作手机游戏和虚拟现实游戏，开发AR玩具和AR、VR教育产品，实现双方在文化与科技领域的深度融合。

第十二届中国传媒年会在贵州召开

2017年7月7日至8日，在由传媒杂志社和贵州日报报业集团主办的第十二届中国传媒年会在贵州省贵安新区召开，年会以"媒体深度融合与大数据"为主题。年会发布了《中国传媒融合创新报告（2016—2017）》《视听媒体发展报告》，及内容大数据助力主流新闻客户端报告等研究成果，通过了第十二届中国传媒年会《贵安共识》。年会还举办了新闻客户端发展论坛、智慧广电发展论坛、媒体大数据创新论坛和期刊融合转型论坛。

第七届中国数字出版博览会在京召开

2017年7月11日至13日，以"深化转型、创新发展"为主题的第七届中国数字出版博览会在京召开。本届数博会由新成果展览、高峰论坛、圆桌会议、主宾企业系列活动、年度推介与专题活动等六部分组成，集中展示我国数字出版新产品、新技术、新方案、新模式。来自政府部门、高等院校、出版集团、数字出版企业的相关负责人围绕数字出版标准规范、数字出版人才培养、知识产权（IP）运营等话题作专题演讲。组委会评审办公室共评出年度"影响力人物·新锐人物"、创新企业、优秀品牌、创新技术、优秀作品、优秀展示、优秀组织7个奖项。会上还发布了《2016—2017中国数字出版产业年度报告》。

出版发行电子单证应用示范成果现场会在苏州举行

2017年7月14日，出版发行电子单证应用示范成果现场会在苏州国际博览中心举行。会议介绍了出版发行电子单证应用示范工作进展，展示了相关工作成果，宣传推广电子单证数据对接与交换业务应用模式。

吉林省局与北印签合作协议

2017年8月4日，吉林省新闻出版广电局与北京印刷学院战略合作协议签约仪式暨北京印刷学院校外学习中心揭牌典礼在吉林省长春市举行。双方开展战略合作是进一步深化地方政府与高校合作，推动人才兴业、科技兴业，加强新闻出版相关专业复合型人才培养，加快吉林省新闻出版产业转型升级步伐的有力举措，也是在吉林省新闻出版广电局"一三三九"工作方略统领下开展的一项重要工作。签约双方就新闻出版相关领域人才培养、业务合作、共同申报项目等方面开展合作。双方将共同努力，从远程教育、实践操作、联合办学等具体方面推动战略合作持续深入开展。

中国音像与数字出版协会有声读物专业委员会在杭州召开常务理事扩大会议

2017年8月7日至9日，中国音像与数字出版协会有声读物专业委员会在杭州召开常务理事扩大会议。会上，有声读物专业委员会联合咪咕数字传媒有限公司等30多家会员单位，共同发布了以"尊重、担当、共赢"为主题的倡议书。倡议书强调，始终把社会效益放在首位，始终坚持正确的出版导向，不出版、不传播国家明确规定禁止的内容，自觉维护有声阅读行业声誉和形象。会议还举行了《有声读物行业技术标准》制定工作的启动仪式，并就以第三方技术监督手段开展的版权保护进行了探讨。会议期间，8家互联网听书平台与中国盲文出版社签订《盲人数字有声阅读》战略合作框架协议，支持盲人阅读公益事业的开展。

中国唱片博物馆落户厦门鼓浪屿

2017年8月15日，中国唱片博物馆开馆仪式在厦门鼓浪屿举行。该博物馆从唱片技术的演进到唱片内容的发展，全方位地展示中国唱片的各项历史成就。馆内还展出了大量珍贵的唱片文物，其中包括1935年东方百代第一版《义勇军进行曲》录音母盘、曾侯乙编钟《千年绝响》唱片以及各式老唱机和纸质文献。馆内设有制作唱片的仪器，可供人模拟操作使用。观众还可以通过音筒收听到各种珍贵录音，包括留声机的发明者爱迪生的"玛丽有一只小羊"的原版录音、革命先行者孙中山先生仅存的演讲录音等。

"数字出版与知识服务——2017世纪中国论坛"在沪召开

2017年8月17日，"数字出版与知识服务——2017世纪中国论坛"在沪召开。全国人大常委会原副委员长、原国务委员、《辞海》《大辞海》主编陈至立及原国家新闻出版广电总局副局长周慧琳,原上海市委常委、宣传部长董云虎出席会议并致辞。

中国出版传媒股份有限公司在上交所上市

2017年8月21日,中国出版传媒股份有限公司在上海证券交易所成功挂牌上市。首次公开发行不超过36450万股,发行价格为3.34元/股。上市首日,"中国出版"最新价为4.81元,较发行价上涨44.01%。

外研社与新东方、沪江组建英创出版公司

2017年8月22日,英创出版公司股东签约仪式暨公司成立仪式在京举行。英创出版公司是由外语教学与研究出版社全资子公司外研国际文化教育有限公司、沪江教育科技(上海)股份有限公司、新东方全资子公司晋盟控股有限公司三方联手在英国打造的一家创新型出版公司,主要业务是出版和教师培训。该出版公司旨在帮助全球学习者更好地用英语或汉语进行学习和工作,并向全球的教育者提供配套培训和支持。依托其股东的既有优势,英创出版公司的另一使命是面向英文读者出版关于中国和中国文化的高质量创新产品。

新世界社海外建中国图书编辑部

2017年8月23日,新世界出版社与美国圣智出版集团成立海外中国图书编辑部签约仪式在京举行。新世界出版社建立中国图书编辑部是提高对外传播针对性的重要方式之一,也是主题图书出版本土化有效合作模式。该编辑部计划每年将推出5—8种合作图书。

"社会主义核心价值观协同创新出版基地"揭牌

2017年8月23日,"社会主义核心价值观协同创新出版基地"揭牌仪式在京举行,《社会主义核心价值观:理论与方法》的俄文版版权输出签约仪式同时举行。基地由新华文轩出版传媒股份有限公司旗下四川人民出版社、北京师范大学社会主义核心价值观协同创新中心、学习出版社、社会科学文献出版社合作共建。此次四方合作共建协同创新出版基地,成立出版基地学术委员会和运行委员会,是为了实现优势互补、强强联合,为培育弘扬社会主义核心价值观贡献智慧和力量。《社会主义核心价值观:理论与方法》俄文版版权的输出是四方合作的第一步。《社会主义核心价值观:理论与方法》(上中下卷)具有资料性、学术性和权威性,是学习、研究、宣传社会主义核心价值观的重要参考书。

浙江省新媒体专业委员会成立

2017年9月1日,浙江省新媒体专业委员会在杭州成立。这是中国记协在国内首个省级新媒体专业委员会试点。成立会上通过了《浙江省新媒体专业委员会规程》《浙江省新媒体自律公约》等。

国家吉林民文出版基地正式成立

2017年9月12日,国家吉林民文出版基地在吉林省延边朝鲜族自治州正式成立。国家吉林民文出版基地以延边朝鲜文出版、报刊单位以及印刷、发行单位为成员组建,集出版发行、内容集成、教育培训于一体,涵盖民文出版创意策划、数字内容服务、绿色印刷、公共阅读服务等功能,着力规划出版一批优秀民文图书。

阿里音乐与腾讯音乐达成版权转授权合作

2017年9月12日,阿里音乐集团与腾讯音乐娱乐集团共同宣布,阿里音乐集团与腾讯音乐娱乐集团双方达成版权转授权合作,腾讯音乐娱乐集团将独家代理的环球、华纳、索尼全球三大唱片公司与YG娱乐、杰威尔音乐、LOEN等优质音乐版权资源转授至阿里音乐,曲库数量在百万级以上,同时,阿里音乐独家代理的滚石唱片、华研国际、相信音乐、寰亚音乐等音乐版权也转授给了腾讯音乐娱乐。

五部门启动盲人数字阅读推广工程

2017年9月13日,由中宣部、财政部、原文化部、原国家新闻出版广电总局、中国残联组织实施的"盲人数字阅读推广工程"在国家图书馆启动。"盲人数字阅读推广工程",利用数字出版传播平台和盲用阅读设备,向盲人提供数字有声读物、电子盲文和定制化、持续性知识文化服务。工程包括"一个平台、两个盲文数字阅读推广渠道"。"一个平台",即盲人读物融合出版与传播平台;"两个盲文数字阅读推广渠道",即首期为全国400家设有盲人阅览室的公共图书馆配置20万台基于互联网的智能听书机、免费向盲人读者出借,为全国100所盲人教育机构配置1 000台盲文电脑和盲文电子显示器、免费向盲生出借。

北师大版数字教材正式上线

2017年9月15日,北京师范大学出版社版数字教材正式在安卓上线。北师大版数字教材以该社基础教育教材为基础，包括小学语文、数学、英语，初中数学、英语、物理、生物，共 7 个学科 27 册。围绕教学目标和教学重点，融合高质量、多维度、可交互的精品学习资源 2 万多条，有文本、图片、音频、视频、动画等丰富的呈现形式。数字教材上线后，运营团队将建立实验校，持续跟踪收集学生使用数字教材的数据，在此基础上对数字教材进行更新迭代，不断完善数字教材的内容和功能，使之更加符合学生的使用习惯，充分满足学生的学习需求，并为未来基于学生学习大数据向学生提供个性化学习服务奠定基础，实现从提供知识内容向提供知识服务转变的发展目标。

第二十四届全国省级党报总编辑年会召开

2017 年 9 月 18 日至 21 日，第二十四届全国省级党报总编辑年会暨"全国省级党报总编看吉林"活动在吉林举行。此次年会以"融合·转型·发展"为主题，深入学习贯彻习近平总书记关于党的新闻舆论工作等系列重要讲话精神，交流党报办报经验，推进媒体融合发展。年会期间，还举办了"全国省级党报总编看吉林"活动。与会人员通过在吉林的实地采访，进一步了解吉林，发现吉林独特的魅力。

新闻出版业科技与标准重点实验室揭牌

2017 年 9 月 22 日，新闻出版业科技与标准重点实验室揭牌暨科技出版与知识服务应用联盟成立会议在京举行。该实验室由电子工业出版社、电子科技大学和中新金桥信息技术（北京）有限公司联合承担建设，意在探索、研究并构建 ISLI 标准（我国在信息内容与文献领域首次主导编制的通用标识符类国际标准）面向知识服务的应用模式，推动科技出版与知识服务的健康快速发展。

世纪天鸿深交所挂牌上市

2017 年 9 月 26 日，山东世纪天鸿文教科技股份有限公司登陆深圳证券交易所。世纪天鸿本次拟募集资金 2.04 亿元，投入内容策划与图书发行、营销网络建设、信息化系统建设、教育云平台 4 个项目。

龙源与韬奋基金会设立"数字文化城市"专项基金

2017 年 9 月 26 日，龙源数字传媒集团和韬奋基金会数字文化城市专项基金捐赠仪式在北京举行。捐赠仪式上，龙源数字传媒集团向韬奋基金会数字文化专项基金捐赠 100 万元。此前双方签署了《设立"数字文化城市"专项基金》的合作协议，这是全国首个以"数字文化城市"建设为目标的专项公益基金。双方通过设立"数字文化城市"基金，来推动数字文化传播，以社会力量参加公共数字文化建设，以公益力量推动全民阅读。"数字文化城市"的基金规模预计为 5000 万元，年底前龙源数字传媒集团将为至少 10 个城市的"数字文化城市"建设投入软件、硬件产品以及运营和推广等服务。"数字文化城市"专项基金将努力实现"让阅读连接城市的一切"，构建包括新一代数字书刊亭、数字文化站、职工书屋、党政学习站、普法驿站、文明驿站、科普驿站等遍布城市的智能硬件的立体服务体系。

吉林启动"数字阅读体验季"活动

2017 年 10 月 12 日，吉林省"数字阅读体验季"活动启动，活动持续至 12 月。活动具体内容包括"数字阅读·走进机关""数字阅读·走进党校""数字阅读·走进校园""数字阅读·走进社区"等。在启动仪式上，吉林省新闻出版广电局与同方知网（北京）技术有限公司签订战略合作协议，双方将就数字出版技术、人才培训、知识服务等方面开展合作；数字出版物《科技报国——黄大年及团队学术论文集》在启动仪式上举行了捐赠仪式。

第四届音乐产业高端论坛在京举行

2017 年 11 月 3 日，在国家新闻出版广电总局指导下，由中国传媒大学主办的"2017 第四届音乐产业高端论坛"在中国传媒大学举行。论坛发布了《2017 音乐产业发展报告》（总报告），启动了由音促会和咪咕音乐共同策划主办的"大中国—新时代中国风原创歌曲"征集活动启动仪式。论坛还围绕"互联网+"时代下音乐产业发展与变革的新格局，聚焦音乐全产业链的动态与前沿，从产业生态、制作、版权、投融资、演出等环节展开了 8 个板块分论坛，邀请了国内外百余位业界专家共同出席参与讨论，深入探讨音乐产业行业经验、趋势和策略，为促进音乐产业业态的良性发展提供新思路。

"数字出版千人培养计划"试点培训启动会召开

2017 年 11 月 5 日，"数字出版千人培养计划"试点培训启动会在京举行。"数字出版千人培养计划"被列入《新闻出版业数字出版"十三五"时期发展规划》，同时是总局人才建设的重点工程。该项目分为战略班和骨干班两类，培训对象为新闻出版单位主要负责人或在本单位分管数字出版、新媒体业务的负责人，以及这些业务的部门负责人或中青年业务骨干。本次启动的为该项目的试点班。试点培训由北京印刷学院、武汉大学承担。全国出版传媒集团、出版社遴选出的 100 位学员参加首批培训。

阅文集团在香港联交所挂牌

2017 年 11 月 8 日，阅文集团于香港联合交易所正式挂牌上市。公开信息显示，从 2014 年开始尝试版权运营至今，阅文集团版权收入翻倍增长，已经从 2014 年版权年收入 1 000 多万元，增长到 2017 年仅上半年版权收入达 1.5 亿元。并且，在最近的 3 年中，阅文集团在版权运营方面进行了多方面尝试，足迹遍布影视、动漫、小说、游戏等泛娱乐领域。

首届中国新闻出版 VR 应用发展论坛在青岛举办

2017 年 11 月 9 日至 11 日，国际虚拟现实创新大会在青岛举办，由中国新闻出版研究院和青岛出版集团联合主办的首届中国新闻出版 VR 应用发展论坛同期举行。中国青岛虚拟现实国际展会·法国拉瓦勒虚拟现实亚洲展会同时举行，全国首次"新闻出版＋VR"应用成果展亮相展会成为特色展区。在国际虚拟现实创新大会期间举办的青岛市崂山区打造中国虚拟现实产业之都·国家虚拟现实产业基地发布会上，由中国新闻出版研究院与青岛出版集团共同建设的"中国新闻出版 VR 融合发展研究中心"正式揭牌，由中国新闻出版研究院、HTC VIVE、青岛出版集团旗下上市公司城市传媒联合推出的"VR 阅读平台"正式发布。同时，由城市传媒下属数字时间传媒公司参与发起的山东虚拟现实联盟、虚拟现实教育生态联盟正式成立。

第二届博物学文化论坛聚焦博物出版

2017 年 11 月 11 日，第二届博物学文化论坛在京举办。本届论坛由商务印书馆主办。本次论坛以"博物出版和博物旅行"为主题。台湾林业试验所原所长金恒镳围绕自然写作，国家动物博物馆科普策划人张劲硕围绕动物科普中存在的问题等分别作了特邀报告。约 30 位参会者在分组讨论中发言，从不同角度呈现了博物学研究和实践的最新动态。

全国新闻出版统计工作会议在京召开

2017 年 11 月 13 日，全国新闻出版统计工作会议在京召开。会议学习了党的十九大精神，总结了 2017 年新闻出版统计工作情况，表扬了先进单位和先进个人并部署了 2018 年重点统计工作。

2017 博鳌全民阅读论坛举行

2017 年 11 月 14 日至 15 日，2017 博鳌全民阅读论坛在海南省博鳌亚洲论坛国际会议中心举行。会上，龙源数字传媒集团和中国新闻出版研究院联合发布了"2017数字阅读影响力期刊TOP100排行"和"2017数字阅读TOP100城市排行"。论坛期间，中国期刊协会、中国编辑学会、韬奋基金会、中国新闻出版传媒集团、中国新闻出版研究院、龙源数字传媒集团等14家单位联合发起成立全民阅读促进联盟。此次发起成立全民阅读促进联盟，旨在整合阅读研究机构、媒体、群众读书组织、阅读推广机构、出版发行单位等社会各方阅读力量，在政府有关部门的指导下，产、学、研携手合作。联盟希望通过共同搭建全民阅读联盟数字网络平台、联合开展全民阅读工程建设等举措，宣扬阅读价值，培育阅读习惯，推动全社会形成崇尚阅读、热爱阅读的新风尚，促进全民阅读不断深入开展并取得实效。

网易云音乐与KKBOX联手

2017年11月15日，网易云音乐与亚洲数字音乐服务品牌KKBOX在京宣布达成战略合作。双方将联手打造华语音乐宣传平台，围绕华语音乐的传播和推广，在音乐巡演、短视频和原创音乐扶持等多个方面展开深入合作，深挖数字音乐价值。网易云音乐和KKBOX将从歌单推广、音乐巡演、短影片合作和原创音乐扶持等多个方面展开战略合作，以线上线下联动的方式，全方位、系统性推动华语音乐传播，为优质音乐传播搭建良好的平台生态。

第八届全球华语科幻星云奖在京颁奖

2017年11月19日，第八届全球华语科幻星云奖颁奖典礼在北京举行。来自中国、美国、加拿大、意大利、日本的作家、产业实业家、科幻爱好者上千人参加了盛会。本届全球华语科幻星云奖强化了少儿科幻图书奖项的评选，将原来单一的"最佳少儿科幻图书奖"扩展为"最佳少儿中长篇小说奖"和"最佳少儿短篇小说奖"。其中科幻作家韩松凭《驱魔》获最佳长篇科幻小说金奖和科幻电影创意金奖。

沪江与美国教育出版企业达成战略合作

2017年11月19日，沪江旗下版权公司尚刻与世界最大的文学教育出版公司霍顿·米夫林哈考特集团签约，获得美国小学三大英语教材之一的Journeys分级阅读版权，并发布配套APP产品"故事小镇"。此次尚刻独家引进了针对3至9岁儿童的Journeys分级读物版权，配套听说读写练及微课产品。Journeys精心挑选了与不同年龄段孩子身心发展相适应的主题和学习内容，在提高语言能力的同时，还可以学习语言背后的文化、历史、地理、风俗等等，并学会用英语的思维去思考问题。教材共分 GK、G1、G2 三个级别，覆盖中国 3—9 岁少儿群体，每个级别的难度与全美最具公信力的阅读难度分级体系蓝思值对照。配套产品"故事小镇"APP 内容包括 400 多节视频微课以及 3 000 课时进阶题库。读者下载打开"故事小镇"APP，输入随书附赠的激活码，便可免费解锁课程内容。

国家新闻出版广电总局基地（园区）工作交流会在镇江举行

2017 年 11 月 20 日至 21 日，国家新闻出版广电总局基地（园区）工作交流会暨优秀产业示范项目推广会在江苏镇江举行。会议总结交流研讨了新闻出版广电基地（园区）发展新成果、新思路、新模式、新经验；展示推广优秀产业示范项目，推动基地（园区）创新发展。新闻出版广电基地（园区）产业联盟同时宣告成立，江苏国家数字出版基地睿泰数字产业园被推选为首届理事长单位，为期 1 年。江苏国家数字出版基地镇江园区等 8 家单位代表作大会交流发言。

山东出版登陆 A 股市场

2017 年 11 月 22 日，山东出版传媒股份有限公司在上海证券交易所正式挂牌上市。山东出版本次发行募集资金投资项目总投资金额为 26.87 亿元，主要用于特色精品出版、"爱书客"出版云平台、学前教育复合建设、基础教育阳光智慧课堂、职业教育复合建设、新华书店门店升级改造、物流二期、印刷设备升级改造、综合管理信息系统平台建设等募投项目。

方正电子发布"超融合媒体解决方案"

2017 年 11 月 22 日，由中国新闻技术工作者联合会指导，北京北大方正电子有限公司主办的"超·融合，赋能智慧媒体新时代——方正超融合媒体解决方案发布会"在重庆召开。会上，方正电子正式发布"方正超融合媒体解决方案"，从"超·融合""锐·移动""大·智慧"三个层面出发，顺应媒体由相"加"迈向相"融"，推进实现"融为一体，合而为一"的发展战略，充分利用移动互联网、云计算、大数据、人工智能等新技术，助力媒体实现全面融合，赋能智慧媒体新时代，构建媒体新生态。

2017 中国音乐产业发展峰会暨国家音乐产业基地年会在成都举行

2017 年 11 月 27 日至 28 日，由中国音像与数字出版协会音乐产业促进工作委员会和成都传媒集团共同主办的 2017 中国音乐产业发展峰会，在成都传媒集团东郊记忆音乐公园举行。与会嘉宾围绕"在新时代如何释放音乐创作活力，增强民族自信""完善数字音乐版权保护，推进原创精品生产和传播""发挥金融职能，有效推动新时代音乐产业结构优化"三大议题建言献策。峰会期间成立了"国家音乐产业基地（园区）联盟"，成都国家音乐产业基地"东郊记忆音乐公园"成为了首任轮值理事长单位。峰会还首次发布《2017 年中国音乐产业发展指数研究报告（城市篇）》。《报告》以中国音乐产业当前发展总体层次和阶段为前提，在对中国各区域音乐产业发展水平和差异化进行全面把握与调研的基础上，采用多指标评价体系，运用数据调查收集、在线数据抓取和大数据建模分析等科学手段和方法，对全国各城市在音乐产业发展方面的状况进行了科学综合评测分析。

湖北首部文化产业蓝皮书出版

2017 年 12 月 2 日，湖北首部文化产业蓝皮书《湖北省文化产业发展报告（2017）》在武汉发布。《报告》由社会科学文献出版社出版。《报告》以 2015 年、2016 年湖北文化产业发展状况为基点，全面总结了湖北文化产业在"十二五"期间的成就，结合中部崛起、"互联网+"、长江经济带等重要战略，对湖北文化产业发展的水平、竞争力等现状做了评估，并对"十三五"期间的发展趋势做了严谨预测，提出了一系列对策，为湖北文化产业发展的顶层设计、科学研究和知识普及提供了重要理论成果。

《2016—2017 年度北京市全民阅读综合评估报告》在京发布

2017 年 12 月 7 日，北京阅读季在京发布《2016—2017 年度北京市全民阅读综合评估报告》。报告显示，北京市居民综合阅读率 92.73%，高于全国平均水平 12.69 个百分点；纸质阅读率 81.02%，高于全国平均水平 22.22 个百分点；数字阅读率 83.98%，高于全国平均水平 15.78 个百分点。北京市居民人均纸书阅读量为 10.97 本，比全国人均纸书阅读量（4.56 本）高出 6.41 本。该报告由北京阅读季领导小组办公室组织相关部门、专业调查机构和业内专家，采用抽样调查方法，通过结构式问卷，对 16 个区 7—70 岁居民以及相关政府机构进行调查访问，评估后形成的。报告内容包括居民阅读理念、阅读行为、阅读服务需求，以及阅读投入、政策支撑、社会力量整合、活动效果等。

北京文化安全研究基地第三届学术论坛在京举行

2017年12月8日至9日,北京文化安全研究基地第三届学术论坛在京举行,北京印刷学院校长罗学科代表主办方致辞。本届论坛主题为"文化创新与文化繁荣"。论坛上,北京市哲学社会科学规划办公室主任崔新建介绍了北京文化安全研究基地的设立背景和意义,并对基地的未来发展方向提出建议。基地负责人、北京印刷学院教授刘益汇报了北京文化安全研究基地2016—2017年的基本建设情况和2018年的主要工作设想。

山东泰安举办首届新闻出版服务大会

2017年12月9日,山东省泰安市举办首届新闻出版服务大会暨泰山新闻出版小镇项目发布会。泰山新闻出版小镇是全国首家服务于新闻出版行业的特色小镇,小镇位于泰安市高新技术产业开发区,占地面积约5000亩,包括教育数字出版产业集群、数字印刷产业产群、数字创意产业集群三大产业集群,功能分区包括新闻出版博物馆、新闻出版职业技术学院、高等院校新闻出版专业实习基地、创业孵化基地、印刷基地、出版发行区等。

国家语委语言资源网上线

2017年12月12日,国家语委语言资源网开通运行,服务于学术与社会公益。语汇网由国家语委委托设在华中师范大学的国家语言资源监测与研究网络媒体中心研制开发,2016年9月立项启动,已收集国家语言文字工作委员会19家科研机构共计48种语言资源及软件服务,以及来自其他高等院校与研究所、社会机构、个人等开放的各类语言资源及软件服务200多个,国内较有影响力的语言学著作和期刊资源300多个,语言文字规范标准200多个,介绍国内知名语言学专家400多人。

2017年中国网络文化产业年会在武汉召开

2017年12月12日至13日,以"强网络·强文化·强产业"为主题的2017中国网络文化产业年会在武汉会议中心召开。年会由中国动漫集团、中共武汉市委宣传部和武汉市文化局联合主办,中漫风尚(北京)文化传播有限公司与武汉文化发展集团承办,武汉数字创意与游戏产业协会协办。论坛公布了由中国动漫集团、人民网、人民在线联合发布的《移动游戏品牌传播影响力指数报告》。年会除高峰论坛外,还设置游戏、动漫、直播三个网络文化垂直领域的分论坛,分别以"进击的国漫"、"游戏的联动与融合"和"构建网络直播绿色新生态"为主题。

首届出版融合技术编辑创新大赛在京颁奖

2017年12月14日,"首届出版融合技术编辑创新大赛"颁奖大会在京举行。活动由国家新闻出版广电总局出版融合发展（武汉）重点实验室、中国期刊协会、湖北省新闻出版广电局主办。大赛以"做一本具有交互功能的现代纸书"为主题，共分为两个赛季。15个选手（团队）获得第一赛季创新大奖。会议期间，总局出版融合发展（武汉）重点实验室与总局出版融合发展（咪咕数媒）重点实验室正式进行了战略签约，双方达成了在科学技术、人才培养、研究成果转化、产业联盟等方面的深度合作。

网易云课堂启动"行家计划"

2017年12月20日，网易云课堂在2017内容伙伴大会上宣布，正式实施精品化战略并启动IP培育方案"行家计划"。该计划将在两年内培养100位知识行家，从生态资源、资金扶持、教学服务和IP推广等方面对平台精品内容生产者进行全方位的支持。同时，"行家计划"将从精品课程中选出一批最优课程，并将遴选出优秀讲师成为领域行家，投入重金打造知识IP。

"最北京"实体书店授牌仪式在京举行

2017年12月21日，"最北京"实体书店授牌仪式暨北京实体书店发展情况调研在京举行，北京外研书店、涵芬楼书店、中信书店侨福芳草地店、青少年阅读体验大世界和王府井书店5家实体书店获授牌。由北京市委宣传部、北京市新闻出版广电局共同推出的"最北京"实体书店评选活动，以首都文化构成的4个层面作为评选标准，从符合申报条件的61家实体书店中最终评出甲骨文·悦读空间、中国书店琉璃厂店、三联韬奋书店、雨枫书馆万科店、北京外研书店、涵芬楼书店、中国新闻书店、青少年阅读体验大世界、模范书局、中信书店侨福芳草地店10家"最古都、最红色、最京味、最创新"的实体书店，推出北京图书大厦、王府井书店、中关村图书大厦3家"年度致敬书店"。这些书店体现了源远流长的古都文化、丰富厚重的红色文化、特色鲜明的京味文化和蓬勃兴起的创新文化，将阅读与城市气质、北京文化结合起来。

首届国学教育论坛在京举办

2017年12月23日，由舒同文化艺术研究院主办的"第一届国学教育论坛"在北京举办。北京大学哲学系教授李中华在论坛上介绍了他与舒同文化艺术研究院院长王振联合主编的"经典诵读与书写"系列读本。这套读本按照小学和初中共9个年级、18个学期的体例设计，已被20多所北京的学校作为晨读系列读本。"经典诵读与书写"读本编委会顾问莫言先生也发表演讲。

中国社科院创新工程26项重大成果发布会在京召开

2017年12月27日，中国社会科学院创新工程2017年度重大成果发布会在京召开，会上发布了26项重大成果，分为中国特色社会主义道路与意识形态建设研究成果、基础研究成果、重大理论与现实问题研究成果、智库研究成果4个部分。此次发布的成果主要包括："中国特色社会主义道路及世界意义研究"系列成果由《谈谈"普世价值"的反科学性、虚伪性和欺骗性》等组成；《资产阶级民主观批判文选》和《资产阶级新闻观批判文选》对存在的错误思潮展开了具体而深入的批判；《中国古代历史图谱》阐述了中国统一多民族国家形成史；《剑桥古代史》代表了20世纪后期西方古史研究的最新水平；《发展新常态下中国经济体制改革探究》集成了中国社科院部分经济学家近期的相关成果；"中国制度研究"丛书对中国特色社会主义制度的历史渊源、实践基础、基本内容、内在逻辑、特点和优势以及发展目标、步骤等重大问题进行深入研究与探讨；《中国的和平发展道路》深入分析了中国和平发展道路的历史传统、国情依据和时代条件；《中欧关系：全面战略伙伴关系评估（英文）》概括了中欧关系10年之利弊得失；中国社会科学院国家智库报告"一带一路"系列图书在规划对接、政策协调、机制设计等方面建言献策。

（大事记由石昆根据中国新闻出版广电报、新华网、人民网、央视网、光明网、搜狐网、东方网、人民日报、光明日报、解放日报、中国知识产权资讯网等报道内容搜集整理）